"出土文献与中国文学研究丛书"编委会

学术顾问：汤漳平

主任委员：黄金明　陈良武

委　员（以姓氏笔画为序）：

王朝华　汤漳平　杨继光　吴文文　陈良武

陈练军　何家兴　贾燕子　黄金明　蔡树才

主　　编：陈良武

出土文献与中国文学研究丛书

陈良武 主编

新出文献文本释读与文学考论

何家兴 ◎ 著

社会科学文献出版社
SOCIAL SCIENCES ACADEMIC PRESS (CHINA)

我们立即组织漳州师范学院古典文学教研室的老师投入这一课题的研究，希望能够尽快拿出成果来。但是这毕竟是一个比较新的研究课题，而且应当承认我们这支队伍中的多数人原先接触这方面的材料也很有限，更遑论自己进行研究了。然而，如果仅仅综述一下前人的研究成果意义虽有，但并不很大。因此，我们在组织队伍并进行分工时，就要求大家一要熟悉相关内容，熟悉前人的研究成果，掌握最新资料；二要投入研究，以自己的研究成果来补充和加强、加深研究工作的进展，应能提出本专题在未来研究中具有前瞻性的问题。我们不仅是为完成课题而开展研究，更希望在这一工作进行的过程中，培养和锻炼出一支能够熟悉并从事这一领域研究的队伍来。因此，我们的这一部书，既有各专题研究状况的综述，又有各自作为支撑的研究成果。应当讲，我们的目的已经初步达到。

2008年，我们的课题已经取得阶段性的成果。为了推进这一领域的研究，也考虑到距离首届北京会议已过九年，我向学校提出，由我校组织召开第二届全国出土文献与中国文学史研究学术研讨会。这个建议当即得到校领导特别是老校长林继中先生的支持，古代文学教研室的老师大多撰写了相关研究领域的论文。会议召开时，省外也来了不少学者，本次会议达到了我们预期的效果。不久，我们出版了会议的论文集，也相应加快了课题的研究进度。

2010年，我们的课题如期结项，并于2011年正式出版了先秦卷。这样，加上此前出版的《出土文献与〈楚辞·九歌〉》《汉魏晋南北朝诔碑文研究》，我们已经有了四部出土文献与中国文学史研究的著作，可以开始考虑第二个十年的工作计划了。

特别值得高兴的是，我们第二届会议的召开，确实起到了二传手的作用，高校的古代文学界被触动了。我们的会议开完不久，山东济南大学蔡先金副校长和张兵主任与我们联系，讨论共同推进在高校古代文学研究中重视出土文献研究的工作。蔡校长告诉我们，他们准备召开第三届出土文献会议，届时邀请我们参加。此后，济南大学成立了"出土文献与中国文学研究中心"（2010），并一鼓作气连续举办了第三届（2012）、第四届（2014）出土文献与中国文学史研究学术研讨会，进一步起到了扩大宣传

出土文献与中国文学研究丛书

陈良武 主编

新出文献文本释读与文学考论

何家兴 著

社会科学文献出版社
SOCIAL SCIENCES ACADEMIC PRESS (CHINA)

作者简介

何家兴，1981年9月生，安徽无为人，安徽师范大学文学院教授、博士生导师，闽南师范大学出土文献与文学暨文化研究中心特聘研究员。主要从事出土文献、古典文学研究。发表论文30多篇。主持完成国家社科基金、教育部人文社科项目等多项。获省厅级社科成果奖励多次。

内容简介

新出文献是文史研究的前沿和热点，极大推动了古文字学、古典文献学、古代文学等相关学科的发展。本书主要包括古文字疑难字词考释、构形研究以及文学文本的整理与研究。古文字考释是出土文献最基础、最前沿工作。本书立足于字形和辞例，并结合传世文献，考释出一些疑难字，如《燕侯载簋》中的"无争"，《诸梁钟》、清华简《四告》中的"淫、内"合文等；提出"通假糅合"等理论术语，有助于汉字构形理论的建构；坚持从文本出发，确保科学性和前沿性，充分挖掘新出文献的文学史价值，努力探求早期文学的特质和规律。

总　序

汤漳平

　　闽南师范大学文学院的"出土文献与中国文学研究丛书"即将付梓，嘱予为之序。看着这沉甸甸的十部著作，回忆起多年来文学院的老师们在这一学科领域中所付出的巨大精力与艰辛，我不由得心潮澎湃。

　　出土文献与中国文学研究，是中国文学史研究中极具前沿性的研究方向。常言道，"十年磨一剑"，这十部著作，正展示了闽南师范大学文学院近十年来在该研究领域中所取得的丰硕成果。其中，有多项是国家社科基金和教育部规划项目的结项成果，已经获得有关鉴定专家的好评；一批相关论文也已在报刊公开发表，在一定程度上填补了相关领域空白，拓展了研究的思路。

　　20 年前，闽南师大文学院（当时是漳州师范学院中文系）在讨论学科的重点研究方向时，便将出土文献与中国文学研究确定为古典文学研究的重点方向，以提高古代文学师资队伍质量，也用以培养硕士研究生对这一研究领域的关注和兴趣。虽然说当时系里的师资力量并不雄厚，但是并没有人对此提出异议。报送省教育厅后，教育厅十分支持，立即将我校这一课题列为省古代文学的重点研究方向。2005 年，教育部对我们申报的课题"出土文献与中国文学史研究"予以批准立项，给我们很大的鼓励，也成了我们第一阶段工作的起点。我在《出土文献与中国文学史研究（先秦卷）》（2011 年版）的后记中有这样一段话：

　　　　感谢教育部对这项课题的支持与资助。从 2005 年教育部立项后，我们立即组织漳州师范学院古典文学教研室的老师投入这一课题的研究，希望能够尽快拿出成果来。但是这毕竟是一个比较新的研究课题，而且应当承认我们这支队伍中的多数人原先接触这方面的材料也很有限，更遑论自己进行研究了。然而，如果仅仅综述一下前人的研究成果意义虽有，但并不很大。因此，我们在组织队伍并进行分工时，就要求大家一要熟悉相关内容，熟悉前人的研究成果，掌握最新资料；二要投入研究，以自己的研究成果来补充和加强、加深研究工作的进展，应能提出本专题在未来研究中具有前瞻性的问题。我们不仅是为完成课题而开展研究，更希望在这一工作进行的过程中，培养和锻炼出一支能够熟悉并从事这一领域研究的队伍来。因此，我们的这一部书，既有各专题研究状况的综述，又有各自作为支撑的研究成果。应当讲，我们的目的已经初步达到。

2008年，我们的课题已经取得阶段性的成果。为了推进这一领域的研究，也考虑到距离首届北京会议已过九年，我向学校提出，由我校组织召开第二届全国出土文献与中国文学史研究学术研讨会。这个建议当即得到校领导特别是老校长林继中先生的支持，古代文学教研室的老师大多撰写了相关研究领域的论文。会议召开时，省外也来了不少学者，本次会议达到了我们预期的效果。不久，我们出版了会议的论文集，也相应加快了课题的研究进度。

2010年，我们的课题如期结项，并于2011年正式出版了先秦卷。这样，加上此前出版的《出土文献与〈楚辞·九歌〉》《汉魏晋南北朝谏碑文研究》，我们已经有了四部出土文献与中国文学史研究的著作，可以开始考虑第二个十年的工作计划了。

特别值得高兴的是，我们第二届会议的召开，确实起到了二传手的作用，高校的古代文学界被触动了。我们的会议开完不久，山东济南大学蔡先金副校长和张兵主任与我们联系，讨论共同推进在高校古代文学研究中重视出土文献研究的工作。蔡校长告诉我们，他们准备召开第三届出土文献会议，届时邀请我们参加。此后，济南大学成立了"出土文献与中国文学研究中心"（2010），并一鼓作气连续举办了第三届（2012）、第四届（2014）出土文献与中国文学史研究学术研讨会，进一步起到了扩大宣传

闽南师范大学文学院从第二个十年开始，就向更高的目标冲击。2013年，黄金明老师的"出土文献与秦汉魏晋南北朝文学研究"获得国家社科基金项目立项。2014年，陈良武老师的"百年来出土文献与中国文学史研究史论"获得国家社科基金项目立项。要完成这两个选题，如果过去没有一定的积累，是很不容易的。金明得益于自己前期的诔碑文研究的成果积累，而良武得益于在"先秦卷"中承担了大量的工作。因为当时我承担的任务太多，同学们在背后叫我"汤总"，意思是什么事都管。良武和常斐在"先秦卷"中协助我做了许多工作。

与此同时，我拉着王朝华老师一起来完成中华书局约好的《老子》"三全本"的撰写任务。我也是从"先秦卷"中发现朝华具有比较强的思辨能力。在《老子》"三全本"撰写过程中，我们毫无疑义要认真研究最新出土的各种文献资料，尤其是帛书《老子》和北大简《老子》。2014年7月《老子》"三全本"如期出版，得到了专家和读者的一致好评，迄今已发行几十万册。前年已签订版权转让合同，入选国家对外学术交流的"大中华文库"。2020年，商务印书馆又出版了现代阐释本《老子》。本丛书所收的王朝华老师的《出土简帛与先秦两汉典籍专题研究》应能体现出其行文的风格。

尤其值得一提的是，本丛书收入了五位年轻学者的几部专著。这些专著中有四部多是从文字学的角度，结合出土文献，对许多问题作出新的阐释，让人有耳目一新之感。"第八届出土文献与中国文学研究学术研讨会"由复旦大学出土文献与古文字研究中心承办，我当时就特别高兴。在致辞中，我说"这是一次突破"。因为准确释读古文字，是研究出土文献的基础。以前，每一期的《古文字研究》我都是要看的，网上一些重要的相关信息我也十分关注。不仅文字学，考古学动态也非常需要了解。以前《考古》《文物》《中原文物》《江汉考古》等重要的考古学杂志，我也是每期必读的。不同学科相互联系的重要性，我就不需要多说了。

本丛书还有一部我校2016年举办的"第五届出土文献与中国文学史研究学术研讨会"的论文集。六年前开的会，现在出论文集，是迟了一些，但论文集中许多学者的真知卓见是不会过时的。第五届会议上，来自全国各地高校的学者特别多，他们对于我校一连获得两个关于出土文献的国家社科基金项目深感惊讶。我校不仅有在校生提交了这方面的研究论文，也有已毕业的学生带着他们的研究成果返校来参加本次会议，大家都认为我校在这一研究领域成果确实喜人。第五届会议之后，黄金明、陈良武、蔡树才等的国家社科基金项目先后顺利结项，其成果已纳入本丛书中。嗣后，本丛书中的作者又先后获得"《诗经》学出土文献汇辑汇校集释与《诗经》学专题研究"（陈良武，2022）、"出土文献视域下的《老子》字义诠释和文本整理"（吴文文，2022）、"出土战国叙事文献整理与研究"（蔡树才，2021）等数项国家社科基金项目，显现出我校在此领域研究中良好的发展态势。

2022年，经过努力，酝酿多年的"出土文献与中国文学暨文化研究中心"获准成立。中心将继续聚焦出土文献，开展出土文献与古代文学暨文化的研究，开展中华文化元典的整理、阐释、现代转化及普及工作。陈良武为中心负责人，本丛书即由其策划、主编。本辑丛书所包括的十部著作具体书目胪列如下（按作者姓名拼音排序）①。

蔡树才：《出土简帛与东周文学考论》（2015年度国家社科基金项目成果）

陈练军：《居延汉简词汇的历史语用研究》

陈良武：《百年来出土文献与中国文学史研究史论》（2014年度国家社科基金项目成果）

何家兴：《新出文献文本释读与文学考论》

黄金明：《出土文献与秦汉魏晋南北朝文学研究》（2013年度国家社科基金项目成果）

黄金明、陈良武主编《出土文献与中国文学暨文化研究论稿》（第五届出土文献与中国文学史研究会议论文集）

贾燕子：《甲骨文文字分类解析》

王朝华：《出土简帛与先秦两汉典籍专题研究》

吴文文：《北大汉简老子研究》（2014年度教育部人文社会科学研

---

① 贾燕子教授另著有《甲骨文祭祀动词句型研究》（社会科学文献出版社，2022），亦作为"出土文献与中国文学研究丛书"之一，已先期出版。

究青年基金项目成果）

  杨继光：《碑刻文献校读与研究》

  我衷心祝贺本丛书早日问世，并期待"出土文献与中国文学暨文化研究中心"后续更多成果的出现。是为序。

汤漳平

2022 年 11 月 12 日

序

何家兴教授《新出文献文本释读与文学考论》一书即将付梓，索序于我。老师为学生著作写序历来有传统，不需用"举贤不避亲""扬善不避近"来解释，所以本着继承传统的宗旨，写序就变成自然而然的事了。

我们生逢出土文献大发现的时代，可以说是既幸运又幸福的。"幸运"是说赶上了好时代，地不爱宝，出土不断，不怕没资料看，不愁没文章写；"幸福"是说国家重视，资源倾斜，加上新技术带来的各种便捷，获取资料信息和出版著作变得更为容易，诸多好条件为研究者提供了广阔的空间，促使出土文献研究迎来了爆发的时刻。何家兴教授生在这个时代，选择了这门专业，自然也是幸运并幸福的。

如果说20世纪是"大发现"的时代的话，21世纪就是"特大发现"的时代。20世纪初，以甲骨文、汉晋木简、敦煌遗书、大库档案为代表的"四大发现"带来了多门新学问，在一定程度上使得大受西学影响的中国的学科体系、学术体系和话语体系在形成过程中保存了尊严，守住了底线，为建设有中国特色的学科体系、学术体系和话语体系打下了坚实的基础。21世纪的"特大发现"包括甲骨文、金文、战国文字、秦汉魏晋文字等，尤其以战国秦汉时期的简帛为主。这些简帛中包含了大量带有思想性和学派属性的著作，是真正的"古书"，为我们认识中国早期社会、历史、思想、文化等提供了一个相对完整的面，让我们能进一步走近古人，走近古人的思想世界。这些"特大发现"为我们带来了大量新鲜的史料和语料，为我们提供了大量的新见和新知，改变了中国早期文明研究的面貌和格局，颠覆了我们很多的传统认识。这些大量新鲜的史料和语料，促使很多相关学科都不能不做出相应的改变和调整，以适应这些新资料的冲击。很多学科都面临着利用这些新资料改变认识和对学科历史加以"重写"的问题。

何家兴教授《新出文献文本释读与文学考论》一书共分四章，第一章是新出文献概述，即学术史的梳理。这一章主要对战国秦汉简帛的出土整理情况和研究历史进行了总结和评价，包括学术价值的抉发。文中兼顾字词考释和义理阐发两个方面，点出了许多学术史研究上的亮点，对了解判断这一领域的学术发展富有提示作用。第二章是新出文献文本释读，即出土文献文本的字词考释。这方面正是何家兴教授的学科背景所属，跟其在安徽大学跟黄德宽、徐在国两位老师学习古文字学并撰写了有关战国文字形体研究的博士论文，打下了雄厚的基础有关，因此可以说是本色当行。这部分围绕着对于字词的考释和与典籍的对照校读的诸多意见，大都很有道理，或可备一说，或极具启发性，值得学术界借鉴。第三章是新出文献文学考论。利用出土文献研究先秦文学是何家兴教授在济南大学出土文献与文学研究中心工作期间的主要研究领域，也是近年发展很快的一个学科方向。新出土的早期文献中有很多文学资料，包括以往出土文献中未被重视或未被充分理解的文学资料，完全可以使先秦文学史上的很多观念和认识发生彻底改变和提升，需要学术界持续地发力，在这一领域开辟出一片崭新的天地。在这方面何家兴教授能够半路出家，迎难而上，其勇气和气魄令人敬佩。从其获得的成绩来看，这一转身是成功的，是有收获的。第四章是简帛韵文选读部分。作者选取了楚简、秦简、马王堆帛书中一些典型的韵文材料，加以韵部标注并给予简单笺注，为这批材料的阅读和理解提供了有用的参考资料。综合来看，这部书的主体内容，就是在出土文献文本字词蕴意考释的基础上，对文本的文学价值和意义进行揭示和阐发，其路数是正确的，其取得的成绩是明显的。

何家兴教授聪颖通达，对学术很执着，同时具备相当的管理能力。无论是做学术还是做管理，只要把他放到合适的位置，他都会勤勉敬业，做出超乎常人的成绩。这本《新出文献文本释读与文学考论》的出版，标志着他在学术攀登道路上的一个新的台阶。对他而言，攀上更高的台阶，向更高的学术境界迈进，想必是自然且指日可待的。

刘　钊

2024年7月于上海书馨公寓索然居

目 录

第一章　新出文献概述	001
第一节　新出文献出土、著录与研究	002
第二节　新出文献的学术价值	028

第二章　新出文献文本释读 …… 037
　第一节　"澕"字释读及相关问题 …… 037
　第二节　释新见秦瓠"牅（柚）"字 …… 047
　第三节　《燕侯载簋》考释二则 …… 049
　第四节　楚简释读三则 …… 052
　第五节　金文札记二则 …… 055
　第六节　玺印陶文释读 …… 059
　第七节　战国文字构形研究三篇 …… 066
　第八节　古书校读两篇 …… 109

第三章　新出文献文学考论 …… 123
　第一节　从清华简《子仪》谈春秋秦乐 …… 125
　第二节　清华简《子仪》赋歌研究 …… 133
　第三节　清华简《子仪》辞令研究 …… 144
　第四节　秦简《酒令》的文学史意义 …… 159
　第五节　秦简《隐书》的文本考察 …… 170
　第六节　殷商甲骨与乐学探源 …… 185

第四章　简帛韵文选读 …… 200
　第一节　楚简韵文初探 …… 203
　第二节　清华简韵文选读 …… 216

第三节　秦简牍韵文选读……………………………………… 250
第四节　马王堆帛书韵文选读………………………………… 292
第五节　余论…………………………………………………… 350

参考文献……………………………………………………………… 353

后　记……………………………………………………………… 368

第一章　新出文献概述[①]

材料是文史研究的基础和前提。新出文献引领着学术潮流，影响着整个时代的学术生态。王国维、陈寅恪两位大师有过著名论断："吾辈生于今日，幸于纸上之材料外更得地下之新材料。由此种材料，我辈固得据以补正纸上之材料，亦得证明古书之某部分全为实录，即百家不雅训之言亦不无表示一面之事实。"[②] "一时代之学术，必有其新材料与新问题。取用此材料，以研求问题，则为此时代学术之新潮流。"[③] 王国维"二重证据法"开启了近代学术研究的新范式，一直沿用至今。新出文献给我们提供了很多新资料，带来了很多新知，丰富着我们对古代中国的认知。在教学科研中，我们一直强调"材料大于一切""比较是最有效的方法"等观点，培养学生追踪新出文献的学术意识。

出土文献的整理和研究始于汉代，已有两千多年的历史。正如李学勤先生所说："在这两千多年里，出土文献层见叠出，研究工作不断走向深入。孔壁中书、汲冢竹书、商周金文、殷墟甲骨……每一次重大的发现，都不同程度地影响到那个时代的学术生态。"[④] 出土文献是当今文史研究的前沿和热点，属于这个时代的学术潮流，给古文字学、古史研究、古代文学等诸多学科都带来了重要影响。以清华简为代表的新出文献，将是未来相当长一段时间内古代文史研究领域的"显学"，将在很大程度上推动古代文史研究的深入发展。[⑤] 当前，出土文献研究迎来了最好的发展时期。出土

[①] 本书新出文献主要指20世纪70年代以来的简帛文献。
[②] 王国维：《古史新证——王国维最后的讲义》，清华大学出版社，1994，第2页。
[③] 陈寅恪：《陈寅恪集·金明馆丛稿二编》，生活·读书·新知三联书店，2001，第266页。
[④] 李学勤主编《出土文献与中国古代文明研究丛书·丛书前言》，载董珊《简帛文献考释论丛》，上海古籍出版社，2014，第1页。
[⑤] 刘国忠：《走近清华简（增补版）》，清华大学出版社，2020，第281页。

材料的多样性、连贯性、重要性,为不同学科提供了丰富资料。出土文献研究逐渐得到国家重视,具有很强的时代性和重大的现实意义。习近平总书记在致甲骨文发现和研究120周年的贺信中强调:"殷墟甲骨文的重大发现在中华文明乃至人类文明发展史上具有划时代的意义。甲骨文是迄今为止中国发现的年代最早的成熟文字系统,是汉字的源头和中华优秀传统文化的根脉,值得倍加珍视、更好传承发展。……新形势下,要确保甲骨文等古文字研究有人做、有传承。希望广大研究人员坚定文化自信,发扬老一辈学人的家国情怀和优良学风,深入研究甲骨文的历史思想和文化价值,促进文明交流互鉴,为推动中华文明发展和人类社会进步作出新的更大的贡献。"中共中央办公厅、国务院办公厅印发《"十四五"文化发展规划》明确要求:"深入研究中华文明、中华文化的起源和特质,构建中国文化基因的理念体系。加强中华民族共同体重大基础性问题研究,深入研究阐释中华民族共同体历史、中华民族多元一体格局。"其中,专栏10"中华优秀传统文化传承发展"明确了"中华古文字传承创新:系统开展甲骨文等古文字研究阐释。开展古文字与中华文明研究、甲骨藏品整理著录等计划。开发中华精品字库"。在国家的高度重视和大力支持下,出土文献研究必将推动中华优秀传统文化创造性转化、创新性发展,有助于建构中国特色学术话语体系。

第一节　新出文献出土、著录与研究

裘锡圭先生一直强调新出文献对古典学重建的重要意义,"新中国成立以后,尤其是上世纪70年代以来,在战国至汉代的墓葬里,陆续出土了大量文献资料,其中包含了很多先秦典籍(有些是已无传本的佚书)的抄本,下文把这些抄本简称为'新出文献'。从总体上看,它们对古典学的重要性已超过了'孔壁古文'和'汲冢竹书'"。[①] 其中,简帛资料是新出文献的大宗。据统计,从20世纪至今,国内各地发现简帛一百多次,出土地点多达18个省区,出土竹简30多万枚,内容极其重要且丰富。特别是20世纪70年代以后,新出文献具有文本独特、内容重要、载体丰富、形态多元等

---

① 裘锡圭:《出土文献与古典学重建》,《光明日报》2013年11月14日第11版。

诸多特点，动态呈现出早期文献的真实面貌，改变着文史研究的传统范式。关于新出文献的发现、著录和研究概述，各种概论性著作、总结性论文都有讨论。其中，简帛文献类介绍较多，如骈宇骞先生《简帛文献纲要》附录"二十世纪主要出土简帛资料"介绍战国楚地简帛、秦简牍、汉代简帛、三国吴简、魏晋唐代简牍等；李零先生《简帛古书与学术源流》第三讲"简帛的埋藏与发现"附录：简帛分域编（1901-2003年）；《当代中国简帛学研究（1949-2009）》分为简牍典籍、简牍文书、帛书，系统全面介绍了六十年简帛学研究历程；刘国忠《走近清华简（增补版）》第三章"世纪简帛"概述了20世纪简帛发现与研究，提出简帛研究必须与文献学、古文字学、学术史、科技史等领域相结合。[①] 李均明、陈民镇两位先生的《简牍学研究70年》将简牍学研究分为简牍书籍和简牍文书两个方向，系统梳理了1949年以来简牍新材料的发现与著录，简述20世纪70年代以来简牍学研究的长足发展；认为"除了基础整理与研究，简牍学研究还与文史哲各领域密切相关。简牍学70年来的发展取得了巨大成就，但亦有尚待继续努力之处"。[②] 裘锡圭先生《出土文献与古典学重建》介绍了20世纪70年代以来从战国时代到汉代的墓葬中发现的先秦典籍抄本，并对新出文献的文本形态年代、学派归属等做了重要探讨。[③] 裘锡圭、邬可晶、刘娇执笔，复旦大学出土文献与古文字研究中心"中国古典学的重建丛书"编辑组《老子今研·丛书序》，介绍20世纪70年代以来的重要简帛文献，从古书体例分类考察，深入分析了相关文本讹误和历时演变。[④] 这些梳理较为详尽，为我们提供了重要参考。下面简述新出文献的相关情况，限于学识和眼界，难免有所遗漏。

（一）出土概况及相关研究

新出文献载体十分丰富，有甲骨、青铜器、简帛、玉石等，其中，以

[①] 骈宇骞：《简帛文献纲要》，北京大学出版社，2015，第442~470页；李均明、刘国忠、刘光胜、邬文玲：《当代中国简帛学研究（1949-2009）》，中国社会科学出版社，2011；刘国忠：《走近清华简（增补版）》，清华大学出版社，2020，第29~45页。

[②] 李均明、陈民镇：《简牍学研究70年》，《中国文化研究》2019年第3期。

[③] 裘锡圭：《出土文献与古典学重建》，载清华大学出土文献研究与保护中心编《出土文献》（第四辑），中西书局，2013，第1~18页。

[④] 裘锡圭：《老子今研》，中西书局，2021，第1~27页。

简帛为大宗。简帛古书尤其重要,很多都是古佚书;有些可与传世文献对读,存在内容相同或相关的篇章、段落或文句。这些文献有助于考察传世古书的真伪年代、体例源流等。① 其中,丰富的字形辞例是汉字发展史的宝贵资料,为古文字考释提供了重要参照。很多也是文学史料,如安大简《诗经》《楚辞》等,动态呈现诗骚文本的早期形态;北大秦简公布了多篇韵文,富有文学特色,有助于重新考察秦文学的真实面貌。这些新出文献是古文字学、古典文学、古史研究等诸多学科的宝贵资料。

简帛古书是新出文献最重要的资料,主要包括战国楚地简帛、秦汉简帛等。

1. 战国竹简

(1) 信阳楚简。1957 年,发现于河南信阳长台关楚墓,有周公与申徒狄对话的内容。有学者认为是《墨子》佚文,也有学者认为是儒家佚书。安大简有相近文献,保存则较长台关简完好,保存的文字也远多于长台关简,记载申徒狄最终"因怀(踣),退,自投于河",与《庄子·外物》篇等先秦典籍"申徒狄因以踣河"的引述也相吻合,有助于进一步考察信阳竹书性质的儒墨之争。②

(2) 九店楚简。1981~1989 年,发现于湖北江陵九店楚墓,56 号墓(发掘者认为属于战国晚期早段)和 621 号墓(发掘者认为属于战国中期晚段)出土有竹书。《日书》是讲时日宜忌等事的数术类书,未见自题书名,整理者据秦墓所出同类书定名。裘锡圭先生认为"秦代至西汉早期墓葬屡见内容与九店 56 号楚墓所出相当接近的书,有些自题书名为《日书》。这些《日书》的基本内容,大概在战国时代就已形成"。③ 621 号墓所出竹书,文字极为漫漶不清,性质不明。2021 年 12 月,李家浩、白于蓝撰著《九店

---

① 裘锡圭:《出土文献与古典学重建》,载清华大学出土文献研究与保护中心编《出土文献》(第四辑),中西书局,2013,第 1~18 页。

② 黄德宽:《安徽大学藏战国竹简概述》,《文物》2017 年第 9 期。战国楚地竹书的学派归属是学术界的研究热点之一,可参看李锐《信阳长台关楚简索隐》《上博简〈凡物流形〉的思想主旨与学派归属》《近年西方汉学界对中国古代学派的研究综述》等系列论文;陈民镇:《清华简〈治政之道〉〈治邦之道〉思想性质初探》,《清华大学学报(哲学社会科学版)》2020 年第 1 期;〔日〕广濑薰雄:《清华简中所见墨家著作考》,载中国出土资料学会《中国出土资料研究》第 26 号,2022 年 7 月。

③ 裘锡圭:《出土文献与古典学重建》,载清华大学出土文献研究与保护中心编《出土文献》(第四辑),中西书局,2013,第 1~18 页。

楚墓竹书》出版，释文、注释全面吸收学界已有成果。① 李家浩先生认为《招魂》《大招》和九店简"告武夷"都是楚人的作品，其目的都是使生魄归来，彼此有相通之处，如都用语辞"来归"，② "许多学者指出，《招魂》《大招》的作者，是根据战国时期楚国地区流行的巫祝招魂的祝辞，加以改编、润色而成的，可惜这种流行的巫祝招魂的祝辞，目前尚未发现，但却发现同时期同地区的巫祝祝告武夷的祝辞"③。诚如李先生所说，"告武夷"对楚辞相关文本的生成具有重要价值。新出清华简《祝辞》《祷辞》《四告》《参不韦》等呈现了祝告文本的早期形态，必将深化相关研究。

（3）慈利楚简。1987年，发现于湖南慈利楚墓，与《国语·吴语》《逸周书·大武》《管子》《宁越子》等典籍相关，内容尚未完全公布。魏宜辉先生《慈利楚简校读札记》、苏建洲先生《读慈利楚简〈逸周书·大武〉三题》等属于最新研究成果。慈利楚简为《国语》《逸周书》等相关文献的文本生成提供了重要参考。

（4）郭店简。郭店简掀起了战国文字研究的一个热潮，极大推动了整个古文字研究，解决了很多疑难字词问题。1993年，发现于湖北荆门郭店楚墓，包括道家文献《老子》《太一生水》以及儒家文献《缁衣》《五行》《性自命出》《成之闻之》《尊德义》《六德》《穷达以时》《鲁穆公问子思》《唐虞之道》《忠信之道》等。李零、刘钊等先生进行过校读。2011年，陈伟、彭浩主编《楚地出土战国简册合集（一）·郭店楚墓竹书》出版，"迄今为止，在科学发掘出土的文字资料中，郭店楚简是唯一一批保存比较好的先秦典籍，学术价值极高，在文字学、古文献学、先秦思想史，尤其是先秦学术史的研究上具有十分重要的地位"④。近年，单育辰先生对《尊德义》《成之闻之》《六德》三篇进行了集释、排序和对读。⑤ 刘传宾先生广泛搜集材料、取舍各家意见，从郭店一号墓的年代与墓主问题、形制特点

---

① 李家浩、白于蓝：《楚地出土战国简册合集（五）·九店楚墓竹书》，文物出版社，2021。
② 语辞"来归"在传世文献中也有近似的，如战国冯谖歌作"归来"，即："长铗归来乎！食无鱼"；"长铗归来乎！出无舆"；"长铗归来乎！无以为家。"
③ 李家浩：《九店楚简"告武夷"研究》，载《著名中年语言学家自选集·李家浩卷》，安徽教育出版社，2002，第337~338页。
④ 黄有志：《指尖上的楚简制作技艺——以复制〈郭店楚简〉为例》，《书法报》2023年5月17日第22~23版。
⑤ 单育辰：《郭店〈尊德义〉〈成之闻之〉〈六德〉三篇整理与研究》，科学出版社，2015。

与古书体例、编连与拼合研究、郭店竹简文字研究、文献对比研究五个方面对郭店竹简文本研究情况作了全面总结和回顾。① 郭店简为古书形成和早期学派的研究提供了重要参考，特别是还原了《老子》的早期面貌。

（5）上博简。1994 年，入藏上海博物馆，涉及儒典、诗赋、史书、子书、数术等内容，如《孔子诗论》《子羔》《缁衣》《性情论》《周易》《容成氏》《恒先》《凡物流形》《曹沫之陈》《郑子家丧》《逸诗》《李颂》《兰赋》《卜书》等。目前出版九辑整理报告，尚未完全刊布。曹锦炎先生新公布了《卉茅之外》一篇。② 上博简内容丰富，特别是《孔子诗论》，引起了古典文学研究界的极大兴趣，为探讨"孔子删诗"、早期诗论等提供了重要文学史料。刘信芳、曹建国、晁福林等先生有专门论著。徐正英先生立足于《孔子诗论》考察中国早期诗学的体系建构等。③ 上博简《凡物流形》《李颂》《兰赋》与楚辞关系密切，为考察"前屈原时代"楚辞的文本生成提供了重要参照。上博简《周易》是最早的楚地易学文献，有助于文本校勘和易学传播研究。安大简也有《曹沫之陈》，记载鲁庄公与曹沫的对话，涉及当时的军事、政治观念，是一篇十分重要的兵学文献，可与上博简《曹沫之陈》对读，能够解决上博简本的诸多编连问题，复原出一篇较完整的文献。这些相同相近文本的不断出土，动态呈现了战国时代楚地文本的传抄和流动。有些文本中还有他系的字形特征和用字习惯等，一定程度上显示了早期文本的地域传播和空间分布，反映了战国时代的文化交融。很多学者对上博简进行了分篇或专项整理，如李天虹先生整理《性情论》，陈剑先生、单育辰先生研究《容成氏》等，台湾学者季旭昇等先生作了上博简系列读本，李守奎等先生编纂上博简字编，徐在国老师编纂上博简声系等。其中，陈剑先生对上博简文字释读和文本编连贡献巨大。

（6）香港中文大学文物馆藏简牍。香港中文大学文物馆历年收藏简牍包括战国简 10 枚，可与上博简《缁衣》《周易》《子羔》《季庚子问于孔子》相编连；西汉简 215 枚，涉及日书等内容。陈剑先生将其中的一枚残

---

① 刘传宾：《郭店竹简文本研究综论》，上海古籍出版社，2017。
② 曹锦炎：《上博竹书〈卉茅之外〉注释》，载武汉大学简帛研究中心主办《简帛》（第十八辑），上海古籍出版社，2019，第 1~11 页。
③ 徐正英：《上博简〈孔子诗论〉"小雅"论及其诗学史创获》，《文学评论》2022 年第 2 期。

简拼合上博简《子羔》，完整复原了三代之始祖禹、契、后稷的诞生传说。①

（7）清华简。2008年入藏清华大学，涉及书类、诗类、史书、子书、数术、乐律等方面的内容，如《保训》《厚父》《尹诰》《说命》《摄命》《封许之命》《迺命》《命训》《耆夜》《周公之琴舞》《芮良夫毖》《系年》《楚居》《治邦之道》《心是谓中》《筮法》《算表》《越公其事》《祝辞》《祷辞》《病方》《四时》《司岁》《行称》《五纪》《参不韦》等。目前已经出版13辑整理报告，尚未完全刊布。清华简是近年文史研究的前沿和热点，涉及中国传统文化的核心内容，多为经史类佚文献。清华简整理团队每年一辑，整理水平和效率极高。其中，书类文献对于研究《尚书》《逸周书》等的传流问题意义重大，"以清华简《尹诰》与孔传本《咸有一德》比较，很容易看出后者是晚出的依托之作，种种辩解都是徒劳的"②。李学勤先生通过清华简对秦人始源、周初史事、古史传说等进行了全面深入的研究。关于书类文献，冯胜君、宁镇疆、程浩、刘光胜、张怀通等都有重要成果。其中，冯胜君先生探讨了《尚书》真伪问题、先秦《书》类文献的样貌、清华简《书》类文献的价值等，并笺释了十四篇文献，有很多新见和重要论断。③ 清华简研究成果丰硕，如李学勤先生《初识清华简》《清华简及古代文明》，李守奎先生主编"清华简《系年》与古史新探研究丛书"，贾连翔等《清华大学藏战国竹简（壹—三）文字编》《清华大学藏战国竹简（肆—陆）文字编》等。文字考释取得了重要进展，如黄德宽老师释"湛""四尣"，改释齐系"马"字等，赵平安先生释"市"、补"扁"等，李守奎先生释"规""反"等，陈剑释"蠲"与"{统}"等。清华简包含诗类文献，特别是《耆夜》中的《蟋蟀》，《周公之琴舞》《芮良夫毖》《虞夏殷周之治》等为探讨先秦歌诗、乐用形态、先秦乐制等提供了丰富资料。黄德宽老师认为《赤鹄之集汤之屋》从简文的故事结构、内容和性质，或从写作方法来看，都可看作先秦的"小说"作品，已经具备早期小说的文体

---

① 陈剑：《上博简〈子羔〉、〈从政〉篇的竹简拼合与编连问题小议》，载《战国竹书论集》，上海古籍出版社，2013，第24~27页。
② 李学勤：《清华简对学术史研究的贡献》，载《初识清华简》，中西书局，2013，第145页。
③ 冯胜君：《清华简〈尚书〉类文献笺释》，上海古籍出版社，2022。

特征，有可能改写文学史家"先秦无小说"的定论。① 清华简与古史研究、哲学史研究、思想史研究等都有很多相关成果。清华简包括丰富的乐学史料，有助于考察早期中国的礼乐实践和乐学体系等，有利于梳理《乐论》的文本层次等。《参不韦》属于明显的拟托人物，有助于探讨早期文学的"拟托"书写等。

（8）夏家台楚简。2014～2015年，发现于湖北荆州夏家台楚墓，包括《诗经·邶风》《尚书·吕刑》以及日书等内容，内容尚未公布。

（9）安大简。2015年，入藏安徽大学，包括60篇《诗经·国风》以及楚史、楚辞、子书，还有一些涉及相面、占梦等方面的材料。2019年，《安徽大学藏战国竹简（第一辑）》公布，安大简《国风》是目前公布最早的《诗经》写本。安大简各《国风》之后有"《周南》十又一""《召南》十又四""《侯》六""《鄘》九""《魏》九"之类的归属说明与篇数统计。学者们在异文研究、字词考释、用字现象、诗序研究、文本性质、用韵规律等方面做了很多讨论。② 2022年8月，第二辑公布，收录《仲尼曰》《曹沫之陈》两篇文献。据整理者介绍，简文所记孔子言论共25条，见于今本《论语》者有8条，另有一些可与《礼记》《大戴礼记》《孔丛子》等传世文献对照，但文字不尽相同。安大简《仲尼曰》可能摘抄自《论语》在战国时的编定本。简本的发现对研究《论语》的成书流传、文本的发展变化以及孔子思想等问题均具有重要意义。《曹沫之陈》记载鲁庄公与曹沫的对话，内容涉及当时的军事政治观念，是一篇十分重要的兵学文献。另外，简文可与上博简《曹沫之陈》对读，能够帮助解决上博简本的诸多编连问题。两个文本的异文也很丰富，对研究语言文字相关问题具有重要价值。孔子言论多见于出土文献。顾史考先生对上博简孔子语录类文献进行分类整理，认为"竹书之中，相当重要的一类即孔子语录类或孔子对话类的文本，记载孔子与弟子、时人及鲁国执政者的会话，或以简短的问答为主，或以长篇的对话为形式，多为颇堪玩味的言论，而皆可与《论

---

① 黄德宽：《清华简〈赤鹄之集汤之屋〉与先秦"小说"——略说清华简对先秦文学研究的价值》，《复旦学报（社会科学版）》2013年第4期。
② 陈民镇：《简牍〈诗〉类文献的发现与研究》，《古代文学前沿与评论》第7辑，社会科学文献出版社，2022年。

语》及《礼记》等传世古籍中的相类文献进行相当有意义的比较"。① 侯乃峰先生系统校理上博简儒家文献，多记孔子及孔门弟子的相关言论和事迹。② 2021年6月，荆州王家咀798号出土《孔子曰》，主题及文体与《论语》极为相似。黄德宽老师认为："《仲尼曰》《孔子曰》这两种战国简文情况非常相似，这表明在战国时期，孔子言论已广为流行，孔门弟子辑录编撰的孔子语录不止一种，并且曾以不同的方式在一定范围内流传。"③ 由此可见，战国楚地儒学文献十分丰富。这些文本有助于推测早期《论语》定型及其传播。

安大简保存两篇完整楚辞类文献。整理者介绍简文以舜之二妃娥皇、女英悼念舜为主题，抒发"离居"之怀，体现了楚辞"述离居，则怆怏而难怀"的特点。另一组简文首句曰"善而莫吾知"，作者认为自己德高行善，"小心翼翼""贵吾不骄""贫吾不惑"但不为世所认可。④ 这些新出文献为考察早期楚辞生成提供了重要参考，有助于辨析某些篇目的作者和形成时间。常森先生提出上博简、郭店简中的儒典对屈原辞有较大影响，郭店简《穷达以时》所表达的，臣子的穷达是由人所无法干预的天时所决定的观念反复出现在屈原作品中，比如《离骚》"吾独穷困乎此时也"。此外，《穷达以时》提出君子在不通达的时候也不应改变对德行的持守，要修身端行以俟其时。这也正是屈原遭遇现实政治不顺时的选择，比如《九章》"知前辙之不遂兮，未改此度"。对于《穷达以时》和屈原辞间的这种关联现象，常森先生称为"对象文本之间的'有组织的关联'"，认为出土文献和传世文献在文本上偶然一现的关联并不重要，这种有组织的关联才值得重视。⑤ 安大简还有"相面""占梦"等文献。这类文献在秦汉简帛中多有发现，具有相对稳定的传统。《诗经》《左传》等先秦文献有很多描物写人的记载，特别是《左传》对异相的书写。这些资料都显示了早期的相术传统

---

① 顾史考：《上博竹书孔子语录文献研究》，中西书局，2022，第1页。
② 侯乃峰：《上博楚简儒学文献校理》，上海古籍出版社，2018。
③ 黄德宽：《略说〈仲尼曰〉〈曹沬之陈〉的文献价值——在〈安徽大学藏战国竹简（二）〉发布会上的发言》，2022年8月19日，"战国文字微刊"公众号。
④ 黄德宽：《安徽大学藏战国竹简概述》，《文物》2017年第9期。
⑤ 常森：《新出土文献与屈原辞》，"北大文研论坛"第156期"简帛古书与传世文献"，2021年12月31日。

以及早期文学的书写技艺。安大简具有重要文献价值，有助于校读传世古书。①

（10）龙会河北岸楚简。2018～2019 年，发现于湖北荆州龙会河北岸楚墓，涉及西周史、楚国史的新材料。据发掘者介绍，这批资料为研究《尚书》类文献传承、西周初年若干史实以及楚国历史等提供了新的实物资料，具有重要学术价值。简文中有文王、成王、穆王、庄王、共王、康王、灵王、平王、昭王、惠王、简王、声王 12 位楚王的谥号，与《史记·楚世家》所载楚王世系相合；在 275 号简文又见"大司马，左、右司马"等楚国军事职官，分析这类简文内容与《左传》等文献记载"军礼"相关；另一类竹简稍短，约 41 厘米，宽 0.5～0.6 厘米，字体较为规整。内容多有"王若曰"等语句，简文类似于《尚书·周书》《逸周书》行文句式，分析与西周初年"周公辅政"相关。最近，蒋鲁敬先生引用了相关释文，还提及荆门望山桥 M1 卜筮祭祷简，认为简 269 记载楚庄王十五年春季于蒐地检阅车马，与《左传》宣公十年"楚子伐郑"有关。②

（11）荆门严仓 1 号楚墓。2009～2010 年，湖北省文物考古研究所对荆门严仓墓地进行了抢救性发掘，出土了一批竹简，主要是卜筮祭祷、遣策和签牌。③祭祷简文中的"悼愲"见于包山简。据整理者介绍严仓简遣策记有多种楚纺织品，如"楚絣""楚纺""楚黄""楚缟"，其他地域的有"宋需光""素卫锦""卫赤锦"。还可见"上宋需光""上楚"，"上"或是品级高的意思。这些不同地域的纺织品再现了战国时代商贸的发达，有助于理解相关文学作品中地域风物的描写。

（12）荆州王家咀 798 号楚墓。2021 年 6 月，王家咀 798 号战国楚墓出土三种竹书。据发掘者介绍，第一种拟题为《孔子曰》。全文分为多篇。部分简背有篇题，均不见于今本《论语》，例如"居川上之下""智（知）之乐之""可智（知）也之下"。篇中分章，每章多以"孔子曰"起始。部分内容较长的章又分为若干节，分章及分节均用"■"间隔标示，未发现全

---

① 蔡伟：《据安大简〈仲尼曰〉校〈论语〉一则》，"锦州抱小"微信公众号，2022 年 8 月 1 日。
② 蒋鲁敬：《试说战国楚简中的"蒐"字》，载清华大学出土文献研究与保护中心编《出土文献》2022 年第 1 期。
③ 湖北省文物考古研究所、武汉大学简帛研究中心：《湖北荆门严仓 1 号楚墓出土竹简》，《文物》2020 年第 3 期。

书总题。为与今本《论语》相区别，整理小组将其拟题为《孔子曰》。简文的部分章节见于今本《论语》，但不尽相同。少量章节不见于今本《论语》，而见于《礼记》《孟子》等其他传世古籍，也有未见于传世记载的章节。发掘者认为，王家咀楚简《孔子曰》的出土，其重要价值在于对《论语》成书过程的再思考。……此前考古发现的竹简本《论语》有定州汉墓竹简、海昏侯墓竹简、朝鲜平壤贞柏洞汉墓竹简三种。据研究，上述几种简本与今本《论语》相比较，文本之间大同小异，主要是在字形、虚词、章句、篇目分合中存在差异。而王家咀楚简《孔子曰》与西汉各本《论语》虽有一定渊源关系，但其整体文本结构差异较大，不可遽视为同一书。

第二种为《诗经》。发掘者介绍内容与今本《诗经》"十五国风"（《周南》《召南》《邶风》《鄘风》《卫风》《王风》《郑风》《齐风》《魏风》《唐风》《秦风》《陈风》《桧风》《曹风》《豳风》）的部分诗篇可以相对读。简文诗篇在每篇结束时，都有"■"作为分篇的标识。王家咀楚简《诗经》还有一个显著的特色是有关诗篇的分章。每篇诗中除第一章不作分章的提示，其余各章均有明确的标注。并且每一诗篇的最后还有对该诗分章的总结，诗篇分几章就记为"×章成篇"。今本《诗经》在每篇之后都有关于分章的解说，从简文的分章来看，有的与今本《诗经》相同，有的则不同。如简本有"《终风》四章成篇"，今本《邶风·终风》作"终风四章"；简本有"《汉广》二章成篇"，今本《周南·汉广》作"汉广三章"。王家咀楚简《诗经》皆有篇名，说明当时《诗经》已经形成了比较固定的文本，对于认识《诗经》的成书与传抄有重要价值。王家咀楚简《诗经》中每一诗篇的分章，对于认识今本《诗经》的分章以及分章异同的原因更是极具价值。[1]

王家咀出土 3 支疑似乐谱竹简，"据初步研究，其中的'乐'简可能是一种失传的记谱方法，和现存的我国传统工尺谱、减字谱，以及西方的五线谱、简谱都不同，对其进行深入的研究，不仅可以填补儒家经籍的空白，对世界音乐史研究也将产生重要影响。"[2] 杨浪先生认为："这应当是国内继

---

[1] 肖玉军：《湖北"六大"终评项目——荆州王家咀 798 号战国楚墓》，"江汉考古"公众号，2022 年 5 月 10 日。

[2] 荆州博物馆：《重大喜讯：荆州王家咀 798 号战国楚墓荣获"2021 年湖北六大考古新发现"》，"荆州博物馆"公众号，2022 年 5 月 10 日。

《敦煌乐谱》、唐代《碣石调·幽兰》文字谱以后,存世古乐谱真迹的一次重要发现。而且把迄今存世的中国古谱提早了1000年。……王家咀墓出土竹简中《孔子曰》《诗经》与乐谱一起出现,这一定不是偶然的,是'诗书礼乐'制度和文献传承的清晰记录。也是这批乐谱简内容的逻辑方向。"①贾湖骨笛、殷商石磬钟铙等出土实物,以及甲骨文记录和早期字形都反映出早期乐学的发达。在一定程度上,这些实物和记载都说明音律、乐谱等早已产生。

（13）荆州枣林铺楚简。据赵晓斌先生介绍,自2019年以来,为配合当地工程建设,荆州博物馆对该古墓群中的唐维寺、造纸厂、熊家湾、彭家湾等墓地进行了考古发掘。目前,已发掘了近800座小型战国楚墓,先后在7座墓葬中发现竹简。2019年,唐维寺M126出土的8支、熊家湾M43出土的2支卜筮祭祷简公布。2020年,造纸厂M46出土竹书九篇,缀合后有535支;彭家湾M183出土卜筮祭祷简12支。2021年,彭家湾M264出土卜筮祭祷简1支,造纸厂M70出土遣策3枚,熊家湾M70出土卜筮祭祷简4枚。② 彭家湾M183简文中的楚国大事纪年,有"宋客左师虎适楚之岁""齐客祝絮问王于蒇郢之岁""齐客祝絮适楚之岁",后两者应为同一岁名,"宋客左师虎适楚之岁"与天星观简中的"左师虎聘于楚之岁"也应该是同一岁名。"适楚""聘于楚""问王于蒇郢"是对同一事类的不同表述。M264竹简为1枚祭祷简。2019年5月,唐维寺M126出土竹简8枚,属于祭祷简。简文大事纪年为"燕客臧宾问王于蒇郢之岁"。其中,1号简有"栾逸以为乐尹须丕产贞筮"。"乐尹"为楚国司乐之官。熊家湾M43竹简2枚,简文大事纪年,整理者疑为"魏客南公石楚之岁"。③

2020年10月,荆州枣林铺造纸厂46号战国楚墓出土一批竹简。据赵晓斌先生介绍,经初步缀合、编连,有字简为535支,内容分为5种9篇文献。其中,一篇摘首句拟题为《吴王夫差起师伐越》,共79支简,与清华

---

① 杨浪：《荆州先秦古乐谱破译初探》，《财经杂志》2022年6月27日。
② 赵晓斌：《湖北荆州枣林铺战国楚墓》，载国家文物局主编《2020中国重要考古发现》，文物出版社，2021，第72~75页。
③ 赵晓斌：《荆州枣林铺楚墓出土卜筮祭祷简》，载武汉大学简帛研究中心主办《简帛》（第十九辑），上海古籍出版社，2019，第21~28页；刘洪涛：《先秦楚国的须丕复氏》，《文史》2021年第3期。

简《越公其事》可以对读，为同文异本。赵晓斌先生通过造纸厂楚简检验《越公其事》编连、补缺和篇题问题，并对文本异同进行了比对分析。①造纸厂楚简中还有一篇《诗书之言》（甲篇），其中称引了"《三不韦》"。程浩先生指出值得注意的是，与《诗书之言》关系密切的《墨子·非命》，在引用"《三不韦》"时又称之为"三代不国〈韦〉"。②

新出楚简数量巨大、内容重要。有些还有多个版本，呈现出丰富的异文和独特的体式，为探讨早期古书经典化提供了重要参考。这些文献反映了战国楚地文化的多元性和流动性。有些文本源于西周时代的档案文献，如《摄命》《四告》等，其文字形体、用字习惯和语辞句式带有明显的存古特征；有些则有其他地域的因素，如《良臣》等，一定程度上反映了底本、书手的流动性。③ 目前刊布的楚简只是战国楚地文献的冰山一角。这些楚简增强了我们对古书体例、源流复杂性的认知，为古代文明研究注入了新活力。

2. 秦简牍

秦简牍内容丰富，包括律令、文书、算书、数术方技、文学等，是古文字、古文献学、古代史等研究领域的重要材料。陈伟先生主编《秦简牍合集》收录出土秦简牍共六批，包括睡虎地秦墓简牍、龙岗秦墓简牍、郝家坪秦墓木牍、周家台秦墓简牍、岳山秦墓木牍、放马滩秦墓简牍等，对简牍编连、断简缀合、简册复原等未有尽者进行补充校订，并提供更为清晰完整的简牍图版和更为准确的释文文本，囊括学界数十年的释读成果，并提出很多新解。《秦简牍合集》是当前秦简牍整理和集释的集大成者，为秦简牍再研究提供了极大便利。

（1）睡虎地秦简。1975年，发现于湖北云梦睡虎地秦墓，除司法文书等内容外，还有《日书》《为吏之道》等。其中，《为吏之道》与岳麓秦简《为吏治官及黔首》、北大秦简《从政之经》、王家台秦简《政事之常》内

---

① 赵晓斌：《荆州枣纸简〈吴王夫差起师伐越〉与清华简〈越公其事〉》，载清华大学出土文献研究与保护中心编《清华战国楚简国际学术研讨会论文集》，2021，第6~11页。
② 程浩：《论清华简中的"依托"之作》，"出土文献与典籍文本形成研究高端论坛暨'出土文献与古书形成问题研究'重大课题工作会议"论文集，上海大学古代文明研究中心，2022年10月。
③ 古书类简帛文献属于后时资料，文本层次复杂。郭店简部分篇目具有齐系文字特征，参看冯胜君《郭店简与上博简对比研究》，线装书局，2007。

容相近。《为吏之道》有些语句见于《礼记》《说苑》以及《老子》《淮南子》等诸子文献。如"临财见利,不取苟富;临难见死,不取苟免",《礼记·曲礼上》作"临财毋苟得,临难毋苟免",《吕氏春秋·士节》《晏子春秋》佚文则作"于利不苟取,于害不苟免",《文子·上礼》《淮南子·泰族》为"见难不苟免,见利不苟得,人豪也"。

睡虎地秦简《日书》记载了有关"牵牛织女"传说。赵逵夫先生有详细讨论。甲种有两简明确提到牵牛娶织女之事。其一五五简正面文字先说娶妻的吉日,然后说:"戊申、己酉,牵牛以取织女,不果,三弃。"其第三简简背文字云:"戊申、己酉,牵牛以取织女,而不果。不出三岁,弃若亡。"赵先生认为:"上面论述这些,是要说明《日书》的内容不是日者们随意造作的,它是依据同某些日子相关的历史事件、传说中的相关情节以及身边发生的一些偶然事件进行归纳,又联系干支、建除、五行理论等加以推衍而成的。由此可以说,睡虎地《日书》(甲种)中关于牵牛、织女的两条文字,反映了秦代以前民间'牵牛织女'传说的大体情节、人物特征及其某些细节。"①《日书》占辞、易传卦爻辞、音占、祝祷辞等特殊文本往往蕴含一些历史故事,对于考察相关历史传说极具史料价值。当然,这些故事具有一定的浓缩性和隐秘性。

《为吏之道》备受学界关注。其中,第五栏中与《荀子·成相》篇格式极为相似(基本上是三三七四七的句式,每首都是第一、二、三、五句押韵)的八首韵文更是学者们研究的重点。姜书阁先生《睡虎地秦墓竹简中的一篇成相杂辞》以及陈良武先生《出土文献与〈荀子·成相篇〉》都利用"二重证据法",通过《荀子·成相》篇与《为吏之道》的互证,来探索"成相辞"的文本来源。姜书阁先生认为"成相辞"这种体裁格式是战国后期楚地一种民间歌谣俚曲的名称,其最初来源当是某种劳动号子,在长期流行中已经形成一定的形式和格调,陈良武先生认为"成相辞"这种艺术形式并非荀子首创,而是在《荀子·成相》篇前就已经广泛流传,民间歌谣与瞽史说唱的相互作用与融合促进了"成相辞"的最终定型。刘娇女士将睡虎地《为吏之道》与王家台《政事之常》相互参校,并结合传世

---

① 赵逵夫:《由秦简〈日书〉看牛女传说在先秦时代的面貌》,《清华大学学报(哲学社会科学版)》2012年第4期。

文献进行梳理。① 台湾学者徐富昌先生《睡虎地秦简文字辞例新编》第十五卷附录则收入"睡虎地 11 号墓竹简"及"睡虎地 4 号墓木牍"之全部释文。王辉先生《简帛为臣居官类文献考论》对简帛文献中为臣居官类文献进行整理,对秦简"居官"文献《吏道》《为吏》《政事》《从政》异文进行比堪,可以参看。②

（2）放马滩秦简。1986 年,发现于甘肃天水放马滩秦墓,包括甲种《日书》、乙种《日书》及《志怪故事》。2009 年 6 月,《天水放马滩秦简》正式出版。孙占宇、程少轩先生有专门研究。③《志怪故事》在民间通俗文学史上占有重要地位,"放马滩简中这则故事,情节不如《搜神记》的曲折,但仍可视为同类故事的滥觞,值得大家注意。"④ 新出楚简带来很多文学新史料,深化了我们对志怪小说起源的认识。清华简《说命》记载"失仲是生子,生二牡豕"。王挺斌先生联系《洹宝斋所藏甲骨》第 238 号,释文为:"□□卜,贞：帚（妇）鼠，又（有）。"他认为卜辞说妇鼠""，大概只是根据当时人的一些经验判断。当时妇鼠怀孕了之后,已经出现了一些怀有双胞胎的迹象。有意思的是,""""二字两相呼应,但都是指妇鼠的双胞胎,"人""豕"之别已趋淡化。另外,在古书中还有"封豕""豕人立而啼"等语,都是在"人""豕"之间用修辞语言架构起桥梁。所以,《说命》中所谓的"生二牡豕",只是一种文学修辞语言,并非实指。⑤ 清华简《赤鹄之集汤之屋》明显有志怪因素,整理者认为简文最引人注目的特点,是有浓厚的巫术色彩。如说汤诅咒伊尹,使他"视而不能言",随后伊尹被称作"巫乌"的鸟拯救,并由之知道"夏后（桀）"身患重病,原因是天帝命"二黄蛇与二白兔居后之寝室之栋"等情况,从而解救"夏后"于危难。这些可能与楚人好信巫鬼的习俗有关,应是在楚

---

① 刘娇:《言公与剿说——从出土简帛古籍看西汉以前古籍中相同或类似内容重复出现现象》,线装书局,2012,第 282~284 页。
② 徐富昌:《睡虎地秦简文字辞例新编》,万卷楼,2021；王辉:《简帛为臣居官类文献考论》,上海古籍出版社,2022。
③ 孙占宇:《天水放马滩秦简集释》,甘肃文化出版社,2013。程少轩:《放马滩简式占古佚书研究》,中西书局,2018。
④ 李学勤:《放马滩简中的志怪故事》,《文物》1990 年第 4 期。
⑤ 王挺斌:《〈说命〉"生二牡豕"与〈洹宝〉238 号甲骨合读》,《中原文化研究》2017 年第 4 期。

地传流的伊尹传说。① 刘钊老师认为:"研究志怪小说,大家举的例子一般都是放马滩秦简的《丹死而复生》和北大秦简的《泰原有死者》这两篇,但很多人没有注意到睡虎地秦简《诘咎》篇,它的形式跟早期的志怪小说更像,就是谈有一个什么鬼,叫什么名字,有什么表现,我们用什么办法驱除它。这跟后世的《白泽精怪图》相似,敦煌文书里边也有这个材料,这个就更接近典型的志怪小说。"② 诚如刘老师所说,简帛文学史料有待进一步发掘和研究。从甲骨文记载妇鼠"▨""▨"到清华简《说命》"生二牡豕"、秦简《志怪故事》,这种书写具有很强的传统。甲骨记事已有一定的文学修辞色彩。楚简、秦简的叙事具备了一定的故事情节和修辞技巧,充分显示了早期叙事和拟托书写的高度。

(3)王家台秦简。1993年,发现于湖北江陵王家台秦墓,包括《日书》《归藏》《政事之常》等内容,尚未完全公布。《归藏》的发现使人们意识到传世《归藏》佚文并非无据。《筮法》或者与《归藏》有关,③ 提供了周代占筮系统的新材料和解读数字卦的新线索,引发学者们热议,如程浩《清华简〈筮法〉与周代占筮系统》、廖名春《清华简〈筮法〉篇与〈说卦传〉》、贾连翔《出土数字卦材料整理与研究》、林忠军《清华简〈筮法〉筮占法探微》、刘大钧《读清华简〈筮法〉》、夏含夷《是筮法还是释法——由清华简〈筮法〉重新考虑〈左传〉释例》、刘光胜《从清华简〈筮法〉看早期易学转进》等。

王家台《归藏·归妹》307号简文:□《归妹》曰:昔者恒我窃毋死之□;201号简文:□□耒(奔)月,而支(枚)占□□□。从残简来看,这可能是"嫦娥奔月"早期版本。其中,嫦娥写作"恒我",并有"窃不死药"和"奔月"的情节记载。④ 秦简《归藏》将嫦娥神话的文献记载年代提前至战国时代。王传龙《"〈归藏〉"用韵、筮人及成书年代考》对《归藏》的句读和用韵情况进行了分析,指出除缺残严重无从判断韵脚字的8条外,其余9条皆存在明显的用韵痕迹,其中又以逐句押韵居多,也存在隔

---

① 李学勤主编《清华大学藏战国竹简》(叁),中西书局,2012,第166页。
② 刘钊:《当前出土文献与文学研究的几点思考》,《济南大学学报(社会科学版)》2019年第4期。
③ 李学勤:《〈归藏〉与清华简〈筮法〉、〈别卦〉》,《吉林大学社会科学学报》2014年第1期。
④ 戴霖、蔡运章:《秦简〈归妹〉卦辞与"嫦娥奔月"神话》,《史学月刊》2005年第9期。

句押韵的形式，部分繇词使用了韵部相同的叠韵字乃至双声叠韵字作为韵脚，但仍以韵部相近的韵脚字为主，与《诗经》的用韵状况大致相符，并据该用韵痕迹得出"《归藏》繇词本为巫师所唱诵文本"的结论。

（4）岳麓秦简。2007 年，入藏湖南大学岳麓书院，除律令外，尚有《数书》《质日》《占梦书》《为吏治官及黔首》等内容，目前已出版 5 辑整理报告。第一册包括《质日》（160 余枚）、《占梦书》（48 枚）、《为吏治官及黔首》（80 余枚），共约 288 枚简。第二册《数书》，共 236 枚简。第三册《奏谳书》，共 252 枚简。第四册共 391 枚简，其中秦律 283 枚，秦令 108 枚。第五册秦令，共 337 枚。待出版的大概还有 2 册，约几百枚简，大部分是秦令。陈松长先生认为《占梦书》是现在所知中国最早的梦书文献，共有 48 枚简。中国古代关于梦书的记载，最早见于《晏子春秋·内篇杂下》，但这些早期梦书都已亡佚，其占梦术的具体内容已不可知。《占梦书》的发现为我们提供了关于秦代占梦的宝贵资料。《数书》保存了有很多古算法的最早例证，并揭示了从岳麓秦简《数书》到张家山汉简《算数书》再到《九章算术》的发展脉络。秦代的奏谳文书告诉我们，有关中国古代的奏谳制度，早在秦代已经基本成型，汉以后只是不断完善而已。陈伟先生对岳麓秦简做了大量的校读工作，相关成果发表于武汉大学简帛网。律令有些可与睡虎地秦简中的秦律互为补校。陈伟先生认为"奉敬律"应为"奔敬律"，首见于岳麓秦简，从内容来看，属于军事法令，这为秦法律简增添一新律名，对了解秦汉法制史极具意义。秦"奔敬律"所谓"为五寸符"当指显示身份、充作通行证的符节。"奔敬律"的性质为紧急情况下调兵驰援以及控制"奔命"的法律规定。① 《岳麓秦简〈为吏〉与〈说苑〉对读》认为："岳麓书院藏秦简《为吏》与《说苑·谈丛》这两段文句的近似，可能具有特别的含义。或许刘向编撰《谈丛》时，曾利用了《为吏》这类文献。"② 楚简、秦汉简帛中有很多格言类资料，可以对读研究。如郭店简《语丛》、上博简《从政》《用曰》等，很多内容也见于传世文献。明郎瑛《七修类稿》卷二十三"秦汉书多同"条举出了很多古书间篇章相合

---

① 陈伟：《"奔警律"小考》，武汉大学简帛网，2009 年 4 月 22 日；曹旅宁：《岳麓秦简"奔警律"补考》，武汉大学简帛网，2009 年 4 月 25 日。
② 陈伟：《岳麓秦简〈为吏〉与〈说苑〉对读》，武汉大学简帛网，2009 年 12 月 1 日。

或文字相合的例子，并对产生这种现象的原因作了分析。① 章学诚《文史通义·言公上》曾有精彩论述："古人之言，所以为公也，未尝矜于文辞，而私据为己有也。"② 余嘉锡《古书通例》在"汉志著录之书名异同及别本单行""秦汉诸子即后世之文集""古书多造作故事""古书不皆手著"等章节中对古书的体例特点和著作观念有所阐明。③ 裘锡圭先生提到："先秦秦汉时代的人还没有类似后人关于著作权的观念，写文章的时候，如果有必要，整段整篇袭用他人的文字而不以为嫌，两种或更多种的书都收有同一篇章的现象是屡见不鲜的。当然出现在不同的书里的同一篇章，在文字上都有些出入，有时还出现一篇被割裂成数篇或数篇被合成一篇等情况。不过它们之间一方因袭另一方或二者同出一源的关系是一目了然的。总之，在先秦秦汉时代，很多种古书里，不同的书存在相同的内容的现象是很常见的。"④ 李零、徐建委、程苏东、廖群等先生都从文本资源库、文本衍生类型等角度做了详细探讨，强调文本生成的复杂性和多元性，不能将相近相同语辞、句式进行简单比附。⑤ 岳麓秦简数学资料、占梦文献、乐学资料等都有学者做过专门讨论。

（5）北大秦简。2010年入藏北京大学，除文书外，尚有《从政之经》《教女》《制衣》《公子从军》《隐书》《酒令》《泰原有死者》《日书》《算书》以及数术类文献。这批材料包括很多韵文资料。整理者认为这批简牍的抄写年代大约在秦始皇时期。从《从政之经》及《道里书》等文献来看，这批简牍的主人应是秦的地方官吏。《道里书》主要记述江汉地区的水陆交通路线和里程，其中所记水名，都是今湖北境内的河流；所见地名则大多在秦南郡范围内，尤以安陆、江陵出现最多。考虑到以往出土秦简的墓葬主要集中在湖北云梦、荆州两地（即秦代的安陆和江陵），我们推测这批简

---

① 郎瑛编《七修类稿》，上海书店出版社，2009，第248页。
② 章学诚编，叶瑛点校、整理《文史通义校注》，中华书局，1985，第169页。
③ 余嘉锡：《古书通例》，上海古籍出版社，1985，第169页。
④ 裘锡圭在课程讲义中引述了上举明郎瑛《七修类稿》卷二十三"秦汉书多同"条的论述，认为"很有见地"，并举出了大量出土竹书帛书中能够印证上述观点的例子。引自刘娇《言公与剿说——从出土简帛古籍看西汉以前古籍中相同或类似内容重复出现现象》，线装书局，2012，第2页。
⑤ 相关论著如李零《简帛古书与学术源流》，徐建委《〈说苑〉研究：以战国秦汉之间的文献累积与学术史为中心》，程苏东《衍生型文本的书写及其文学性问题》，廖群《先秦说体文本研究》等。

牍也很可能出自今湖北省中部的江汉平原地区。

据整理者介绍，《从政之经》共 46 枚简，有 2 枚残半，内容与体例均近似于睡虎地秦简《为吏之道》，但未发现篇题，故根据简文内容，暂以"从政之经"为题。简文大致分为六节，其中四节分别讲为官吏者之自律、修身、宜忌及治民之术，一节类似于字书的体例，汇集了与官吏职责范围有关的字词。以上五节均分四栏书写，末一节以"贤者"为题，则是通栏书写，阐述了从政尚贤的道理。

《善女子之方》共 15 枚简，但未见篇题。因文首言"凡善女子之方"如何如何，而全篇内容也是在论述如何做"善女子"，故暂以"善女子之方"为标题。文中言"善女子，固自正"，则"善女子"是称呼，即美好、善良的女子。"方"有方法、规则、道理之意。"善女子之方"应是讲如何做一个善女子的规则。全篇文句多押韵，以相连的若干句押某一韵，多两句一韵，亦有一句一韵者。从文中所描述的情况，我们不仅可借以了解秦官吏与士人家庭中妇女的地位，亦可从一个侧面了解当时的伦理关系、道德观念以及基层社会生活的景象。此篇文章成文不晚于秦始皇时期，比东汉时期班昭之《女诫》一文至少要早三百年，而班昭在《女诫》中所引《女宪》，今已不得见。这篇简文应是迄今所发现的我国古代最早专论女教的文章。

《公子从军》共 22 枚简，是以一名"牵"的女子向"公子"的口吻，讲她与"公子"之间的情感纠葛。简文颇富文学意味，多次引用诗句以述其情，如"南山有乌，北山直罗"（唐 陆广微《吴地记》引《越绝书》文有诗句曰："南山有乌，北山张罗。"今本《越绝书》无）以及"有虫西飞，翘翱其羽""朝树梂樟，夕楬其英"等佚诗，应是出自失传的战国晚期文学作品。这在传世的与近年来出土的秦文献中是极为罕见的，殊为可贵。

《泰原有死者》为 1 枚木牍，拈篇首语命名为《泰原有死者》，其文是讲死者复生后，从死者喜恶的角度论述丧祭宜忌。它的内容可与天水放马滩秦简《志怪故事》相联系，反映出当时的生死观念，是一篇非常难得的文献。

《鲁久次问数于陈起》，属卷四，共 32 枚竹简，816 字（含重文），为《算书》甲种开头的一篇独立文章。原无篇题，据篇首文字命题。内容包括鲁久次与陈起两人之间的"三问三答"，全文采用"一问一答"对话的方式，仅少部分内容呈现韵语的形式，从押韵情况看，多押之部韵，一个韵段内部往往换韵，或是微歌部旁转后换押之部韵，或是先押月部韵后换押之部韵，另有一个阳部独韵通押的韵段。

《医方杂抄》属卷四，共78枚简，简长22.6厘米~23.1厘米，宽0.5厘米~0.7厘米。全篇既有典型的祝由术，也有巫术色彩不那么显著的单方，还包括数种与人体健康没有直接关系的杂方，其主要内容与周家台秦简《病方及其他》、马王堆汉墓简《五十二病方》等文献的内容相似。与秦汉出土各医简一样，本篇的韵语也是出现在祝由术里所用的祝祷辞中，从押韵情况看，多押之、幽部韵（或独押，或与宵部旁转）。

《禹九策》属卷四，共51枚简，原无篇题，据篇首文字命名。内容属数术类，全篇可分为序说、禹九策，以及专题性占卜三部分。序说部分一章，讲述后十七章的凶吉。禹九策共十一章，由占辞组成。最后一部分专题性占卜共五章。通篇用韵，多押鱼、阳二部（或独押或对转），押质、歌部韵的也较多，另有脂锡及侵元合韵之例为秦简牍韵文首见，尚未见于其他各简。

《祓除》属卷四，共26枚简。原无篇题，据简文主要讲述"犮（祓）徐（除）"之法，其中两次提到"为某祓除百鬼"命名。本篇的内容，主要包括祓除仪式以及求祷时使用的祝文。

《祠祝之道》属卷六，共1块竹牍和6枚竹简，竹牍长34.4厘米，宽1.7厘米，竹简长27厘米~27.3厘米，宽0.6厘米。篇题据竹牍竹青面写有的"皆祠祝之道勿亡"命名。简文内容可分为祠道旁、为蚕事祭祀，及祠楱三部分，不涉及时日选择及行事宜忌，主要讲述祭祀的操作方法、祝祷之辞，这在出土秦简中是比较特别的。其中，在为蚕事祭祀及祠楱两部分中的祝祷辞均用韵语，且均为阳部通押。

《杂祝方》写在木简卷甲上，共12枚简（缀合后为11枚），这组木简长22.9厘米~23.1厘米，宽0.9厘米~1.1厘米。原无篇题，原定名为《白囊》，后因其内容为诸种诉求不同的祝祷术，现暂定名为《杂祝方》。简文简序依据简背画有的四条墨线（分为交叉的两组）编连，这也是秦简牍中首次发现简背画有墨线的情况。[①] 全篇分为五章，除第四章是关于祈祷的操作方法，其余四章各记有一条祝祷辞，这四条祝祷辞也均为韵语，各条用韵情况分别为：第一条押幽部韵，第二条阳东部旁转；第三条是交韵，一

[①] 田天：《北大藏秦简〈杂祝方〉简介》，载中国文化遗产研究院编《出土文献研究》（第十四辑），中西书局，2016，第6~7、15~22页。

三句物缉部旁转，二四句押东部韵；第四条押之部韵。

《隐书》，写在木简卷乙上，共 9 枚简，这组木简长 23 厘米~23.1 厘米，宽 0.8 厘米~1.2 厘米。篇题据最后一简背面的"此隐书也"四字命名，道明此篇性质。全篇用四言赋体写成，包含三个谜语，三个谜语分三章，各为起讫。其叙述形式，一般是先出谜语，用黑点隔开，然后说已猜到是什么，最后揭出谜底。三个隐语都用韵语写成，多押鱼部韵（或与幽部、侯部通转，或是通押），间押铎部、职部韵。

《酒令》，分别写在 1 枚竹牍和 2 枚木牍上，与行令的令骰同出，其中竹牍和木牍一均长 23 厘米，宽 2.4 厘米，木牍二长 22.9 厘米，宽 2.1 厘米，比上两件稍短，均属一尺之牍。原无篇题，全篇包括四首与饮酒行令有关的歌诗，《酒令》作为民间歌谣，属于《秦时杂赋》，是《成相杂辞》的早期形态。全篇三、四、七言杂用，均是通篇韵文，多为一韵到底，先后押侵部、之部、元部韵，另木牍二以章句号为隔分成两章，而第二章为幽宵部旁转。北大秦简引起了一些学者的关注。李零先生详细介绍了《酒令》《隐书》。

在文本释读方面，田炜先生认为北大秦简《鲁久次问数于陈起》是战国后期根据楚文字底本转抄而来的，这种转写而来的本子带有一些战国古文的遗留。[①] 王挺斌先生认为《善女子之方》"有与弟兄"应读"友于弟兄"，并结合韵脚提出《禹九策》"莳中有庆，良士之芋"中的"芋"是"羊"的误释。[②] 王宁先生指出"两人俱行，绐（殆）类〔双眸〕"中"双眸"这一谜底，应是"清卢（瞳）"，指眼睛。[③] 北大秦简文学价值丰富，有待深入挖掘。

（6）秦觚

湖北云梦县郑家湖墓地出土"中华第一长文觚"（整理者称作"贱[④]臣

---

① 田炜：《谈谈北京大学藏秦简〈鲁久次问数于陈起〉的一些抄写特点》，《中山大学学报》2016 年第 5 期。
② 王挺斌：《读北大秦简〈善女子之方〉小札》，复旦大学出土文献与古文字研究中心网站，2014 年 12 月 12 日；《北大秦简〈禹九策〉补说》，复旦大学出土文献与古文字研究中心网站。
③ 王宁：《北大秦简〈隐书〉读札》，武汉大学简帛网，2017 年 11 月 17 日。
④ 关于首字，广濑薰雄先生在上海大学研究生课程上释"魏"，可信。

箙西问秦王"觚)等一批珍贵材料,是秦楚文化融合的直观见证。[1] 秦觚全文约700字,首尾连贯,记箙与秦王的对话,内容是箙游说秦王寝兵立义之辞,是一篇策问类战国秦文献,对于探讨古代木觚的形制和应用,对于推进对春秋战国之际某些史事和政治生态的认知都具有重要价值,为研究策问类文献的生成、流传和演变提供了新资料。木觚语辞句式、语言风格与《战国策》近似,铺陈秦国物产丰富如"又=(又有)最累、必方、樱梅、橘椭(柚)、枇杷、芘姜之林,钟鼍胥蹇之州,美丹之穴,赣勒、□□、敝椴、桃枝之渚,而万物无不有已"(背6),有助于深入考察《战国策》编纂成书等重要问题。[2]

当然,秦简牍数量巨大,如里耶秦简、岳山秦牍、周家台秦简等,有些还在陆续公布中。这些新资料有助于我们重新认识秦的历史文化。梁云先生在谈到赵萍墓地秦铜礼器时,认为赵萍铜器点缀了小动物,洋溢着田园牧歌的生活气息,获得了别开生面的艺术效果,强调:"赵萍青铜器给我们的第一印象是,秦的铜礼器也可以铸造得这么精美、这么漂亮!做秦文化考古的人都知道,之前发现的秦铜器,比如关中秦墓出土的那些铜器,又小又粗糙,春秋晚期以后蜕变成了明器,小得可以握在掌中。我们推测可能是秦人不重视礼器,也可能关中缺铜。赵萍铜器让我们恍然大悟:原来好东西是有的,只是之前没挖到!"[3] 新资料不断改变我们的传统认知,有助于深入理解相关文学作品。例如田亚岐先生率领雍城考古队复原雍城的水系分布,环城四周的确都有河流:城西、南为雍水河,城东有纸坊河和塔寺河,城北与东北有凤凰泉河。[4]《秦风·蒹葭》"在水一方""宛在水中央"等描绘水乡泽国、宛如江南,可知雍城曾经也是一座水城,对文本便有了更加深切的理解。里耶秦简笥牌文字结尾处画出一只水鸟,一定程

---

[1] 李天虹、熊佳晖、蔡丹、罗运兵:《湖北云梦郑家湖墓地M274出土"贱臣箙西问秦王"觚》,《文物》2022年第3期。

[2] 广濑薰雄:《云梦郑家湖27号墓出土秦木觚初探》,复旦建校117周年暨第56届科研报告会——出土文献与古文字研究中心专场,复旦大学,2022年5月。谢明宏:《"贱臣箙西问秦王"觚读札》,武汉大学简帛网,2022年4月22日。

[3] 梁云:《西垂有声——〈史记·秦本纪〉的考古学解读》,生活·读书·新知三联书店,2020,第124页。

[4] 田亚岐:《秦都雍城布局研究》,《考古与文物》2013年第5期。

度上反映出秦人的审美意趣。① 这些都显示了秦文化的丰富性和包容性,并非只有严苛善武的一面。

3. 汉简

(1) 银雀山汉简。1972年,发现于山东临沂银雀山西汉墓,一些可与《孙子兵法》《孙膑兵法》《六韬》《尉缭子》《管子》《晏子春秋》《逸周书》等古书相对照,此外尚有《唐勒》赋以及阴阳、时令、占候、相狗方等数术类文献。《银雀山汉墓竹简》〔壹〕和《银雀山汉简墓竹简》〔贰〕整理水平很高,堪称竹书整理的典范之作。② 近年,刘绍刚等先生领衔,山东省博物馆、中国文化遗产研究院拍摄了高质量彩色与红外照片,重新进行整理。③ 陈剑先生在编连拼合、文字释读等方面做了大量的工作,很多意见已经被整理团队采用。④ 贾连翔先生《银雀山汉简〈尉缭子·治谈〉残卷复原尝试》《银雀山汉简〈尉缭子·治谈〉的结构与思想》、王辉先生《银雀山汉简残字的释读及其意义》等都是这次重新整理的重要成果。

银雀山汉简《唐勒》引起了古典文学研究者的研究热情和关注。关于定名,众说纷纭。谭家健先生据首简背面"唐勒",定名为《唐勒赋》⑤;李学勤定为《御赋》⑥;汤漳平称为《唐勒赋·御赋》⑦;赵逵夫称为《论义御》⑧。班固《汉书·艺文志》载:"大儒孙卿及楚臣屈原,离谗忧国,皆作赋以风,咸有恻隐古诗之义。其后宋玉、唐勒,汉兴枚乘、司马相如,下及扬子云,竞为侈丽闳衍之词,没其风谕之义。"且著录:"唐勒赋四篇。楚人。"唐勒赋后已亡佚。正如谭家健先生所说,唐勒赋残篇为了解唐勒其人提供了最新、最贴近的资料,赋篇具有散文赋的艺术特点,与同时代宋玉的赋作风格相近。⑨ 《唐勒》具有重要的学术史价值,让我们第一次看到

---

① 湖南省文物考古研究所:《里耶发掘报告》,岳麓书社,2007,第211页(见彩版二十四)。
② 银雀山汉墓竹简整理小组:《银雀山汉墓竹简》〔壹〕,文物出版社,1985;银雀山汉墓竹简整理小组:《银雀山汉墓竹简》〔贰〕,文物出版社,2010。
③ 山东省博物馆、中国文化遗产研究院:《银雀山汉墓简牍集成》,文物出版社,2021。
④ 陈剑:《银雀山汉简再整理新释、新编举要》,《文物》2023年第9期。
⑤ 谭家健:《〈唐勒〉赋残篇考释及其他》,《文学遗产》1990年第2期。
⑥ 李学勤:《〈唐勒〉、〈小言赋〉和〈易传〉》,《齐鲁学刊》1990年第4期。
⑦ 汤漳平:《论唐勒赋残简》,《文物》1990年第4期。
⑧ 赵逵夫:《唐勒〈论义御〉与楚辞向汉赋转变——兼论〈远游〉的作者问题》,《西北师范大学学报》1994年第5期。
⑨ 谭家健:《〈唐勒〉赋残篇考释及其他》,《文学遗产》1990年第2期。

出土汉代辞赋的原生形态。

（2）阜阳汉简。1977年，发现于安徽阜阳双古堆西汉汝阴侯夏侯灶墓，包括《诗经》《周易》《苍颉篇》《庄子·杂篇》《离骚》《涉江》《年表》《万物》《日书》《刑德》《天历》《星占》《相狗经》《算术书》等，尚未完全披露。胡平生、韩自强先生对《诗经》进行了很好的整理与释读，认为《阜诗》不属于三家诗和《毛诗》中的任何一家，而是自有其来源。① 《阜诗》提供了丰富的异文资料，有助于考察汉初《诗经》的流传面貌，呈现出文本的丰富性和流传的复杂性。如毛诗《旄丘》有一句作"狐裘蒙戎"，《史记·晋世家》引作"狐裘蒙茸"，《阜诗》与《史记》所引相同，可证《史记》有所本。《涉江》残简中有一句"不进旖奄回水"。残简文字与今本有所不同，"简文淹作'奄'，兮作'旖'，与今本不同。'兮'字在阜阳《诗经》里也作'猗'，马王堆本《老子》中的'兮'作'呵'，旖、呵都是楚声，长沙、阜阳均为楚地，楚地作楚声是很自然的"。今本"淹回水而凝滞"以及"船容与而不进兮"与阜阳简用字不尽相同，但意义是明显相通的。② 最近，《阜阳双古堆汉墓》正式出版，对发掘过程、随葬器物等作了详细的介绍。③ 陈剑先生主持2021年度国家社会科学基金重大项目"阜阳汉简整理与研究"，计划利用新摄高清彩照、红外照片等多套图版，对阜阳汉简进行全面系统的整理与研究。项目将首次向学界公布完整、高清的阜阳汉简图版，同时发布重新整理后的准确释文和注释，以及一系列相关研究成果。④

（3）北大汉简。2009年，入藏北京大学，包括《老子》《苍颉篇》《周驯（训）》《赵正书》《妄稽》《反淫》《儒家说丛》《阴阳家言》《日书》《节》《雨书》《堪舆》《荆决》《六博》等文献，可与《春秋》《论语》《孝经》《礼记》《大戴礼记》等古书相比照，另有子书、六博、方术类文献以及《子虚赋》《葬赋》等辞赋。

北大汉简公布以来，在文字学、文献学、古代文学等方面取得了很多研

---

① 胡平生、韩自强：《阜阳汉简诗经研究》，上海古籍出版社，1988，第30页。
② 阜阳汉简整理组：《阜阳汉简〈楚辞〉》，《中国韵文学刊》1987年第1期。
③ 阜阳市博物馆：《阜阳双古堆汉墓》，中华书局，2022。
④ 《2021年度国家社会科学基金重大项目"阜阳汉简整理与研究"开题论证会顺利举行》，"古文字微刊"公众号，2022年8月6日。

究成果。① 在文字释读方面，陈剑、单育辰、高中正、王挺斌等先生有一些重要的研究成果。张世超先生专门探讨了北大汉简的文字学价值。苏建洲先生详细考察了《周驯》的抄本年代、底本来源以及成篇过程。②《妄稽》是大家讨论的重点篇目，关于相关篇目的竹简编连，陈剑、张传官等先生有专文讨论。③ 其中，陈剑先生对《妄稽》做了新释文和简注。④ 在文献学方面，韩巍、赵争先生考察了《老子》的文献价值和汉代《老子》的流传情况。⑤ 高中正先生则通过《妄稽》"陈市"所反映的地理建置沿革，推断《妄稽》的写作年代大概不会晚于汉武帝元狩元年；根据文中物质资料的叙述可见楚地特色，推测作者可能与江淮文人集团有关联；认为以"妒"为主题的文学描写，不仅反映了这一时期家庭组织形式，也为研究此类文学题材提供了新的资料，丰富了对俗赋创作的认知。⑥《赵正书》则引发对秦始皇形象的重新思考。⑦ 关于文学研究方面，北大汉简《妄稽》《反淫》等篇目引起古典文学研究者的极大热情。⑧

　　汉简数量巨大、内容重要，有助于还原战国秦汉的学术流变。近年来，

---

① 许东：《近十年来北大汉简研究回顾与评价》，《齐鲁师范学院学报》2019年第6期。
② 陈剑：《汉简帛〈老子〉异文零札（四则）》，载北京大学出土文献研究所《古简新知——西汉竹书〈老子〉与道家思想研究》，上海古籍出版社，2017，第5~20页；单育辰：《北大藏汉简〈妄稽〉释文校订》，载武汉大学简帛研究中心主办《简帛》（第十六辑），上海古籍出版社，2018，第113~118页；高中正：《北大汉简〈反淫〉〈妄稽〉字词考释》，《语言研究》2019年第2期；王挺斌：《北大简〈妄稽〉与〈反淫〉研读札记》，武汉大学简帛网，2016年6月29日；张世超：《北京大学藏西汉竹书的文字学启示》，《古代文明》2014年第4期，第104~109页；苏建洲：《论〈北大汉简（三）·周驯〉的抄本年代、底本来源以及成篇过程》，载清华大学出土文献研究与保护中心编《出土文献》（第十一辑），中西书局，2017，第266~294页。
③ 陈剑：《〈周训〉"岁终享贺之日章"的编连问题》，复旦大学出土文献与古文字研究中心网站，2015年11月13日；张传官：《北大汉简〈妄稽〉拼缀、编联琐记》，复旦大学出土文献与古文字研究中心网站，2016年7月13日。
④ 陈剑：《〈妄稽〉释文及简注》，讲稿。
⑤ 韩巍：《北京大学藏西汉竹书本〈老子〉的文献学价值》，《中国哲学史》2010年第4期；赵争：《从出土文献看汉代〈老子〉文本及流传》，《史林》2018年第6期。
⑥ 高中正：《年代、地域及家庭——北大汉简〈妄稽〉新研》，《文献》2018年第3期。
⑦ 高中正：《〈赵正书〉与西汉前期的秦末记忆》，《南京师范大学文学院学报》2018年第2期。姚磊：《北大藏汉简〈赵正书〉中的秦始皇形象》，《历史教学问题》2017年第1期。
⑧ 何晋：《文学、家庭和女性——以〈妄稽〉和〈孔雀东南飞〉的比较为例》，《浙江学刊》2014年第3期；常昭：《北京大学藏汉简〈反淫〉篇与七体》，《济南大学学报（社会科学版）》2016年第5期；廖群：《"俗讲"与西汉故事简〈妄稽〉〈神乌赋〉的传播》，《民俗研究》2016年第6期；曹建国：《游道与养生：北大藏简〈魂魄赋〉谫论》，《长江学术》2017年第3期。

已刊汉简也得到了重新整理。1973 年，湖南长沙马王堆西汉墓出土一批竹简，包括《十问》《天下至道谈》《合阴阳》《杂禁方》四种方技类文献，有些属于韵文资料。裘锡圭先生领衔对帛书和竹简做了重新整理，为学术界提供了极大方便。1973 年，河北定县八角廊西汉中山怀王刘修墓出土一批竹简，包括《论语》《儒家者言》《文子》《六韬》《哀公问五义》《保傅传》《太公》《日书》等，但早期被盗被焚，竹简炭化严重，出土 50 余年未能实现完整整理，成为目前学术界公认的科学难题；贾连翔先生主持 2021 年度国家社科基金重大项目"以定县简为代表的极端性状竹书的整理及其方法研究"，已攻克炭化竹简的高清图像信息采集等研究难题，将对定县简进行全面系统的整理与研究。① 张德芳先生长期致力于西北简的整理与研究，出版《敦煌悬泉汉简释粹》《悬泉汉简研究》《敦煌马圈湾汉简集释》《肩水金关汉简》等一批重要成果。2011 年，南昌西汉海昏侯墓出土了一些简牍，还在整理和陆续公布中，包含"诗经"类、"礼记"类、"春秋"类、"论语"类及"孝经"类等重要典籍，有些已经失传近两千年。② 汉简包括很多医学文献，如武威医简、张家山汉简、天回医简、胡家草场简牍等，已有专门机构和高校组织整理和深入研究，显现出出土文献研究的专门化和精细化。

4. 帛书

1942 年，战国楚帛书发现于湖南长沙子弹库，共计 900 多字，分为三部分，其中 13 行的一段一般被学术界称为甲篇，8 行的一段一般被称为乙篇，四周的文字一般被称为丙篇，全文共 12 章，和神像一起按顺时针方向排列。楚帛书记录的内容应属夏商周三代以后楚地的神话、历法、古史和宇宙观等。何琳仪先生认为："一九四二年在长沙东郊子弹库古墓中发现的帛书，是我国最古老的缣帛文字资料。这件中外瞩目的瑰宝，不仅有无与伦比的文物价值，而且有极其珍贵的史料价值，帛书载有墨书六国古文九百余字和彩绘图像，内容异常丰富，涉及楚文化研究的广泛领域，诸如历史、地理、考古、民俗、宗教、神话、天文、历法、文学、美术、方言、

---

① 《2021 年度国家社科基金重大项目"以定县简为代表的极端性状竹书的整理及其方法研究"开题论证会顺利举行》，清华大学出土文献研究与保护中心网站，2022 年 9 月 2 日。
② 朱凤瀚：《海昏简牍初论》，北京大学出版社，2020，第 60~78 页。

文字等。"① 李零先生《子弹库帛书》详细梳理了楚帛书的发掘、流转以及研究，并提供了很多原始图版资料。② 经过李学勤、饶宗颐、曾宪通、李零、徐在国等几代学者的不断努力，帛书文字释读、文本著录、工具书编纂等都取得了很大成绩。近年，楚帛书文本释读和复原等方面取得了一些重要进展。陈剑先生根据新出文献释"▨（会《长沙楚帛书文字编》第 28 页摹本）"为"兂"，③ 认为子弹库楚帛书乙篇（一般所谓"天象篇"）"是谓失条（终）"，其中"条（终）"读"统"，"从'条'亦与'纪'对文来看，读为'统'是很合适的"。④ 徐在国等先生根据安大简认为楚帛书"▨"可能分析为从"矢""血"声，是"倾"字异体。⑤ 李守奎先生强调清华简《四时》《五纪》等数术文献对楚帛书的研究起到了很好的推动作用，比对不同摹本和折痕等信息，对十三行长篇文本进行复原，并认为："全篇的主旨是'李岁'。根据古书的篇题的命名方法，或取开篇关键二字，或取全篇关键词。篇首从内容看补'岁失'好，从句式看补'李岁'好，两说可以并存。无论补什么，《李岁》为题都是合适的。"⑥

1972～1974 年，发掘长沙马王堆三座西汉墓葬，其中三号墓漆书盒内出土了五十余种帛书，医简二百枚，此外，还有随葬的四百一十枚竹简（遣册）、木牍，五十二枚竹简上的签牌及三幅帛画。内容涵盖战国至西汉初期的政治、经济、哲学、文化、历史、地理、天文、医术、军事等众多领域，具有十分重要的史料价值和文献学价值。1974～1976 年，唐兰、张政烺、朱德熙和裘锡圭整理的《老子》甲本及卷后古佚书、《老子》乙本及卷前古佚书，唐兰与马雍整理的《战国纵横家书》，张政烺负责的《春秋事语》释文以及《五星占》、《地形图》、《导引图》、马王堆帛医书、《驻军图》、《相马

---

① 何琳仪：《长沙帛书通释》，《江汉考古》1986 年第 1 期。
② 李零：《子弹库帛书》，文物出版社，2017。
③ 陈剑：《试说战国文字中写法特殊的"兂"和从"兂"诸字》，载复旦大学出土文献与古文字研究中心编《出土文献与古文字研究》（第三辑），复旦大学出版社，2010，第 151～182 页。
④ 陈剑：《与清华简〈五纪〉相关的两个字词问题："蠲"与"统"》，2022 年 5 月 14 日，复旦建校 117 周年暨第 56 届科研报告会出土文献与古文字研究中心专场。
⑤ 徐在国、管树强：《楚帛书"倾"字补说》，《语言科学》2018 年第 3 期。
⑥ 李守奎：《十三行长篇楚帛书的文本复原与篇题拟定（提纲）》，中国古文字研究会第二十四届年会，西南大学，2022 年 11 月。

经》、《天文气象杂占》、《六十四卦》等篇目都完成了拼接、释文工作，有的还做了校注，分别刊载于 1980 年、1983 年、1985 年由文物出版社出版的《马王堆汉墓帛书》（壹）（叁）（肆）。马王堆汉墓简帛出土至今已有五十余载，经几代学者的修复研究，取得了很多成果。裘锡圭先生带领团队编纂的《长沙马王堆汉墓简帛集成》是我国首部完整的马王堆帛书的释文和注释本，被誉为 40 年来帛书研究整理的"集大成者"。[①] 陈剑、广濑薰雄等先生根据红外照片和反印文等重新拼合了很多残篇，并有一些重要的新释。刘钊等先生在《长沙马王堆汉墓简帛集成》的基础上编纂《马王堆汉墓简帛文字全编》，收录总字数约 12 万，字头约有 4 千。[②]《全编》的完成和出版，不仅仅对汉字发展史研究有重要意义，对上古汉语词汇的断代描写及历时发展研究，也将起到积极推动作用，对目前学界比较重视的古汉语字词关系研究也将大有裨益。[③] 正如李学勤先生所说，马王堆简帛的价值是多方面的，"从历史学角度来说，它的出土地点、所处时代都很特殊。过去史学界一直认为汉文帝时期经济没有很大起色，而马王堆的出土让我们看到该地区一位诸侯国丞相在经济、政治各方面的力量之充沛，以及当地经济、文化发展程度之高。马王堆简帛也让今人看到了楚地文化传承的关系以及当时整个学术文化发展的背景。"[④]

新出文献丰富而复杂。近年来，研究趋于深入细化，新出成果不断涌现，不同学科合作形成交叉研究局面。

第二节　新出文献的学术价值

新出文献具有重要的学术价值。李学勤先生的"走出疑古时代""重写学术史"、裘锡圭先生的"古典学重建"以及有些学者提出的"文学史的重写""思想史的改写"等，都从不同角度强调新出文献的学术价值。下面从文字学、古典学、古代文学三个方面简要概述。

---

① 湖南省博物馆、复旦大学出土文献与古文字研究中心编纂，裘锡圭主编《长沙马王堆汉墓简帛集成》，中华书局，2014。
② 刘钊主编《马王堆汉墓简帛文字全编》，中华书局，2020。
③ 陈伟武：《开启马王堆文献宝库的管钥钤键》，《中华读书报》2020 年 2 月 26 日第 10 版。
④ 王洪波、郭倩：《马王堆汉墓简帛首次完整公布》，《中华读书报》2014 年 11 月 5 日第 1 版。

1. 文字学价值

新出文献提供了丰富的字形,为疑难字词释读提供了重要线索。特别是郭店简的公布,曾开启了"大规模释字"时代,产生了一批经典论著。新出字形弥补了形体演变的关键缺环,如"達"字《说文》小篆作"達",许慎解释为"行不相遇也。从辵羍声。《诗》曰:'挑兮达兮。'达,達或从大。或曰迭。"① 随着战国文字不断公布,"达"字形体不断丰富。楚文字写作"■、■、■",齐文字作"■、■",三晋文字作"■",燕系文字作"■、■",秦文字则作"■、■"②。赵平安先生逆推甲骨文中的"■、↑"等形体为"达",认为:"结合形音义来看,■所从↑很可能就是表示针砭的达的本字,只是本字作为单字早已不用,后来用达来表示而已。"③ 根据新出《昔鸡簋》"王姒乎昔奚(鸡)达芳姞于韩,韩侯宾用贝、马",以及甲骨文"令訊达启于幷"(《合集》6056)、"令永达子央于南"(《合集》6051)中"达"有"送"义,辨正《国语·吴语》:"寡人其达王于甬勾东,夫妇三百,唯王所安,以没王年。"韦昭注:"达,致也。"这些结论都受到了新材料的启发,立足于字形辞例,建立完整证据链,并重新校读古书,具有重要的示范价值。

"蠲"字构形旧无善解。《说文·虫部》:"■(蠲),马蠲也。从虫、目,益声。了(小徐本作"八"),象形。《明堂月令》曰:腐艹为蠲。"隶楷"蠲"字右半作"蜀"旁,段玉裁注:"不云'从蜀'者,物非蜀类,又书无蜀部也。"说文学家多以"益"声作解,实声韵皆不合。陈剑先生认为上博简《鲍叔牙与隰朋之谏》、清华简《五纪》的"蠲"字作"■、■"等,就是由甲骨文"■"类形演变而来的,各部分之间的关系都很自然。"蠲"之原始字形可描述为像"一张目站立之人手持工具拨盆中之火"形;"郭文"所说"应是表示使火燃烧得更好的动作",是很合理的解释——图形式表意字之形,只能静态地描摹其"动作";但其形与语言结合所表之

---

① 许慎:《说文解字》,中华书局,1963,第 41 页。
② 参看汤余惠主编,徐在国、吴良宝编纂《战国文字编》,福建人民出版社,2001,第 98 页;徐在国、程燕、张振谦编《战国文字字形表》,上海古籍出版社,2017,第 210~211 页。
③ 赵平安:《"达"字"针"义的文字学解释——从一个实例看古文字字形对词义训诂研究的特殊重要性》,《语言研究》2008 年第 2 期。

词，亦完全可能系反映此动作之"结果"或"意图"者——结合"爥"字之义推测，其形全字应系表"使火明亮、光明"义。"爥"之常见义"明"或"使明"，即由此而来。之所以人形上要画出"目"形，自然与（盆中之）火光明暗需用眼睛观察有关，这是不难理解的。①

黄德宽老师根据安大简异文考释出古文字中的"湛"字及相关之字，立足于历时共时的字形谱系和用字习惯。② 新出文献为汉字谱系的建立提供了重要基础。字形越丰富、序列越完整，谱系就越清晰。黄德宽老师主编《古文字谱系疏证》，揭示古文字阶段汉字体系内部字际关系，构建古代汉字的广义谱系，为进一步揭示汉字发展演变规律奠定了基础。随着新材料的不断公布，汉字谱系构建必将不断完善。新出文献呈现出很多构形规律，如刘钊老师提出"变形音化""变形义化"等重要理论以及我们提出的"通假糅合"，都是《说文》"六书"说的补充。这些研究有助于深化认识汉字的动态演变和不同时代的实际使用面貌，推动汉语史、古音学、文献学等相关学科的深入发展。

2. 古典学价值

从王国维"二重证据法"到李学勤先生"走出疑古时代"，新出文献引领着整个时代的学术生态。近年，裘锡圭先生提出"古典学重建"，认为中国的"古典学"，应该指对于作为中华文明源头的先秦典籍（或许还应加上与先秦典籍关系特别密切的一些汉代的书，如《史记》先秦部分、《淮南子》《说苑》《新序》《黄帝内经》《九章算术》等）的整理和研究，似乎也未尝不可以把"古典学"的"古典"就按字面理解为"上古的典籍"；并从"古书的真伪、年代""古书的体例、源流""古书的校勘、解读"这三个方面，通过实例来强调新出文献对古典学重建的重要性。③ 结合学者们的最新成果，下面从古书编纂、古书新证两个方面举例简述。

---

① 陈剑：《与清华简〈五纪〉相关的两个字词问题："爥"与｛统｝》，2022 年 5 月 14 日，复旦建校 117 周年暨第 56 届科研报告会出土文献与古文字研究中心专场。
② 黄德宽：《略论新出战国楚简〈诗经〉异文及其价值》，《安徽大学学报（哲学社会科学版）》2018 年第 3 期；《释新出战国楚简中的"湛"字》，《中山大学学报（社会科学版）》2018 年第 1 期；《清华简新见"湛（沈）"字说》，《清华大学学报（哲学社会科学版）》2020 年第 1 期。
③ 裘锡圭：《出土文献与古典学重建》，载清华大学出土文献研究与保护中心编《出土文献》（第四辑），中西书局，2013，第 1~18 页。

（1）古书编纂

余嘉锡等前辈学者在先秦古书的体例、源流方面取得了重要研究成果。有些结论为新出文献所证实，但先秦古书形制仍有待考古实物和新出资料的补充。新出文献，特别是战国竹书，提供了很多新信息。贾连翔先生根据清华简深入探讨了竹书形制和古书体例等，如著作《战国竹书形制及相关问题研究——以清华大学藏战国竹简为中心》以及《从〈治邦之道〉〈治政之道〉看战国竹书"同篇异制"现象》《战国竹书收卷方式探微》《清华简〈四告〉的形制及其成书问题探研》等多篇论文。他根据《四告》简背竹节的两种不同形态，推知战国竹书的载体制作和内容抄写在当时是有明确社会分工的。《四告》四篇内容中见有六种不同字迹，分属四位书手，全文是由他们"接力"抄成。且有的书手先后两次参与抄写，据其字迹的细微变化，可知所录各部分内容并非一次完成，其间应存在一定"时间差"。《四告》所呈现的特殊书写现象，突出反映了本篇的"辑纂"特点，也可帮助我们在更大的范围里理解先秦古书的形成过程及其方式。我们可以通过字间距、文字大小、墨色浓淡等来判断补文。① 李松儒女士运用字迹特征考察竹书的书写和制作，认为清华简第十册五篇的书写情况较为复杂，其中《四告》是由三个书手交替书写正文，一个书手校补完成的；《四时》《司岁》《病方》与清华五《汤处于汤丘》《汤在啻门》、清华六《管仲》、清华九《廼命一》《廼命二》《祷辞》共计九篇，为同一书手所写。《行称》为两个不同书手所写的合编一卷的竹书。② 这些研究动态呈现了古书书写编纂的早期面貌，有助于了解古书的形制和文本生成等。

六朝隋唐时儒家经典的注释文献中，多有以"隐"字命名的。前人根据著录，对"隐义""音隐"类文献多有推测。苏芃先生谈到古书"隐义"时推测："文献著录记载的'隐义'虽然多是东汉至六朝时期的，但都和西汉以前的经典有关，如《毛诗》《礼记》《左传》《史记》，结合时代考虑，我们推测'隐义'这种注释形式或许并非始于魏晋时期，而是起源于简册形制的古书，因为对于竹简而言，抄写时每支简正反文字对应易于操作，

---

① 贾连翔：《清华简〈四告〉的形制及其成书问题探研》，《"古文字与出土文献"青年学者西湖论坛（2021）论文集》，2021年5月29~30日，第90页。
② 李松儒：《谈清华十〈四时〉〈司岁〉〈行称〉的制作与书写》，载曹锦炎主编《古文字与出土文献青年学者西湖论坛论文集》，上海古籍出版社，2021，第67页。

加之'隐义'文字的简短，一两支简即可容纳相关内容。可惜至今出土的各类竹简中尚未有此类实物，只能有待将来的新发现去验证。"① 郭店简《五行》简 36"卻"字，写作" "。《楚地出土战国简册合集（一）·郭店楚墓竹书》介绍：" ，整理者：疑是'节'字。帛书本作'解（懈）'。裘按：恐亦书手写错之字。李零（2002B，83 页）：36 号简简背有'懈'字，为《郭店楚墓竹简》所遗，应即改错之字。李家浩（转引自冯胜君 2006，50 页）：推测是古文'解（懈）'的另一种写法。今按：36 号简背面一字为'解'字。"② 李家浩先生根据古人为古籍注音、释义，早期往往写在被注字相应的背面，即"音隐""义隐"，认为："不难看出楚简《五行》36 号简背面的'懈'字，是对正面"卻"字的注，与上引《毛诗郑笺音隐》所注直音形式相似，唯没有'音'字"，"如果这些说法可取，这为我们研究楚简《五行》所根据的底本国别以及战国时期书籍抄写形式等增添了新的认识；同时，把'音隐'、'义隐'这种注释形式的历史向前追溯到战国时期"。③ 董珊先生对上博简《用曰》的属性做了深入思考，"出土文献中，郭店简《五行》篇是经，在马王堆帛书中也有此篇，有经有说。帛书本《五行》之'说'对'经'一句一释，也用'故曰'来总结上文。《用曰》篇的'用曰'，作用就相当于'故曰'。"根据传世古书和出土文献所见到的经、说分立的现象，其认为"用曰"之后的句子，有可能原本可以连成一篇经文。④ 董先生的论断具有一定的道理，涉及先秦文本经说体例这一重大问题。

（2）古书新证

运用出土资料进行古文献新证历史悠久，取得了很多成绩。⑤ 古书成书情况复杂，比如《山海经》，学术界有"人文地理志说""神话渊府说""博物志说""图腾志说""综合志书说""史书说""最早的小说说""取

---

① 苏芃：《隐义：一种消失的古书形制》，《光明日报》2017 年 4 月 15 日第 11 版。
② 武汉大学简帛研究中心、荆门博物馆：《楚地出土战国简册合集（一）·郭店楚墓竹书》释文第 57 页注 80，文物出版社，2011。
③ 李家浩：《郭店楚简〈五行〉中的"卻""懈"二字》，载清华大学出土文献研究与保护中心编《出土文献》（第十五辑），中西书局，2019，第 140~141 页。
④ 董珊：《简帛文献考释论丛》，上海古籍出版社，2014，第 79 页。
⑤ 冯胜君：《二十世纪古文献新证研究》，齐鲁社，2006，第 9~16 页。

自九鼎图像说""巫术说""百科全书说"等，不一而足。① 刘钊老师利用新出文献从《山海经》的文本性质与形式、《山海经》的史料价值、《山海经》的产生时地与作者、《山海经》的文本文字校释等几个方面，以举例对照的形式，运用出土文献和古文字资料对《山海经》进行了一些阐释和新证；通过新出文献的语辞和用字习惯，论证《山海经》的山经部分的产生时代至迟不晚于战国，产生的地域很可能是在楚地，其作者也应该是楚人，"以上例证似乎都表明《山海经》的山经部分的产生时地，与战国时期的楚国楚地或秦时的楚地有关。从出土文献与《山海经》用字用词习惯对照的角度，推定《山海经》山经部分的产生时地和作者"。② 这种研究建立了利用出土文献比勘、校正和研究传世古代典籍的范式，具有非常重要的意义。

3. 古代文学

赵敏俐先生曾谈到出土文献对古代文学研究的重要价值：出土文献本身即为文学作品，如何改变了我们以往对于文学史的认识；大批与文学相关的出土文献，如何从历史、文化、艺术、民俗等各方面深化并扩展着我们的文学研究；本世纪的出土文献，如何影响着我们的思维方式与研究方法。③ 先秦两汉早期文学是中国文学的源头，对探求中国文学的特质和品格具有重要影响。出土文献为文学研究提供了丰富史料，有助于全面认识早期文体观念的发生和文本生成等重要问题。

清华简《赤鹄之集汤之屋》公布以后，黄德宽老师认为不管从简文的故事结构、内容和性质，还是从写作方法来看，《赤鹄之集汤之屋》都可以看作先秦的"小说"作品。按照叙事文学"小说"的文体特征来看，《赤鹄之集汤之屋》大体符合"虚构"故事这一基本特点，而且还初步具备了文学"小说"的其他一些特征，具体体现在：其一，人物关系复杂；其二，故事情节有起有伏；其三，语言生动；其四，文学功能明显。④ 这个观点对中国小说史的研究具有重大意义，可能改写文学史家关于先秦无小说的结

---

① 陈连山：《〈山海经〉学术史考论》，北京大学出版社，2012，第 12~16 页。
② 刘钊：《出土文献与〈山海经〉新证》，《中国社会科学》2021 年第 1 期。
③ 赵敏俐：《20 世纪出土文献与中国文学研究》，《文学前沿》2000 年第 1 期。
④ 黄德宽：《清华简〈赤鹄之集汤之屋〉与先秦"小说"——略说清华简对先秦文学研究的价值》，《复旦学报（社会科学版）》2013 年第 4 期。

论。《毛诗序》是《诗经》学史上的一桩疑案,历来有"子夏说""子夏、毛公说""卫宏说"等不同的说法。一般都认为《毛诗序》并非一人一时之作,但东汉卫宏在编纂过程中起到了重要作用。姚小鸥先生对《芮良夫毖》进行了深入研究,指出开篇四十来字交代了写作背景,当是《小序》,后面则为主体内容;从其中代表周代礼乐制度的术语"终"以及主体用韵来看,这篇文献当属于"诗类"文献,开篇几句可视为《诗序》。① 比较而言,清华简《说命》与《芮良夫毖》为我们保存了较早的《书序》或《诗序》。赵平安先生指出:"清华简这批材料在内容上最大的特点就是经史文献较多,其中与《尚书》文体性质相似者不在少数。习惯上,研究者把这类与《尚书》文体性质相近者称为《书》类文献。众所周知,先秦古书在正文主体内容前往往有一段交代时间、背景等的话,亦即'序言'或'序辞'。虽然其言不过数十数百,然而对了解写作背景、具体内容与思想主旨皆不无裨益。我们曾欣喜地发现,清华简《书》类文献中保存了较早的《书序》。"②

吴承学等先生关注中国早期文体观念的发生,结合传世文献与出土文献,研究命篇与命体之发生进而研究文体观念之发生,认为:"甲骨卜辞与青铜器铭文都有其特定的刻写载体,所以其文本的呈现先天地受到材料的限制。刻写者为保持文本的完整性,会设法克服这一限制,这体现出潜在的'完篇'的意识。""命篇与命体的历史进程反映了中国文体观念的发生,它既是中国文体学史的起点,也是其理论雏形和理论基因,对中国文体学发展产生了重要而深远的影响。"③ 林甸甸女士将甲骨卜辞文本纳入文学研究视野,指出要注意对其仪式语境的考量,充分重视文本的刻写位置、行款连续性,命辞、占辞、验辞的互文关系,将它们视作文本的构成要素乃至修辞手段。在甲骨卜辞中,占验辞的话语形式反映出殷商贞人表达褒贬的努力,话语主体的变迁体现出殷商王权与神权的进退;贞人身份从方国首领到王廷职官的转换,影响了卜辞的文本结构与占卜内容,并使占验辞

---

① 姚小鸥:《〈清华大学藏战国竹简·芮良夫毖·小序〉研究》,《中州学刊》2014年第5期。
② 赵平安、王挺斌:《论清华简的文献学价值》,载东洋古典学会《东洋古典研究》(第74辑),2019,第18~20页。
③ 吴承学、李冠兰:《命篇与命体——兼论中国古代文体观念的发生》,《中国社会科学》2015年第1期。

渐趋程序化。贞人话语中的修辞方式体现为反常规的刻写形态和反复、递进等修辞技巧，与后世史官在《春秋》中使用的"春秋笔法"相近似，以"记录"本身构成修辞，并间接彰显价值判断。这揭示了中国修辞传统精英化、书面化的起源特征，以及监督、褒贬王政的功能指向。[1] 陈民镇先生则立足于出土文献，尤其是新出简帛资料，提出很多新见解，例如楚地简帛中黄老学派喜用阳部、耕部韵，对早期辞赋的生成具有重要影响；置于礼乐文化的时代背景，提出"诗亡"并非作为文本的《诗》的散佚，而是意味着理想的政治文化空间的丧失；从音乐与文体的关系入手，认为四言体便受到礼典中乐钟双音、四声音阶等音乐特点的制约；从发展的阶段性来看，早期文体存在"一体多名""一名多体"等复杂体用关系。[2]

新出文献的研究价值是多方面影响着当下的学术范式。随着材料的不断增多和研究的日益深入，新出文献研究呈现出多学科融合、精细化、专门化的大趋势。从研究领域来看，除了古文字学，古史、哲学、古医学、古典文学等不同领域共同参与新出文献的解读，形成了多学科交叉的局面。从研究方法来看，突破了字形比对和文献对读，逐渐转向立体化和精细化考释，如重视长时段的贯通研究、充分利用数字技术构建相关网络体系[3]、通假关系的精密化[4]等；通过大量的新出文献，学者们普遍意识到文本生成的复杂性和丰富性，从文本的线性衍生到文本的分合多元。

裘锡圭先生的"古典学重建"，黄德宽老师的"古文字谱系"，刘钊老师的"古文字构形学"，赵平安先生的"讹字整理与研究"，黄天树先生的"甲骨学研究"，陈伟先生的"简牍再整理和释读"，李守奎先生的"楚文字学构建"，孟蓬生先生的"古文字谐声研究"，李运富先生的"汉字职用学"，等等，引领着未来的学术方向。青年学者逐渐形成独特的研究路数和学术特色，专门化趋势十分明显，如陈剑先生的疑难字词考释，宁镇疆先生的典籍成书研究，李锐先生的古书史料研究，曹峰先生的思想史研究，

---

[1] 林甸甸：《从贞人话语看早期记录中的修辞》，《中国社会科学》2019年第4期。
[2] 陈民镇：《有"文体"之前——中国文体的生成和早期发展》，上海古籍出版社，2019。
[3] 李霜洁：《殷墟卜辞中的贞人网络——兼论运用图论中的完全图来交叉确定多人共时关系》，《出土文献》2021年第4期；李春桃：《人工智能如何辅助古文字研究》，《光明日报》2022年10月30日第05版。
[4] 施瑞峰：《上古汉语的T系、L系声母及相关古文字问题补说》，《中国语文》2020年第1期。

贾连翔先生的竹简古书形制研究，范常喜先生的名物新证，陈斯鹏、田炜、禤健聪等先生的用字研究，李春桃先生的传抄古文研究和人工智能释读，李松儒女士的字迹研究，程浩先生的古书形成研究，程少轩先生的数术研究，赵彤、张富海、叶玉英等学者的古文字与古音研究，蒋玉斌、王子杨等先生的甲骨考释和缀合，严志斌、何景成、谢明文等先生的金文研究，张传官先生的《仓颉篇》研究，刘传宾先生的郭店楚简研究，魏宜辉、石继承等先生的汉印研究，王辉先生的《说文》研究、银雀山汉简拼连释读，邬可晶、单育辰、蔡伟、王挺斌等先生的古书校读等，呈现出异彩纷呈、百花竞放的研究态势。台湾学者季旭昇、苏建洲、高佑仁等先生在古文字释读和资料整理等方面取得很多重要成果。夏含夷、顾史考、尤锐等汉学家长期关注新出文献，提出很多新见，积极推动中华学术的外译和传播。

出土文献与古典文学研究也形成一定的研究格局。济南大学出土文献与文学研究中心是全国唯一的省级研究基地，近年出版了一系列论著、举办了多次论坛。闽南师范大学在汤漳平先生、陈良武教授的带领下，形成了一定的研究规模，具有一定的学术影响。随着新出文献的不断增多，学科的交叉融合必将不断加强，共同发掘新出文献所蕴含的文化基因，为中国学术话语体系构建、中西文明互鉴做出更多贡献。

第二章　新出文献文本释读

文本的准确释读是相关研究的基础。文本释读主要包括疑难字词考释、文字构形、古书校读等。本章是笔者研习新出文献的点滴体会，囿于学识，存在一些错误，敬请方家指正。

第一节　"湿"字释读及相关问题

清华简是文史研究的前沿和热点，诚如黄德宽老师所说："可以预期，简文涉及的中国思想史、学术史的一些重大问题，一定会引起学术界长期的关注和研究，清华简的发现也必然会促进中国古代历史文化研究取得更大的成就。"[①]

清华简提供了丰富的字形和辞例，为一些疑难字词考释带来了契机。[②] 我们通过清华简《迺命二》对读诸梁钟和清华简《四告》，并对《尚书·酒诰》一处讹误进行校读。

一　"湿"字及诸家意见

越国青铜器诸梁钟著录于《殷周金文集成》120-132号。关于器主，旧有"者汈""者沪""者污"等不同意见。马楠先生认为"右半似刀形，而刀形两笔末端各有一顿点，可知右半是'刄'而非'刀'，字当隶定为

[①] 黄德宽：《在首批清华简出版新闻发布会上的讲话——略说清华简的重大学术价值》，载清华大学出土文献研究与保护中心编《出土文献》（第二辑），中西书局，2011，第7页。

[②] 代表性成果有黄德宽《清华简〈五纪〉篇"四宂"说》《战国齐系文字中旧释"马"字的再探讨》；赵平安《〈成人〉篇"市"字的释读及其相关问题》《补"扁"——兼说相关诸字》；陈剑《简谈清华简〈四告〉与金文的"祜福"》《释"爪"》《释金文"毒"字》；等等。

'汸'，即西周晚期和春秋战国文字常见的省去木旁的'梁'字。'者汸'当释为'诸梁'，楚国有叶公沈诸梁，字子高，见哀公十六年《左传》。诸梁钟为春秋晚期或战国早期器，钟铭云'隹（唯）戉（越）十有九年'，当为句践、朱句或王翳十九年。"① "诸梁"之说有文献依据，可以信从。因此，本文称作诸梁钟。铭文属于一篇训诰。诰辞的前半部分，越王陈述诸梁的德行和功绩，赞扬诸梁恭敬有度，继承发扬祖考的训教，辅弼王室，捍卫约盟，巩固和光大越王的王位。② 诰辞话语沿用西周以后的传统模式，文意比较清楚，其中有一个疑难字，众说纷纭，探讨如下。

诸梁钟铭文最清晰的为《集成》132.2，该字原形及辞例如下：

⬛女（汝）亦虔秉不~惪（德）

关于诸梁钟该字，有多种释读意见。郭沫若与容庚先生直接释"泾"。③强运开释"汭"。④何琳仪先生则认为应属合文，"本铭'瀅'亦当释'汭泾'合文，借用偏旁'水'。《周礼·夏官·职方氏》'其川泾汭'，疏云'泾'、'汭'均为水名。比较特殊的是，本铭'汭'应属上读，'泾'则属下读。即读作'女亦虔秉不汭——泾惪'。'不汭'应依强说读'不坠'。……'泾惪'，读'经德'。陈曼簠'肇勤经德'。《书·酒诰》'经德秉哲'，传'常德持智'。'秉……德'之辞例亦见《诗·周颂·清庙》'秉文之德'。本句'经德'是'虔秉'和'不坠'的共同宾语，反正为言，益见'经德'之重要"。⑤董珊先生认为："'瀅'字结构可分析为从'泾''汭'声的形声字，……今按：'虔秉'跟'不瀅'的宾语都是'德'，'秉'跟'汭（坠）'对文。'虔秉'谓恭持，'不坠'谓不失。此句是越王赞扬者汸能够恭持而不失德。"⑥

此字又见于清华简《四告》简26，原形如下：

---

① 马楠：《东周姓氏名字考释二则》，《文史》2014年第3期。关于器主，日本学者浅原达郎将器主名释读为"诸梁"，承蒙高中正先生提示，笔者曾进行补说（何家兴：《战国文字分域研究》，博士学位论文，安徽大学，2010，第41~42页）。
② 董珊：《吴越题铭研究》，科学出版社，2014，第89页。
③ 容庚：《商周彝器通考》，哈佛燕京学社，1941，第500页。
④ 强运开等：《说文古籀补三种》，中华书局，2011，第234页。
⑤ 何琳仪：《安徽大学汉语言文字研究丛书·何琳仪卷》，安徽大学出版社，2013，第187页。
⑥ 董珊：《吴越题铭研究》，科学出版社，2014，第89页。

■克敬于天，明德畟（威）义（仪）不~于非彝

整理者认为《四告》"淫，从泾，内声，读为'坠'"，① 读法仍遵从强运开的释读。网友"无痕"认为："按，简 26 '明德威仪，不淫于非彝'，报告言'淫'从泾内声读'坠'。按，'淫'恐仍是'淫'字，从'内'盖内淫之'淫'的分化字，或是讹变而来。简 29 '淫〈淫〉于非彝'、简 27-28 '慆于非彝'（两见）、《尚书·召诰》'其惟王勿以小民淫用非彝亦敢殄戮'、《酒诰》'诞惟厥纵淫泆于非彝'。其中简 29 '淫'的写法可比对。如此，者汈钟"汝亦虔秉不淫德"，"淫德"也应读为"淫德"。② 子居先生从其说。③

这个疑难字在已刊出土文献中出现两次。一直以来，学界遵从强运开"坠"的释读意见，只有何琳仪先生认为是合文，但仍受到读"坠"的影响。④

二 清华简《迺命》辞例及其启示

清华简《迺命》为正确释读此字提供了契机。《迺命》两篇皆为训诰之辞。其中第二篇主要训诫同宗子弟勠力同心、相收相保，忠君勤事、慎密言语，勿强取豪夺，以保全宗室。⑤《迺命》公布后，相关讨论较少。对于开篇"迺命匿（嚚）因群父兄昆弟，曰：各自定也。共（恭）民母（毋）泾〈淫〉，内（纳）于凶人之言才（哉）"，整理者认为此句"内，或读为'退'，'退'字《说文》重文作'彿'。《左传》文公十八年：'宾于四门，四门穆穆'，无凶人也"⑥，或读"内"为"入"。⑦ 王辉先生认为："今按，

---

① 清华大学出土文献研究与保护中心编，黄德宽主编《清华大学藏战国竹简（拾）》，中西书局，2020，第 121 页。
② 悦园：《清华十〈四告〉初读》，武汉大学简帛网简帛论坛，2019 年 12 月 4 日（第 109 楼无痕发言）。
③ 子居：《清华简十〈四告·满告〉解析》，中国先秦史网站，2021 年 1 月 14 日。
④ 上博简《容成氏》44："不能述（遂）者内而死。"有学者读"内"为"坠"。结合下文来看，这种读法存在问题。这里的"内"可直接读"入"。常用字读法相对稳定，在文义顺适情况下，不改读则是首选。
⑤ 清华大学出土文献研究与保护中心编，黄德宽主编《清华大学藏战国竹简（玖）》，中西书局，2019，第 175 页。
⑥ 清华大学出土文献研究与保护中心编，黄德宽主编《清华大学藏战国竹简（玖）》，中西书局，2019，第 177 页。
⑦ 子居：《清华简九〈迺命二〉解析》，中国先秦史网站，2020 年 3 月 11 日。

'退'、'入'于意均不通顺。'内'当读为纳，'纳于凶人之言'即采用凶人之言，类似用法如《汉书·五行志下》载梁孝王'纳于邪臣羊胜之计，欲求为汉嗣'。此承前之'毋'字言之，即不要采纳凶人之言。"① 读"纳"较好，"纳言"是古官名，见于《尚书》《史记》《汉书》等。《舜典》："命汝作纳言，夙夜出纳朕命，惟允。"孔传："纳言，喉舌之官，听下言纳于上，受上言宣于下，必以信。"

我们先考察一下字形，对比如下：

[字形] 诸梁钟　　[字形]《四告》26　　[字形]《迺命二》1

相关辞例梳理如下：

（1）女（汝）亦虔秉不瀅惪（德）　　　　　　　（诸梁钟）

（2）克敬于天，明德戜（威）义（仪），不瀅于非彝
　　　　　　　　　　　　　　　　　　　　　（《四告》26）

（3）共（恭）民母（毋）淫，内于凶人之言②　（《迺命二》1）

（4）以共（恭）民母（毋）泾〈淫〉，于虎（虔）
　　　　　　　　　　　　　　　　　　　　　（《迺命一》3）

（5）不石（度）兹事，淫于非彝、佷（愆）德　（《四告》29）

（6）慾（慆）于非彝，心好埜（野）　　　　　（《四告》27）

（7）母（毋）慾（慆）于非彝、野德　　　　　（《四告》28）

（8）印泾〈淫〉条（慆）于康　　　　　　　　（《太伯》甲10）

（9）孚泾〈淫〉条（慆）于康　　　　　　　　（《太伯》乙9）

（10）夜儆百工，使无慆淫　　　　　　　　（《国语·鲁语下》）

---

① 王辉：《清华简第九册释读笔记》，载陈斯鹏主编《汉语字词关系研究（二）》，中西书局，2021，第247~248页。

② 此句句读有不同意见，心包提出在"言"字后点断，即"恭民毋淫，内于凶人之言。才（在）昔先人高考祖父……"整理者根据句墨标点，本无可厚非，但是文献中以"在昔……"（或"昔在……"）起头叙述历史的句例，实在太多。我怀疑不是墨丁点错位置，就是抄手的句读有误。参见 ee《清华简九〈迺命二〉初读》，武汉大学简帛网简帛论坛，2019年12月4日。按，通过相关辞例来看，此说有道理。

第二章　新出文献文本释读 | 041

　　通过字形比对，"湟"应是"淫、内"合文，为了字形布局的匀称美观，而将"内"置于"淫"之右上。由于没有合文符号，字形布局和语序习惯的错位，影响了文本的正确释读。出土文献中的合文一般都是专有名词，如人名、地名、职官等习惯性合文，且多有合文符号。但也有一些临时性合文，例如郭店楚简《性自命出》简22"▇"，是"浅泽"合文，属于临时性合文且无合文符号；但有邻简"深泽"的对文，容易释读。不使用合文符号的合文书写在甲骨文中已经存在，并带来一些释读问题。① 这种临时性合文不仅给我们带来释读困难，也让古人产生讹误。"湟"字属于临时性合文，尽管少见，但在不同地域和文字载体中出现，说明这种习惯具有一定的流传范围和书写传统。由此可见，古文字考释应注意临时性合文的构形布局和语序习惯，特别是无合文符号的用例。②

　　"泾""淫"之间关系密切，在战国秦汉时代的出土文献中都有反映。董珊先生认为上博简《景公疟》简12"泾"是"淫"之误字，"淫暴"乃古书常见之词。并且，"坙"、"淫"与"涅"三字互讹，在传世古书和出土文献中很常见。③ 从清华简用字现象来看，"泾""淫"相混，属于常见。清华简（1-10册）从"坙"声的"淫"字2次，见于《保训》。从"㝬"声的"淫"5次；"坙、㝬"糅合的1次，如"▇"（《四告》简29）。从诸梁钟铭文来看，存在这种混讹的地域范围较广。

---

①　裘锡圭：《甲骨文字考释（八篇）》《甲骨文字考释（续）》，载裘锡圭《裘锡圭学术文集·甲骨文卷》，复旦大学出版社，2012，第87~91、189~193页。

②　字形布局和语序习惯的错位，不仅有助于古文字考释，还有助于辨析考释结论。如清华简《系年》简2"以登祀△＝天神，名之曰千亩"，其中，合文字形作"▇"。郭永秉先生释为"土帝"。文中提及裘锡圭先生的意见，"裘锡圭先生认为，我提出简文应释'土帝'合文而非'上帝'合文是可取的，但结合商周时代并无五方帝思想，当时突出的是天地四方的'六合'观念（地与四方跟天的地位并不平等，天帝是一切的主宰），所以主张此处简文应当读为'帝、土、天神'，帝是上帝，土是指后土（2016年5月9日在裘先生家的谈话录音）"。郭先生没有采纳裘先生的意见，并提出自己的三条理由，其中第二条为："将'土帝'合文语序改读为'帝土'，似乎没有其他出土文字资料的佐证。""湟"字合文的语序可以支持裘先生的观点。当然，裘先生从古史系统和文化的大背景着眼，这一观点值得重视。两位先生的意见，参看郭永秉《近年出土战国文献给古史传说研究带来的若干新知与反思》，载复旦大学出土文献与古文字研究中心编《出土文献与古文字研究》（第七辑），上海古籍出版社，2018，第231页脚注②。合文是古文字构形中的常见现象。读法具有一定的灵活性，例如"先＝"有"先人""之先"的不同读法。

③　董珊：《简帛文献考释论丛》，上海古籍出版社，2014，第74页。

辞例对勘和文意辨析可以验证"湮"的字形分析。《迺命一》简3"以恭民毋淫，呜呼"与《迺命二》简1"恭民毋淫、内于凶人之言"对读，很明显"恭民毋淫"可以独立成句。《四告》简26"克敬于天，明德戡（威）义（仪）不湮于非彝"与简29"不度兹事，淫于非彝、愆德"可以对读，但两句的语意不同。简26是称扬"恭敬上天、有明德有威仪"，其中，"不湮于非彝"疑读"不淫、入于非彝"。① 考察辞例，可知"淫于非彝"又作"慆于非彝"，"淫、慆"还同义连用（辞例第8、9、10）。

诸梁钟训诂的句式、用字、语辞等可与清华简《摄命》《尚书·康诰》等书类文献对读。诸梁钟开篇："女（汝）亦虔秉不湮（淫、内-入）悳（德）"，其中"女（汝）亦"又见于"女（汝）亦母（毋）不夙夕巠（经）悳（德）"（《摄命》简10）、"汝亦罔不克敬典"（《康诰》）、"汝亦昌言"（《益稷》）。钟铭"不淫"与"勿淫"同义，作为告诫语辞的重要标识，传世文献与出土文献中都很常见。钟铭"虔、秉、德"等语辞，与清华简《四告》"克敬于天，明德威仪"、《迺命》"恭民、毋淫"十分相近。《酒诰》有"经德秉哲"，其中，"经德"又见于《孟子·尽心上》，赵注："经，行也。"钟铭"入德"，与"（不）入于非彝"相对应，结合《召诰》"用非彝"，钟铭"入"有"行、用"之义。"入德"大致是"行、用德"。

三 "淫泆于非彝""淫用非彝"辨

出土文献在古书校勘方面具有重要价值。特别是清华简书类文献极大推动了《尚书》文本研究，代表性成果有赵平安先生《出土文献视域下的"庶慎"》、陈剑先生《清华简与〈尚书〉字词合证零札》等。② 通过释读"湮"字合文，结合清华简《四告》辞例，《酒诰》"诞惟厥纵淫泆于非彝"

---

① 这个观点，承高中正先生提示。笔者按：在"毋""无""不""勿"等箴诫语辞中，否定词关涉多个行为对象，如《召诰》"其惟王勿以小民淫用非彝、亦敢殄戮……"曾运乾先生认为："亦敢犹言亦勿敢。蒙上文勿字而省也。"参曾运乾《尚书正读》，中华书局，1964，第198页。

② 赵平安：《出土文献视域下的"庶慎"》，载《中国文字》编辑委员会编《中国文字》2020年夏季号，第131~141页；陈剑：《清华简与〈尚书〉字词合证零札》，载清华大学出土文献研究与保护中心编《出土文献与中国古代文明——李学勤先生八十寿诞纪念论文集》，中西书局，2016，第211~220页。

需要重新辨析。

关于"诞惟厥纵淫泆于非彝",主流意见都作一句读,但也有学者提出不同意见。《尚书易解》作"诞惟厥纵,淫泆于非彝",认为"'诞惟厥纵'断句。诞,大也。惟,《玉篇》:'为也。'纵,《释诂》:'乱也。'诞惟厥纵,大行其淫乱之事。泆,《释文》:'本作逸',乐也。非彝,非法也。……江声曰:'纣为酒池肉林,使男女裸而相逐其间,故言大放纵淫泆于非法,以燕饮丧其威仪。'"① "淫泆"又见于《尚书·多士》《国语·越语下》等文献。《酒诰》"淫泆于非彝","淫泆"成词且多见,句意较清楚,因而质疑很少。但通过释读"湮"字合文,结合《四告》简26"不湮=(淫,入)于非彝","诞惟厥纵淫泆于非彝"应为"诞惟厥纵淫,内(入)于非彝"。《尚书》文辞古奥、源流复杂。王国维曾感叹:"于书所不能解者,殆十之五""其难解之故有三:讹阙,一也(此以尚书为甚)……"② 新出材料为文本校读带来了契机,并为对相关文本生成和讹误时代的探讨提供了可能。《酒诰》早期文本此处疑为"湮"字,后代整理者误读为"淫泆"。"淫泆"连用成词,习以为常,质疑很少。战国早期越国青铜器出现"湮"字。《酒诰》成书于战国之前。从战国文字用字习惯来看,楚文字"失""逸/佚、泆"一般都写作"遱""䇔、䬁"等。这种讹混不应该发生在楚地文本系统中,疑为其他地域或秦汉时代的转录而讹。

《尚书·召诰》"其惟王勿以小民淫用非彝,亦敢殄戮……"这是主流的断读意见。屈万里先生认为:"以,因。淫,过也;义见淮南子原道篇高注。彝,法也;义见周礼春官序官'司尊彝'郑注。……此言勿因小民过于非法而遽杀之,意谓先教之而后刑也;经义述闻有说。"③ 曾运乾先生则认为:"以,犹与也。能左右之曰以。淫用非彝,即《酒诰》云'诞惟厥纵淫泆于非彝'。《微子》云'沈酗于酒''妇人是用'者也。亦,亦勿也。亦敢,犹言亦'勿'敢。蒙上文勿字而省也。殄,灭。戮,罪也。乂,治也。'殄戮用乂民'者,犹言'用刑杀治民'者,倒文。……小民淫用非

---

① 周秉钧:《尚书易解》,华东师范大学出版社,1984,第187页。
② 王国维:《观堂集林》,中华书局,1961,第75页。
③ 屈万里:《尚书集释》,李伟泰、周凤五校,中西书局,2014,第181页。

彝，而言王以者，所谓'桀、纣帅天下以暴而民从之也'。"① 结合清华简"淫于非彝""毋慆于非彝、野德"等，"以，犹与也。能左右之曰以"，意见可取，疑读"其惟王勿以小民淫、用非彝、亦敢殄戮"，大体意思为"王勿率民以无度，勿用非彝，亦勿敢刑戮"。

四 其他

诸梁钟《迺命》和《四告》对读互证有助于考察《四告三》的文本属性。不同地域的文本具有相近的思想内容充分显示了春秋战国时代的文化一体性。不同载体间的文字对读已有一些重要成果。② 青铜器铭文、简牍文字、传世文献之间的互证，一定程度上反映了文本的动态流动。

（一）《四告三》文本性质

关于《四告三》，程浩先生认为："我们在读《四告三》的时候，就深觉此篇文辞浅白、逻辑混乱，不但前后语义重复，还多有割裂重组的痕迹。更让人难以理解的是，作为一篇祷辞，该篇虽托名周穆王满所作，但篇中竟未提及祭祀所用的贡品，甚至没有祷告的具体对象。"③ 这种判断很有道理。《四告三》文本结构迥异于另外三篇，没有祷告对象和祭品等，而是明显的训诂之辞。从清华简《祷辞》和祭祷楚简来看，祷辞文本具有一定的结构特点和形态特征，一般有"所告之神""所祷之事""所献之物""厌礼之处""奏乐"等，并且句式整饬、多用韵语。④《四告三》诰辞开篇追溯称扬周文王、武王，恭敬上天有明德、有威仪、不过度、不入于非法等，历数殷纣恶行，"反复强调摒弃非彝、野德的重要性"。程先生进一步提出："如果《四告三》与《四告四》确是出于构拟，其史料品质自然不能与'书'等量齐观，严格来讲它们就不能视作'书'类文献了。"⑤

赵平安先生则认为就体式而言，四篇告辞可以视为广义的诰体，都是

---

① 曾运乾：《尚书正读》，华东师范大学出版社，2011，第208页。
② 石小力：《东周金文与楚简合证》，上海古籍出版社，2017。
③ 程浩：《有为言之——先秦书类文献的源与流》，中华书局，2021，第239页。
④ 程浩：《清华简〈祷辞〉与战国祷祀制度》，《文物》2019年第9期。
⑤ 程浩：《有为言之——先秦书类文献的源与流》，中华书局，2021，第240页。

周王室的档案。从这个意义上说，四篇告辞都应视为书类文献。① 通过《迺命》《诸梁钟》《酒诰》《召诰》相关语辞对读和话语模式，《四告三》即使有构拟成分或注入春秋时期的元素，但主体为训诰之辞，属于书类诰体。赵先生意见可以信从。

（二）春秋战国时代的文化认同

进入春秋时期以后，不同地域的文字特点逐渐显现，到了战国时代，形成了"文字异形、言语异声"的局面。考古学上有战国时代的"东西差别"，但春秋战国时代的文化交融始终占据主导地位，特别是不同地域，思想文化具有高度一致性。这种文化认同是春秋大一统观念的基础，为秦汉时代所秉承，成为中华优秀文化的组成部分，强化着我们的核心价值观。下面从出土文献举例来看：

表 2-1　春秋战国时代文化认同的出土例证

地　域	文本内容、文献对读	说　明
齐地	不敢逐康，肇谨经德（《陈曼簠》） 汝亦毋不凤夕经德（《摄命》10）　经德秉哲（《酒诰》） 严龏天命，哀命（怜）鳏寡（《司马楙编镈》） 严恭寅畏天命（《无逸》）　哀此鳏寡（《鸿雁》） 咸有九州，处禹之堵…灵力若虎（《叔夷钟》） 奄有九有（《玄鸟》） 有力如虎，执辔如组　（《简兮》）	《叔夷钟》"夷典其先旧及其高祖：虩虩成唐，有严在帝所"，很容易联想到叔夷的话来自《商颂》。② 《陈侯因齐敦》"绍踵高祖黄帝"，显示了趋于一统的祖先历史记忆。
晋地	1. 不敢怠荒（《中山方壶》）　不敢迨遑（《殷武》） 凤夜筐懈（《中山方壶》）　"凤夜匪懈"（《烝民》《韩奕》） 2. 克训克卑（《中山王鼎》）　克顺克比（《皇矣》） 3. 寡人闻之，与其溺于人也，宁溺于渊。（中山王鼎） 与其溺于人也，宁溺于渊。溺于渊犹可游也，溺于人不可救也。（《大戴礼记·武王践阼》）	中山三器极具思想性，反复征引儒家典籍。正如李学勤先生所说，中山的华化应视为春秋以后民族融合潮流的组成部分，为列国统一奠定基础。③

---

① 赵平安：《清华简〈四告〉的文本形态及其意义》，《文物》2020 年第 9 期。
② 宁镇疆：《由历史记忆的传承再说涉禹三器所述大禹史事的可靠性》，《中原文化研究》2014 年第 3 期。
③ 李学勤：《平山墓葬群与中山国的文化》，载李学勤《新出青铜器研究（增订版）》，人民美术出版社，2016，第 171~172 页。

续表

地 域	文本内容、文献对读	说 明
燕地	1. 畏天爱人 箴①教 下民无争②（《燕侯载簋》） 敬人畏天（《逸周书》） 迪畏天，显小民（《酒诰》） □箴教汝（《摄命》29） 胥训胥教，胥箴胥谋（《芮良夫毖》18） 夫唯不争，故无尤（《老子》） 皆静无争（《吕氏春秋》） 2. 唯燕侯职，践阼承祀③（《燕侯职壶》） 践阼临祭祀（《曲礼下》） 当国践阼（《燕召公世家》） 寅祗承祀 （《中山圆壶》） 龙祈承祀（《閟宫》）	"畏天""爱人""无争"等透露出治国、爱民、箴教内容，教导国君如何禀承天命，以顺下民。铭文中的思想让我们看到燕文化和中原文化之间不可割裂的关系。④
秦地	1. 丕显朕皇祖受天命，鼏宅禹迹 （《秦公簋》） 膺受天命（毛公鼎） 处禹之堵（《叔夷钟》） 2. 南山有鸟，北山置罗。念思公子，毋奈远道何（《公子从军》14） 朝树梂樟，夕楬其英 （《公子从军》17） 有虫西飞，翘翻其羽，一归西行，不知极所。西行东思，沂下如雨（《公子从军》22-23）	春秋时代《秦公簋》，铭文格式和语辞承袭西周金文传统。北大秦简《公子从军》相关语辞与《楚辞》和《诗经》十分近似，且韵式一致。
越地	汝亦虔秉不淫……训教，桓桓辅弼王家……斋休告成（《诸梁钟》） 虔敬朕祀（秦公簋） 成训教、变习俗（《吕氏春秋》） 桓桓于征（《泮水》） 经营四方，告成于王（《江汉》）	吴越题铭载体是上层贵族器物，这些题铭都是用汉字记录汉语，⑤反映吴越贵族的思想和文化认同。

近年来，楚地简帛大量出土，包含大量的诗类、书类等文献，动态呈现了楚地丰富多元的思想文化。楚简包含早期《诗经》、秦人之歌、孔子诗论、琴舞、愍诗等，反映了楚地诗学的发达。战国时代，虽然政治割裂，但战争、联姻、结盟等推动着文化交融。特别是战国之"客"，在出土文献多有记载，加速了政治文化的交流，在文字形体、物易其主的铭刻上都有很多表现。这种交融的深层是文化认同，如西周以后的修德、爱民、敬天

---

① "箴"字考释参宋华强《楚文字资料中所谓"箴尹"之"箴"的文字学考察》，载中国古文字研究会、复旦大学出土文献与古文字研究中心编《古文字研究》（第二十九辑），中华书局，2012，第606页。
② 何家兴：《〈燕侯载簋〉考释二则》，《考古与文物》2015年第4期。
③ 董珊、陈剑：《燕侯职壶铭文研究》，载北京大学中国古文献研究中心编《北京大学中国古文献研究中心集刊》（第三辑），北京大学出版社，2002，第29~54页。
④ 何家兴：《〈燕侯载簋〉考释二则》，《考古与文物》2015年第4期。
⑤ 董珊：《吴越题铭研究》，科学出版社，2014，第95页。

等思想。尽管在春秋战国时代，文字风格、形体构造、用字习惯等诸多方面呈现出一些地域特色，但不同地域的文化认同具有很强的一致性。这种一致性和稳定性形成了中华文化的精神内核。中华民族多元一体的文化格局渊源有自、传承有序。

第二节　释新见秦觚"牖（柚）"字[①]

湖北云梦县郑家湖墓地入选 2021 年度全国十大考古新发现，出土了"中华第一长文觚"（整理者称作"贱臣筭西问秦王"觚）等一批珍贵材料，从实物、文字和图像多个层面，描绘出一幅鲜活的历史画卷，是秦楚文化融合的直观见证。秦觚全文约 700 字，首尾连贯，记筭与秦王的对话，内容是筭游说秦王寝兵立义，是一篇策问类战国秦文献，对于探讨古代木觚的形制和应用，丰富、推进对于春秋战国之际某些史事和政治生态的认知都具有重要价值，为研究策问类文献的生成、流传和演变提供了新资料。

《文物》2022 年第 3 期刊布了觚的图版和释文。[②] 其中，背面第六行记述秦地物产"（秦国之地）有＝（又有）㝡㬊、必方、婴（樱）母（梅）、橘~、毗（枇）杷、櫃（姜）之林"。

"橘~"字形如下：

整理者释作"橘貁（柚）"。"橘柚"连言见于典籍，如"厥包橘柚锡贡"（《尚书·禹贡》）。"橘柚"作为楚地物产，常见于古书。《史记·苏秦列传》记载："君诚能听臣，燕必致旃裘狗马之地，齐必致鱼盐之海，楚必致橘柚之园，韩、魏、中山皆可使致汤沐之奉，而贵戚父兄皆可以受封侯。"

[①] 本节增补为《秦简楚简文字互证二则》，《江汉考古》即刊。
[②] 李天虹、熊佳晖、蔡丹、罗运兵：《湖北云梦郑家湖墓地 M274 出土"贱臣筭西问秦王"觚》，《文物》2022 年第 3 期。

《汉书·司马相如传》："其北则有阴林巨树，梗楠豫章，桂椒木兰，檗离朱杨，樝梨梬栗，橘柚芬芳。"其中，《吕氏春秋》云："果之美者，有云梦之柚。"《吕氏春秋》的记载与秦瓬的十分吻合。

橘柚之"柚"，整理者隶作"鼬"。从字形来看，此字应为"牖"。"牖"字，见于战国秦汉文字，如：

![牖] 睡虎地《日书》甲 143 反　　![牖] 睡虎地《日书》甲 18 反

![牖] 马王堆帛书《老子》甲 20　　![牖] 马王堆帛书《老子》乙 158 上

刘钊老师认为："'牖'结构皆为从爿、从日、从用，其构形应该分析为从爿从日，用声。"①很明显，秦瓬该字左旁之"爿"有些残缺，右边从日从用。"牖""柚"上古皆属余母幽部，中古皆为开口三等，音韵关系极近。

秦居宗周故地，文字相对稳定保守，但用字现象也有复杂的一面。经过多位学者的研究，特别是王子杨先生，甲骨文"柚"字得以确释。②到了战国时代，楚地文献"鼬（柚）"字又读"覃"或从"覃"之字，如上博简《孔子诗论》"葛鼬（覃）"。秦汉文字中"柚"字使用也很复杂，如秦瓬写作"牖"、北大汉简《仓颉篇》简 16 写作"蕃"。"牖"是一个常用词，"户牖"连言，传世古书和出土简帛多见。从出土文献来看，常用词"牖"的用字现象也很复杂，如上博简《武王践阼》用"卣"记录{牖}，秦瓬则用"牖"记录{柚}，传世文献中还可记录{诱}，如《诗·大雅·板》"天之牖民"，"《诗经考文》：'古本牖作诱。'《风俗通》六、《太平御览》八七引牖作诱。○《诗·大雅·板》：'牖民孔易。'《礼记·乐记》、《韩诗外传》五、《史记·乐书》引牖作诱"。③这例特殊用字现象在出土文献中第一次出现，让我们认识到秦文字及传世文献用字的复杂性。

---

① 刘钊：《"癭"字源流考》，载刘钊《书馨集：出土文献与古文字论丛》，上海古籍出版社，2013，第 318~319 页。
② 王子杨：《甲骨文字形类组差异现象研究》，中西书局，2013，第 287~306 页。
③ 高亨编《古字通假会典》，董治安点校、整理，齐鲁书社，1989，第 724 页。

第三节 《燕侯载簋》考释二则

《燕侯载簋》著录于《殷周金文集成》10583，字多残泐。经过何琳仪、冯胜君、董珊等几位学者研究后，铭文基本可读。兹在几位学者研究的基础上，作两点探讨。

（一）释"印"

铭文第二栏第一字作：

集成 10583（箴①教印胺）

关于该字，冯胜君先生释作"丩（？）"。② 我们认为该字应释"印"。"印"字见于战国文字下列区系之中：

秦　诅楚文·湫渊　　秦印 204
楚　A　博六·孔 26
　　B　包山 260　　　博五·三 15
　　C　博四·柬 14　　博七·凡乙 15
晋　玺汇 2062

很明显该字与楚系 C 形完全一致。"郾侯载畏天爱人，哉教印胺。""印"后之字，董珊隶作"胺"，仔细观察该字左上为"月"，疑即"胺"字。关于燕王世系，何琳仪认为："郾侯胺均称'侯'不称'王'，置于郾侯载之后，

---

① 宋华强：《楚文字资料中所谓"箴尹"之"箴"的文字学考察》，载中国古文字研究会、复旦大学出土文献与古文字研究中心编《古文字研究》（第二十九辑），中华书局，2012，第 606 页。
② 冯胜君：《战国燕系古文字资料综述》，硕士学位论文，吉林大学，1997，第 1 页。

似乎不成问题。"① 黄盛璋认为："字体与燕侯载戈相近，时代应和载相次而与其它燕王兵器皆较远。"② 《尔雅·释诂第一》："哉，始也。""卬，我也。"铭文"始教我朕"，疑"载""朕"为父子或祖孙关系。

（二）释"无争"

铭文最后一字作：

集成 10583（□民无～）

该字何琳仪先生释作"哉"。③ 我们认为该字右半从"戈"，左半从"青"稍有残泐，此字乃"争"字异体。古音"青"声属清纽耕部，"争"属庄纽耕部。"青"声之字可读作"争"。兹举楚简两例：

勒　郭店·成之35（津梁～（争）舟）
䨻　郭店·忠信6（故行而～（争）悦民）

二字均从"青"声，可以为证。

铭文虽然残泐，但不难看出是一篇韵文。

郾侯载畏天爱人（真部），
箴教卬朕。
祗敬橋祀，休以为鹽城（耕部）。
民□□□，蕃（？）□允涅（耕部）。
□□金壴，永以为民□。
宝（？）司（？）虞（？）寝（？），□民无争（耕部）。

---

① 何琳仪：《战国文字通论（订补）》，江苏教育出版社，2003，第104页；上海古籍出版社，2017，第117页。
② 黄盛璋：《燕、齐兵器研究》，载中国古文字研究会编《古文字研究》（第十九辑），中华书局，1992，第5页。
③ 何琳仪：《战国文字通论（订补）》，江苏教育出版社，2003，第101页；上海古籍出版社，2017，第113页。

耕真合韵，从用韵来看，释"争"是十分正确的。

"无争"为先秦习语，典籍中习见。

《淮南子·原道训》："是以处上而民弗重，居前而众弗害，天下归之，奸邪畏之，以其无争于万物也。故莫敢与之争。"

《吕氏春秋·离俗览第七》："圣王托于无敌，故民命敌焉。群狗相与居，皆静无争。"

《战国策·楚策四》："王独不见夫蜻蛉乎？六足四翼，飞翔乎天地之间，俯啄蚊虻而食之，仰承甘露而饮之，自以为无患，与人无争也。不知夫五尺童子，方将调饴胶丝，加己乎四仞之上，而下为蝼蚁食也。"

另有"无争"带宾语的用例：

《国语·晋语八》："宋之盟，楚人固请先歃。叔向谓赵文子曰：'霸王之势，在德不在先歃，子若能以忠信赞君，而裨诸侯之阙，歃虽后，诸侯将戴之，何争于先？若违于德而以贿成事，今虽先歃，诸侯将弃之，何欲于先？昔成王盟诸侯于岐阳，楚为荆蛮，置茅蕝，设望表，与鲜牟守燎，故不与盟。今将与主狎诸侯之盟，唯有德也，子务德无争先，务德，所以服楚也。'乃先楚人。"

关于燕国早期历史的典籍《燕之春秋》在汉初就已失传，因而后代对燕国的历史及与燕国有关的物质文化的认识始终是模糊的。即使是《史记》这样的史学著作，对燕国历史的记述也很少。自召公奭直到惠侯，九代燕侯失载，《史记》只用极少的语言"九世至惠侯"一笔带过，给历史留下了一大段空白。由于燕国史料极其缺乏，学者对燕国历史的研究存在诸多困难。正如黄盛璋所说："燕国由于古史残缺，官名、地名与制度等记载也以燕国遗留最多，常常找不到有关文献，难于考证。"[1] 铭文有别于寻常所见的套话，透露出治国、爱民等思想史方面的重要内容。铭文中的"畏天爱人"思想，教导国君如何禀承天命，以顺下民。[2] 这在中国先秦时代是很常见的政治思想，传世文献中有不少类似的记载，我们举几条来看：

---

[1] 黄盛璋：《燕、齐兵器研究》，载中国古文字研究会编《古文字研究》（第十九辑），中华书局，1992，第2页。
[2] 董珊：《战国题铭与工官制度》，博士学位论文，北京大学，2002，第80页。

1.《周书·酒诰》:"王曰:封,我闻惟曰:在昔殷先哲王,迪畏天,显小民。"
2.《逸周书·命训》:"明王昭天、信人以度,功地以利之,使信人畏天,则度至于极。"
3.《逸周书·成开》:"在昔文考,躬修五典,勉兹九功,敬人畏天。"
4.《孔子家语·五帝德》:"宽裕而温良,敦敏而知时,畏天而爱民,恤远而亲近。"
5.《大戴礼记·卫将军文子》:"畏天而敬人,服义而行信,孝乎父而恭于兄,好从善而教往,盖赵文子之行也。"

铭文中的"无争"思想带有明显的道家意味。《老子》:"上善若水。水善利万物而不争,处众人之所恶,故几于道。居善地,心善渊,与善仁,言善信,政善治,事善能,动善时。夫唯不争,故无尤。""不争"是老子宣扬的美德,《老子》又提出:"天之道,利而不害;圣人之道,为而不争。""下民无智""下民无争"思想主要是为了统治的需要。

由于政治、历史、地理等诸多方面的因素,燕文化是中原农耕文化与草原游牧文化交融的产物,具有自己独特的地域特点。铭文中的思想让我们看到其和中原文化之间不可割裂的关系。

第四节　楚简释读三则

(一) 释"㭟(夹)"

《曾侯乙墓》第116简有一字作:

(一□~,三矢)

关于该字,原整理者认为当是一种弓名。① 何琳仪先生隶作"㭟";② 最

---

① 湖北省博物馆:《曾侯乙墓》,文物出版社,1989,第502页考释14。
② 何琳仪:《战国古文字典——战国文字声系》,中华书局,1998,第1533页。

近，萧圣中先生公布了该字的红外照片，比较清晰。萧先生认为："今按，据红外照片，似从弓、从箙的省形（箙作三角形，而盛甲）。疑即箙字异体。卣箙，当指锐上之卣形箙。"① 宋华强先生认为："B 的右旁萧先生认为是'箙'的省形，不如说其外廓是从橐囊形更为准确，……B 上部的横笔穿透竖笔，与上揭'箙'、'韠'不同，可能是书手不同所致。其内则从'乇'声，"乇"的写法可参考楚简'宅'字所从'乇'旁：⟨图⟩（郭店《老子乙》8）⟨图⟩（郭店《成之闻之》33）。疑 B 的右旁是'橐'字异体。"并进一步指出："B 从'弓'，以'橐'字异体为声符，疑当读为'弩'。"② 我们认为该字应隶作"壅"，从弓从土从夹。原整理者认为可能是一种弓名，我们认为整理者的意见是可信的。该字疑即"夹弓"之"夹"的专字。"夹弓"为古代"六弓"之一，见于《周礼·司弓矢》："掌六弓……王弓、弧弓，以授射甲革、椹质者。夹弓、庾弓，以授射豻侯、鸟兽者。唐弓、大弓，以授学射者、使者、劳者。"郑玄云："……六者弓异体之名也。往体寡，来体多，曰王、弧。往体多，来体寡，曰夹、庾。往体来体若一，曰唐、大。""夹弓"也可单称"夹"，例如《周礼·司弓矢》："凡弩，夹、庾利攻守，唐、大利车战、野战。"

（二）释"綊"

信阳遣册第 7 简和 23 简有一字作：

⟨图⟩信阳 2·07　⟨图⟩信阳 2·023

原考释者释作"绩"，③ 李家浩先生释为"繻"，并认为："'组繻'与此'辫繻'文例相同，义亦相近，当是指桃枝席上的装饰。《广韵》职韵：

---

① 萧圣中：《曾侯乙墓竹简残泐字三补（六则）》，武汉大学简帛网，2011 年 1 月 3 日。下引萧先生的意见出处均与此同。
② 宋华强：《释曾侯乙墓竹简的"弩"》，武汉大学简帛网，2011 年 1 月 7 日。
③ 刘雨：《信阳楚简释文与考释》，载河南省文物研究所编《信阳楚墓》附录，文物出版社，1986，第 129 页。

'繢，缋也。'简文'繢'当非此义。"① 《十四种》隶定作"䌛（繢）"②。我们认为《十四种》的隶定是正确的，该字释为"繢"可进一步探讨。楚简中的"㱿"作：

㱿 [图] 郭店·老乙 1 [图] 博二·子 2
㱿 [图] 博六·用 12

楚系文字"㱿"字未见从来从貝。我们认为该字应分析为从糸赘（赘）声。"来"用作"斄"可以参看"釐"字：

釐→釐
[图] 郭店·太一 8 [图] 郭店·尊德 33 [图] 郭店·尊德 39

另，楚简中的异文资料也可证"来"“斄"关系的密切性：

棶 [图] 包山 267 （盬萬之~绢）
� [图] 包山 275 （綵绢）
氂 [图] 望山 2·2 （~冐）

李家浩先生认为："综上所说，（1）的'一柿（桃）枳（枝），绵纯，组~'，是说一张桃枝席，其上有锦的缘边和'组~'的装饰。"③ 考虑到"来"和"斄"之间的关系，我们认为"䌛"字即"綵"字异体，"綵"字见于《玉篇·糸部》："綵，强毛也。"《集韵·之韵》："毷，强曲毛也，可以着衣。或作綵。"又《哈韵》："氂，《说文》：'强曲毛，可以箸起衣。'或作毷、綵。"由此可见，"綵"为一种质地坚硬的毛物，不仅可以着衣，

---

① 李家浩：《信阳楚简中的"柿枳"》，载中国社会科学院简帛研究中心编辑《简帛研究》（第二辑），法律出版社，1996，第 5 页。
② 陈伟：《楚地出土战国简册（十四种）》，经济科学出版社，2009，第 382 页。
③ 李家浩：《信阳楚简中的"柿枳"》，载中国社会科学院简帛研究中心编辑《简帛研究》（第二辑），法律出版社，1996，第 5 页。

而且可以编织成席子的装饰物。

（三）释"饡"

新蔡简甲三 212 有一字作：

▣（~祭卲（昭）王大牢）

《十四种》作"餺（？）"，[①] "餺"字也见于战国晋系文字资料中，《说文》或体作"飰"：

飰▣ 温县 T1K1-3205 ▣ 程训义 1-2

与楚简文字形体较远，我们认为新蔡简该字从食赞声。"赞"字见于楚简文字中：

▣曾乙 158
▣博四·柬 4 ▣博四·柬 21
▣包山 28

新蔡简该字右旁略有残缺，我们发现其与包山第 28 简中的"赞"字十分接近。关于"饡祭"的具体内涵有待进一步研究。

第五节　金文札记二则

《者㵒钟》中的"▣"是"湦"字，读作"浊"，铭文"不湦（浊）不清"的意思是音色和顺优美、清浊协和。关于《樊君鬲》中"䞓"字的构形，应分析为"从人从贝，兴声"，并进一步探讨了楚简、玺印、帛书中"兴"的构形演变轨迹。

---

① 陈伟：《楚地出土战国简册（十四种）》，经济科学出版社，2009，第 414 页。

一 释"不湿（浊）不清"

《者瀘钟》是春秋时期的吴国青铜器，著录于《殷周金文集成》00194～00198（以下简称《集成》）。其中一句云"不△不清"，用"△"代表其字，原形如下：

在五件同铭编钟中，"△"字只见于00198号；其余四件残缺或模糊不清。关于"△"字，郭沫若先生认为是"濼"，读作铄。杨树达从其说，"不濼不涓，濼，郭沫若读为铄，是也。涓当读为澗，《说文》云'澗，半伤也'。不铄不澗，言其质之坚美也。"① 于省吾、董楚平等皆赞同杨树达的观点。② 马承源也认为，"不濼不彫"意思是编钟"美好而有彫饰"，……"不濼，濼通作铄，《诗·周颂·酌》'于铄王师'，毛亨《传》：'铄，美也。'"③ 第四字释为"澗"或"彫"皆误，《集成》（修订增补本）作"清"是十分正确的，隶定为"不濼（浊）不清"。④

我们认为《集成》读作"不浊不清"，文通字顺，较之旧说有很大进步；但是"△"字并非"濼"而是"湿"。

《集成》中《庚壶》"毁"作" "；其实"㬎"及从"㬎"声之字金文几见，只是被误释为其他字了。李家浩先生详细讨论了古代的"鋞"的形制，并释读了金文中几例"㬎"及从"㬎"声之字：

  《集成》9638
  《集成》9558

---

① 杨树达：《积微居金文说》，中华书局，1997，第125页。
② 于省吾：《双剑誃吉金文选》，中华书局，1998，第96页；董楚平：《吴越徐舒金文集释》，浙江古籍出版社，1992，第33页。
③ 马承源：《商周青铜器铭文选》（四），文物出版社，1990，第363页。
④ 中国社会科学院考古研究所：《殷周金文集成》（修订增补本），中华书局，2007，第214页。

[図] ①《文物》1982年11期，第5~6页图版一、二

李先生认为："古文字'䜌'可以分析为从'卯'从'豆'，'卯'像器耳，'豆'像器身，'豆'亦声。"[《殷周金文集成》（修订增补本）已经改释]②《者㳉钟》（00198）铭文为刻款，字体草率、不甚工整，给释读带来了一些困难；尽管如此，我们可以清楚地看到该字左边从"水"，右上从"卯"无疑，右下的"豆"形有较大离析且豆形下部略有右移。启功先生认为："文字孳乳、生生不息，欲求其一成不变，其势实有不能者。但使轮廓可寻，纵或点画增减、位置移易，亦不难推绎而识之。"③因此，我们认为该字为"㳉"，读作"浊"。

"㵽"字，上古音属药部、来纽；"浊"字，属屋部、定纽，二者声韵相隔较远。先秦文献中，"乐"声与"蜀"声也没有相通假的例证。"䜌"声之字古音多为屋部、定纽，与"浊"声完全相同；且"䜌"声之字常与"蜀"声之字相通，例如《晏子春秋·外篇重而异者》："使烛邹主鸟而亡之。"《韩诗外传》（卷九）"烛鄹"作"颜斶聚"。另外，我们发现"蜀"声之字每每与"豖"声之字相通，例如《庄子·盗跖》"与蚩尤战于涿鹿之野"，《释文》："涿本又作浊。"《史记·魏世家》："战于浊泽。"《六国年表》作"啄泽"。《周礼·秋官·序官》："壶涿氏。"郑注："故书涿为独。""䜌"声之字也每每与"豖"声之字相通，例如《左传·哀公二十七年》："召颜涿聚之子晋。"《韩诗外传》（卷九）作"颜斶聚"；《淮南子·本经》："木工不斲。"高注："斲或作琢。"由此可见，"䜌"声与"蜀"声关系十分密切，例可通假。

下面简要讨论一下铭文"不帛不羕，不㳉（浊）不清"的大意。铭文中的"不帛不羕"，描写编钟的色泽之美，"不㳉（浊）不清"描写它的音质之美。《国语·周语下》："耳之察和也，在清浊之间。"韦昭注："清浊，律吕之变；黄钟为宫则浊，大吕为角则清也。"《礼记·乐记》："倡和清浊，

---

① 此形据李家浩先生所摹，见李家浩《谈古代的酒器鑃》，载中国古文字研究会、中山大学古文字研究所编《古文字研究》（第二十四辑），中华书局，2002，第456页。
② 李家浩：《谈古代的酒器鑃》，载中国古文字研究会、中山大学古文字研究所编《古文字研究》（第二十四辑），中华书局，2002，第455~457页。
③ 秦公辑《碑别字新编·序》，文物出版社，1985，第2页。

迭相为经。"郑玄曰："谓黄钟至仲吕也。"大意是说唱的与和的、清音与浊音，都能交替错综而形成一定的旋律。古人认为乐器的声音要适中，清浊相调和。我们认为，铭文"不帛不羕，不湮（浊）不清"的大意是说编钟色泽悦目，音色和顺优美、清浊协和。

二　释"賸"

《集成》00626《樊君鬲》铭文有"△"字，读作"賸"。其原形如下：

关于"△"字的构形，有学者认为"从人，朕省声。舁从廾，繁化从舁"。①古文字中"朕"的形体变化十分丰富，其声符部分有作" "" "等形，皆与此形中部差异明显。② 我们认为此字"从人从贝，兴声"，读作"賸"。

"兴"的构形，《古文字谱系疏证》作了详细的梳理。"'兴'的初文作 ，从舁、从凡，会二人四手举盘形器之意。或增口繁化，遂以从同旁。战国文字承袭商周文字。廾或省变作 ， 或省变作 、 、 、 。"③"兴"字中部的" "变作" "，见于下列古文字资料中：

　　　　《玺汇》3288

　　 、　　《温县盟书》14

　　　　《帛书》甲8

由此我们联想到了楚简中的"兴""蝇"字，见于《包山简》《郭店简》《上博一》中，作以下之形：

---

① 黄德宽主编《古文字谱系疏证》，商务印书馆，2007，第387页。
② 黄德宽主编《古文字谱系疏证》，商务印书馆，2007，第378~390页。
③ 黄德宽主编《古文字谱系疏证》，商务印书馆，2007，第332页。

兴 [字形] 《包山》159

蝇 [字形] 《上博一·孔子诗论》28

关于《上博一》中"蝇"字的构形，黄德宽、徐在国、何琳仪先生都作了很好的解释，"'蝇'字简文作'[字形]'，可分析为从'黾'，'兴'省声，'蝇'的异体。古音'蝇'，余纽蒸部；'兴'，晓纽蒸部。因此，'蝇'字可以'兴'为声符。"① "其实郭店简此字与上海简'蠅'有共同的偏旁，均应释'兴'。郭店简《穷达以时》载吕望'兴而为天子师'，文义条畅。'兴'与'蝇'均属蒸部，故简文'青蠅'，读'青蝇'，即《诗·小雅·青蝇》。"② 三位先生都认为，蝇"字可分析为从"黾"，"兴"省声，这是十分正确的。

我们明确了"[字形]"字从"兴"声，可以帮助理解"蝇"从"兴"省声的演变轨迹：

[字形]《兴鼎》（"兴"字所从）→ [字形]《樊君鬲》（"[字形]"字右上所从）→ [字形]《包山》、《上博一》（"兴""蝇"字所从）

"兴"字，上古音属晓母蒸部；"媵"字，属余母蒸部，韵同声近。因此，我们认为"△"字，"从人从贝，兴声"，读作"媵"。

第六节　玺印陶文释读

（1）释"塦"

《古玺汇编》1252 著录了一方楚玺：

---

① 黄德宽、徐在国：《〈上海博物馆藏战国楚竹书（一）·孔子诗论〉释文补正》，《安徽大学学报》2002 年第 2 期；又见黄德宽、何琳仪、徐在国《新出楚简文字考》，安徽大学出版社，2007，第 99 页。

② 何琳仪：《沪简诗论选释》，载黄德宽、何琳仪、徐在国《新出楚简文字考》，安徽大学出版社，2007，第 135~136 页。

060 | 新出文献文本释读与文学考论

[图] 黄□

原书未释，吴振武先生释为"铸"。① 《楚文字编》从之。② 我们认为该字从止从舆。该字上部可参看：

舆　[图]郭店·缁衣 22
塱　[图]郭店·缁衣 46　　[图]博三·周 8
　　[图]玺汇 1252

楚玺该字所从的"臼"黏合到一起，可参看：

遣　[图]（禹鼎）→[图]（多友鼎）→[图]（遣吊盨）
兴　[图]（禹吊盨）→[图]（兴鼎）

因此该字即"塱"，疑"趣"字异体，《说文·走部》："趣，安行也。从走舆声。""塱（趣）"字在玺文中用为人名。

（2）释"褽（衿）"

《古玺汇编》3152、3151 两方晋玺中有一字作：

[图]～让　[图]～逻

刘钊老师认为："从'火'从'日'从'衣'，可隶定成'裒'，读法不详，3152 首字同。"③《晋系文字编》（第 622 页）隶作"煜"，我们认为该字应隶作"褽"，从衣省睿声。关于该字形体的分析，可以考虑从衣省，也可认为"火""衣"共用笔画，前者的可能性较大，战国文字中"衣"

---

① 吴振武：《〈古玺文编〉校订》第 727 条，人民美术出版社，2011，第 275 页。
② 李守奎：《楚文字编》，华东师范大学出版社，2003，第 794 页。
③ 刘钊：《古文字构形研究》，博士学位论文，吉林大学，1991，第 575 页。

旁常省略上部，这种现象常见于楚系文字中，也见于他系文字中：

楚　禣　[图] 帛书　[图] 信阳 2·019
　　被　[图] 博四·昭 6　[图] 包山 203
晋　橐　[图] 玺汇 2889
齐　𧜼（𧝓）[图] 陶录 3·41·4　[图] 陶录 2·546·3
　　𧝓　[图] 陶录 2·527·3　[图] 陶录 2·534·4

该字从衣，㐁（"慎"字古文）声，疑即《说文》之"袗"字。"真"声、"㐱"声相通，《诗·鄘风·君子偕老》："鬒发如云。"《说文·彡部》引鬒作㐱。《论语·乡党》："当暑袗絺绤。"皇侃本袗作缜。该字在玺印中作为姓氏，疑读"袗"。《广韵·袗韵》："袗，姓。"《万姓统谱·袗韵》："袗，袗国在楚之东……子孙以国为氏。"

（3）释"遣"

《古玺汇考》212 著录了一方新见晋系私玺：

[图]

第二字施谢捷先生未释，我们认为该字为"遣"。关于"遣"字陈剑先生有专文讨论，金文中的"遣"字常见，兹举两例：

[图]《集成》0947 陈公子叔原父甗　[图]《集成》018 鲁遣钟
[图]、[图]格伯簋《集成》4262·2，4264·2
[图] 汇考 212

陈剑先生认为《格伯簋》字形"省去了'止'和'夊'形"，[①] 该字形与晋

---

① 陈剑：《"遣"字补释》，载中国古文字研究会、吉林大学古文字研究室编《古文字研究》（第二十七辑），中华书局，2008，第 131 页。

玺文字十分接近。"邉"字在玺文中用为人名。

（4）释"䳒"

《中原文化大典·文物典·古文字》（以下简称《大典》）① 下册部分公布了三十九片温县盟书圭片，有的是首次公布，意义十分重大。笔者在研读过程中，略作短札数则，兹求教于方家。

温县 T1K1-2200 中的参盟者字作：

该字《大典》未释，我们认为是"䳒"字，"䳒"字见于晋系金文、玺陶文字中：

雪斋二集 116 十一年令少曲慎录戈　玺汇 5608

陶录 5·7·3

盟书该字与《十一年令少曲慎录戈》中的"䳒"字极近。

（5）释"輆"

温县 T1K1-2205 和 T1K1-2203 中的"岳（岳）② 公大冢"之"冢"作：

《大典》直接释作"冢"，我们认为该字从车主声，即"輆"字。"輆"字见于《玉篇·车部》："輆，輆车也"；《集韵·遇韵》："輆，车止也。"古音"冢"属端纽东部，"主"及"主"声之字多属端或章纽侯部，声近韵转，例可通假。何琳仪曾讨论过"冢""主"之间的关系："'冢'既然

---

① 王蕴智主编《中原文化大典·文物典·古文字》，中州古籍出版社，2008，第 403~423 页。
② 魏克彬：《侯马与温县盟书中的"岳公"》，《文物》2010 年第 10 期。

从'主',则有可能从'主'得声。主,照纽三等(古归端纽)侯部;冢,端纽东部。侯东对转。'冢'从'主'得声音理契合。上文所引二年宝子戈'宝子'读'冢子',是战国文字中习见的官名。"① 盟书"鞋"读"冢",可证何先生"冢"从"主"声的合理性。

(6)释"戗"

温县 T1K1-2204 中参盟者作:

该字《大典》未释,我们认为该字从兒声。见于晋系兵铭:

（ ）集成11182 朝歌右库戈

该字作为工师之名,《集成》(修订增补本)认为是"毁"字异体,② 蒙袁金平兄提示,疑即"戗"。《说文》:"戗,毁也。从攴兒声。"我们认为甚确。战国文字中"攴"和"戈"作为动符时,可以换用。

(7)释"褰"

温县 T1K1- 2795 中参盟者作:

该字《大典》未释,我们认为该字是"褰"。《说文·衣部》:"褰,……从衣,寒省声。"该字从衣上部从"寒"("衣""宀"共享笔画),"寒"字见于金文。

---

① 何琳仪:《句吴王剑补释——兼释冢、主、开、丂》,载香港中文大学中国语言及文学系《第二届国际中国古文字学研讨会论文集》,香港中文大学中国语言及文学系,1993,第260页。
② 中国社会科学院考古研究所:《殷周金文集成》(修订增补本),中华书局,2007,第5987页。

[图]集成 2836 大克鼎　　[图]集成 10213 寒姒鼎

上部与《大克鼎》相近，不同之处是一个从"卄"一个从"舛"而已。

（8）释"馎"

温县 T1K1-3205 中参盟者作：

[图]

该字《大典》未释，我们认为该字从食奔声，即《说文》"馎"字或体。该字亦见于晋玺：

[图]程训义 1-2

（9）释"增"

温县 T1K1-3060、温县 T1K1-3205 中参盟者作：

[图]

该字《大典》未释，我们认为该字从立曾声，战国文字中"土"旁常作"立"旁，这种现象多见于东土各系文字之中，因此疑即"增"字。

（10）释"瘠"

温县 T1K1-3556 中参盟者作：

[图]

该字《大典》未释，《晋系文字编》缺释。[①] 我们认为该字应隶定作"瘠"，亦见于《侯马盟书》：

---

① 汤志彪：《三晋文字编》，博士学位论文，吉林大学，2009，第 1107 页。

▨ 侯马一八五：三

该字用作人名，为"疣"字异文。
（11）释"㶿"
温县T1K1-3586中参盟者"坠△"，其中"△"字原形作：

▨

该字《大典》未释，应释作"㶿"，也见于中山王鼎和侯马盟书：

▨ 铭文选2.880 中山王鼎　▨ 铭文选2.880 中山王鼎　▨ 侯马一八五：九

吴振武先生详细讨论过，"因此，我们有理由推定△字所从的声符▨，即为某种缨饰之象形文，其读音当如'沙'或'绥（緌）'"。[1] 我们发现温县盟书该字"队"下所从具有很强的象形意味，可参看甲骨文：

▨ 合集33208　▨ 合集18758

吴振武指出："我们有理由推测'㶿'字很可能就是彤沙之'沙'的象形初文，其在卜辞中是借作'戠'（杀）用的。也就是说，'㶿'字所从的▨或▨，实为缨络之象形，其读音即如'沙'。"[2]
（12）释"竭（遏）"
温县T1K1-3690中参盟者作：

---

[1] 吴振武：《试说平山战国中山王墓铜器铭文中的"㶿"字》，载中国文字学会《中国文字学报》（第一辑），商务印书馆，2006，第75页。
[2] 吴振武：《"戠"字的形音义》，载台湾师大国文系、中研院史语所《甲骨文发现一百周年学术研讨会论文集》，文史哲出版社，1998，第287~300页；王宇信、宋镇豪：《纪念殷墟甲骨文发现一百周年国际学术研讨会论文集》（夏商周文明研究之四），社会科学文献出版社，2003，第139~148页。

该字《大典》未释,《晋系文字编》释作"竭"。① 我们认为该字从止从曷,应释作"竭(遏)"。

(13)释"臂"

温县 T1K1-3724 中参盟者作:

该字《大典》未释,我们原释作从邑从朝,认为是"薛"姓之专字;后蒙徐在国老师提示,该字应分析为从肉辟声,并告知亦见于侯马盟书。仔细翻阅盟书,疑指侯马一六:一三中的参盟者。②

(14)释"殳"

温县 T1K1-3724 中参盟者作:

该字《大典》未释,我们认为该字从攴足声,亦见于楚简:

郭店·语一 112

"攴""殳"作为偏旁可通,例不赘举,因此二字为异体关系。

第七节 战国文字构形研究三篇

自春秋中期以降,特别是到了战国时期,七国称雄,各自为政,社会处于大变革之中,各种思想涌现,百家争鸣。战国时代,正如许慎所说:

---

① 汤志彪:《三晋文字编》,博士学位论文,吉林大学,2009,第639页。
② 原拓不清楚,旧多释"璧"。

"其后诸侯力政，不统于王，恶礼乐之害己，而皆去其典籍。分为七国，田畴异亩，车涂异轨，律令异法，衣冠异制，言语异声，文字异形。"①"言语异声，文字异形"是对当时语言文字使用状况的准确概括。

战国时期是汉字发展史上最复杂的一个阶段，继承了商周古文字固有的形体，同时，产生了大量的变体。在这一时期，各国的文字存在较大差异，致使秦在统一六国后，不得不"罢其不与秦文合者"，重新统一文字。从汉字发展史的角度来看，战国文字在汉字发展史上具有十分重要的地位，上承甲骨、金文，下启秦汉篆隶。战国时期文字载体丰富，形体变化十分剧烈。李学勤先生认为："战国文字在中国文字演变史上自成段落，应当专门加以研究。"② 长期以来古文字研究者多关注疑难字词的考辨以及字表等工具书的编纂，忽略总结汉字形体的结构和演变规律，缺乏对各种构形现象的系统归纳和理论总结。正如黄德宽老师所说，"但是，从文字学研究的角度看，这种繁华的背后也存在着许多值得关注的问题。如在甲骨文和金文研究方面，研究队伍和学者投入的精力相对较少，甲骨文和金文疑难文字的考释工作进展不大，一些关系汉字发展演变和构形规律的重要现象，还缺乏系统全面的研究……文字学研究者忙于对新出资料疑难单字的考辨，对战国时期各种文字现象的理论研究和概括尚少有关注"。③

战国文字构形系统极其复杂，不同的书写载体、书写工具以及书手等都对战国文字构形产生影响。汉字构形系统是一个历时演进的系统，战国文字构形系统是商周文字构形系统的继承和发展。战国时代政治的分裂加速了地域文化的发展，"文字异形"在这一时期表现得最为剧烈。

一 "通假糅合"补说——兼释《郭店楚简》中的"䏧"

古文字构形现象十分丰富和复杂。其中，有一种构形现象十分特殊，即"形、音、义、用"某方面有着密切联系的多个（一般是两个）文字形体进行了糅合。形体糅合引起了很多学者的关注。晚清的刘心源已有注意，读"䠙"为"畯"，并且认为改合"畯""峻"二字为之。裘锡圭先生认

---

① 许慎：《说文解字》，中华书局，1963，第315页。
② 李学勤：《战国文字通论（订补）·序言》，江苏教育出版社，2003，第1页。
③ 黄德宽、陈秉新：《汉语文字学史》，安徽教育出版社，2006，第306页。

为:"'憂'当是'禹'的变体,'𢖻'似是糅合这两种写法而成的,'𢙱'是最后出的讹体。"① 江学旺先生提出"异体糅合",认为:"异体糅合是指将两个或几个(大多为两个)异体字的不同部件糅合在一个构形单位(即字)之中,从而构成一个新的异体字,本文把这种新的异体字称为'糅合体'。异体糅合必须具备这样一个条件,即在'糅合体'出现之前,就已出现了参加糅合的两个或几个异体";对"糅合"与多形多声形声字、合文现象作了区分,并结合商周文字资料进行了例说。② 新郑兵器铭文中的"造"字写作"𢼂"等形体,吴振武先生认为是糅合了"▨""▨"两系的写法。③《曹沫之阵》简 42 "▨",金俊秀先生认为糅合了"▨"和"▨"。④

(一)"通假糅合"及其相关问题

有一种十分特殊的糅合现象,即将读音相近的两个字的某些部分糅合在一起。早在 1993 年,吴振武先生已经注意到这种特殊的构形方式;2003 年,他发表了《战国文字中一种值得注意的构形方式》,该文对此有详细的说明,兹简引如下:

> 1965 年出土的侯马盟书中,屡见"献"字,一般都写作▨,没有什么特殊的地方。只有 67:65 片上的"献"字作▨,变"虍"旁为"羊"旁,较为特殊。
>
> 对于这个从"羊"的"献"字,古文字研究者一般多未注意,故其在文字学上的意义,亦长期未能被揭示。1993 年,笔者在一篇文章中指出:
>
>> 今按这一形体的出现,似应跟当时"献"、"鲜"二字经常通假有关系。猜想不论是有意的还是无意的,这一形体可能是捏合了"献"、

---

① 裘锡圭:《说禹》,载裘锡圭《古文字论集》,中华书局,1992,第 13 页。
② 江学旺:《浅谈古文字异体糅合》,《古汉语研究》2004 年第 1 期;又见黄德宽等《古文字发展论》,中华书局,2014,第 166~172 页。
③ 吴振武:《新见十八年冢子韩矰戈研究》,载陈昭容《古文字与古代史》(第一辑),中研院历史语言研究所,2007,第 320 页。
④ 金俊秀:《说"害"》,《第十八届中国文字学国际学术研讨会论文集》,辅仁大学中文系,2007;禤健聪:《说上博〈吴命〉"先人"之言并论楚简"害"字》,载中国古文字研究会、中华书局编辑部编《古文字研究》(第二十八辑),中华书局,2010,第 470 页注 20。

"鲜"二字。因为盟书"献"字所从的"鬲"旁在形体上跟鱼旁颇相似，而古文字中所见的"鲜"字正有不少是将"羊"旁写在"鱼"旁之上的（见《金文编》756页）。我们相信，这一现象的揭示，会有助于今后古文字学释读工作。

这种将两个经常通假的字糅合（此词较捏合更准确）成一字的例子，在古文字中是相当罕见的。①

吴振武先生相信随着出土古文字资料的日益增多和研究的不断深入，这样的例子还会被发现。他的构形探讨非常具有启发性。随着上博简和清华简的不断公布，冯胜君、张新俊、苏建洲等先生探讨了几例文字糅合现象。冯胜君先生认为上博简《孔子诗论》中的"■"，是糅合"禹"（■）、"害"（■）这两个经常可以通假的字后形成的。② 张新俊先生认为上博简《周易》中的"■"，是糅合"鸿""红"而成；上博简《性情论》简38中的"■"，应是糅合了"慧"和"快"而成；上博简《逸诗》中的"■"，是由"幾"和"豈"糅合而成。③ 这些例证一定程度上印证了吴振武先生"糅合"构形分析的合理性。其后，苏建洲先生认为清华简《祭公之顾命》简7、14两个"商"写作"■、■"，是将音近的"商""單（单）"两字糅合在一起；《金縢》简5"卻（许）"字写作"■"，是糅合了"■（《祭公》16）"、"■（《民之父母》9）"与"■（《郭店·缁衣》23）"而形成④。"通假糅合"作为一种特殊的构形方式，引起了学界的极大关注。由于术语使用的不统一和理解上的差异，大家的认识还不一致。我们将从三个方面进行一些讨论。

（1）"通假糅合"界说

在参考学术界已有研究成果的基础上，我们认为糅合有三种不同的类

---

① 吴振武：《战国文字中一种值得注意的构形方式》，载浙江大学汉语史研究中心、浙江大学古籍研究所编《姜亮夫、蒋礼鸿、郭在贻先生纪念文集》，上海教育出版社，2003，第92~93页。
② 冯胜君：《读上博简〈孔子诗论〉札记》，《古籍整理与研究学刊》2002年第2期。
③ 张新俊：《上博楚简文字研究》，博士学位论文，吉林大学，2005，第18~23页。
④ 苏建洲：《楚文字论集》，万卷楼图书股份有限公司，2011，第359页。

型：异体糅合、通假糅合和义同糅合。异体糅合是同一个字不同异体之间的糅合；"通假糅合"不同于异体糅合，它以"音"为纽带，是两个通假字在形体上的糅合，充分体现了古文字"音、用"与"形"之间的相互联系和影响。吴振武先生提出的"糅合"，应是"通假糅合"。楚文字中"仓""寒"关系十分密切，形体相近，很多仓声之字读为"寒"，冯胜君先生认为这是"义同换读"现象。孙伟龙先生认为"▨"（郭店·太一4）是"仓、寒"二字"义同换读"糅合在一起的［兴按：此字不具有代表性，比较典型的字例是"▨"（新蔡甲三331号简）。］① 我们且称之为义同糅合。

异体糅合，是同一个字的异体间的糅合；通假糅合，是不同的两字，由于音近（或音同）并且常常通假，形体上有共同的部分而发生的形体糅合；义同糅合，是不同的两字，由于意义相同，形体相近而发生的形体糅合。"通假糅合"有一定的条件：从形体上看，两个构成之字一般有共同的部件；从语音上看，音同或音近；从字用来看，存在通假并有文献用例。通过对"通假糅合"的界定，我们认为清华简《祭公之顾命》简7、14"商"字写作"▨"、"▨"，并非"商""嘼（单）"通假糅合，因为"商""嘼（单）"并无通假的文献例证；清华简《耆夜》中的"乐"字写作"▨"，中间所从与"東"相近，但并不是糅合了"乐"与"東"；诚如苏建洲先生所说："则药部与东部应有相通的现象。惟'乐'与'東'毕竟没有通假的例证，此意见只能待考。"②

（2）西周金文中的"通假糅合"

西周金文中已有"通假糅合"这种构形方式。例如"齌"字：

▨《吊鼎》　▨《白六鼎》

该字上部糅合了"齐""妻"两字。妻字，甲骨文作"▨"（合集691正），象以手抓取女子头发之形；金文作"▨"、"▨"，手与头发黏合，逐渐近似"甾"，"甾"字上部与"齐"相近。"齐"古音属从纽脂部，"妻"属清

---

① 孙伟龙：《也谈"文字杂糅"现象——从楚文字中的仓、寒等字说起》，载中国古文字研究会、复旦大学出土文献与古文字研究中心编《古文字研究》（第二十九辑），中华书局，2012，第670页。
② 苏建洲：《楚文字论集》，万卷楼图书股份有限公司，2011，第362页。

纽脂部，声纽皆为齿音，韵部完全相同，古书中"齐"声、"妻"声之字与"次"声字关系密切，不乏通假例证。"凄"字在战国文字楚简中多读作"济"，二者音韵极近。

（3）"通假糅合"的文字学意义

糅合现象是对六书理论的突破。"通假糅合"是对古文字构形理论的丰富。有些"异体糅合"是在使用过程中为了增强表意、强化表音等而产生的，与繁化有类似之处；"通假糅合"强调"字音"在文字形体演变中的重要作用。文字"形、音、义、用"四个方面是相互影响的，语音在文字分化和演变中具有枢纽作用。正如刘钊老师所强调的："对一个形体加以不同的改变，是古文字孳乳分化新字的一个最主要的手段，这种改变形体分化新字的方法一般都是以声音为枢纽的。"① 曾宪通先生也提出："文字的简省和分化，除了形体本身的条件之外，还要受到义和音的制约。"②

（二）释"燄（澹）"

《郭店楚简·语丛一》第107号简有字作：

▨（各以△訋（词） 毁也）

裘锡圭先生认为："疑字从'炎'省声，或即'澹'字别体，读为'詹'，同'谵'，意为多言、妄言。"③ 刘钊老师认为："'燄'字疑为'谵'，'谵'义为胡言乱语。简文大意似说果决和信念都如同器皿，都可因胡言乱语而被毁掉。"④ 各种字编和论著多采用裘先生的观点。该字就是"澹"的异体，只是构形还值得申说。我们认为该字糅合"淡"和"澹"而成。"澹"与"淡"，古音皆为定纽谈部，传世文献中有大量的异文和通假材料。例如《老子》："澹兮其若海。"傅本澹作淡。《老子》三十章："恬淡为上。"《释文》淡作澹，云"本亦作淡"。《楚辞·惜誓》："澹然而自乐兮，

---

① 刘钊：《古文字构形学》，福建人民出版社，2006，第22页。
② 曾宪通：《"䇂"及相关诸字考辨》，载安徽大学古文字研究室编《古文字研究》（第二十二辑），中华书局，2000，第273页。
③ 荆门市博物馆：《郭店楚墓竹简》，文物出版社，1998，第200页。
④ 刘钊：《郭店楚简校释》，福建人民出版社，2005，第196页。

吸众气而翱翔。"《考异》："澹一作淡。"《淮南子·主术》："非澹薄无以明德。"《太平御览》七七引澹薄作淡漠。《文选·金谷集诗》："绿池泛淡淡。"李注："《东京赋》曰：'绿水澹澹。'"澹与淡同。"燄"字的糅合十分有趣，将"水"旁置于文字的内下部，构形非常巧妙。我们可以这样拟构："燄"由"䛐（澹）"和"氵（淡）"糅合而成。古文字中"詹"及从"詹"之字，很多学者都有讨论，有些还存在分歧。上博简《平王问郑寿》7号简中的"䚻"字，刘钊认为："陈剑先生隶'䚻'为'䚻'并读为'瞻'，其说极是。'䚻'所从之'詹'与上揭诸字所从'詹'旁不同的是字不从'言'而从'口'。造成这种异体写法的原因，一种可能是因'言'旁与'口'旁作为偏旁可以通用，一种可能'口'旁即是'言'旁之省。"① 关于"䚻"，有学者认为从"甚、石"等②。"燄（澹）"字上部作"䛐"，可以帮助厘清这一问题。战国文字中的相关诸字，例如"䛐"（《郭店楚简·忠信之道》3)、司马成公权的"䛐"字，都应释"詹"。

古陶文有一字作：

燄 陶录 3·294·1

徐在国老师认为："按：新出郭店楚简《语丛一》107简'各以澹词毁也'之'澹'字写作䛐，C 与此形体基本相同。我们认为 C 应释为'澹'。字形似应分析为'詹'省声，'淡'省声，'詹'、'淡'均为声符。"③

"燄（澹）"字在不同地域、不同载体中都有发现，说明"通假糅合"构形规律具有一定的普遍性。

---

① 刘钊：《〈上博五·君子为礼〉释字一则》，武汉大学简帛网，2007年7月23日。
② 董珊：《读〈上博藏战国楚竹书（六）〉杂记》，载董珊《简帛文献考释论丛》，上海古籍出版社，2014，第71~72页；《简帛文献语言研究》课题组：《简帛文献语言研究》，社会科学文献出版社，2009，第111~112页。
③ 徐在国：《古陶文字释丛》，载中国古文字研究会、安徽大学古文字研究室《古文字研究》（第二十三辑），中华书局，2002，第109页。笔者按：本文曾发表于《中国文字研究》（第二十三辑），失引徐老师大作，特致歉意。

（三）小结

简化是文字形体演变应遵循的一个重要原则。"通假糅合"是古文字形体在动态演变过程中的一种特殊构形方式，具有阶段性的特点。这种现象一般都会消亡。但它让我们深刻理解文字"形、音、义、用"四个方面关系密切，尤其是语音在形体演变中的重要作用。

二 战国文字类化研究

从汉字发展史的角度来看，战国文字具有十分重要的地位，上承甲骨、金文，下启秦汉篆隶。战国时期文字载体丰富，形体变化十分剧烈。近年来，新出战国文字资料不断地开阔我们的视野，极大地推进了整个古文字研究。新见字形、各种构形现象和演变规律加深了我们对战国文字构形系统的认识，为我们共时考察战国各系文字构形特点以及演变规律提供了条件。本文结合新出资料，对战国文字类化现象进行一些探讨。

（一）类化研究简述

文字形体随着时代的推移，逐渐丧失图形性，形体来源完全不同的字，因为某些形体特征近似或相同，便会在相互影响下，采取类化的方式产生形体趋同现象。唐兰先生在《中国文字学》中指出："'午'字写成'幺'字的样子，从午的'御'字，有的会从兹。'十'字变成了'甲'，'戎'、'早'、'卓'等字都跟着改。'二'字变成'贰'，又省作'弍'，后来就造出'弌'、'弍'二字。'凤皇'的皇变成'鳳'，'烟煴'的烟写作'壹'，从吉，所以又造了从凶的'壼'。凡同化的字，往往是由类推作用来的。"[1] 唐兰先生所谓"类推"就是我们所要讨论的"类化"，即一个字的形体变了，以它为形旁的一批字也会发生同样的变化；同形旁的一批字往往因为其中一个字发生变化，其他的也随之而变；记录双音节词的两个字本来形旁不同，后来也趋同了。

王力先生认为群众造字有两个方向：第一是类化，第二是简化。类化通常是按照形声字的原则，把没有形旁的字加上一个形旁，例如"夫容"加成"芙蓉"。有时候是形旁不明显，就再加形旁，如"果"写成"菓"，"梁"写

---

[1] 唐兰：《中国文字学》，上海古籍出版社，2023，第105页。

成"樑","冈"写成"岗"。最容易类化的是双音词。群众感到双音词是一个整体,形旁应该一致。于是"峨眉"加成"峨嵋","昏姻"加成"婚姻","巴蕉"加成"芭蕉",等等。有些字虽然都有形旁,但不一致,于是也改成一致,如"蒲桃"改成"葡萄"。甚至有时候改得没有什么"道理",如"凤皇"改为"凤凰"("凤",从鸟,凡声)。① 王力先生用了"类化"这个术语,但从他的论述过程来看,只有"峨眉"加成"峨嵋"、"昏姻"加成"婚姻"、"巴蕉"加成"芭蕉"这一类与我们所说的"类化"性质相同。另外,王力先生没有对"类化"这个概念作出明确的界定。

沃兴华先生在《类化字及其训诂法》一文中讨论了古代汉字中上下文字的形体类化,认为类化字是指通过加旁或更旁来与上下文形体保持联系的异体字。类化有四项规则:上下文有主谓关系、动宾关系、偏正关系、并列关系等。②

林沄先生较早关注古文字类化现象。"文字形体的早期演变,固然受到每个文字基本符号单位原来是由什么图形简化的制约。但是,随着文字逐渐丧失图形性,而在学习和使用者的意识中仅成为区别音义的单纯符号。上述的制约性就越来越弱。起源于完全不同的图形的诸字,只要在局部形体上有某方面的雷同,往往便在字形演变上相互影响而采取类似的方式变化字形。这种现象可称之为'类化'"。林先生利用类化规律释读了战国玺印和帛书中的"脊""迹"。③

刘钊老师对古文字中的类化现象进行了专题研究,指出:"类化,又称'同化',是指文字在发展演变中,受所处的具体语言环境和受同一文字系统内部其他文字的影响,同时也受自身形体的影响,在构形和形体上相应地有所改变的现象。这种现象反映了文字'趋同性'的规律,是文字规范化的表现。"他把古文字中的类化现象分为两类:一类是文字形体自身的"类化",另一类是受同一系统内其他文字影响而发生的类化;并且,刘钊老师考辨了50例古文字的类化现象。④

---

① 王力:《汉语史稿》,中华书局,1980,第43页。
② 沃兴华:《类化字及其训诂法》,载吉林大学古文字研究室编《于省吾教授百年诞辰纪念文集》,吉林大学出版社,1996,第312~316页。
③ 林沄:《释古玺中从"朿"的两个字》,载中国古文字研究会、中华书局编辑部编《古文字研究》(第十九辑),中华书局,1992,第468~469页。
④ 刘钊:《古文字构形学》,福建人民出版社,2006,第95~108页。

林清源先生较早对战国文字中的类化现象进行研究。他认为："构形'类化'现象，有些学者称为'同化'现象，这是指字与字之间，或者部件与部件之间，某些相似的形体，后来进一步演变为相同的形体。"① 台湾还有不少硕博士学位论文对古文字中的类化现象进行专题研究，如徐再仙先生的《吴越文字构形研究》、沈宝春先生的《春秋金文形构演变研究》、黄圣松先生的《东周齐国文字研究》、林宏明先生的《战国中山国文字研究》、徐筱婷先生的《秦系文字构形研究》、陈立先生的《战国文字构形研究》等。

黄文杰先生对战国秦汉文字中的类化现象进行了探讨，指出 11 组类化例子，并且认为类化现象多出现在俗体文字之中；类化的场合一般是一个词，也可以是一个字内部、一个词组、一个句子，甚至是一段话，凡有接触性的语言环境都可能出现类化；类化是一种有意识的行为，因此不能以文字错讹现象解之。②

（二）战国文字类化的分类例说

林清源先生根据刘钊老师的分类，将古文字类化现象划分为三种类型：第一，受邻近部件影响而类化，刺激的力量来自同一个字的相邻部件，因而可以称为"自体类化"；第二，受形近部件影响而类化，刺激的力量来自另一个字的形近部件，因而可以称为"形近类化"；第三，受上下文字形影响而类化，刺激的力量来自上下文的字形，因而可以称为"随文类化"。③ 刘钊老师把古文字中的类化现象分为两类：一类是文字形体自身的"类化"，另一类是受同一系统内其他文字影响而发生的类化，并考辨了 50 例古文字类化现象。结合战国文字构形的系统性和演变规律，我们将战国文字中的类化分为：自体类化、随文类化、字际类化。

（1）自体类化

自体类化是一个字内部偏旁间的类化。林清源先生是这样界定的："一字之内，两个位置相邻或相对的部件，其中一个的构形，常会受另一个的

---

① 林清源：《楚国文字构形演变研究》，博士学位论文，（台湾）东海大学，1997，第 155 页。
② 黄文杰：《战国文字中的类化现象》，载中国古文字研究会、华南师范大学文学院编《古文字研究》（第二十六辑），中华书局，2006，第 450~455 页。
③ 林清源：《楚文字构形演变研究》，博士学位论文，（台湾）东海大学，1997。

影响，形体逐渐变得相似或相同，这种演变现象，笔者称之为'自体类化'。"① 刘钊老师称为"文字形体自身的'类化'"，"是指在一个文字形体中，改变一部分构形以'趋同'于另一部分构形的现象"。② 表述不同，大体意思是一致的，我们采用林清源先生的术语。

1）翡

望山简有一字作：

A 🖼 望山 2·13　B 🖼 望山 2·13

该字从羽从肥，读为"翡翠"之"翡"。其中，形体 B 上部的"羽"受到下部"肥"字的类化影响，左半部分已经作"肉"。

2）腹

包山简有字作：

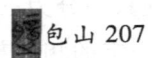

🖼 包山 207

"腹"字，楚简作 🖼（包山 236）、🖼（新蔡乙一 31）；包山 207"腹"字从"止"，晋系也有从"止"作 🖼（侯马一：三一）、🖼（侯马一：八二）、🖼（侯马一六：二）。包山 207"腹"字所从"复"中部受到左旁"肉"的类化而作"肉"。

3）智

郭店楚简《五行》有字作：

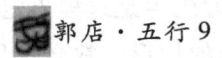

🖼 郭店·五行 9

该字是"智"，甲骨文"智"作"🖼"（合集 38289），金文作"🖼"（毛公

---

① 林清源：《楚文字构形演变研究》，博士学位论文，(台湾) 东海大学，1997。
② 刘钊：《古文字构形学》，福建人民出版社，2006，第 95 页。

鼎），战国文字秦系文字作"［］"（秦骃玉牍甲·正），楚系文字作"［］"（新蔡甲三 320）、［］（博七·武 1）、［］（郭店·语一 16）、［］（郭店·语一 63）、［］（郭店·老甲 1）等。"智"本从于知声，金文中增无义偏旁"曰"，战国楚系文字中所从"矢"作"去、谷、夫、大"等，郭店楚简《五行》第 9 简该字从"矢"作"于"，很明显受到"于"旁的类化。这种类化带有讹变的因素。

4）霍

晋系古玺有字作：

A ［］ 玺汇 2270　B ［］ 玺汇 2272

该字从艹从霍，增添"口"旁。形体 B 中部所从"雨"作"［］"，下部的"隹"类化作"君"。

5）兄

A ［］ 包山 63　B ［］ 博六·天乙 2

该字是"兄"字异体，从兄从坒，二者皆声。形体 B 所从"兄"受到"坒"的类化，下部也作"壬"形。

6）敬

A ［］ 郭店·语一 95　B ［］ 郭店·五行 31

"敬"字本从"苟"，战国文字多从"羌"。形体 B 从兄，受到下部"口"旁的类化。

7）赤

A ［］ 包山 168　B ［］ 包山 277

"赤"字商周文字从大从火，火大则赤。春秋晚期的齐系铜器《郳公华钟》铭文作"⿱大火"，上部已经作"火"，形体B上部也类化作"火"。类化会造成文字同形，《郳公华钟》、包山简形体B与"炎"同形，由于辞例明确，没有带来释读的困难。

8) 死

A 🖼 博三·周15　B 🖼 博五·姑4

"死"字从歺从人，形体B"歺"旁下部由于受到"人"旁的类化作"人"形。

9) 攸

A 🖼 郭店·六德47　B 🖼 博三·彭5

《说文·攴部》："攸，行水也。从攴，从人，水省。"裘锡圭先生认为："'攸'字的构造方式与'㲻'和加点的'㸽'类似，小点应该表示水，而不是沙尘。《说文》对'攸'的解释虽然不确，但从'水'省的说法还是可取的。'㲻'表示洒扫室屋或庭院，'㸽'表示刷洗牛，'攸'应该表示擦洗人身，'攴'在此表示手持擦洗工具。"① 我们认为裘先生的分析十分可信。形体B中的"水点"之形，受到"人"旁的类化而作"人"形。

10) 羕

《说文·永部》："羕，水长也。从永，羊声。《诗》曰：江之羕矣。"战国齐系文字作：

🖼 陈逆簋

---

① 裘锡圭：《释"㲻"》，载中国古文字研究会、中华书局编辑部编《古文字研究》（第二十八辑），中华书局，2010，第31页。

与《说文》相合；而在楚简文字中"羕"字多变作从羊从众：

[图] 包山 40　　[图] 郭店·老甲 35

这种变化也属于文字自身形体的类化。又作：

[图] 鄎子匜　　[图] 左冢漆梮

其中"永"旁左边的"彳"由于受到右边"乁"形的影响，也变作"乁"形。楚简"羕"字所从的"永"旁中，左边的"彳"和右边的弯笔"乁"受到中间的"人"形的类化影响都变作"人"形。左冢漆梮中的"永"旁由于受到右边"乁"形的影响，类化作"川"。

11) 乐

A [图] 郭店·语一 24　　B [图] 博七·君甲 5

C [图] 玺汇 5314　　D [图] 襄安君钲

金文中的"乐"字一般写作从白从丝从木，这种形体沿用至战国文字中。形体 B 中部的"白"受到左右"糸"的类化变作"糸"，从木从三糸。形体 D 中的"糸"又受到中部"白"的影响，类化作三"白"，这种类化一直延续到汉代文字中，"汉代乐字还有下面三种形体：[图]、[图]、[图]，上部所从也都写成一致的形态，也是同样的类化现象。"①

12) 乱

A [图] 博四·内 10　　B [图] 郭店·成之 33

---

① 刘钊：《古文字构形学》，福建人民出版社，2006，第 96 页。

"乱"字本从爵从皿，在 A、B 中，"爵"旁上端的手形被省去，形体 B "爵"旁两侧的两"吕"因受到中间"幺"形的类化影响而作两"幺"形。

13）良

《说文·富部》："良，善也。从富省，亡声。"甲骨文作"𣥂"（合集 13936 正）、"𣥂"（合集 18025）等形，所象不明。战国文字中秦系作"良"（陶汇 5·384）；齐系作"良"（陶录 2·490·1）、"良"（陶录 3·526·5）；燕系作"良"（玺汇 2712）。其中，楚系有以下几种形体：

新蔡甲三 241　　玺汇 0206　　博六·用 3

很明显中部作"日、田"，上部和下部完全同形了，是相互类化影响的。

14）尃

《说文·寸部》："尃，布也。从寸甫声。"金文作"尃"（克钟），战国文字中逐渐声化，从"甫"声。

A 尃 郭店·老甲 12　B 尃 博六·孔 3

形体 B 下部的"又"受到上部的"父"类化而作"父"。

15）䬴

䬴 陈曼匠

金文䬴字作"䬴""䬴"，从𠂤从棥，或作"䬴""䬴""䬴"，从食从棥。齐国陈曼匠所从食旁下部受上部的影响，也类化写成与上旁相同的"䬴"形。①

---

① 刘钊：《古文字构形学》，福建人民出版社，2006，第 97 页。

16) 受

《说文·受部》："受，相付也。从受，舟省声。"金文从受从舟作"※"（辛伯鼎）、"※"（颂鼎）。

楚简"受"字所从的"舟"旁讹变作"※"或"※"，例如：

※ 包山 130　　※ 包山 18

"舟"旁中的"※"形由于受到左边"爪"形的类化影响，也变作"爪"，例如：

※ 博一·孔子 7　　※ 郭店·唐虞 25

战国文字中有这样一个字：

※ 玺汇 2799　　※ 重金罍

此字旧不识。朱德熙、吴振武先生将此释作"受"，[①] 是十分正确的。这种写法的"受"字属于燕系文字，[②] 和上举楚简文字中"※"的情况一样，都是由于文字自身形体的类化作用形成的变体。

上博简有作：

※ 博二·子羔 1

[①] 朱德熙：《古文字考释四篇》，载中国古文字研究会、中华书局编辑部编《古文字研究》（第八辑），中华书局，1983，第 18~19 页。吴振武：《释"受"并论盱眙南窑铜壶和重金方壶的国别》，载中国古文字研究会、陕西省考古研究所、中华书局编辑部编《古文字研究》（第十四辑），中华书局，1986，第 51~52 页。

[②] 李家浩：《盱眙铜壶刍议》，载中国古文字研究会、中华书局编辑部编《古文字研究》（第十二辑），中华书局，1985，第 357~359 页。

此字所从的"舟"旁，在"爪"的类化下，完全同形。①

17）後

齐系陶文有字作：

[图] 陶录3·338·4

甲骨文後字作"[图]"，从夊幺声，又加动符"彳"作"[图]"。金文作"[图]""[图]"，《旬簋》後字作"[图]"，《师寰簋》作"[图]"，"夊"形受上部"幺"的影响，类化写作相近的形态。② 战国齐陶文与上博《武王践阼》简6作"[图]"构形近似。

18）盟

A [图] 包山23　B [图] 博七·凡乙4

该字从示明声，盟誓之盟的专造字。形体B"明"旁作"眀"，"月"旁类化作"日"。

19）韩

A [图] 陕西新出749　B [图] 玺汇5575

"卓"旁，金文作"[图]"（卓林父簋）、"[图]"（九年卫鼎），从人从子。形体B"韩"所从"卓"旁，上下类化皆作"匕"（加饰笔"-"）。

20）舒

楚简文字中的"舒"字写作从余从予，予旁在余旁之下。"予"旁由于受到"予"旁所从"[图]"形的类化影响，其中间的弧笔逐渐向上移，与其上的横笔黏连在一起，也演变成一"[图]"形。

---

① 魏宜辉：《楚系简帛文字形体讹变分析》，博士学位论文，南京大学，2003，第85页。
② 刘钊：《古文字构形学》，福建人民出版社，2006，第98页。

[图] 包山135反 → [图] 包山137 → [图] 包山136

21）登

包山楚简有字作：

[图] 包山265

楚简"登"字常见写法作：

A [图] 包山175　B [图] 包山15　C [图] 包山171

形体A"登"写作从癶从豆从廾。从这三例的对比可以看出，形体B"登"字所从的"豆"旁已讹作从日从口，而到了C中"豆"旁干脆被省作"日"形。包山265中的该字，表示双手的"廾"旁受到其上的表示双足的"癶"形的影响，也类化作"癶"形。战国时期的齐国铜器十年陈侯午錞，其铭文中的"登"作"[图]"，其下部的"廾"旁亦讹作"癶"形，与上举楚简"登"旁的情况是一样的。①

22）商

上博简《民之父母》篇简8有字作：

[图]（孔子曰："善哉！～也，将可学诗矣。"）

这里是讲子夏向孔子问学，孔子赞赏子夏之敏，曰："善哉！商也"，"商"即子夏的名。整理者指出简文中的"商"字与庚盘中的字形"[图]"相近。②

魏宜辉先生认为：在东周金文"商"字中，"辛"旁的饰形简化作"○""◯"形，而且进一步和"辛"旁连接在一起。

---

① 魏宜辉：《楚系简帛文字形体讹变分析》，博士学位论文，南京大学，2003，第86页。
② 马承源主编《上海博物馆藏战国楚竹书》（二），上海古籍出版社，2002，第166页。

[图] 蔡侯申盘　[图] 庚盘

雨台山竹律管上的"商"字写作：

[图] 雨 21·2

在这种写法中，由于类化作用的影响，"辛"旁与两饰形已十分接近。而到了上博简"[图]"字中，"辛"旁与两饰形皆作"○"形，已完全混同了。①

23）虞

"虞"字战国文字写作：

[图] 邵钟　[图] 吉日壬午剑

蔡侯钟铭文中的"虞"字写作：

[图]

刘钊老师指出，"[图]"字所从"[图]"字上部受下部从脚趾形的影响，上肢也类化加上了脚趾。②

24）危

古玺有字作：

[图] 玺汇 2034　[图] 玺汇 1203

---

① 魏宜辉：《楚系简帛文字形体讹变分析》，博士学位论文，南京大学，2003，第 86~87 页。
② 刘钊：《古文字构形学》，福建人民出版社，2006，第 96 页。

关于该字，田炜先生释"跪"。① 他的释读是可信的。从战国楚简来看，"跪、危、坐"之间关系密切，陈剑先生认为："古代之'坐'本即'跪'，'危'应是'跪'之初文，'危'与'坐'形音义关系皆密切，很可能本为一语一形之分化。"② 李家浩先生认为："因为战国文字'坐'、'危'二字形近，所以有时'危'字也写作'坐'。"③楚简中"危"作：

A ![] 博四·曹63 ![] 博五·季20

B ![] 博七·凡乙2 ![] 博七·凡甲2

我们认为古玺该字从"疒"从"坐"，受到"坐"字的类化，"疒"上部也从"坐"。另有一种可能，古玺该字糅合了A、B而成。

25）邑

燕系古玺中的"邑"旁有作：

邛 ![] 鄁 ![]

刘钊老师认为甲骨文邑字作"![]"，金文作"![]""![]"形，象人跪踞于城邑旁。战国文字中燕系文字的邑旁常常写作"![]"，邑字上部变作"![]"，就是受了形体下部"![]"的影响而发生的类化。④ 其说可信。

26）赎

A ![] 郭店·五行22 B ![] 郭店·老甲9

---

① 田炜：《古玺字词丛考（十篇）》，载中国古文字研究会、华南师范大学文学院编《古文字研究》（第二十六辑），中华书局，2006，第386页。
② 陈剑：《上博竹书〈昭王与龚之脽〉和〈柬大王泊旱〉读后记》，简帛研究网，2005年2月15日。
③ 李家浩：《谈包山楚简263号所记的"席"》，载中国文化遗产研究院编《出土文献研究》（第九辑），中华书局，2010，第5页。
④ 刘钊：《古文字构形学》，福建人民出版社，2006，第97页。

该字从见从袁，楚简多用作"远"。形体 B 所从的"袁"字，中部的"衣"上部作"＜＞"，系受到"衣"下部"＜＞"的类化所致。

27）封

货币文字的"封"字作：

A ▢ 货系 2545

B ▢ 货系 4019　▢ 起源图版 26

"封"字，金文作"▢、▢"，从土从丰从又会意，植林木以为田界。形体 B 所从"土"，已经类化作古文"封"。

28）空

古玺复姓"空侗"作：

A ▢ 玺汇 3972　B ▢ 玺汇 3976

形体 B 中的"空"字所从"▢"作"▢"，受到"侗"的类化。

29）铸

A ▢ 集成 10008 栾书缶　▢ 集成 10361 国差𦉜

B ▢ 集成 11290 子孔戈

铸字甲骨文作"▢"（合集 29687）、"▢"（英 2567），象用手将一个器皿里的液体注入另一器皿。甲骨文第二个形体与战国文字结构相同，是战国文字的来源。战国文字中一般从鬲从或从皿，形体 B 所从"皿"字下部受到"火"的类化。

30）所

A ▢ 郭店·老甲 2　▢ 博一·缁衣 4

B ![字形] 博六·孔 15　　![字形] 博六·孔 25

《说文·斤部》："所，伐木声也。从斤户声。诗曰：伐木所所。"B 类形体所从的"斤"旁受到"户"的类化而近似"勿"。

（2）随文类化

刘钊老师认为："在典籍中，有许多字受上下文的影响，从而类化改写偏旁，以趋同于上下文，这一点与上引古文字中的情况极为相似。"

《诗·豳风·鸱鸮》："彻彼桑土。"韩诗又作"彻彼桑杜"；

《诗·小雅·正月》："谓天盖高，不敢不局；谓地盖厚，不敢不蹐。"《释文》引局字又作跼；

《诗·小雅·皇皇者华》："周爰咨诹。"《释文》谓咨本亦作谘；

《诗·鲁颂·駉》："有骊有雒。"《释文》雒又作骆；

《诗·周南·葛覃》："是刈是濩。"《释文》刈又作艾；

《诗·齐风·载驱》："四骊济济，垂辔沵沵。"《释文》尔本亦作瀰；

《说文解字》中所引典籍也可看出这种类化的普遍。例如：

《易·离卦》："百谷艹木丽乎土。"《说文》引丽作"䴡"；

《尚书·禹贡》："厥艹惟繇。"《说文》引繇作蘨；

《易·系辞》："服牛乘马。"《说文》引服作犕；

《左传·僖公四年》："尔贡包茅不入，王祭不供，无以缩酒。"《说文》引缩作"茜"。① 这种现象在战国文字中也时常可见，下面举例说明。

1）鬼神

![字形] 新蔡甲二 40　　![字形] 陈昉簠

"鬼神"连文，由于受到"神"字的类化，"鬼神"二字皆从"示"。

---

① 刘钊：《古文字构形学》，福建人民出版社，2006，第 98~99 页。

2）绲玉

[图]信阳 2·013

关于"絏"字，有不同的考释意见。李家浩先生认为："（14）的'絏'字不见于字书，从此字从'玉'来看，可能指玉饰。若此，'绲絏'犹曾侯乙墓竹简的'组珥瑱'、'组珥'。"① 李先生的词例比勘是十分正确的。我们认为"绲絏"就是"绲玉"随文类化的结果。

3）肤疾

A [图]新蔡零 292 [图]新蔡零 306

B [图]新蔡乙二 5 [图]新蔡零 357

B 类中的"肤疾"受到上下文字影响而类化为"瘠疾"。

4）逢时

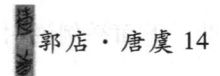

[图]郭店·唐虞 14

战国文字中的"逢"，从辵从夆。例如：

[图]石鼓文吴人 [图]六年大阴令戈 [图]中山圆壶

《唐虞之道》中该字从辵从丰从日，从日明显是受到下文"时"的类化影响。

---

① 李家浩：《楚墓竹简中的"昆"字及从"昆"之字》，载李家浩《著名中年语言学家自选集·李家浩卷》，安徽教育出版社，2002，第 315 页。

5）除去

[图] 新蔡零 148

"去"字楚简文字一般作"[图]"（郭店·老乙 4），或增动符"止、辵"作"[图]"（博四·曹 43）、"[图]"（博一·孔 20）。新蔡简该字从攴从去，由于受到"叙（除）"字的类化而形成。

6）玤璜

[图] 新蔡乙 44、45

何琳仪先生说："简文'玤璜'读'疏璜'，应指刻镂之璜。战国墓葬已出土许多'珩'形佩，附加有精美的透雕纹饰，大概就是这类'疏璜'。或读'玤'为'珇'，亦可备一解。"① "玤璜"应读"疏璜"，"玤"字从玉受到"璜"字的类化。

7）齿䶢

[图] 仰天湖 34

"䶢（梳）"是受到"齿"字的类化而增添"齿"形成的。

8）笱筳

[图] 仰天湖 22

关于"笱筳"，刘国胜先生认为："按：笱，原字从'竹''句'声，疑读为'枸'。'枸'下一字从'竹''矛'声，疑读为'楘'。'枸楘'似即《方言》称车盖弓的'枸篓'。《方言》卷九'车枸篓'，郭璞注：'即车弓也。'

---

① 何琳仪：《新蔡竹简选释》，《安徽大学学报》2004 年第 3 期。

钱绎《笺疏》：'《轮人》云三分弓长而揉其一，揉则曲，曲则其体句偻，谓之车枸篓，以形得名也。'车伞的盖弓与盖弓帽一体，疑简文'枸楺'上二字是指盖弓帽。"① 该器物具体所指待考，二字皆从"竹"是相互类化的结果。

9）纊絟 繻紴

▓仰天湖25·20　▓包山一号牍

楚简中很多遣策记载丝织品，很多和衣服有关的词语，类化从"糸"，如"黄里"作"纊絟"等，都是随文类化产生的。

10）错鐱

▓集成11643 燕王职剑

该句"郾（燕）王职乍（作）武无锗鐱（剑）"，"锗鐱"含义待考，二字皆从"金"，疑随文类化的产物。

11）戎戈

▓集成11295 章子戈

李家浩先生认为："颇疑'交戈'之'交'应该读为'徼'。……指巡察所用的戈。""交"字从戈，是随文类化的产物，也有可能是随文产生的专字。

12）贲—贲　赃—贲

---

① 刘国胜：《楚丧葬简牍集释》，博士学位论文，武汉大学，2003，第106页。

郭店楚简《老子甲》第 36 简："贪（持）与貢（亡）管（孰）疠（病）"，"砽（厚）赃（藏）必多貢（亡）"。

在该句中"贪（持）"与"貢（亡）"，"赃（藏）"与"貢（亡）"相对，皆与财物有关，随文类化从"贝"。

13）伯敚

郭店楚简《穷达以时》第 7 简："为故（伯）敚（牧）牛"，该句"伯"字受到"敚（牧）"的类化而从攵。

14）币帛①

古文字"币"从巾采声，此处"巾"声化为"市"，受其影响"帛"字也从"市"作。

15）冠冕

博二·容 52

黄德宽老师认为："弁：'冠冕'……第二字也当读'弁'，从'元'乃蒙'冠'字而类化讹变。"②

（3）字际类化

林清源先生称作"集体形近类化"，"系指好几个原本构形互不相同的字，后来都陆续演变成同一个形体。此类现象的演变过程，相当错综复杂，究竟是哪一个字受到哪一个字的影响，往往很难彻底厘清"。③ 刘钊老师称之为"受同一系统内其他文字影响发生的类化，是指同一系统文字中相近形体之间的'趋同'现象。这种'趋同'经常带有一定的规律性"。④ 我们

---

① 例 12，13，14，见张静《郭店楚简文字研究》，博士学位论文，安徽大学，2002，第 53~54 页。
② 黄德宽：《〈战国楚竹书（二）〉释文补正》，《学术界》2003 年第 1 期。
③ 林清源：《楚国文字构形演变研究》，博士学位论文，（台湾）东海大学，1997，第 162 页。
④ 刘钊：《古文字构形学》，福建人民出版社，2006，第 100 页。

认为这是一组字之间的形体演变，可以称作"字际类化"。黄德宽老师提出"字际关系"这一重要术语，"字际关系指的是形、音、义某一方相关联的一组字之间的关系"。他强调从汉字系统的角度，"将各种形体和用字现象放在汉字系统中仔细比较观察，特别是将相关字联系起来比较分析，这样才可能得出较为正确的看法"。① 字际类化这一术语，很好地反映了一组字之间的形体趋同。

魏宜辉先生对"皆"字的字际类化进行了很好的梳理。郭店楚简里有这样一个字：

 郭店·唐虞 27　　 郭店·忠信 7

郭店简整理者将此字隶定作"虘"，据《古文四声韵》引《道德经》之"皆"字与此字形近，而将此字释作"皆"。② 这是典型的字际类化。

《说文·白部》："皆，俱词也。从比从白。"从古文字中"皆"字的写法来看，此说不可信。

甲骨文　　 合集 27445　　 合集 29694　　 合集 31182
金　文　　 楷仲簋　　 蔡侯申盘　　 中山王鼎　　 皆壶

甲骨文中的"皆"字从二虍、二卣，从口，或省去一虍一卣，或省去两虍。刘钊老师认为"皆"字从"卣"得声。③ 金文中的"皆"一般写作从一虍一卣，下部的"口"或变作"曰"。我们今天使用的从比从白的"皆"字则出现得相对比较晚。

古文字中的"冃"字写作" "，象帽子之形，即"帽"之本字，后来又在" "形中间添加一短横作为饰笔。到了楚简文字中，" "形中间这一短横向两边延长并与两边的竖笔接在一起，从而变作了" "

---

① 黄德宽：《关于古代汉字字际关系的确定——以"顾"及相关字为例》，载《汉字理论丛稿》，商务印书馆，2006，第 279 页。
② 荆门市博物馆：《郭店楚墓竹简》，文物出版社，1998，第 164 页。
③ 刘钊：《古文字构形学》，福建人民出版社，2006，第 242~243 页。

形。黄锡全先生已指出，冖或宀形作月，形似"尹"，当是楚文字的特点。①

冒　㠯九年卫鼎　㠯包山132
肯　㠯廖簋　㠯中山王壶
蒙　㠯中山王壶　㠯包2·94
冠　㠯乙8786　㠯包山231
曼　㠯曼龏父盨　㠯郭店·老乙12
宪　㠯秦公簋　㠯玺汇4085

从上面所列字例，我们可以很清楚地看出从冃→冃→月形的演变轨迹。金文"皆"字所从的"冃"形演变为楚简中的"月"形，是受到"冃"字形体演变的类化影响。

古文字中"毃""叡"字的局部形体也经历了类似的变化，由"冃"形演变为"月"形，这些写法都应是类化的结果。

毃　㠯召卣　→　㠯郭·五28
叡　㠯豳公盨　→　㠯包山183

下面我们对战国文字的几组字际类化进行梳理：
1）"來"

表 2-2　"來"的字际类化

例字	殷商	西周	战国	秦汉
彔	㠯合5976	㠯颂鼎	㠯博一·孔子11	㠯吾作镜

---

① 黄锡全：《赵国方足布七考》，《华夏考古》1995 年第 2 期。

续表

例字	殷商	西周	战国	秦汉
参		卫盉	博五·姑2	老子甲431
鸟	合20354	鸟且癸簋	博二·容21	老子乙191
备	合565	彧簋	郭店·缁衣41	春秋事语38
带	合28035	子犯编钟	仰天湖23	老子乙189
寡		毛公鼎	博五·鲍叔2	老子甲13
翏		翏生盨	博一·孔子26	汉印
鹰	合8648正		郭店·语四9	

2) "禸"

表2-3 "禸"的字际类化

例字	殷商	西周	战国	秦汉
帝	合10172	井侯簋	中山王壶	老子甲212
周	合6825	何尊	博七·吴5	纵横家书16
甫	合20234	甫丁爵	博六·天乙5	礼器碑
央	合3012正	虢季子伯盘	博二·子羔11 新蔡甲二22	老子乙9下 佳铜镜
束	合21256	康侯簋	郭店·老甲14	
沈	合26907正	沈子它簋	郭店穷达9	新嘉量三
旁	英634	召卣	岳麓1573 梁十九年亡智鼎	相马经1
坪			博五·季23	

3)"屮"

表 2-4 "屮"的字际类化

例字	殷商	西周	战国	秦汉
每	合 28680	杞伯鼎	博七·吴 8	汉印
哗			郭店·语二 43	
啬	合 20648	墙盘	博二·子羔 2	老子乙 195
来	合 12463	康侯簋	博五·三德 16	云梦封诊 22
繁			包山 90	汉印
李	英 1013		包山 94	春秋事语 93
陵			新蔡零 584	仓颉篇 8
厘			郭店·太一 8	魏封孔羡碑

4)"卣"

表 2-5 "卣"的字际类化

例字	殷商	西周	战国	秦汉
觉		师西簋	博一·孔子 8	汉印
事	合 38242	毛公鼎	博二·从甲 17	老子甲 30
贵			郭店·老甲 12	云梦日乙 237
妻	合 691 正	农卣	郭店·六德 29	老子乙 11
巢	西周 H11：110	班簋	望山 1·89	五十二病方
克	合 13709 正	乖伯簋	曾乙 45	春秋事语 3

续表

例字	殷商	西周	战国	秦汉
悁			郭店·缁衣 10	汉印
鼻	合 8189		郭店·语二 44	云梦日甲 738

5)"尸"

表 2-6 "尸"的字际类化

例字	殷商	西周	战国	秦汉
冒		九年卫鼎	郭店·穷达 3	汉印
冠	合 6947		博二·容 52	老子甲 424
宪		墙盘	玺汇 4085	老子乙 112
叡		豳公盨	包山 183	
皆	合 27445	皆壶	郭店·唐虞 27	故道残诏版
康	合 21794	颂鼎	博六·用曰 4	老子乙 125
陈		陈侯簋	包山 239	云梦为吏 1
量	合 19822	克鼎	博六·竞 1	春秋事语 90
就	合 3142	师克盨	包山 209	陶汇 5.22

6)"屮"

表 2-7 "屮"的字际类化

例字	殷商	西周	战国	秦汉
兴	合 19907	父辛爵	郭店·唐虞 21	天文杂占

续表

例字	殷商	西周	战国	秦汉
与		粥铒	郭店·五行 18	老子甲 16
迁		何尊	郭店·五行 32	老子甲 191
豊	屯 1255	长囟盉	郭店·老丙 10	汉印
学	合 27712	孟鼎	郭店·老乙 3	老子甲 59
铸	英 2567	守簋	货系 2275	汉印
禹	合 4830	令簋	博二·容 40	汉印

7)" "

表 2-8 " "的字际类化

例字	殷商	西周	战国	秦汉
异	合 17992	虢叔钟	包山 117	老子甲 132
若	合 21129	毛公鼎	博二·子羔 8	老子甲 58
员	合 10978	员父尊	郭店·老乙 3	马·星 33
暴			郭店·性自 64	孙膑 285

8)"目"

表 2-9 "目"的字际类化

例字	殷商	西周	战国	秦汉
众	合 67 正	师祈鼎	博六·竞 8	老子甲 262
贞	合 21220	戎鼎	郭店·老甲 13	老子甲 126
贝	合 11428	剌鼎	博四·逸诗 4	汉印

续表

例字	殷 商	西 周	战 国	秦 汉
复	铁 145.1	融比盨	博三·周易 22	
酉	合 17578 正	永盂	包山 203	老子甲 215
胃			郭店·语四 12	云梦日乙 979
实			郭店·六德 27	春秋事语 30
重	合 2976	井侯簋	郭店·唐虞 19	定县竹简 41

历时考察类化形体的演变情况，通过以上八例字际类化，可以初步得出这样的认识：类化具有很强的阶段性，不同来源形体，在战国文字构形系统中发生了形体趋同；然而，到了秦汉文字中很多类化字例都沿着自身的结构规律进行演变，这种短暂的趋同很多都消失了。战国文字资料的出土具有不均衡性的特点，楚系最为丰富，燕系最为贫乏。因此，类化研究的字例多选自楚系。这种不均衡性使得构形共时比较缺乏足够的条件。尽管如此，我们还是能很清楚地发现类化的地域性特点。例如"事"字：

楚系　A 博二·从甲 17　B 郭店·老甲 8

　　　C 博一·缁 4　D 博四·相 1

齐系　A 玺汇 0277　B 陶录 2·6·3

楚系形体 A 上部类化作"占"，另外几种异体没有发生类化，说明类化是文字形体中特定形体与相关字组发生的关系。齐系形体 B 上部与齐文字中的"孝、寿"等字发生了字际类化：

寿　集成 4096 陈逆簋　孝　集成 4646 十四年陈侯午敦

第二章 新出文献文本释读 | 099

这说明类化具有很强的地域性，不同区系文字系统的类化趋势和规律很不一样。

（三）类化与古文字考释

正确认识古文字类化现象有利于古文字考释，林沄先生作了很好的示范。

1）脨 速

晋系古玺有字作：

A ▨ 玺汇 1208　▨ 玺汇 1730

B ▨ 玺汇 4080

林沄先生认为：" 众所周知，在商代文字中，▨和▨形就有互变之例，如甲骨文之▨或作▨。这种形变在周代文字中是常见的。而且，字形中之含有▨形者往往在东周时变为含有▨形。" 通过"帝、彔、方、央"四字同步类化的演变情况，他认为："由此，我们可以合理地推论▨形的束，可由'类化'作用演变为▨和▨形"。因此，他正确考释了古玺中的"脨""速"。

2）軗

上博七《君人者何必安哉》有一字作：

▨ 甲本 9　▨ 乙本 9

原简整理者濮茅左先生认为："'皐'，'旱'声。字待考，读为'奸'。"①复旦大学出土文献与古文字研究中心研究生读书会认为："皐，甲乙本分别作▨、▨。两本简 2 均有'軗'，作▨、▨形。'皐'当为此二字之讹误。'軗

---

① 马承源主编《上海博物馆藏战国楚竹书》（七），上海古籍出版社，2008，第 208 页。

溪'当即'乾溪'。"①

关于该字，我们曾作了讨论：

楚灵王建乾溪之台而速祸之事，文献多有记载。"𦰶溪"读作"乾溪"是十分正确的。对于该字形的分析，复旦大学出土文献与古文字研究中心研究生读书会的讹误之说值得商榷。我们认为此字是一个双声符字，从"旱"从"𠃌"，二者皆声（上古音，乾属群母元部；旱属匣母元部；从"𠃌"之字亦属元部）。双声符字或称两声字，在古文字材料中是十分常见的现象，已经有学者作过专门讨论。

并且，结合楚文字中的从"𠃌"诸字：

乳 博三·周2　　曾侯乙钟　　曾侯乙钟
九店 M56·22　　博一·诗论22
仲义君鼎

我们认为："'夗'及从'夗'之字古音属影纽元部，因此，'𠃌'由'夗'演变而来比较可信。"②

关于《君人者何必安哉》"乾溪"之"乾"的形体，我们作了进一步思考。战国文字中的"𠃌"符来源比较复杂，并非皆为元部之字。"𠃌"符可能很多是类化的产物。例如《周易》中的"乳"是战国文字中的"乳"字，③ 清华简《系年》简97"孺子"作"𠃌"，这一释读意见已成定论。"乳"字所从的"𠃌"是哺乳之女的形变。"乾"字更有可能是类化的产物：

乾　　博二·容24　　博七·君甲9

---

① 复旦大学出土文献与古文字研究中心研究生读书会：《〈上博七·君人者何必安哉〉校读》，复旦大学出土文献与古文字研究中心网站，2008年12月31日。
② 何家兴：《说"𦰶"及其相关诸字》，载武汉大学简帛研究中心主办《简帛》（第五辑），上海古籍出版社，2010，第109~112页。
③ 赵平安：《释战国文字中的"乳"字》，载赵平安《金文释读与文明探索》，上海古籍出版社，2011，第112~117页。

匍　[字形]孟鼎　[字形]师克盨
佣　[字形]伯康簋　[字形]王孙钟
司　[字形]郭店·穷达8　[字形]博四·曹沫23
备　[字形]博三·周9　[字形]博一·诗论22

因此,"乾"字不必深究,这是字际类化的例证。

(四) 小结

战国文字中的类化现象十分丰富复杂,是构形系统研究中的重要内容。我们在分类和例说的基础上,进一步探讨类化现象的地域性、阶段性和规律性无疑具有重要的理论和实践意义。正如何琳仪先生所说:"探讨战国文字形体演变,不但要注意此地与彼地之间的横向联系,而且也要注意前代与后代之间的纵向关系。战国文字是上承殷周文字,下启秦汉文字的过渡文字。因此,其自身演变的特点也势必与殷周文字和秦汉文字有相同或相近之处。以这种历史眼光分析,战国文字是殷周文字形体演变的延续。殷周文字形体变化的某些规律,诸如简化、繁化、异化等,与战国文字形体变化规律也大致相同。只不过由于地域的差别,这类变化表现得更为激烈而已。"[①] 这一观点对类化现象、构形系统乃至战国文字研究仍具有深远的指导意义。

三　讹变的分类及相关问题

文字的使用者在对文字的原有结构和组成偏旁缺乏正确理解的情况下,错误地破坏了原构造或改变了原偏旁,从而使得文字的形体结构丧失或脱离了原来的形义关系,这种现象是汉字形体的讹变。讹变是汉字形体演变过程中一种相当普遍的现象,也是文字发展的一种正常现象。在整个古文字阶段都存在着文字的形体讹变。在早期阶段讹变现象还不太严重,从甲骨文来看,象形、会意字仍占着相当大的比重,直观表意的图画形式尚未从根本上动摇。而西周金文中的讹变字已明显增多,到了战国时代文字呈

---

① 何琳仪:《战国文字通论(订补)》,江苏教育出版社,2003,第202页。

现出纷繁复杂的变化。①

讹变的构形要素有笔画、偏旁和独立的字。我们认为研究讹变现象的最佳考察点是偏旁，讹变现象主要也是偏旁间的形体讹混。笔画之间的讹混也是存在的，例如：

"〃" ←→ "人"

观　[字]包山 185　[字]郭店·缁衣 37

轮　[字]包山 273　[字]郭店·语四 20

"卜" —→ "人"

悁　[字]郭店·缁衣 10　[字]博一·孔 18

孔　[字]博二·子羔 2　[字]博八·颜渊 10

由于笔画讹变现象缺乏系统性，我们尚难总结出很多规律性的认识。关于讹变的研究，学界多注意形近偏旁之间的讹混，较少做细致的理论探讨。魏宜辉先生在讹变研究方面做出了较大贡献，分析非常细致。根据讹变的动因，他分为：笔势变化讹变、简省讹变、增繁讹变、易构讹变、类化讹变、音化讹变六种类型。这种分类反映出构形现象之间的复杂关系。正如魏先生所说："另外一点就是'简化'、'繁化'、'同化'、'音化'等现象与'讹变'的关系。我认为文字学中'简化'、'繁化'、'同化'、'音化'的概念，只是对某一类形体变化的概括。文字形体的某些讹变现象可以用'简化'、'繁化'、'同化'、'音化'来解释，但仍有一些讹变现象，例如由笔划形态、字体构造的改变而形成的讹变显然与'简化'、'繁化'、'同化'、'音化'并不相涉的。作为文字形体构造的一种演变形式，讹变与'简化'、'繁化'、'同化'、'音化'这些演变，既有相关联的地方，又有所差异。在把握它们之间的关系的时候，我们还是应遵循'讹变'——'字形变化脱离本义'这一基本原则。"② 刘钊老师也认为："'讹混'与

---

① 张桂光：《古文字中的形体讹变》，载中国古文字研究会、中华书局编辑部、陕西省考古研究所编《古文字研究》（第十五辑），中华书局，1986，第 154~160 页。
② 魏宜辉：《楚系简帛文字形体讹变分析》，博士学位论文，南京大学，2003，第 4 页。

'类化'也有一定的关系,有些'讹混'就可以归入'类化'的范畴。"①我们认为科学的分类十分困难,研究视角的不同,都会得出不同的类型。"笔势变化讹变、简省讹变、增繁讹变、易构讹变"四类是从讹变形体与正体之间的笔势、偏旁位置和繁简情况来分类的;变形音化和类化则是从讹变的动因来分类的。下面在魏先生的基础上,选取典型例字进行说明。

(一) 笔画讹变

1. 屯——毛

　　信阳2·2　　博二·容24

朱德熙先生依据战国、秦汉时期"屯""毛"二字形体十分相近这一特点,指出《山海经》中有些"毛"字其实是"屯"字之讹。②冯胜君先生在古书中找出了更多"屯"讹为"毛"的例子。③从楚系简帛文字中"屯"和"毛"的形体来看,二字非常接近。"屯"字上部多写作一短横,而"毛"上部笔画呈弧笔,在演变中二者很容易变形互讹。这种讹变就是笔画的变异造成的。

2. 㞢——止

再如魏宜辉先生通过楚简中的"失"字,来说明"㞢——止"之间的讹变。

楚简文字中有这样一个字:

　　包山80　　郭店·语三59

这个"遊"字后又见于郭店楚简,整理者将简文与文献对读,发现与"遊"

---

① 刘钊:《古文字构形学》,福建人民出版社,2006,第139页。
② 朱德熙:《说"屯(纯)""镇""衡"》,载《朱德熙古文字论集》,中华书局,1995,第176~177页。
③ 冯胜君:《古书中"屯"字讹为"毛"字现象补证》,载中国古文字研究会、中山大学古文字研究所编《古文字研究》(第二十四辑),中华书局,2002,第500~504页。

相应的字在文献中均作"失"。①李家浩先生将此字释作"迭"。②甲骨文中有一个从止从夲的字:"㊣"(合137正)、"㊣"(合5390)。赵平安先生认为甲骨文中的这个"夲"字即逃逸的"逸"字,楚简释作"失"的"遳"字与这个"夲"字是一系相承的,其所从的"止"是由甲骨文中的"止"旁演变而来的。③其说是非常有道理的。郭店简《老子丙》简11中的该字作"㊣",其上所从的正是"止"形。"止"下端笔画向下弯曲延伸,乃是旗帜旗游的孑遗;而"止"下端笔画则基本上是平直的。由于这两种形体十分接近,互相混同的情况常常发生。例如,古文字中的"前"字本从"止",楚简文字中或变作从"止"。

㊣包山145　㊣郭店·老甲3　㊣博二·子羔11

所有这些讹变都是由于弯笔和直笔间的变形造成的。④

3. 文 ←→ 爻

㊣博五·君子1　㊣。郭店·语一11

㊣郭·六24　㊣郭·六36
㊣上·从甲15　㊣郭·性64
㊣郭·语一43　㊣郭·语一61

"文←→爻"之间的讹混是笔画错位形成的,这种混用还保留在后世文字中。"樊"字汉印作㊣、㊣;东汉石刻文字作㊣、㊣。"学"字本从"爻",后代有俗体写法作"孛",其上所从的"文"也是由"爻"讹变

---

① 荆门市博物馆:《郭店楚墓竹简》,文物出版社,1998,第145页注28。
② 李家浩:《读〈郭店楚墓竹简〉琐议》,载《中国哲学》编辑部、国际儒联学术委员会编《中国哲学》(第二十辑),辽宁教育出版社,1999,第344~346页。
③ 赵平安:《战国文字的"遳"与甲骨文"夲"为一字说》,载安徽大学古文字研究室编《古文字研究》(第二十二辑),中华书局,2000,第275~277页。
④ 魏宜辉:《楚系简帛文字形体讹变分析》,博士学位论文,南京大学,2003,第13~14页。

来的。

4. 興 → 舉

上博简《孔子诗论》简 28 有字作：

舉（青~）

周凤五先生认为，"舉"字是从"興"得声的，在简中读作"蠅"。①郭店楚简《穷达以时》篇和《语丛四》简里各有一个与"舉"字形相近的字，分别写作：

舉 郭店·语四 16　　舉 郭店·穷达 5

整理者将《穷达以时》篇中的"舉"字读作"举"。裘锡圭先生按语认为此字应是"舉"，读作"迁"。②李零先生认为这两个字应释作"興"字。③《穷达以时》简 4—5 的内容讲述了吕望由于得遇周文王"舉而为天子师"。释"興"似乎更恰切一些。"迁"作"升"解，往往是指由一个比较低的职位升到比较高的职位。而简文中讲吕望由一介屠夫而成为天子师，用"興"似乎更好一些。

此字又见于上博简《从政（乙）》和《容成氏》，整理者都释作"興"④。

舉 博二·从乙 1　（兴邦家，治正教）

舉 博二·容 13　　（为善兴贤）

---

① 周凤五：《〈孔子诗论〉新释文及注解》，载朱渊清、廖名春《上博馆藏战国楚竹书研究》，上海书店出版社，2002，第 156 页。
② 荆门市博物馆：《郭店楚墓竹简》，文物出版社，1998，第 217 页。
③ 李零：《上博楚简校读记（之一）——〈子羔〉篇"孔子诗论"部分》，简帛研究网站，2001 年 12 月。
④ 马承源主编《上海博物馆藏战国楚竹书》（二），上海古籍出版社，2002，第 233、259 页。

从相关辞例来看，释"興"十分顺畅。演变序列大致如下：

▓ 郭店·唐虞8 → ▓ 帛书 → ▓ 博二·从乙1

笔画黏连序列：

▓ → ▓ → ▓

由此，我们对一些文字的构形可以进行较为合理的解释。《樊君鬲》（《集成》00626）有"△"字，读作"媵"。其原形如下：

关于"△"字的构形，有学者认为"从人媵省声。癸从収，繁化从舁"。① 古文字中"朕"的形体变化十分丰富，其声符部分有作"▓""▓"等形，皆与此形中部差异明显。② 我们认为此字"从人从贝，興声"，读作"媵"。《樊君鬲》"價"字所从"興"上部作"▓"，处于"▓ → ▓"的过渡阶段。③

（二）省简讹变

汉字形体发展过程中的简化，往往导致构形理据的破坏，造成汉字形义关系的疏离或断裂。

豊

《说文·豊部》："豊，行礼之器也。从豆，象形。"从西周金文中"豊"及从"豊"之字来看，"豊"字应是一个从壴从珏的字。

---

① 黄德宽主编《古文字谱系疏证》，商务印书馆，2007，第387页。
② 黄德宽主编《古文字谱系疏证》，商务印书馆，2007，第378~390页。
③ 何家兴：《金文札记二则》，载臧克和主编《中国文字研究》（第十二辑），大象出版社，2009，第90页。

第二章　新出文献文本释读 | 107

豊　长白盉　豊　师遽方彝

林沄先生认为"豊"即"礼"的本字，古代行礼时常用玉和鼓，从造字中也反映了古代礼仪活动正是以玉帛、钟鼓为代表物的。①

楚简文字中的"豊"字有这样一种写法：

豊 郭店·五行 31　豊 郭店·语二 1

我们认为这是类化的产物，战国文字"与、学、兴"等字上部都有这类形体。诚然，这种类化也有讹变的意味。"豊"字还有这样的写法：

豊 郭店·缁衣 24　豊 博一·缁衣 13

将形体上部简讹作"井"形，将表意形符中关键的笔画或部件省去，形体的表意功能被破坏了。

（三）易构讹变

夏

战国文字中的"夏"字形体十分丰富：

A　頪 郭店·缁衣 7　　頪 新蔡零 360
B　頪 玺汇 2723　　　頪 玺汇 3989
C　頪 新蔡零 200　　　頪 包山 128
D　頪 包山 115　　　　頪 新蔡乙一 18
E　虽 博五·鲍 1　　　皂 博二·民 3

A、B 类形体中的"止、又"相讹，C 类从"女"。古文字中"足趾"

---

① 林沄：《豊豐辨》，载中国古文字研究会、中华书局编辑部编《古文字研究》（第十二辑），中华书局，1985，第 183 页。

讹变成"女"形，属于常见现象。从 D、E 形体之间的平行关系来看，"虫、它"形近互作。战国文字中这些变体都是讹变而来的。金文作：

[图] 仲夏父鬲　　[图] 伯夏父鬲　　[图] 邛伯罍

字形象人立于日下，以表现夏天的炎热，所以"夏"应该是一个会意字。魏宜辉先生认为："楚简文字'顕'所从的'[图]'形看上去与'虫'字相同，但基于上面的分析，我认为这里的'[图]'形可能并非'虫'，也应是表示人体的一部分。""追根溯源，这里的'[图]'形应该是人的手臂。"①演变的序列为：

[图] → [图] → [图] → [图] → [图]

他的分析很有道理，从构形的历时比较中梳理出战国文字"虽"的来源。从"夏"字异构来看，我们得出讹变的两条规律：

第一，讹变中的"构件成字"。

讹变是对形体理据的破坏，原有文字形体中的构件演变朝着"成字（或偏旁）"发展，例如"夏"字所从"人的手臂"变为"虫"。"构件成字"原则也是汉字规范化的重要表现。"庆"字金文[图]（五祀卫鼎），战国文字作"[图]"（包山 87）。金文中鹿身上的花纹到了战国文字讹变作"心"；鹿的尾巴亦变作"虫"形。

第二，二次讹变。

讹变后的形体，具备独立构形的能力，可能发生二次讹变。以"夏"字为例：

顕[图]包山 115　　顕[图]新蔡乙一 18

虽[图]博五·鲍 1　　晸[图]博二·民 3

----
① 魏宜辉：《楚系简帛文字形体讹变分析》，博士学位论文，南京大学，2003，第 77 页。

"夏"字所从"人的手臂"变为"虫"后，又二次讹变为"它"。我们知道战国文字中"虫""它"讹混，例如：

⿱ 郭店·成之 11　⿱ 博七·凡乙 1
⿱ 陶录 2·79·3　⿱ 汇考 65

战国文字讹变动因十分复杂，有形体内部的相互影响，也有汉字体系中类化和音化规律的制约。讹变的方式有笔画和偏旁的改变、移位、简化以及偏旁的讹混等。

第八节　古书校读两篇

近年来，新出简帛文献不断涌现，极大地推动了相关学科的研究。新出简帛文献具有十分重要的价值。裘锡圭先生多次强调其对古书校勘和训释的重要意义；诚如裘先生所说："在利用新出文献校勘、解读古书方面，还有大量的工作要做。"[①]

一　《左传》"宋公靳之"试说

本文结合上博简《容成氏》中的通假用例，释读《左传》中的一例语辞，并梳理有关文献探讨"宋闵公之死"的相关问题。

（一）"宋公靳之"试解

《左传·庄公十一年》记述了南宫长万在乘丘战役中被鲁国活捉，之后被宋人请求释放回了国。回到宋国，宋闵公却"靳"长万，并说了一番奚落的话。这件事为《左传·庄公十二年》"十二年秋，宋万弑闵公于蒙泽"埋下了伏笔。原文如下：

乘丘之役，公以金仆姑射南宫长万，公右歂孙生搏之。宋人请之，

---

① 裘锡圭：《出土文献与古典学重建》，载清华大学出土文献研究与保护中心编《出土文献》（第四辑），中西书局，2013，第 17 页。

宋公靳之，曰："始吾敬子，今子，鲁囚也。吾弗敬子矣。"病之。

该段语意比较明确，但"宋公靳之"的"靳"字，存在着不同的训释。《说文·革部》："靳，当膺也。从革斤声。"① 本指套在辕马胸部的皮革。段玉裁《说文解字注》认为："靳者，骖马止而不过之处。故引申之义为靳固。《左传》：'宋公靳之。'吝其宠也。"②

段玉裁认为"宋公靳之"的"靳"字，表示"靳固"，有"吝惜"之意。从上下文语境来看，段氏的说法值得商榷。历代学者多有讨论，认为"靳"字应表示"嘲弄、戏弄"之义。例如：

服虔："耻而恶之曰靳。"
杜预："戏而相愧曰靳。鲁听其得还。"③
洪亮吉："服虔云：'耻而恶之曰靳。'（本疏。）《玉篇》：'戏而相愧曰靳。'（杜同此）"④
杨伯峻："靳音近，戏而相愧也。汉人犹有此语，见《礼记·儒行篇》郑注。宋魏了翁《读书杂录》引寇莱公言行录有'有一青帏二十余年，或以公孙弘事靳之'。即用此义。"⑤
胡安顺："靳：嘲弄。"⑥

根据语境，我们认为"靳"确实表示"戏弄、嘲弄"之义，并非词义的引申，而是通假的关系。

新出上博简《容成氏》简45有一段描写商纣王沉迷酒乐之事，引起了学者们的注意，也启发了我们对"靳"字的训释。郭永秉先生在《上博简〈容成氏〉所记桀纣故事考释两篇》中做了很好的探讨。他根据古人常将"博弈"、"博"与"饮酒玩乐"相提并论，认为"専亦以为菫"应读为

---

① 许慎：《说文解字》，中华书局，1963，第61页。
② 段玉裁：《说文解字注》，上海古籍出版社，1988，第109页。
③ 杜预：《春秋经传集解》，上海古籍出版社，1997，第156页。
④ 洪亮吉：《春秋左传诂》，中华书局，1987，第243页。
⑤ 杨伯峻：《春秋左传注》，中华书局，2009，第189页。
⑥ 胡安顺：《春秋左传集解释要》，陕西人民出版社，2004，第71页。

"博弈以为欣"。此简叙述了纣王沉迷酒乐和博弈两件恶事①。我们认为郭先生的文字释读和史料分析极具启发性。其中，关于"蓳"字的释读，在文章《补记》部分，郭先生提及陈剑先生的意见。陈先生认为"蓳"应读"熙/嬉"，简文"博弈以为熙/嬉"文从字顺，进一步指出："上已说欣喜之'欣/訢'与'喜'当为同源词，而嬉娱、嬉戏之'熙/嬉'当然跟喜乐之'喜'也有很近的同源关系，所以读'蓳'为'欣'与我所说读为'熙/嬉'可以说也并非截然对立，但其词既已分化，用各有当，恐还是读为'熙/嬉'更符合古人的语言习惯。"②

郭先生读"蓳"为"欣"，表示"嬉戏"。陈先生认为"蓳"直接读为"熙/嬉"。结合古书和古文字通假用例，文部和之部关系密切③。尤其值得注意的是，"斤"声字与"喜"声字之间有通假和异文用例，例如《左传·成公十三年》中的人名曹公子"欣时"，《公羊传·成公十六年》作"喜时"；《礼记·乐记》"天地欣合"，郑玄注："欣读为熹。"《说文·欠部》："欣，笑喜也。"我们认为"靳"与"欣"都从斤声，因此，"靳"字也可读"熙/嬉"，表示"嬉戏、戏弄"之义。在古书中，"熙/嬉"与"戏"用例和词义相近，例如《战国策·齐策一》"靖郭君将城薛"章有"鄙臣不敢以死戏"，《新序·杂事》作"臣不敢以死戏"；《淮南子·人间》作"臣不敢以死熙戏"，高诱注："熙，戏也。"

在诸家训释中，杜预的说法"戏而相愧曰靳"最为合理。只不过，"宋公靳之"应读"宋公熙（嬉）之"，意思是"宋公戏弄他"。

马王堆汉墓帛书《春秋事语》中的《长万章》中也有类似的记载：

今罪而弗诛，耻而近之，是绝亓（其）几而臽（陷）之恶④
【75】□□□

---

① 郭永秉：《上博简〈容成氏〉所记桀纣故事考释两篇》，载《古文字与古文献论集》，上海古籍出版社，2011，第155~173页。
② 郭永秉：《上博简〈容成氏〉所记桀纣故事考释两篇》，载《古文字与古文献论集》，上海古籍出版社，2011，第171~173页。
③ 陈剑：《甲骨金文旧释"尤"之字及相关诸字新释》，载《甲骨金文考释论集》，线装书局，2007，第59~80页。
④ "恶"字考释，见郭永秉《马王堆汉墓帛书〈春秋事语〉补释三则》，载《古文字与古文献论集》，上海古籍出版社，2011，第257~262页。

郭永秉先生认为:"我认为帛书的'近'就应当读'戏而相愧'讲的'靳'。'近'、'靳'二字皆从'斤'得声,'近'是群母文部字,'靳'是见母文部字,古音非常接近,可以相通。'耻'是羞辱,'靳'是嘲弄、戏弄,意义相关而侧重不同,'耻而靳之'主要应是针对闵公在长万回国后对其所讲的话而言。"① 帛书《春秋事语》与《左传》的记述具有一致性,我们认为《春秋事语》中的"耻而近之",也应读"耻而嬉之"。

(二)"宋闵公之死"的文献学考察

古书对于同一事件的记载,时有差异且详略不同。前人已注意到这种古书通例。明代学者郎瑛《七修类稿》卷二十三"秦汉书多同"举出了很多古书内容复出的例子②。近年来,在简帛古书的启示下,很多学者考察这类现象③。梳理同一事件在不同古书中的复出现象,有助于探讨古书的史料来源,有助于古籍释读和史实复原。

关于"宋闵公之死",见于不同文献,略作梳理如下:

《左传·庄公十二年》:十二年秋,宋万弑闵公于蒙泽。

《公羊传》:万尝与庄公战,获乎庄公。庄公归,散舍诸宫中,数月然后归之。归反为大夫于宋。与闵公博,妇人皆在侧。万曰:"甚矣,鲁侯之淑,鲁侯之美也!天下诸侯宜为君者,唯鲁侯尔!"闵公矜此妇人,妒其言,顾曰:"此虏也!尔虏焉故,鲁侯之美恶乎至?"万怒搏闵公,绝其脰。

《韩诗外传》卷八:宋万与庄公战,获乎庄公。庄公散舍诸宫中,数月,然后归之,反为大夫于宋。宋万与闵公博,妇人皆在侧,万曰:"甚矣!鲁侯之淑,鲁侯之美也,天下诸侯宜为君者,惟鲁侯耳!"闵公矜此妇人,妒其言,顾曰:"尔虏焉知鲁侯之美恶乎?"宋万怒,博闵公,绝脰。

---

① 郭永秉:《马王堆汉墓帛书〈春秋事语〉补释三则》,载《古文字与古文献论集》,上海古籍出版社,2011,第259~260页。
② 郎瑛:《七修类稿》,上海书店出版社,2009,第247~248页。
③ 刘娇:《言公与剿说——从出土简帛古籍看西汉以前古籍中相同或类似内容重复出现的现象》,线装书局,2012;单育辰:《楚地战国简帛与传世文献对读之研究》,中华书局,2014;邬可晶:《〈孔子家语〉成书考》,中西书局,2015;李锐:《同文与族本——新出简帛与古书形成研究》,中西书局,2017。

《史记·宋微子世家》：十一年秋，湣公与南宫万猎，因博争行，湣公怒，辱之。曰："始吾敬若；今若，鲁虏也。"万有力，病此言，遂以局杀湣公于蒙泽。

此事还见于《新序·义勇》《春秋繁露·王道》等古书篇章，内容与《公羊传》记载大体相同。相比于《公羊传》，《左传》对此事的记述稍显简略。春秋史事辗转流传过程中，伴有亡佚、变异、增饰等多种可能，因此，产生了叙述角度、情节详略、史事评价、字词文句等方面的差异。《春秋》三传各有特点和侧重，有些史实可以相互补充。

通过以上的梳理，我们认为：

1. 《左传》记载可能有割裂错置

关于"宋闵公之死"，《左传》记述简略；《公羊传》《韩诗外传》《新序》《春秋繁露》的记载较为详细，具有明显的一致性。杨伯峻先生认为："此与下年传'十二年秋，宋万弑闵公于蒙泽'本为一传，后人误析，割裂在此。征之《史记·宋世家》尤可证。"① 杨先生的"割裂"之说，非常合理。我们认为根据相关文献，"宋人请之"与"宋公靳之"之间，应该有割裂错置，否则显得非常突兀。这种情况已有学者讨论，例如《左传》襄公二十六年经前、二十五年传后有一段独立的"传：会于夷仪之岁，齐人城郏。其五月，秦、晋为成。晋韩起如秦莅盟，秦伯车如晋莅盟，成而不结"。杜注曰："传为后年修成起本，当继前年之末，而特跳此者，传写失之。"《释文》云："此传本为后年修成，当续前卷二十五年之传，后简编烂脱，后人传写，因以在此耳。"② 李零先生从出土语类文献考察《左传》的成书过程，认为《左传》的作者利用了大量的事语类古书，按照《春秋》剪裁，插进其年月顺序之中。这种整理留下了加工的痕迹，有些记载被割裂，"比如《左传》桓公元年讲宋华父督在路上遇见孔父嘉（孔子的祖先）的妻子，'目逆而送之，曰美而艳'，和次年华父督攻孔氏，'杀孔父而取其妻'本来是同一故事，只因见色在前，杀人在后，两者不在同一年，所以

---

① 杨伯峻：《春秋左传注》，中华书局，2009，第 189 页。
② 杨伯峻：《春秋左传注》，中华书局，2009，第 1109 页；关于《春秋》经传的错简问题，前人已有论述，参看徐建委《〈春秋〉"阍弑吴子余祭"条释证——续论〈左传〉的古本与今本》，《北京师范大学学报》2015 年第 5 期。

被割裂成两段"。①

2. 史实记述的源流关系

杨伯峻先生推测："但《史记》言因博争行，盖参用《公羊传》。魏徐干《中论·法象篇》云：'宋敏碎首于棋局。'亦用《公羊》。"②近年来，学者们结合出土简帛探讨古书的史料来源。李零先生认为上博楚简中与《春秋事语》《战国纵横家书》类似的古书，约有二十种，"它说明，春秋战国时期，语类或事语类的古书非常流行，数量也很大。同一人物，同一事件，故事的版本有多种。这是当时作史的基本素材。……《左传》也是这样，它肯定是利用了事语类的古书，即与今《国语》类似的材料而编成"。③ 古书相同或类似内容的比较辨析，可以帮助我们分析彼此的源流关系。但是，在很多情况下，我们不可简单地判定为因袭关系，有时可能是同出一源的关系而非简单的因袭。古书的形成是一个复杂的过程④。李学勤先生认为清华简《金滕》和今本《金滕》"应分属于不同的传流系统"。⑤ 从宋闵公被弑的地点来看，《左传》和《史记》明确提到了"蒙泽"，具有明显的一致性；从被杀的情节来看，《史记》与其他诸书都提到了"博"或"局"，是在博弈过程中发生的弑杀。古书中常"博弈"和"田猎"连言，例如《淮南子·泰族》："以弋猎博弈之日诵诗读书，则问识必博矣。"《公羊传》《韩诗外传》《新序》《春秋繁露》都谈到了"博弈"，情节比较一致，具有明显的同源关系，无法断定所谓的"源"和"流"。这种文本的记述差异，可能是由于不同的叙述体例和史料来源造成的。近年，清华简《系年》《子犯子余》《晋文公入于晋》《郑武夫人规孺子》《越公其事》等可与《左传》对读，其中《郑武夫人规孺子》即《左传》中的《郑伯克段于鄢》，但叙

---

① 李零：《简帛古书与学术源流》，生活·读书·新知三联书店，2008，第 298 页。
② 杨伯峻：《春秋左传注》，中华书局，2009，第 189~190 页。
③ 李零：《简帛古书与学术源流》，生活·读书·新知三联书店，2008，第 297~300 页。
④ 李锐：《从出土文献谈古书形成过程中的"族本"》，载李锐《同文与族本——新出简帛与古书形成研究》，中西书局，2017，第 223 页。
⑤ 李学勤：《清华简九篇综述》，《文物》2010 年第 5 期；谢维扬先生也提出"古书成书过程中文本形成的多元性质"，如《古书成书的复杂情况与传说时期史料的品质》，载谢维扬、赵争主编《出土文献与古书成书问题研究——"古史史料学研究的新视野研讨会"论文集》，中西书局，2015，第 122 页。

述情节差异明显①;《越公其事》与《国语·吴语》《越语》密切相关,但人物描写、故事情节方面不尽相同②。《左传》"宋闵公之死"的记载或源于特定的叙事体例和史料。因此,我们推测宋万在蒙泽田猎,与闵公博弈的过程中,弑杀了闵公。闵公被弑的原因,《公羊传》类古书认为:宋万赞美鲁庄公,导致闵公侮辱戏弄他,宋万被激怒而弑君;《史记》则认为"因博争行"。目前的材料不足以还原事实细节,期待新出简帛为我们提供更多的新史料。

(三) 余论

在《春秋》经传的成书过程中,文本形成具有多元性的特点。李守奎先生在利用清华简复原"鸡父之战"的谈道:"伍之鸡又称伍鸡、鸡父,是伍员之弟,据《系年》与《越公其事》所载,确有其人,史书失传……可以看到,战国时期对鸡父之战有不同角度的记载,流传着不同的故事,后代学者进行不同的整合。"③ 新出简帛古书不断地证实这种现象。正如《北京大学藏西汉竹书》(贰)整理者韩巍先生所说:"汉简本也让我们进一步认识到古书文本传承与演变的复杂性。汉简本中的很多实例,有力地证明古书文本的演变不是一条简单的直线,而是多条线索相互交错的复杂'网络'。……古书文本的演变既有同一版本系统的传承、延续,也有不同系统之间的交互影响。古书传抄过程中的不断加以校订、改动,文本与解读方式相随而变,实际上相当于一种'再创造'。"④ 通过梳理"宋闵公之死"的文献记载,我们看到经书文本形成的复杂性。新出简帛有助于厘清传世古书的史料来源,有助于史实的复原探究。简帛古书的通假用例对古籍的校读具有很大的启发意义。

---

① 李学勤主编《清华大学藏战国竹简》(陆),中西书局,2016,第103页。清华简的叙事主要通过对话展开,并无传世本《左传》中的郑伯"欲擒故纵"、黄泉赋歌等情节。
② 李学勤主编《清华大学藏战国竹简》(柒),中西书局,2017,第112页。清华简《越公其事》中的夫差谦卑至极,伍子胥听完夫差许成的说辞,"申胥乃惧,许诺"。其中并无传世本《国语》中的强谏与坚持。
③ 李守奎:《清华简中的伍之鸡与历史上的鸡父之战》,《中国高校社会科学》2017年第2期。
④ 韩巍:《西汉竹书〈老子〉的文本特点和学术价值》,载北京大学出土文献研究所编《北京大学藏西汉竹书》(贰),上海古籍出版社,2012,第224~225页。

二 出土文献与楚辞校读（三则）

出土文献在古籍校读方面具有重要价值，引起了很多学者的重视。裘锡圭先生发表多篇论文予以强调。陈剑先生根据楚简考释出"离骚"即"离忧（忧）"的转写讹误，史杰鹏、禤健聪两位先生认为"怀沙"即"怀徙"的讹写，都是利用出土文献校读《楚辞》的典范之作。《楚辞》文本的形成十分复杂，还有很多问题值得深入研究。文本校读是《楚辞》研究的最基础工作。历代学者做出了很多努力。正如周建忠先生所说："在楚辞研究领域，由于原始传世文献较少，利用考古发现的出土文献、出土文物来补充、证实甚或推翻传世文献遂成为进一步研究的有效手段。"① 本文根据出土文献的用字规律校读《楚辞》中的三例语辞，不妥之处，敬请方家指正！

（一）"惩连改忿"解

《楚辞·九章·怀沙》："惩连改忿兮，抑心而自强。"

（1）历代疏解

关于"连"字，历代注疏颇多，主要有两种意见。一种意见认为"连"字无误，以洪兴祖为代表，认为："惩，止也。忿，恨也。《史记》连作违。抑，按也，言己知禹、汤不可得，则止己留连之心。"② 另一种意见则认为"连"为讹字。《史记·屈原贾生列传》："惩违改忿兮，抑心而自强。"③ 绝大多数学者认为"连"为"违"之讹，例如《楚辞校释》："违字今本作连，是因形近而误，兹从《史记》。"④ 聂石樵先生认为："惩连，《史记》引作'惩违'，可从。王念孙《读书杂志》：'连，当从《史记》作违，违与悍同。'《广雅·释诂四》'悍，恨也'。"⑤ 汤炳正先生也认为："惩：受损伤而知戒备。连：《史记·屈原贾生列传》引作'违'，或即'悍'之借字。《广雅·释诂》：'悍，恨也。'忿：忿怒。'惩悍''改忿'相对成文，

---

① 周建忠：《出土文献与楚辞研究的价值与走向》，《中州学刊》2010 年第 1 期。
② 洪兴祖：《楚辞补注》，中华书局，1983，第 144 页。
③ 司马迁：《史记（点校本二十四史修订本）》，中华书局，2014，第 3001 页。
④ 王泗原：《楚辞校释》，中华书局，2014，第 186 页。
⑤ 聂石樵：《楚辞新注》，商务印书馆，1980，第 118 页。

皆指强抑忿恨。"① 姜亮夫先生的《屈原赋今译》则直接当作"违"来翻译："我以古来这些违离之情，警戒着自己。"② 查阅《楚辞集校集释》，历代注疏中，二十多位学者参与讨论，只有洪兴祖、王逸、王夫之、蒋天枢、徐仁甫五位主张"连"字无讹。③"连"为"违"的讹字是学术界的主流意见。楚简资料为我们重新检讨这个问题提供了契机。

（2）楚简启示

目前，楚简大多出自战国中晚期的楚地，与"屈宋"的时代相近，是探讨《楚辞》文本的绝佳参照。郭店简《尊德义》简1谈到"为君之务"，原文如下："尊德义，明乎民伦，可以为君。津（沮？）忿䜌，改忌胜，为人上者之务也。"④《上博七·武王践阼》简9有"枳铭唯曰：恶危＝于忿连。恶失＝道于嗜欲"。⑤ 从楚简用字习惯来看，清华简《楚居》中"季连"写作"季䜌"。⑥"忿䜌""忿连"实为一词。由此可见，"惩连改忿"中以"连"与"忿"对举，与楚简"忿䜌""忿连"完全一致。楚简给我们极大的启示，"连"为"违"讹字这个主流观点值得商榷。

（3）"忿、连"训释

"忿""连"的训释还没有一致的认识。我们认为"忿""连"应为一词，应该结合起来讨论。"连"为"违"讹字说也考虑到了"惩连""改忿"的对举关系。持"连"字非讹说的学者对于词义的训释并不准确。"忿""连"的训释应与楚简对读，但楚简用字现象的复杂性启示我们：应根据不同的文本语境找到恰当的训释。

楚简中的"忿䜌""忿连"引起了很多学者的讨论。关于"忿䜌"，何琳仪先生读为"愤懑"，认为："'忿'与'愤'音义均同（《集韵》），'䜌'与'萬'声系亦通（《说文》"萬读若蛮"）。《文选·报任少卿书》'仆终不得舒愤懑以晓左右。'简文意谓'抑止愤怒，改正忌胜，此人主所

---

① 汤炳正：《楚辞今注》，上海古籍出版社，2012，第152页。
② 姜亮夫：《屈原赋今译》，云南人民出版社，2002，第402页。
③ 崔富章、李大明主编《楚辞集校集释》，湖北教育出版社，2003，第1609~1610页。
④ 武汉大学简帛研究中心、荆门市博物馆：《楚地出土战国简册合集（一） 郭店楚墓竹书》，文物出版社，2011，第87页。
⑤ 马承源主编《上海博物馆藏战国楚竹书》（七），上海古籍出版社，2008，第167页。
⑥ 李学勤主编《清华大学藏战国竹简》（壹），中西书局，2010，第182页。

应留意'。"① 周凤五、颜世铉先生的说法略同。② 李零先生则读为"忿戾",认为:"'忿戾'是古书常用的字。"③ 陈伟先生从之,并引《论语·阳货》"古之矜也廉,今之矜也忿戾"何晏注引孔安国说"恶理多怒"为证。④ 顾史考先生读为"纷乱"。⑤ 陈剑先生认为:"按读为'忿戾'之说似可从。"⑥ 关于《武王践阼》中的"忿连",原整理者认为:"'忿连',结怨不解。"复旦大学出土文献与古文字研究中心研究生读书会读作"忿戾"。⑦

《怀沙》:"惩连改忿兮,抑心而自强。"以"连"与"忿"对举,"䜌""连"读音相近,表示的应是同一个词。从通假关系来看,"忿连"读"愤懑""忿戾"都有可能。"连"声可与"列""厉"声字相通。"厉"声又可与"戾"相通。"列"声字也可与"戾"声字相通。⑧ 出土文献中"列"声、"连"声、"戾"声关系密切,例如《老子》第三十九章"天无清将恐裂",帛书《老子》甲、乙本"裂"分别写作"连""莲"。⑨《周易》"列其夤,厉熏心",帛书本作"戾其肥,厉熏心"。⑩

传世古籍和出土文献的用字情况极其复杂,同时满足通假的可能,只能根据文本语境和词义辨析来具体考察恰当的训读。《尊德义》的"忿䜌"应读为"忿戾",表示"蛮横无理,动辄发怒";《武王践阼》的"危于忿连"也应读为"危于忿戾",表示暴戾的危害。古书"戾"字多有"暴戾、乖戾"等义;然而,《怀沙》的题旨和情绪表达并未有暴戾、乖戾之义。洪兴祖认为:"此章言己虽放逐,不以穷困易其行。小人蔽贤,群起而攻之,

---

① 何琳仪:《郭店竹简选释》,《安徽大学汉语言文字研究丛书·何琳仪卷》,安徽大学出版社,2013,第393页。
② 颜世铉:《郭店楚简浅释》,《张以仁先生七秩寿庆论文集》,学生书局,1999,第393~394页。
③ 李零:《郭店楚简校读记》,《道家文化研究》(第十七辑),生活·读书·新知三联书店,1999,第523页。
④ 陈伟:《郭店简书〈尊德义〉校释》,《中国哲学史》2001年第3期。
⑤ 顾史考:《读〈尊德义〉札记》,《第四届国际中国古文字学研讨会论文集》,香港中文大学,2003,第322页。
⑥ 复旦大学出土文献与古文字研究中心研究生读书会:《〈上博七·武王践阼〉校读》,复旦大学出土文献与古文字研究中心网站,2008年12月30日。
⑦ 复旦大学出土文献与古文字研究中心研究生读书会:《〈上博七·武王践阼〉校读》,复旦大学出土文献与古文字研究中心网站,2008年12月30日。
⑧ 高亨:《古字通假会典》,齐鲁书社,1989,第212、630、631、537、537页。
⑨ 裘锡圭主编《长沙马王堆汉墓简帛集成》(肆),中华书局,2014,第9页。
⑩ 裘锡圭主编《长沙马王堆汉墓简帛集成》(叁),中华书局,2014,第16页。

举世之人，无知我者。思古人而不得见，仗节死义而已。"①《怀沙》的主旨表达了放逐后而不易节操，抒发强烈的愤懑和悲哀。因此，"惩连改忿"应读为"惩懑改愤"，表示停止自己的郁闷烦懑，符合屈原的情感状态。

（二）"丽以先只"解

《楚辞·大招》："煎鰿臛雀，遽爽存只。魂乎归来，丽以先只。"该句描述食物丰盛爽口，魂若归来，则"丽以先只"。关于"丽"字，历代有不同的训释。

（1）历代疏解

查阅《楚辞集校集释》，对于"丽"字解释主要有几种观点：第一种为动词，表示进献之义，例如《楚辞补注》："言先进靡丽美物，以快神心也，丽，一作进"；②第二种为形容词，美也，表示美味，例如王夫之认为"丽，美也，此言诸美品，先进之以爽口也"；第三种为名词，类也，表示物类。综合各家意见，我们认为何剑熏和汤炳正两位的意见值得重视。何氏认为"丽"字是。一本作"进"者，盖为"先"字注文。先，进也。"丽"假为"离"，常训"陈"或"列"。"丽""离"古音同属来母，歌韵，故得相假，故《易·离象辞》言："离，丽也。"《左传·昭公元年》："楚公子围设服离卫。"杜预注："离，陈也。"离以先者，谓"炙鸹烝凫，黏鹑陈只，煎鰿臛雀"，诸种食品陈列以进献也。③ 汤炳正先生也有类似的意见："丽，古与'离'通，当训陈列。此言将上述佳肴陈列在前。"④

何剑熏和汤炳正两位的训释比较可信；但"丽"不必通假为"离"，可直接读为"列"，表"陈列"之义。商周金文的通假用例有助于深入探讨这个问题。

（2）金文用例

《集成》3975著录一件青铜簋，字数不多："辛子（巳），王饮多亚，听莒京遹。赐贝二朋，用作大子丁。"铭文记载了商王宴饮群臣，器主列于其位。器主获得商王赏赐的两串贝，为太子作器。何琳仪先生参考前人研

---

① 洪兴祖：《楚辞补注》，中华书局，1983，第146页。
② 洪兴祖：《楚辞补注》，中华书局，1983，第220页。
③ 崔富章、李大明主编《楚辞集校集释》，湖北教育出版社，2003，第2283页。
④ 汤炳正：《楚辞今注》，上海古籍出版社，2012，第248页。

究成果，并结合新出古文字资料，认为"京逦"读"就列"，见于《论语·季氏》："陈力就列，不能者止。""就列"也习见于后世典籍。另有一件《逦方鼎》（《集成》2709），铭文有"王飨酒，尹光逦"。其中的"尹光逦"，何琳仪先生读为"尹光列"，表示"尹光列于其位"。[①] 何先生的考释十分可信。"逦"可读"列"。"逦"，古音属于来纽歌部（或归支部，恐不确）；"列"，属来纽月部；歌、月为阴入对转。《玉篇·山部》："岁，力尔切。岁崴，山卑长也，或作逦迤。"《广韵》上声纸韵"崴"下云："岁崴，沙丘状。岁音逦。"《广雅·释言》："崴，逦也。"王念孙曰："《尔雅》逦迤沙邱。郭璞注云，旁行连延。扬雄《甘泉赋》登临岁崴。李善注云，岁崴，邪道也。岁崴与逦迤同。逦下所缺或是迤字。"[②] 此"丽"声与"列"声通假之例证。

何琳仪先生的考释意见值得重视。根据商周金文的"逦"读为"列"，《楚辞·大招》"丽以先只"应读为"列以先只"。

（三）"汤谋易旅"解

《天问》中的历史传说和史实交杂，有些记载的事件难以确指。"汤谋易旅，何以厚之？覆舟斟鄩，何道取之？"这两句中的"汤"比较关键，涉及史实本末。历代有不同的注解。

（1）历代疏解

关于"汤"字的训读，存在较大分歧。查阅《楚辞集校集释》，大致有以下五种意见：第一种，王逸认为"汤，即殷王也"。第二种，朱熹认为："汤与上句过浇、下句斟寻事不相涉。疑本康字之误，谓少康也。……覆舟，言夏后相已倾覆于斟寻之国，今少康以何道而能复取浇乎？"[③] 周拱辰、金开诚等先生同之，聂石樵先生也认为"汤，应是康的错字"，并引刘盼遂先生《天问校笺》："此'汤'字疑是'康'字之误，缘'汤'古文作'唐'，'唐'古文亦作'赐'皆与'康'相近。故'康'转为'汤'矣。

---

① 何琳仪：《听簋小笺》，《安徽大学汉语言文字研究丛书·何琳仪卷》，安徽大学出版社，2013，第14页。
② 王念孙：《广雅疏证》，江苏古籍出版社，2000，第171页。
③ 朱熹：《楚辞集注》，上海古籍出版社，2015，第79页。

康，指少康。易，治。旅，众。康谋易旅，指少康有田一成，有众一旅而言。"① 第三种，"汤"为讹字说，郭沫若先生认为"浞"之讹，牟廷相认为"浇"之讹，闻一多、汤炳正、何剑熏等先生赞同。第四种，"汤""阳"同声，表示佯装之义，张惠言、马其昶、游国恩等学者主张这个观点。第五种，"汤"即"荡"，有"动"也，丁晏、孙作云两位学者持这种观点。

《左传·哀公元年》记载："昔有过浇杀斟灌以伐斟鄩，灭夏后相。……（少康）有田一成，有众一旅，能布其德，而兆其谋，以收夏众，抚其官职。使女艾谍浇，使季杼诱豷，遂灭过戈，复禹之绩。"② 朱熹等认为这段记述是有关少康的，比较可信。"汤"即少康，但并非"康"之讹。楚辞文本的形成具有复杂性，历代辗转传抄时有讹误。文字的讹误应有传世古籍和出土文献的旁证，依照文义的理校改字具有一定的随意性。出土文献的用字习惯为古籍校读提供了极大的启示。同时代文本的用字规律是我们重新检讨讹字说的重要参考。

（2）楚简用字

简帛文献中"汤""康"关系十分密切。"康"常用作"汤"，这是传世古籍未出现的用字现象。例如：

惟尹夋及康（汤）咸有一德。	上博一·缁衣 3
亦唯闻夫禹、康（汤）、桀、纣矣。	上博四·曹沫之陈 65
至于成康（汤）	清华·保训 9
克夹绍成康（汤）	清华·祭公 6
扬成康（汤）昭主之烈	清华·祭公 8

此外，淅川下寺 M2 出土的倗汤鼎铭文"汤鼎"写作"遾鼎"。③"汤"字上古音属透纽阳部；"康"字则属溪纽阳部。虽然韵部相同，但声纽分别为舌

---

① 聂石樵：《楚辞新注》，商务印书馆，2004，第 70 页。
② 杨伯峻：《春秋左传注》，中华书局，1990，第 1605~1606 页。
③ 河南省文物研究所、河南省丹江库区考古发掘队、淅川县博物馆：《淅川下寺春秋楚墓》，文物出版社，1991，第 112 页。

音和喉音,有一定的距离。新出楚简中"康"字可以表示"汤""康"两个词。① 后代辗转抄写和隶定过程中,由于文义艰涩或理解分歧,将一部分表示语词"康"的也转写为"汤"。由此,我们推测"汤谋易旅"原作"康谋易旅"。

(四) 小结

先秦古书流传至今,文字存在错讹、用字规律湮没、史实记述时有混乱,导致文义难明、史实难解。《楚辞》研究也存在这样的问题,必须利用新出材料。正如周建忠先生倡导并实践的:"两千年楚辞研究史昭示我们,利用出土文献是楚辞学科建设和深化的必然途径。"② 利用出土文献校读古书有助于解决这类问题。通过同一古书的简帛本与今本对照,文字错讹易于发现,相对简单。用字习惯则是特定时代文本的字词使用规律,在后世的传抄文本中难以发现,然而对于古籍校读具有重要的启发意义。裘锡圭先生强调:"从以上所举的例证可以清楚地看到,简帛古籍的用字方法,在传世先秦秦汉古籍的校读方面,是具有很重要的作用的。它们能帮助我们解决古书中很多本来难以解决,甚至难以觉察的文字训诂方面的问题。而且一种用字方法的启发,有时能帮助我们解决一系列问题。所以在校读传世先秦秦汉古籍的工作中,对简帛古籍的用字方法必须给予充分的重视。"③ 因此,我们应吸收前人和时贤的研究成果,重视系统梳理出土文献的用字规律,结合文本语境和词义辨析,尽可能还原《楚辞》文本的本来面貌。

---

① 楚简文字中"康"字还记录语词"康",例如上博一《缁衣》简 15 中的"康诰",上博二《民之父母》简 8 "成王不敢康"等。
② 周建忠:《屈原世系考》(编者按),《江苏师范大学学报》2017 年第 3 期。
③ 裘锡圭:《简帛古籍的用字方法是校读传世先秦秦汉古籍的重要根据》,载《中国出土古文献十讲》,复旦大学出版社,2004,第 175~176 页。

第三章　新出文献文学考论

　　新出文献为古典文学研究提供了新史料。近二三十年来，战国秦汉简牍大量公布，内容丰富且重要，让我们应接不暇。这些新出文献引起了古典文学研究者和相关刊物的高度关注。《文艺研究》编辑部曾组织笔谈，专门讨论出土文献与中国文学艺术的关系，"近年来考古事业发展，出土文献层出，新材料新成果增多，为更进一步推动学术创新，本刊编辑部与北京广播学院语文部、首都师范大学中文系、河南大学中文系于 1999 年 11 月 11 日—12 日在北京召开了'出土文献与中国文学'学术研讨会，这是国内首次由文史界专家学者共同就出土文献与中国文学艺术的关系、影响、学术方略、研究方法及发展战略诸问题进行研讨。本刊认为，在当前，提倡学术领域创新精神和实事求是精神具有现实意义。现发表这组笔谈以飨读者，以期引起关注"。① 2010 年，《中州学刊》刊发"'出土文献与中国古代文学研究'笔谈（三篇）"，编者按："从 1999 年 12 月召开首届出土文献与中国文学研究会议至今，已过 10 年时间。这是人类跨进新千年后的第一个 10 年。在这样的时刻，对这一领域的研究工作做一次认真的回顾与思考，是十分必要的。本刊作为首届出土文献与中国古代文学研讨会的积极支持者与参与者，长期以来一直关注该领域的研究。因此，本刊特约国内具有较大影响的学者撰写这组笔谈，从不同的角度对近十年来出土文献与中国古代文学研究的进展情况进行评析。"②

　　多位学者强调出土文献对中国文学研究的重要价值，既有方法论的启示，又有对传世古书形成的反思。李学勤先生强调有些出土佚书本身就是文学史的重要材料，不少出土佚书使我们进一步认识当时关于文学艺术的

---

① 《出土文献与文学艺术研究》编者按，《文艺研究》2000 年第 3 期。
② 《出土文献与中国古代文学研究笔谈（三篇）》编者按，《中州学刊》2010 年第 1 期。

理论观点，"还有一点非常重要的，是出土书籍使大家更清楚地看到古代文学艺术孕育产生的背景，特别是思想文化的背景。"① 赵敏俐先生认为出土文献对中国文学研究方法产生了重要影响，"本世纪许多有成就的学者，对出土文献都表现出极大的关注，都在充分地使用着'二重证据法'。如有的人通过甲骨文探讨中国古代散文的早期发展，用青铜铭文来印证《诗经》中所反映的历史，利用画像石砖来研究汉代乐府歌诗，以墓志来考证文人的生平，根据敦煌舞谱来推测唐代的歌舞演唱，等等。所有这些，都从不同角度深化了我们的文学研究。可以说，自从20世纪大量的出土文献被发现之后，'二重证据法'已经成为我们今天从事中国文学研究的基本方法之一"。同时，他还指出："出土文献不仅给我们提供了新的研究材料，而且启示着我们对旧有的材料重新思考，思考其流传过程的复杂性，幸存下来的珍贵性。由近百年的出土文献和现存历史文献的比较，我们今天已经可以得出这样的结论，现存的古书上没有得到充分证明的事情，我们不能轻易地加以否定，反之，现存文献中那些有疑问之处，在没有发现铁证可以否定它之前，我们必须暂时认定其真实。这不仅是对疑古思潮的反思问题，更应该成为我们今后在文学研究中所要坚持的基本原则。它可以使我们的思维更为细密，考虑的问题更加全面，得出的结论更加稳妥。"② 廖名春先生认为文学史需要重写，"目前，文学史重写的呼声很高。所谓重写，无非两途：一是理论的反思，二是史料的出新。在这两个方面，如果没有大的进展，所谓重写实质上只能是补写，即补充和修正。就先秦文学史来说，补写已不足以反映目前研究的水平，非得重写不可。这主要不是理论认识的问题，而是史料方面提出来的问题。"③ 姚小鸥先生强调出土文献的交叉属性，研究者应具备多学科知识，"出土文献的正确利用，需要考古学、文字学、文献学乃至自然科学与文学以外其他艺术门类的多方面的知识。这些知识的获取和利用，需要艰苦的劳动和认真细致的工作，容不得一丝马虎。对出土文献进行认真的研究，有助于文学史研究工作者学养的涵育，文学史研究界学风的匡正，是新世纪文学史研究取得突破性进展的重要前

---

① 李学勤：《出土佚书的三点贡献》，《文艺研究》2000年第3期。
② 赵敏俐：《出土文献与文学研究方法论》，《文艺研究》2000年第3期。
③ 廖名春：《出土文献与先秦文学史的重写》，《文艺研究》2000年第3期。

提"。① 刘钊老师也认为:"出土文献与中国文学史研究和出土文献研究一样,可以说是一个新兴的学科方向,同时也是一个边缘的学科方向,需要研究者具有语言学、文学的专业知识,同时最好也具有一定的历史学、文献学和考古学的知识。"②

一直以来,古典文学研究者十分关注新材料。汤炳正、赵逵夫、汤漳平、周建忠等先生利用出土文献和考古资料对楚辞进行研究。这个交叉领域产生了很多重要成果,如赵逵夫先生对秦简《日书》与牛女传说的研究,廖群先生的"文学考古"并结合上博简等资料提出"说体",陈桐生、曹建国等先生楚简诗学文献研究,伏俊琏先生敦煌俗赋研究,徐俊先生敦煌写本诗歌辑考,胡可先、李浩、王伟等先生利用出土墓志研究唐宋文学等。近年,徐正英先生"孔子诗学体系建构"、赵敏俐先生"重写殷商文学史"、常森先生简帛《诗论》《五行》研究等,为出土文献与文学交叉研究树立典范。出土文献与文学研究具有广阔前景。文本的准确释读是文学研究的起点和基础。我们将吸收学术界最新考释成果,立足于文本,探求相关篇目的文学价值。

第一节　从清华简《子仪》谈春秋秦乐

清华简已经成为文史研究的前沿和热点。简文涉及的中国思想史、学术史的一些重大问题必然会促进中国古代历史文化研究取得更大的成就。2016年4月公布的《清华大学藏战国竹简(陆)》(以下简称《清华六》)有一篇《子仪》,讲述秦晋"殽之战"以后,秦穆公为了与楚国修好,主动送归申公子仪。③ 李学勤先生认为:"在送行典礼中,穆公和子仪多用诗歌和譬喻的形式,互相沟通和表达。从这一方面来说,《子仪》简还可从文学史的角度来研究。"④ 简文记载送归子仪的过程,典礼上咏歌奏乐,叙事生动形象,未见于传世典籍。

---

① 姚小鸥:《出土文献与新世纪文学史研究的发展战略》,《文艺研究》2000年第3期。
② 刘钊:《当前出土文献与文学研究的几点思考》,《济南大学学报(社会科学版)》2019年第4期。
③ 李学勤主编《清华大学藏战国竹简(陆)》,中西书局,2016,第127~135页。
④ 李学勤:《有关春秋史事的清华简五种综述》,《文物》2016年第3期。

出土文献为先秦文学史增添了许多新材料，同时也引发了对传世文献的诸多新证和思考。① 根据《左传》记载，春秋会盟宴飨等外交场合中赋诗、作诗活动非常频繁。《子仪》是出土文献第一次再现外交赋歌场景，有助于探讨先秦的赋乐制度、春秋秦乐、"诗"的传播和形成以及文化融合等重大问题。本节从清华简《子仪》谈起，结合考古发现和文献记载，探讨春秋秦乐的相关问题。

一　文本解读

文本的准确解读是探究历史文化、文学思想的基础。根据《子仪》简文可知，秦晋"殽之战"后，秦穆公在国内施行"休养生息、任贤、惠民"等政策，于是"骤及七年，车逸于旧数三百，徒逸于旧典六百"。② 清华简（贰）《系年》记载："秦穆公欲与楚人为好，焉脱申公仪，使归求成。秦焉始与晋执乱，与楚为好。"③ 秦穆公打算与楚国结盟，送归子仪。有关送别仪式的简文如下（参考各家观点，以下用通行汉字释写）：

公命穷韦升琴、奏庸，歌曰："迤迤兮逶逶兮。徒☒所游，又步里谨。"【5】

应也和歌曰："漳水兮远望，逆视达化，汧兮弥弥，渭兮滔滔，杨柳兮依依，其下之浩浩。此愠之伤痛，【6】是不攸而犹，僮是尚求，怅惕之怍，处吾以休，赖子是求。"

乃命升琴，歌于子仪，楚乐和【7】之，曰："鸟飞兮憣永！余何矰以就之？远人兮离宿，君有覃言，余谁使于告之？强弓兮挽其绝【8】也，矰追而集之。莫往兮何以置言？余畏其忒而不信，余谁使于协之？昔之猎兮余不与，今兹【9】之猎，余或不与。施之绩兮而奋之！织纴之不成，吾何以祭稷？"

整理者认为："本篇简文对话多用隐语，由于缺乏具体背景资料，难于

---

① 赵敏俐：《出土文献与文学研究方法论》；廖名春：《出土文献与先秦文学史的重写》，《文艺研究》2000 年第 3 期。
② 李学勤主编《清华大学藏战国竹简（陆）》，中西书局，2016，第 128 页。
③ 李学勤主编《清华大学藏战国竹简（贰）》，中西书局，2011，第 155 页。

准确把握，注释从简，不作发挥。"① 整理者的态度十分严谨。有些字词还不得确解，句读、文意还存在不同意见；但总体来看，奏乐的过程、赋歌的意旨还是比较清楚的。秦穆公"乃张大㡀②于东奇之外"，举行一场宴饮。首先，穆公令穷韦"升琴、奏庸"，唱了一曲；接着子仪的随从应也和歌一曲，内容与《诗经·小雅·采薇》联系密切，并且具有一定的楚辞风格；最后，秦穆公再为子仪赋歌一曲，并用"楚乐和之"，其中颇多隐喻。

春秋引诗、赋诗、歌诗、作诗具有一定的区分，董治安先生提出"歌诗"均为乐工的演唱，"《左》、《国》所载歌诗，均为诸侯乐工的演唱，其中包括晋悼公乐工（见《左传·襄公四年》）、卫献公乐工（见《左传·襄公十四年》）、鲁襄公乐工（见《左传·襄公二十九年》、《国语·鲁语下》）等。可以推想，这种诗歌既有娱乐作用，又可用于政治外交场合，以隆礼仪，以广教化。"③ 上述赋诗之"歌"有所不同，歌诗实际是一种配乐演唱，即弦歌。《子仪》篇的仪式符合春秋礼仪。整个赋歌仪式，分为三个阶段。

第一阶段，秦穆公起唱。《子仪》明确记载春秋赋歌并非仅限于乐工。按照赋歌礼仪，首先，秦穆公命令乐工"穷韦"④升堂鼓琴、奏庸，并起唱："迤迤兮逶逶兮。徒㡀所游，又步里護。"关于"迤迤兮逶逶兮"，整理者认为："'袒'很可能是'裯'的异体字，见于《集韵·齐韵》，为衣名。简文读为'迟'。迟迟，《诗·七月》毛传：'舒缓也。'""蝡，读为'委'，《诗·君子偕老》孔颖达疏引孙炎曰：'行之美。'"⑤ 我们认为这是联绵词"逶迤"的叠用，暗指秦楚道路蜿蜒曲折，犹如"恍恍惚惚、隐隐约约"等。歌辞"徒㡀所游，又步里護"含义不明，押幽部韵。

---

① 李学勤主编《清华大学藏战国竹简（陆）》，中西书局，2016，第127页。
② 关于"㡀"字，范常喜先生认为"由于该字从'交'得声，所以我们怀疑当读为'校'。'校'在简文中当理解为校猎、校武、校阅之义，是秦穆公向子仪展示秦国军力的行为。"《清华简〈子仪〉所记"大蒐"事考析》，《出土文献》2020年第4期。
③ 董治安：《从〈左传〉、〈国语〉看"诗三百"在春秋时期的流传》，《先秦文献与先秦文学》，齐鲁书社，1994，第24页。
④ 我们认为"穷韦"应是人名。整理者未做注释，暮四郎先生也认为："'穷韦'当为人名。公命穷韦升堂鼓琴，奏镛者则非穷韦也。"（武汉大学简帛网，简帛论坛《清华六〈子仪〉初读》40楼，2016.4.20）。
⑤ 李学勤主编《清华大学藏战国竹简（陆）》，中西书局，2016，第131~132页。

第二阶段，应也①开始和歌。歌辞具有楚辞体的句式特征，"漳水兮远望""汧兮霏霏，渭兮滔滔，杨柳兮依依"，其中"漳水兮远望"与《湘夫人》"荒忽兮远望"语辞句式相近。王宁先生认为"汧兮弥弥"："'霏'读'瀰'其音是，其义则非。…用为水流貌者盖即'弥弥'之音转。《诗·新台》：'河水弥弥'，毛传：'弥弥，盛貌。'《释文》：'弥弥，水盛也'，水流盛大之貌。"②"处吾以休，赖子是求"属于委婉之辞，大意是承蒙您让我居住于秦，求此美善则有赖于您。

第三阶段，秦穆公再次升堂鼓琴，歌于子仪，并用楚乐和之。歌辞分为两部分，第一部分以"鸟"起兴："鸟飞兮憯永！余何矰以就之。远人兮离宿，君有覃言，余谁使于告之。"以"鸟"起兴，习见于文献，例如上博简《李颂》简1："鹏鸟之所集，竢时而作兮。"③《楚辞·九章·抽思》："倡曰：有鸟自南兮，来集汉北。"④"远人兮离宿"委婉地表达远方之人（子仪）远离故土。该句与汉乐府《善行哉》"离鸟夕宿，在彼中洲"语辞相似。"君有覃言"，季旭昇先生认为："君，指申公子仪在秦羁留时的东道主，当然是秦穆公谦称自己。覃言，指含有深意的话语，委婉地表达出'您回去后，希望秦楚两国能修好结盟'的意思。"⑤第二部分唱道："我要用强弓挽回飞逝的鸟儿，我担心他伪饰而不可信，我将使谁去和睦秦楚关系呢？昨日田猎我未参与，今日田猎我又未参与。""我要好好地做好我的职责，如果我不能好好地做好我的职责，我要如何担任君位，祭祀社稷呢？"

该段字词还有一些争议，只能参考各家观点，获得比较正确的认识。秦穆公赋歌两次，具有很高的诗书修养，完全佐证文献中秦穆公自述"中国以诗书礼乐法度为政"。⑥

---

① "人名+也"格式，见于清华简《系年》简51"雍也"，简77"黑要也"，参见李守奎《清华简〈系年〉"也"字用法与攻王光剑、栾书缶的释读》（《古文字与古史考——清华简整理研究》，中西书局，2015）。我们认为"应"是子仪的随从，和歌以对。
② 王宁：《清华简六〈子仪〉释文校读》，复旦大学出土文献与古文字研究中心网站，2016年6月9日。
③ 马承源主编《上海博物馆藏战国楚竹书（八）》，上海古籍出版社，2009，第235页。
④ 洪兴祖：《楚辞补注》，中华书局，1983，第139页。
⑤ 季旭昇：《〈清华六·子仪〉"鸟飞之歌"试解》，武汉大学简帛网，2016年4月27日。
⑥ 司马迁：《史记（点校本二十四史修订本）》，中华书局，2014，第245页。

二 春秋秦乐新证

一直以来，人们对秦乐的历史发展缺乏正确了解。《史记·廉颇蔺相如列传》中的秦人"击缶扣瓮"①，《谏逐客书》中"夫击瓮、叩缶、弹筝、搏髀，而歌呼呜呜快耳目者，真秦之声也"，②让人觉得秦国野蛮而落后，没有发达的礼乐文明。赵逵夫先生认为周秦文化交融的时间较早，秦人较早拥有发达的礼乐文化传统。③清华简《子仪》反映了春秋秦乐的高度发达和礼仪制度的完备，并可与考古发现和文献记载互证。

一般来说，音乐体系分为两个系统：贵族宫廷音乐和民间本土音乐。秦乐中"击缶"之类应是民间的本土音乐。秦国的宫廷音乐则比较发达，继承了西周以后先进的礼乐制度。《史记·秦本纪》记载："秦之先，帝颛顼之苗裔孙，曰女修。女修织，玄鸟陨卵，女修吞之，生子大业。"④秦人同殷人祖先原属东方之氏族，秦人祖先生活在我国东海之滨。清华简《系年》明确记载"秦先人"是西周初年因反叛失败而被迫西迁至甘肃朱圉山的"商奄之民"，而商奄在齐鲁境内。⑤也就是说，秦人的祖先和华夏文化有着非常密切的关系。

（一）考古发现及文献记载

二十世纪七十年代以来，陕西关中地区和甘肃东部相继发现了一些秦乐文化的物质遗存，如陕西宝鸡杨家沟太公庙的秦公庙的秦公、凤翔秦公一号大墓的编磬、临潼秦始皇陵的"乐府"钟以及甘肃天水放马滩秦简对十二律的记载等为我们提供了真实而具体的秦乐资料。⑥ 2005 年，甘肃陇南礼县大堡子山秦西垂陵园出土了铜镈、甬编钟和石磬；2006 年，在礼县圆

---

① 司马迁：《史记（点校本二十四史修订本）》，中华书局，2014，第 2960~2961 页。
② 司马迁：《史记（点校本二十四史修订本）》，中华书局，2014，第 3088 页。
③ 赵逵夫：《陇东、陕西的牛文化、乞巧风俗与"牛女"传说》，《宝鸡文理学院学报》2010 年第 5 期；袁仲一：《从考古资料看秦文化的发展和主要成就》，《文博》1990 年第 5 期。
④ 司马迁：《史记（点校本二十四史修订本）》，中华书局，2014，第 221 页。
⑤ 关于"秦人来自东方"，参见李学勤《清华简关于秦人始源的重要发现》，《光明日报》2011 年 9 月 8 日第 11 版。
⑥ 卢连成、杨满仓：《陕西宝鸡县太公庙村发现秦公钟、秦公镈》，《文物》1978 年第 11 期；何双全：《天水放马滩秦简综述》，《文物》1989 年第 2 期。

顶山贵族墓发掘祭祀坑的过程中，除了发现人祭坑4座、灰坑6座外，还发掘了1座秦子乐器坑，出土了早期秦人精美绝伦的青铜编钟和石磬类的打击乐器，出土后仍可敲击出清脆悦耳的美妙声响。乐器坑内南侧为镈钟与钟架，北侧为石磬与磬架。在钟架的一侧还发现了两组九件套的石磬，石磬的上方是磬架。编钟、编磬和编镈的出土，用实物证实了早期秦国发达的礼乐文明和演奏技艺。①

战国末期，吕不韦招纳文人学士编纂《吕氏春秋》。其中，关于音乐史、音乐思想与音乐理论方面的记载，充分显示秦国音乐的高度发达。天水放马滩秦简中的《纳音五行》记录十干配五行、五音、时刻及律数的纳音之法；《律书》记述十二律相生律数；《五音占》记述五音属日所占诸事；《音律贞卜》记述以五音十二声配投时辰，为某贞卜吉凶、疾病、丧葬等诸事。在所记载的律制方面，属于"先损后益，蕤宾重上"的三分损益法理论，完全佐证《吕氏春秋》中所记载的律制计算方式。② 这些都说明秦乐理论的高度发达。

（二）秦乐制度新证

春秋时期，秦乐就达到很高的水平。《左传·襄公二十九年》中记载季札在鲁国听乐工歌《秦》时，认为："此之谓夏声。…其周之旧乎！"③ 杜预集解："秦本在西戎汧陇之西，秦仲始有车马礼乐，去戎狄之音，而有诸夏之声，故谓之夏声耳。"④ 季札深谙音乐，评论十分中肯。他从《秦风》中感受到秦乐的雅正、成熟，使我们体会到《秦风》音乐所标示的秦文化面貌——保有民族传统的基础上又吸收融合了诸夏的文化。这些记载都说明秦国很早便接受了"车马礼乐"，开始使用周王室雅乐。出土于秦国的礼乐乐器可以说明问题，"以著名的西周晚期克镈与秦子镈、秦武公镈相比较，可以看出秦国早期编镈的形制，实际上是沿袭西周晚期的传统"。⑤《子

---

① 早期秦文化考古联合课题组：《甘肃礼县大堡子山早期秦文化遗址》，《考古》2007年第7期；王辉：《寻找秦人之前的秦人——以甘肃礼县大堡子山为中心的考古调查发掘记》，《中国文化遗产》2008年第2期。
② 谷杰：《从放马滩秦简〈律书〉再论〈吕氏春秋〉生律次序》，《音乐研究》2005年第3期。
③ 杨伯峻：《春秋左传注》，中华书局，1990，第1161~1163页。
④ 杜预：《春秋经传集解》，上海古籍出版社，1997，第1125页。
⑤ 方建军：《秦子镈及同出钟磬研究》，《中国音乐学》2010年第4期。

仪》中的乐器、乐工、赋歌礼仪为探讨春秋发达的秦乐提供了很多线索。

(1) 乐器乐工

乐器和乐工是音乐制度的重要组成部分。《诗经·秦风·车邻》中有"既见君子,并坐鼓瑟"与"既见君子,并坐鼓簧"之说。《风俗通义》中记载百里奚为秦相时,其妻在堂上"搏髀援琴,抚弦而歌"。[1] 另外,《谏逐客书》中所提及的"瓮、缶、髀",《史记·商君列传》所记载的"相"以及《隋书·音乐志》《旧唐书·音乐志》所提及的"筝"等都显示出秦国乐器的丰富性和多样性。《子仪》则明确记载"升琴""奏镛",说明春秋秦乐已有弦乐"琴",与典籍记载十分吻合。

春秋时期,各国都有乐官,例如《左传·襄公十一年》:"郑人赂晋侯以师悝、师触、师蠲。"[2] 其中"悝""触""蠲"均为乐师之名。秦国还有女乐,《史记·秦本纪》《吕氏春秋》分别记载秦穆公说"中国以诗书礼乐法度为政",并"遗之女乐二八与良宰焉。戎王大喜,以其故,数饮食,日夜不休。左右有言秦寇之至者,因扜弓而射之。秦寇果到,戎王醉而卧于樽下,卒生缚而擒之"。[3]《子仪》明确记载乐工"穷韦",这是简帛文献第一次明确记载的乐工。

(2) 赋歌礼仪

秦国在春秋初期已具有较发达的宗周礼乐文化。林剑鸣先生认为:"秦国直接从周人那里吸取当时最先进的文化,就使它能在很短的时间内,迅速达到较高的水平。"[4]《子仪》中送别典礼上的赋歌既是娱乐表演,又是外交场合上的政治表达。首先,秦穆公命升琴、奏镛并赋歌起唱;接着,应也和歌以对;最后,穆公歌于子仪。唱和以对,彬彬有礼。宾主双方对赋歌的寓意都非常了解,符合礼仪规范。从歌辞内容和押韵来看,起唱表达了秦楚道路蜿蜒曲折而悠远,和歌与《采薇》语句相近,且诗旨也很吻合。《采薇》表达戍卒归途中的追古思今、思家盼归的情感;而子仪羁留秦国,盼归心切。歌辞的内容贴切、韵律一致,有助于我们考察"诗"的传播与形成。春秋时代,人们对诗义和主题存在着某种一致性和稳定性的认识。

---

[1] 王利器:《风俗通义校注》,中华书局,1981,第592页。
[2] 杨伯峻:《春秋左传注》,中华书局,1990,第991页。
[3] 许维遹:《吕氏春秋集释》,中华书局,2009,第634页。
[4] 林剑鸣:《秦史稿》,中国人民大学出版社,2009,第71页。

（3）多元秦乐

凤翔出土的两件秦国环钮编钟，其鼓部饰有双夔纹，尚未脱离西周后期编钟装饰纹样的遗风。这两件钟的钮头为环形，而颈较短，为一直柄形，乃先秦编钟所罕见。与这种环钮编钟相似的钟类乐器，有中国南方（如湖南、湖北两省）出土的楚、巴文化铜钲。二者虽然器种不同，但钲柄与凤翔编钟的钮很接近。由此看来，秦钟有可能受到南方楚巴铜钲的影响，吸收了一些外来音乐文化的因素。咸阳塔儿坡龙钮錞于上的变形凤纹，口沿和肩周饰连缀的三角形几何纹。这种纹样在中国南方吴、越、徐、楚等国的礼乐器上较常见，而在北方周秦系统的礼乐器中则比较罕见。①

《左传·僖公二十三年》《史记·晋世家》《国语·晋语四》均记载了秦穆公与重耳赋诗一事，显示了"赋诗"行为早在春秋的穆公时期便已经被秦人所吸收；而秦穆公与重耳对唱的五首诗，均不是出自《秦风》，反映了其诗书素养。秦君对赋歌言志的运用自如，体现了秦国以其特有的开放性，接纳着来自中原各国的文化。在各种朝聘、盟会、战争等过程中，秦乐将自己的秦声与楚声、越声、郑舞等各地民间音乐不断地交流融合。因此，秦乐能建立一套有特色的丰富多彩的宫廷音乐。《子仪》中的"楚乐和之"让我们看到了秦乐制度的完备和开放。秦乐工可以自如地演奏楚乐。秦国宫廷音乐中保留着楚国的乐曲，以备外交等各种场合。

（4）秦乐影响

通过清华简《子仪》，我们看到春秋秦乐的完备和发达。它对后世音乐具有一定的影响。《乐府诗集·琴曲歌辞四》引《风俗通》："百里奚为秦相，堂上乐作，所赁浣妇自言知音，因援琴抚弦而歌。问之，乃其故妻，还为夫妇也，亦谓之《杕寥》。"② 百里奚为秦穆公时重臣，表明春秋时期秦国民间有宴乐。流传至今的琴曲中还有《杕寥歌》。③《汉书·艺文志》著录《左冯翊秦歌诗》三篇、《京兆尹秦歌诗》五篇。这八篇歌诗当采自秦地民间。春秋晚期，秦乐理论十分发达。《左传·昭公元年》记载秦名医医和为晋平公（前557~前532年在位）看病时，说了一段话："先王之乐，所以

---

① 方建军：《从乐器、音阶、音律和音乐功能看秦音乐文化之构成》，《中国音乐学》1996年第2期。
② 郭茂倩：《乐府诗集》，中华书局，1979，第880页。
③ 刘明澜：《中国古代诗词音乐》，中国科学文化出版社，2003，第34~35页。

节百事也，故有五节；迟速本末以相及，中声以降。五降之后，不容弹矣。于是有烦手淫声，慆堙心耳。……天有六气，降生五味，发为五色，征为五声，淫生六疾。"① 他能阐述五声、五色、五味、六气、六疾之间的关系，说明当时秦的礼乐理论在周诸侯国中处于领先水平。这是《吕氏春秋》音乐理论的基础。汉承秦制，设立专门的音乐机构——乐府，② 并且《汉书·礼乐志》记载："高祖时，叔孙通因秦乐人制宗庙乐。"秦人根据周《房中乐》制作了《寿人》，汉代则制作了《房中祠乐》。秦根据周《五行》制作了《五行》，汉也有《五行》。汉恢复了乐府，沿用了秦乐府的做法，赴秦、楚、赵、代诸国故地采集地方音乐。③ 秦设置了朝贺饮酒时的秦倡，"优旃者，秦倡侏儒也。善为笑言，然合于大道"。汉宫中也留有这类人员，"诏随常从倡十六人，秦倡员二十九人，秦倡象人员三人。诏随秦倡一人，雅大人员九人，朝贺置酒为乐"。④

三 小结

考古发现的文物资料说明早期秦人已有精美的乐器以及发达的礼乐文化。文献记载了秦乐理论的高度发达、秦乐制度的完备及后世影响。清华简《子仪》作为出土文献，第一次明确记载了春秋时期的秦乐工、秦乐器、秦备楚乐、穆公的诗文素养等。这些都有助于探讨春秋秦乐完备发达、"诗""乐"的传播以及文化融合等重大问题。

第二节　清华简《子仪》赋歌研究

春秋时期，社会上层的政治活动中有"赋诗见志"的风气。一些诸侯、大夫在"聘问""盟约""宴饮""议和"等场合，常用唱诗或诵诗的方式

---

① 杨伯峻：《春秋左传注》，中华书局，1990，第 1221~1222 页。
② 1995 年夏，在西安北郊的汉长安城遗址发现了"乐府""乐府丞印"秦封泥。这就彻底打破了汉武帝立乐府的说法，秦代已有乐府，就成为中国文学史上的定论。参见赵敏俐《汉代乐府制度与歌诗研究》，商务印书馆，2009，第 63 页。
③ 班固：《汉书》，中华书局，1962，第 1043、1044、1045、1756 页。
④ 班固：《汉书》，中华书局，1962，第 1073~1074 页。

表达政治诉求、臧否褒贬。① 根据《左传》《国语》记载，外交场合中赋诗、作诗活动非常频繁。② 近年来，战国竹简不断出土，为相关研究提供了新材料，提供了对传世文献的诸多新证和引发了诸多思考。清华简（六）《子仪》讲述了"殽之战"以后，秦穆公送归申公子仪的过程。③ 这是出土文献第一次记载春秋外交场合的诗乐活动，正如李学勤先生所说："在送行典礼中，穆公和子仪多用诗歌和譬喻的形式，互相沟通和表达。从这一方面来说，《子仪》简还可从文学史的角度来研究。"④ 清华简《子仪》再现了外交赋歌场景，叙事生动形象，未见于传世典籍，为先秦文学史增添了新史料。本部分拟从文本内容出发，探讨赋歌的用韵和句式、比兴和意象等内容，并讨论赋歌的文学价值。

（一）文本内容

文本的准确解读是文学研究的基础。为了"与楚人为好，焉脱申公仪，使归求成"，⑤ 秦穆公举行了一场送别仪式，奏乐赋歌，抒发各自的情感与诉求。有关赋歌的简文如下（参考各家观点，以下用通行汉字释写）：

> 公命穷韦升琴、奏庸，歌曰："迤迤兮逶逶兮。徒※所游，又步里谨。"【5】
>
> 应也和歌，曰：
> "漳水兮远望，逆视达化。
> 汧兮霏霏，渭兮滔滔。
> 杨柳兮依依，其下之浩浩。
> 此愠之伤痛！【6】是不攼而犹，
> 僮是尚求，怵惕之怍，处吾以休，赖子是求。"

---

① 董治安：《从〈左传〉、〈国语〉看"诗三百"在春秋时期的流传》，载董治安《先秦文献与先秦文学》，齐鲁书社，1994，第 20~45 页。
② 刘毓庆：《春秋会盟燕享与诗礼风流》，《晋阳学刊》2004 年第 2 期；王清珍：《左传赋诗现象分析》，载袁行霈主编《国学研究》（第 15 卷），北京大学出版社，2005，第 213~243 页。
③ 李学勤主编《清华大学藏战国竹简》（陆），中西书局，2016，第 127~135 页。
④ 李学勤：《有关春秋史事的清华简五种综述》，《文物》2016 年第 3 期。
⑤ 李学勤主编《清华大学藏战国竹简》（贰），中西书局，2011，第 155 页。

乃命升琴，歌于子仪，楚乐和【7】之，曰：

"鸟飞兮憯永！余何矰以就之？

远人兮离宿，君有覃言，余谁使于告之？

强弓兮挽其绝【8】也，矰追而集之。

莫往兮何以置言？余畏其饰而不信，余谁使于协之？

昔之猎兮余不与，今兹【9】之猎余或不与。

施之绩兮而奋之！织纴之不成，吾何以祭稷？……【10】

整理者认为："本篇简文对话多用隐语，由于缺乏具体背景资料，难于准确把握，注释从简，不作发挥。"① 歌辞中的有些词语还不得确解；但总体来看，赋歌主旨还是比较清楚的。整个赋歌仪式分为三个阶段：乐工穷韦设琴奏庸，秦穆公赋歌一曲；接着，子仪赋歌以对，随从应也和歌；最后，秦穆公再为子仪赋歌一曲，并用"楚乐和之"。歌辞中颇多隐喻。② 下面略作疏解。

第一阶段，秦穆公命令乐工"穷韦"③ 鼓琴、奏庸，并起唱："迤迤兮逶逶兮。徒䍐所游，又步里護。""迤迤兮逶逶兮"是联绵词"逶迤"的叠用，犹如"恍恍惚惚、隐隐约约"等，暗指秦楚道路蜿蜒曲折。

第二阶段，应也④开始和歌。歌辞具有楚辞体的句式特征，"漳水兮远望""汧兮霏霏，渭兮滔滔。杨柳兮依依"，其中"漳水兮远望"与《湘夫人》"荒忽兮远望"语辞句式相近。"处吾以休，赖子是求"属于委婉之辞，大意是承蒙您让我居住于秦，求此美善则有赖于您。

第三阶段，秦穆公再次鼓琴，歌于子仪，并用楚乐和之。以"鸟"起

---

① 李学勤主编《清华大学藏战国竹简》（陆），中西书局，2016，第127页。
② 《子仪》篇唱和仪式符合《左传》记载，春秋中期六场次的赋诗，其中，四场是宾主双方以唱和的方式进行交流，有来有往，一方赋诗之后对方也赋诗应和。详见李炳海《春秋后期引诗、赋诗、说诗的样态及走向》，《社会科学战线》2011年第1期。
③ "穷韦"应是人名。整理者未做注释，暮四郎先生也认为："'穷韦'当为人名。公命穷韦升堂鼓琴，奏镛者则非穷韦也。"（武汉大学简帛网，简帛论坛《清华六〈子仪〉初读》40楼，2016年4月20日）
④ "应"为人名。"人名+也"格式，见于清华简《系年》简51"雍也"，简77"黑要也"，参见李守奎《清华简〈系年〉"也"字用法与攻吾王光剑、栾书缶的释读》，载李守奎《古文字与古史考——清华简整理研究》，中西书局，2015，第210~211页。我们认为"应"是子仪的随从，和歌以对。

兴，"鸟飞兮僭永！① 余何矰以就之？远人兮离宿，君有覃言，② 余谁使于告之？"大体的意思是：孤鸟渐飞渐远，我拿什么箭去得到它。远离故土的人离开他的住处，我让谁帮我捎话呢？后半段大意为："我要用强弓挽回飞逝的鸟儿，我担心他有伪饰而不可信，我将使谁去和睦秦楚关系呢？昨日田猎我未参与，今日田猎我又未参与。""我要好好地做好我的职责，如果我不能好好地做好我的职责，我要如何担任君位，祭祀社稷呢？"③

整个典礼活动中，秦穆公先后赋歌两次，具有极高的诗文素养，完全佐证传世文献中秦穆公自述"中国以诗书礼乐法度为政"。④ 秦穆公"楚乐和之"，对于探讨秦备楚乐的制度具有重要价值。《子仪》赋歌反映了春秋秦乐的发达和制度的完备，并可与考古发现和文献记载互证。⑤ 清华简《系年》明确记载"秦先人"是西周初年因反叛失败而被迫西迁至甘肃朱圉山的"商奄之民"，而商奄在齐鲁境内。⑥ 秦人同殷人祖先原属东方之氏族，生活在我国东海之滨。也就是说，秦人的祖先和华夏文化有着非常密切的关系。《左传·僖公二十三年》《国语·晋语四》中均记载了秦穆公与重耳赋诗，说明"赋诗"行为早在春秋的穆公时期便已经被秦人吸收；而秦穆公与重耳对唱的五首诗，均不是出自《秦风》，反映了其诗书素养。秦君对赋歌言志的运用自如，体现了秦国以其特有的开放性，接纳着来自中原各国的文化。在各种朝聘、盟会、战争等过程中，秦乐将自己的秦声与楚声、越声、郑舞、乐工等各地民间音乐不断地交流融合。"楚乐和之"让我们看到了秦乐制度的完备和开放。秦乐工可以自如地演奏楚乐。秦国宫廷音乐中保留着楚国的乐曲，以备外交等各种场合。歌辞文本有助于考察春秋诗乐的传播，"无论是引诗证事还是赋诗见志，要别人能够体察其心曲，领会

---

① 关于"僭永"，ee（单育辰）先生认为："'僭'读为'渐'，'僭永'犹言'渐远'。"武汉大学简帛网简帛论坛《清华六〈子仪〉初读》，2016年4月16日。
② 季旭昇先生认为："覃言，指含有深意的话语，委婉地表达出'您回去后，希望秦楚两国能修好结盟'的意思。"季旭昇：《〈清华六·子仪〉"鸟飞之歌"试解》，武汉大学简帛网，2016年4月27日。
③ 季旭昇：《〈清华六·子仪〉"鸟飞之歌"试解》，武汉大学简帛网，2016年4月27日。
④ 司马迁：《史记（点校本二十四史修订本）》，中华书局，2014，第245页。
⑤ 何家兴：《从清华简〈子仪〉谈春秋秦乐》，《中国文学研究》2018年第2期。
⑥ 关于"秦人来自东方"，参看林剑鸣《秦史稿》，上海人民出版社，1981，第14页；李学勤：《清华简关于秦人始源的重要发现》，《光明日报》2011年9月8日第11版。

其深意，双方之间对于诗义的理解，就必须首先有个基本的共识"。① 同时，赋歌活动体现春秋时期的文化交融，可以看出秦楚与中原文化之间的密切联系，一定程度上反映了诸侯国之间在文化传承上的一体性。

（二）用韵与句式

歌辞是配乐唱歌的。用韵和节奏具有一定的规律性。《子仪》赋歌保存了春秋时期的诗歌原貌。其中，用韵现象和句式特征对于《诗经》和《楚辞》的文本生成具有一定的启发意义。

第一阶段歌辞：

迤迤兮逶逶兮。徒㦰所游（幽），又步里護（侯）。

【用韵分析】首句不入韵，联绵词叠用，并用"兮"字形成错落有致的节律感。林庚先生认为《楚辞》里的"兮"字具有音乐属性，用来表示节奏，表示停顿，没有实义，也非语气词。② 本节的韵脚为"游""護"，属于侯幽合韵。这种合韵现象见于《庄子·天运》，例如其中的韵脚"伛、偻、俯、走、轨"。③ "侯、幽"关系密切，楚简中有通假之例。④ 岣嵝碑中"唯王二年六月丁酉，承嗣越臣朱句"⑤，其中"朱"读作"州"，也是"侯、幽"通假。

第二阶段歌辞：

漳水兮远望，逆视达化。
汧兮霏霏（微），渭兮滔滔（幽）。杨柳兮依依（微），其下之浩浩（幽）。
此愠之伤痛！是不攽而犹（幽），僮是尚求（幽），

---

① 董治安：《从〈左传〉、〈国语〉看"诗三百"在春秋时期的流传》，载董治安《先秦文献与先秦文学》，齐鲁书社，1994，第33页。
② 林庚：《〈楚辞〉里的"兮"字的性质》，载林庚《林庚楚辞研究两种》，清华大学出版社，2006，第107~111页。
③ 赵彤：《战国楚方言音系》，中国戏剧出版社，2006，第28页。
④ 李存智：《上博楚简通假字音韵研究》，万卷楼图书股份有限公司，2010，第195页。
⑤ 王辉：《古文字通假字典》，中华书局，2008，第200页。

怵惕之怍，处吾以休（幽），赖子是求（幽）。

【用韵分析】首句不入韵，本节有三个韵段，入韵比较整齐。其中，第一个韵段采用"微、幽"交韵的形式。另外两个韵段采用"三句两押韵"的形式，都押幽部韵。

第三阶段歌辞：

> 鸟飞兮憯永！余何矰以就之（觉）？
> 远人兮离宿，君有覃言，余谁使于告之（觉）？
> 强弓可挽其绝也，矰追而集之（缉）。
> 莫往兮何以置言？余畏其忒而不信，余谁使于协之（叶）？
> 昔之猎兮余不与（鱼），今兹之猎，余或不与（鱼）。
> 施之绩兮而奋之（文）！织纴之不成，吾何以祭稷（职）？

【用韵分析】结合文义，我们将本节分为四个韵段，采用换韵的方式。其中，第一小段押觉韵，第二段"缉、叶"合韵，也见于《大雅·烝民》第七章："仲山甫出祖，四牡业业（叶），征夫捷捷（叶），每怀靡及（缉）。"本节"楚乐和之"中"文、职"押韵，具有一定的特殊性，还无法从音理上给予充分的解释，可能是楚方音的某种变例。

歌辞采用合韵、交韵、换韵的韵式，与《诗经》《楚辞》用韵具有一致性。合韵现象可以从音理和语音资料（包括传世古籍和出土文献）中得到合理的解释。这在一定程度上，说明春秋时期秦楚赋歌用韵的一致性。宾主双方都用了"兮"字，与《诗经》相同，"十五国风都有'兮'字的使用，可见'兮'的使用是不分南北的"。①

从句式来看，歌辞每句的字数，四字至七字不等。其中，虚字多见，例如"兮""而""以""兹""也"等。这些虚字的使用增强了节奏感和表现力，同时使歌辞具有散文化的特点。除去这些虚字，第一阶段和第二阶段的歌辞多为四言句式，与《诗经》的基本句式完全一致。第三阶段，"楚

---

① 廖序东：《释"兮"及〈九歌〉句法结构的分析》，载廖序东《楚辞语法研究》，商务印书馆，2006，第24页。

乐和之"部分则较为复杂；15小句中，四字6句，五字4句，六字5句；并且虚字的运用具有一定的规律性，一般处在五字至八字句中的倒数第三字位置，与《离骚》具有很强的一致性，列表如下：

表 3-1　《子仪》与《离骚》虚词使用的一致性

句式中虚字位置		
《子仪》歌辞	《离骚》例句	拟骚作品
余何矰以就之（六字） 莫往兮何以置言（七字）	路幽昧以险隘 谣诼谓余以善淫	
余谁使于告之（六字） 余谁使于协之（六字）	饮余马于咸池兮 朝吾将济于白水兮	汤深潜以自珍（贾谊《吊屈原赋》） 聊暇日以销忧（王粲《登楼赋》）
强弓兮挽其绝也（七字）	惟此党人其独异	袭九渊之神龙兮（贾谊《吊屈原赋》） 登兹楼以四望兮（王粲《登楼赋》）
矰追而集之（五字） 余畏其忒而不信（七字）	忍尤而攘诟 夫孰异道而相安	

《诗经》中的情况则并不一样，例如五字句"谁谓雀无角（《召南·行露》）"、六字句"室人交遍谪我（《邶风·北门》）"、七字句"二之日凿冰冲冲（《豳风·七月》）"、八字句"我不敢傚我友自逸（《小雅·十月之交》）"等。当然，《诗经》中也有倒数第三字为虚字的现象，但分散在不同诗篇中，说明并不是诗人有意识的安排。[①] 通过比较，不难发现，这种虚字句式并非始于屈原，具有更早的源头。《子仪》赋歌带给我们极大的启示。

《子仪》歌辞具有楚辞体的句式特征，例如"兮"字的句中位置，详见表 3-2：

表 3-2　《子仪》句式中楚辞体特征

句　式	《子仪》歌辞	《楚辞》例句	说　明
□兮□□[②]	汧兮霏霏 渭兮滔滔	魂兮归来《招魂》 魂乎归来《大招》	歌辞与《新台》"河水霏霏"相近。

[①] 廖序东：《〈离骚〉文例新探》，载廖序东《楚辞语法研究》，商务印书馆，2006，第 76 页。
[②] 《楚辞》四字句中也有"□□□兮"，例如"超回志度，行隐进兮""思美人兮""受命不迁，生南国兮"。《子仪》歌辞"汧兮霏霏，渭兮滔滔"疑为"汧水兮霏霏，渭水兮滔滔"的省简形式；又，从语义来看，"汧兮霏霏，渭兮滔滔"可表述为"汧之霏霏，渭之滔滔"，与《诗经》中"逃之夭夭"近似，但与歌辞楚辞体风格不合。

续表

句　式	《子仪》歌辞	《楚辞》例句	说　明
□□兮□□	漳水兮远望 杨柳兮依依	荒忽兮远望《湘夫人》 满堂兮美人《思美人》	第一句与《湘夫人》相近；第二句为《采薇》"杨柳依依"的楚辞化。
□□□兮□□□	昔之猎兮余不与 施之绩兮而奋之	子慕予兮善窈窕《山鬼》 援玉枹兮击鸣鼓《国殇》	歌辞以狩猎和织绩借喻勠力同心、同归于好。

关于"兮"字和虚字，赵敏俐先生认为："也就是说，诗的语言组合，并不完全遵从语法的规律，更重要的是要符合韵律节奏，有助于情感的表达和意象的营造。《诗经》中那些复杂句式的形成，并不是诗人的有意为之，而是为了符合韵律节奏的需要。或者我们也可以说，诗人在遣词造句的时候，并没有考虑它的语法结构，而只考虑它们如何可以组合成一个一个的对称音组和非对称音组。"① 这种看法完全符合《子仪》歌辞的实际情况。赋歌更加注重节奏和韵律。《子仪》歌辞句式特征对于早期楚辞的文本探源具有重要意义。早期楚辞之本的生成，一般会追溯到楚地民歌，例如："远在周初，江汉汝水间的民歌如《诗经》中的《汉广》《江有汜》等篇都产生在楚国境内。其他文献也保存了不少的楚国民歌，如《子文歌》《楚人歌》《越人歌》《沧浪歌》等都是楚国较早的民间文学，有的歌词每隔一句的末尾用一个语助词，如'兮''思'之类。后来便成为《楚辞》的主要形式。"② 其实，楚辞体具有不同的类型，需要分类考察。根据"兮"字等语气词的位置来看，楚辞体分为两类：第一类以《离骚》《九章》为代表，语气词多采用隔句间用的形式，或置于偶数句末尾，或置于奇数句末尾，不能用于演唱的吟诵体诗；第二类则以《九歌》为代表，即语气词不是置于句尾，而是放在句子中间。③《子仪》赋歌的句式特征与《九歌》类比较相似，同属歌辞文本，具备演唱的音乐属性。清华简《子仪》文本说明春秋时代把语气词置于句子中间的歌诗就已经出现。④ 上博简《李颂》《兰

---

① 赵敏俐：《中国早期诗歌体式生成原理》，《文学评论》2017 年第 6 期。
② 游国恩等主编《中国文学史（第一册）》，人民文学出版社，1964，第 78 页。
③ 李炳海：《论楚辞体的生成及其与音乐的关系》，《中州学刊》2004 年第 4 期。
④ 李炳海先生对传世古籍中的相关句式和产生时代，进行了详细的探讨，参看《论楚辞体的生成及其与音乐的关系》（《中州学刊》2004 年第 4 期）。

赋》《有皇将起》《鹍鹕》四篇楚辞类作品,① 告诉人们在屈原之前已然有比较成熟的楚辞体文献流传。② 歌辞内容和句式与《诗经》《楚辞》近似,说明早期楚辞与诗体之间的密切关系。③ 有学者认为诗体赋属于古老的体式,并且流传于北方;骚体赋的形成或晚于诗体赋,流行于南方。楚辞文本则属于融合的产物,表现出复杂的面貌。④ 因此,"对先秦赋类作品的探源,应该延续并拓展这种路径,采用多维观照的视角,找出先秦赋类作品的多个源头"。⑤ 由此可见,《子仪》歌辞为我们考察《楚辞》文本的多元生成提供了重要资料。

近年来,战国竹简诗类文献不断出土,有助于深入探讨春秋"诗"的传播和《诗经》文本的形成。⑥ 战国早期的安徽大学藏战国竹简《诗经》充分说明:"战国早期之前《诗经》定本就已经形成则是毫无疑问的。虽然春秋战国时期《诗经》就有了定本,但传授既非一家,转抄也必经多人之手。在传授和转抄过程中,个人对诗意理解的差异、地域用字的习惯和特点、文字转写或传抄的一时之误,都有可能造成异文分歧。简本在用字用词、章次章数等方面与《毛诗》的差别,应该是《诗经》在楚地流传情况的真实记录。这为探讨先秦《诗经》的传播提供了宝贵材料。"⑦ 《子仪》赋歌是出土文献第一次记载赋歌情形。奏乐的过程、赋歌的意旨十分清楚。其中,赋歌中的语辞和句式与《小雅·采薇》《邶风·新台》《九歌·湘夫人》《九章·抽思》等存在很多相似之处。宾主双方对"诗"类歌辞可以娴熟地运用和领会。人们对诗义和主题存在着某种一致性和稳定性的认识。传世文献也有类似的记载,据董治安先生统计,《左传》《国语》称引"诗三百"及逸诗和赋诗、歌诗、作诗等有关记载,总共三百一十七条;其中《左传》二百七十九条,《国语》三十八条。其中,直接引诗证事,《左传》

---

① 马承源:《上海博物馆藏战国楚竹书(八)》,上海古籍出版社,2011,第 226~291 页。
② 陈民镇:《上博简(八)楚辞类作品与楚辞学的新认识——兼论出土文献与中国古典文学研究的关系》,《邯郸学院学报》2013 年第 3 期。
③ 歌辞中"其下之浩浩",用"浩浩"描写汧渭之水,与《楚辞·怀沙》"浩浩沅湘,分流汩兮"也相近。
④ 牟歆:《从〈楚辞〉的用韵方式与句式看南北文化的交融——以〈九歌〉、〈九章〉为例》,《文艺评论》2015 年第 12 期。
⑤ 李炳海:《先秦赋类作品探源理路的历史回顾和现实应对》,《甘肃社会科学》2015 年第 5 期。
⑥ 曹建国:《楚简与先秦〈诗〉学研究》,武汉大学出版社,2010,第 1~13 页。
⑦ 黄德宽:《略论新出战国楚简〈诗经〉异文及其价值》,《安徽大学学报》2018 年第 3 期。

一百八十一条，《国语》二十六条；赋诗言志，《左传》六十八条，《国语》六条；各国歌诗，《左传》二十五条，《国语》六条。① 先秦贵族对《诗》相当熟悉。他们在各种场合，尤其是在政治场合，熟练地引诗、歌诗表达自己的意图，显示出良好的诗学素养。这些都在一定程度上说明春秋时代"诗"已经有了广泛传播。

（三）比兴与意象

外交场合上的赋歌活动，委婉表达情感和诉求。直叙不如曲喻。② 《文心雕龙·比兴》："比者，附也；兴者，起也。附理者切类以指事；起情者依微以拟议。起情故兴体以立，附理故比例以生。"通过"附理"与"起情"区别比兴手法，王季思先生认为："第一，兴者，起也。它是诗人情感的最先触发，所以在未有意象之先。比者，附也，必定先有了意象，再拿别的事物来附托它。这在创作程序上实有先后之不同。"③ 这种观点符合创作实际；但在赋歌、赋诗的实践中，更多地追求附理达意。正如李辉先生所说："因此，诗乐借助'比兴'手法的兴发，不再局限于当下仪式在场的感官所及，而是从更为广远的时空中引譬连类。"④ 比如赋歌中的"飞鸟"并非诗人所见之物，而是一种喻体，即"远人"。第一阶段中以"鸟"作喻，习见于文献。例如：

1. 鹏鸟之所集，竢时而作兮。　　［上博（八）《李颂》简1］
2. 鸿雁于飞，肃肃其羽。之子于征。　（《诗经·小雅·鸿雁》）
3. 鸿飞遵渚，公归无所，于女信处。　（《诗经·豳风·九罭》）
4. 肃肃鸨羽，集于苞栩。　（《诗经·唐风·鸨羽》）
5. 倡曰：有鸟自南兮，来集汉北。　（《楚辞·九章·抽思》）
6. 鸟飞返故乡兮，狐死必首丘。　（《楚辞·九章·哀郢》）

---

① 董治安：《从〈左传〉〈国语〉看"诗三百"在春秋时期的流传》，载董治安《先秦文献与先秦文学》，齐鲁书社，1994，第20~45页。
② 何家兴：《清华简〈子仪〉辞令研究》，载复旦大学中国古代文学研究中心主办《中国文学研究》（第三十二辑），复旦大学出版社，2019，第16~27页。
③ 王季思：《说比兴》，载章太炎、朱自清等《伟大传统：诗经二十讲》，华夏出版社，2009，第101页。
④ 李辉：《〈诗经〉重章叠调的兴起与乐歌功能新论》，《文学遗产》2017年第6期。

7. 鸿渐于陆，夫征不复，妇孕不育。（《周易·渐》）

8. 明夷于飞，垂其翼。君子于行，三日不食。（《周易·明夷》）

9. 离鸟夕宿，在彼中洲。（汉乐府《善哉行》）

10. 孤雁飞南游，过庭长哀吟。翘思慕远人，愿欲托遗音。（曹植《杂诗七首》其一）

11. 孤鸿号外野，翔鸟鸣北林。徘徊将何见，忧思独伤心。（阮籍《咏怀》其一）

历代诗歌中的"鸟"意象很多，并且有不同的所指。以上11例中，不同称名的"鸟"喻指远在异地的孤独之人。《子仪》歌辞中的"鸟""远人兮离宿"委婉地表达远方之人（申公子仪）远离故土。《抽思》中"有鸟自南兮，来集汉北"，屈原以南鸟自喻，同时表达对故土的思念，具有很强的相似性。并且，"远人兮离宿"与汉乐府"离鸟夕宿，在彼中洲"的语辞意境相似。

《诗经》常以"鸟"起兴，有时作为物象，有时作为意象。《楚辞》则常以"鸟"自喻，例如"鸷鸟之不群兮，自前世而固然"（《离骚》），"欲高飞而远集兮，君罔谓女何之"（《惜诵》），"凌阳侯之泛滥兮，忽翱翔之焉薄"（《哀郢》）等。从文本语境与意象来看，《子仪》赋歌与《楚辞》具有较强的相似性，以"鸟"来比喻流离之人。这种艺术手法，具有一定的母题性质，一直延续到汉代文学作品中，例如刘邦的《鸿鹄》歌："鸿鹄高飞，一举千里。羽翮已就，横绝四海。横绝四海，当可奈何！虽有矰缴，尚安所施！"汉乐府《行行重行行》中"胡马依北风，越鸟巢南枝"及汉诗《步出城东门》中"愿为双黄鹄，高飞还故乡"等。

歌辞中还有两个比喻，即"狩猎"和"织纴"。秦穆公赋歌"昔之猎兮余不与，今兹之猎余或不与"，"昔之猎"借指殽之战，把征伐战争委婉地比作田猎；"施之绩兮而奋之！织纴之不成，吾何以祭稷"，其中的"织纴"暗指秦楚和好以共织霸业。①

---

① 关于《子仪》文本中的比喻等修辞手法，详见另文。何家兴：《清华简〈子仪〉辞令研究》，载复旦大学中国古代文学研究中心主办《中国文学研究》（第三十二辑），复旦大学出版社，2019，第16~27页。

(四) 小结

出土文献为先秦文学史增添了许多新材料；同时，也提供了对传世文献的诸多新证和引发了诸多思考。①《子仪》是出土文献第一次再现春秋晚期的外交赋歌场景，其中，"楚乐和之""升琴奏庸"等礼乐仪式充分显示了秦乐的发达和制度的完备。通过歌辞与《诗经》的比较，我们看到春秋时代"诗"的传播，正如董治安先生所说："《诗》三百并不是在春秋后期某个时间被一次编成定本后才蓦然传布开去，而是早于此前，久已在可观范围内为人们所传习、所熟悉，因而在事实上已获得相当的流传。"②清华简《子仪》充分说明春秋晚期《诗》在秦楚都有着广泛的流传，并且对某些《诗》篇的题旨有着相对稳定的认识。歌辞的用韵和句式对《楚辞》的文本生成具有启发意义。我们应树立多源的动态视角考察早期文本的形成和流传。歌辞中的比兴手法和意象意境，与《楚辞》、上博楚简及汉代诗歌具有相似性，显示早期诗歌的母题属性和诗歌演变的稳定特质。

第三节 清华简《子仪》辞令研究

春秋时期，外交场合中升降揖让，辞美理顺，宾主尽欢。"古者行人出境，以词令为宗；大夫应对，以言文为主。"③贵族大夫们在揖让周旋之际以文质彬彬的辞令来言志、足志，灵活自如地微言相感、寓讽托喻。孔子说："《志》有之：言以足志，文以足言。不言，谁知其志？言之无文，行而不远。晋为伯，郑入陈，非文辞不为功。慎辞哉。"④古人重视辞令，孔门"四科"就有外交辞令的训练。《国语·楚语下》谈到观射父善于外交辞令而被视作楚国之宝。《论语》记载郑国辞令的起草过程："裨谌草创之，

---

① 赵敏俐《出土文献与文学研究方法论》、廖名春《出土文献与先秦文学史的重写》，《文艺研究》2000年第3期。
② 董治安：《从〈左传〉、〈国语〉看"诗三百"在春秋时期的流传》，载董治安《先秦文献与先秦文学》，齐鲁书社，1994，第27~28页。
③ 刘知几：《史通·叙事》，见浦起龙《史通通释》，上海古籍出版社，2009，第161页。
④ 杨伯峻：《春秋左传注》，中华书局，2009，第1106页。

世叔讨论之，行人子羽修饰之，东里子产润色之。"创作过程与风格的论述，表明时人对辞令的重视和文体意识的自觉。辞令在春秋时期十分发达。据统计，《左传》全书十八万字中，记录辞令有两万五千字左右，约占七分之一。① 可以说，春秋辞令在形态上是史传叙事的一部分，也是一种独立的文体。② 赵逵夫先生认为行人及辞令是"研究先秦尤其春秋时代文学创作、文学活动与文学思想的一个新的视角"。③

一直以来，春秋辞令研究多集中于《左传》《国语》等传世文献。近年来，新出简帛文献为中国文学史研究注入了新活力。出土文献为文学史研究提供了新材料，也启示我们重新思考早期文本形成的复杂性。正如李学勤先生所说："还有一点非常重要的，是出土书籍使大家更清楚地看到古代文学艺术孕育产生的背景，特别是思想文化的背景。"④ 赵敏俐先生也提出："对出土文献的充分重视，是当下从事先秦文学研究的要务。"⑤ 新近公布的清华简是先秦文献的重大发现，对先秦文学研究具有重要价值；⑥ 其中，有多篇记述春秋外交活动，涉及外交辞令，如《子仪》（秦公与楚臣对话）、《子犯子余》（秦公与晋臣对话）、《越公其事》（吴君与越使、越君与吴君的对话等）。⑦ 三篇中以《子仪》篇最具特色，秦穆公和子仪的对话显示了极高的语言艺术。整理者认为："简文对送归过程，特别是秦穆公和子仪的对话有详细描述，是了解殽之战前后秦、晋、楚三国关系和春秋外交辞令的重要史料。"⑧

《子仪》篇辞令最大的特点，就是多种修辞手法的运用。整理者注释从

---

① 武惠华：《〈左传〉外交辞令探析》，《北京联合大学学报》1992年第3期。
② 赵逵夫：《先秦文学编年史》，商务印书馆，2010，第870页。
③ 赵逵夫：《叔孙豹的辞令、诗学活动与美学精神——兼论春秋时代行人在先秦文学发展中的作用》，《文学评论》2007年第4期。
④ 李学勤：《出土佚书的三点贡献》，载姚小鸥《出土文献与中国文学研究》，北京广播学院出版社，2000，第1页。
⑤ 赵敏俐：《出土文献与先秦文学研究》，《光明日报》2015年5月28日第007版。
⑥ 黄德宽：《清华简〈赤鹄之集汤之屋〉与先秦"小说"——略说清华简对先秦文学研究的价值》，《复旦学报》2013年第4期。
⑦ 李学勤主编《清华大学藏战国竹简》（陆），中西书局，2016，第127~135页；《清华大学藏战国竹简》（柒），中西书局，2017，第91~99、112~151页。
⑧ 李学勤主编《清华大学藏战国竹简》（陆），中西书局，2016，第127页。

简，不做发挥。文本的准确解读是探究历史文化、文学思想的基础。① 本节参考各家释读意见，② 结合历史事实和相关文献，解读辞令及其文化内涵，进而探讨其文学史意义。

一 文本释读

本篇讲述"殽之战"后，秦穆公在国内施行"休养生息、任贤、惠民"等政策，于是"骤及七年，车逸于旧数三百，徒逸于旧典六百"。③ 为了与楚修好，秦穆公主动送归楚子仪。送归仪式上，双方赋歌以对；问答过程中，微言相感、隐喻其辞。

《子仪》简背无编号。整理者认为："内容大致相贯，惟第十五至十六简、第十九至二十简之间跳跃较大，疑有缺简。"④ 关于简序，子居先生根据文义进行了调整，结论比较可信。全篇重新编连如下：1+15+2+3+4+5+6+7+8+9+10+11+17+18+19+16+12+13+14+20。

通篇辞令可分为两个阶段。第一阶段为"杏⬛"之会，第二阶段为"翌日"之别。第一阶段中秦穆公彬彬有礼、措辞谦敬、语气委婉，并奏乐赋歌，简文如下（参考各家观点，以下用通行汉字释写）：

公曰："仪父！不穀繻左右絙，繻右左絙，如权之【3】又加翘也。君及不穀专心戮力以左右诸侯，则何为而不可？"……【4】

公命穷韦升琴、奏庸，歌曰：迤迤兮递递兮。徒⬛所游，又步里 谨。【5】

---

① 葛晓音：《读懂文本为一切学问之关键》，《羊城晚报》2012年7月8日；蒋寅：《文献整理是文学研究的重要基础》，《学术界》2016年第11期；林晓光先生提出"史料库意义上的'作品'——以文本为基点的文学研究"，刘跃进、程苏东主编《早期文本的生成与传播》（第一辑），中华书局，2017，第63~67页。
② 2016年4月，《子仪》篇公布以后，简帛网·简帛论坛有《清华六〈子仪〉初读》跟帖讨论；复旦大学出土文献与古文字研究中心、清华大学出土文献研究与保护中心、中国先秦史等网站陆续有讨论文章。其中，子居《清华简〈子仪〉解析》（中国先秦史网站，2016年5月11日）对简序和文义进行了调整和疏通。本文参考子居先生观点，皆出于此文，不另出注。
③ 李学勤主编《清华大学藏战国竹简》（陆），中西书局，2016，第128页。
④ 李学勤主编《清华大学藏战国竹简》（陆），中西书局，2016，第127页。

应也和歌曰：漳水兮远望，逆视达化。汧兮弥弥，渭兮滔滔，杨柳兮依依，其下之浩浩。此愠之伤痛，【6】是不攺而犹，僮是尚求，怵惕之怍，处吾以休，赖子是求。"

乃命升琴，歌于子仪，楚乐和【7】之，曰："鸟飞兮憯永！余何赠以就之？远人兮离宿，君有覃言，余谁使于告之。强弓兮挽其绝【8】也，矰追而集之。莫往兮何以置言？余畏其忒而不信，余谁使于协之？昔之猎兮余不与，今兹【9】之猎余或不与。施之绩兮而奋之！织纴之不成，吾何以祭稷？"【10】

秦穆公"繻左右组，繻右左组，如权之又加翘也"，① 属于自谦之辞，表达自己左右不能逢源的困境，与晋国交往紧密则与楚国就会紧张，反之亦然，无法达到平衡。

接着，秦穆公命令乐工奏乐，宾主双方赋歌以对。据《左传》记载，春秋会盟宴飨等场合中赋诗、作诗、赋歌活动非常频繁。双方在礼乐制度下，② 通过这种"微言相感"的方式，遵循"歌诗必类"的原则，表达自己的政治意图。《子仪》篇赋歌仪式分为三个步骤：乐工穷韦奏庸，秦穆公赋歌一曲；子仪赋歌以对，随从应也和歌；最后，秦穆公再为子仪赋歌一曲，并用"楚乐和之"。③ 首先，秦穆公命令乐工穷韦奏庸，并起唱："迤迤兮逶逶兮。徒㐌所游，又步里護"，"迤迤兮逶逶兮"是联绵词"逶迤"的叠用，犹如"恍恍惚惚、隐隐约约"等，暗指秦楚道路蜿蜒曲折。子仪赋歌以对，歌辞具有楚辞体的句式特征，"漳水兮远望""汧兮弥弥，渭兮滔滔，杨柳兮依依"，其中"漳水兮远望"与《湘夫人》"荒忽兮远望"语辞句式相近。"处吾以休，赖子是求"属于委婉之辞，大意是承蒙您让我居住

---

① 整理者注："繻，疑通'揄'，《说文》手部：'引也。'""组，《楚辞·招魂》'绔容修态，絙洞房些'，王逸注：'絙，竟也。'"简帛论坛《清华六〈子仪〉初读》68楼跟帖"组当训为急"，《淮南子·缪称训》："治国譬若张瑟，大弦组，则小弦绝矣。"高诱注："组，急也。"
② 据杨伯峻先生统计，《左传》"礼"字"一共讲了四百六十二次。另外还有'礼食'一次，'礼书'、'礼经'各一次，'礼秩'一次，'礼义'三次"。参杨伯峻《论语译注》，中华书局，2009，第16页。
③ 相关内容参见何家兴《清华简〈子仪〉赋歌研究》，载赵敏俐主编《中国诗歌研究》（第十七辑），社会科学文献出版社，2018，第27~36页。

于秦，求此美善则有赖于您。最后，秦穆公再次鼓琴，歌于子仪，并用"楚乐和之"。以"鸟"起兴，"鸟飞兮憯永！余何矰以就之。远人兮离宿，君有覃言，余谁使于告之"。大体的意思为："孤鸟渐飞渐远，我拿什么箭去得到它。远离故土的人离开他的住处，我让谁帮我捎话呢？"后半段大意为："我要用强弓挽回飞逝的鸟儿，我担心他有差错而不可信，我将使谁去和睦秦楚关系呢？昨日田猎我未参与，今日田猎我又未参与。""我要好好地做好我的职责，如果我不能好好地做好我的职责，我要如何担任君位，祭祀社稷呢？"①

在典礼活动上，秦穆公先后赋歌两次，显示出极高的诗文素养，印证传世文献中秦穆公自述"中国以诗书礼乐法度为政"。②子仪赋歌中歌辞的内容和句式与《诗经》《楚辞》近似，有助于考察春秋诗乐的传播及其文化交融，一定程度上反映了诸侯国之间在文化传承上的一体性。

"翌日"之别，就是第二天早晨的临行送别。本段辞令最大的特点就是修辞的运用。简文如下：

翌明，公送子仪。

公曰："仪【10】父！以不穀之修远于君，③何争而不好？譬之如两犬沿河啜而狺，岂畏不足？心则不【11】裕。我无反覆，尚端项瞻游目，以盰我秦邦。④不穀敢爱粮？⑤"

公曰："仪父！归，汝其何言？"

---

① 季旭昇先生认为："覃言，指含有深意的话语，委婉地表达出'您回去后，希望秦楚两国能修好结盟'的意思。"季旭昇：《〈清华六·子仪〉"鸟飞之歌"试解》，武汉大学简帛网，2016年4月27日。
② 司马迁：《史记（点校本二十四史修订本）》，中华书局，2014，第243页。
③ 整理者注："《书·盘庚》'王播告之修'，刘逢禄《今古文集解》：'修，远也。'"
④ 子居先生认为"我无反复"与《左传·文公五年》"初，鄀叛楚即秦，又贰于楚。夏，秦人入鄀"有关，"秦人入鄀"是因为鄀"贰于楚"，责任在于楚国。"尚"训为犹，即"如果还"。端项，即直着脖子。瞻游目，即放眼望。盰，当训直视。瞻游目以盰犹言觊觎。
⑤ 整理者认为"粮"指"秦曾两次对晋施行粮食援助"。子居先生认为不确，"粮，当训出行所备的食物，此处指军粮，《周礼·地官·廪人》：'凡邦有会同师役之事，则治其粮与其食。'郑玄注：'行道曰粮，谓糒也。止居曰食，谓米也。'"

子仪【17】曰:"臣观于漳滋,见独鹬踦济,不终,需鹬,①臣其归而言之;臣见二人仇竞,一人至,辞于俪,狱【18】乃成,②臣其归而言之;臣见遗者弗复,翌明而返之,③臣其归而言之。"

公曰:"君不尚望郦【19】方诸任,君不瞻彼沮漳之川,开而不阖,綮笃仁之楷也!"④

公曰:"仪父!昔羁之行,不穀欲【16】列求兄弟以见东方之诸侯,岂曰奉晋军以相南面之事?⑤先人有言曰:'咎者不元',昔羁【12】之来也,不穀宿之灵阴,厌年而见之,亦唯咎之故。"公曰:"仪父!嬴氏多丝,缙而不续【13】,⑥给织不能,官居占梦,渐永不休。台上有象,⑦柚枳当櫺,竢客而谏之。"⑧

子仪曰:"君欲乞丹【14】、黄之北物,通之于殽道,岂于子孙若?臣其归而言之。"⑨【20】

清华简《系年》交代了这次活动的背景,"秦穆公欲与楚人为好,焉脱

---

① 整理者注:"滋,水边,涯岸。《左传》成公十五年:'则决睢澨。'"子居先生认为"鳨"读"鹬",即比翼鸟,《山海经·西次三经》:"有鸟焉,其状如凫,而一翼一目,相得乃飞,名曰蛮蛮,见则天下大水。"《广韵·魂韵》:"鹬,似凫,一目一足一翼,相得乃飞,即比翼鸟也。"《说文·足部》:"踦,一足也。"
② 整理者注:"《左传》成公十一年'鸟兽犹不失俪',杜注:'俪,耦也。'一说'俪'读为'丽',美也;'于'训'而'。"杨蒙生《清华六〈子仪〉篇简文校读记》指出"二人仇竞"即指秦、晋相争。子居先生以为:"一人至"指的是楚,"俪"确当训"耦","辞于俪"指来的人帮其中的一方说话,即为一方作证,因此有"狱乃成"。
③ "遗"即遗失,子居先生认为即"遗失的郦方诸任","翌明而返之",希望明天秦国将这些小国的控制权归还楚国。
④ 整理者认为此处疑有缺简,经过子居先生调整后,文通字顺。"郦方诸任"即指任姓诸小国。秦穆公让子仪看看沮漳之川开源而不截流,这才是笃敬仁义的楷范。
⑤ 关于"昔羁之行",子居先生认为本篇叙述的是"殽之战"七年后子仪出使秦国,对于理解"昔"字有启发意义。他认为"昔羁之行"即秦穆公在崤之战后将子仪放归楚国的事。
⑥ "丝",谐音"思",表示"思绪"。"缙而不续"表示乱而无头绪。
⑦ 整理者释为"台上有兔",此从子居先生意见。
⑧ 从櫺与柚枳对举来看,櫺当是中原罕见之物,柚枳相对而言则常见。秦穆公以柚、枳自喻,谦称才力不济。"竢客而谏之",子居先生认为"秦穆公希望子仪帮自己说话"。
⑨ 子居先生认为"丹、黄"当指丹水和黄水,"君欲乞丹、黄之北物,通之于殽道"就是说秦穆王打算以丹、黄之汇为界,丹水以北、黄水以西,北至于殽道划归秦国,黄水以东、丹水以南划归楚国。

申公仪,使归求成。秦焉始与晋执乱,与楚为好"。① 秦穆公有求于子仪,希望他回去说服楚王联合抗晋。第一小段中,连续用了三个问句,② 兼有反问和设问,"以不穀之修远于君,何争而不好"属于反问,有无奈的意味,我们秦楚两国相距甚远,为何相争而不友好呢;第二问"两条狗沿着黄河饮水并且怒目相吠,难道是担心水不足?心不足啊"以譬喻设问,纷争源于"心不足";秦国没有反复无常,如果还觊觎秦国土地,我将会爱惜军粮?秦穆公以反问语气委婉地对楚人施加外交压力。秦穆公接着问道"您回去了,将说些什么呢?"子仪譬喻以对,说了三件事:"我看到漳水边有一只比翼鸟,只有一足无法过河,在等待着另一只";"我看到两个相争(秦晋),一人(楚)到,帮一方(秦)作证,'狱乃成'";"我看到遗失者不用回来,第二天就有人返还"。

外交场合的寓讽托喻,双方基于共同的语境彼此心领神会。子仪说比翼鸟无法济水,表达了秦楚联合的心理意愿;至于秦晋相争,楚国也有意偏向秦国;同时还希望秦国归还任姓小国的管辖权。针对最后一个问题,秦穆公立刻回复,让子仪"看看沮漳之川开源而不截流,希望楚国对于这些任姓小国也一样,尊重独立而不干涉,这才是笃敬仁义的楷模"。子仪羁押在秦,穆公婉言解释:"羁押送行,我为了求得东方兄弟诸国(楚、齐等非姬姓),难道是侍奉晋军维护周王?先人有言'责怪别人者不会有好结果'。您被俘回秦国,安顿在灵阴,一年后才见,也是不想被责怪的缘故。"古人十分重视梦象、占卜和异象,在《左传》中多有记述。③ 秦穆公的这番回复,反映了这种风气,接着自谦:"我思绪很乱,无法理出头绪。任职乏能,史官占梦,日暮途远而不善。政坛已有吉凶征兆。柚枳作橺,才力不济,等君相助。"面对穆公的谦逊之辞和含蓄求助,子仪也委婉应答:"您希望以丹、黄之汇为界,丹水以北、黄水以西,北至于斀道划归秦国,应该为子孙后代着想吧!我将回去告诉他们。"

---

① 李学勤主编《清华大学藏战国竹简》(贰),中西书局,2011,第 155 页。
② 《左传》辞令中常有反问或设问,例如郑子家给赵盾的信中说道:"居大国之间,而从于强令,岂其罪也?"(《左传·文公十七年》)齐桓公伐楚中,桓公曰:"岂不穀是为?先君之好是继,与不穀同好何如?"
③ 郑晓峰:《占卜异象与〈左传〉叙事的预言式结构》,《学术交流》2017 年第 1 期。

二 辞令特征

春秋时代的辞令具有独特的语言魅力。① 清华简《子仪》作为新出文学史料,印证和补充了传世文献的记载。宾主双方的赋歌表现出极高的诗文素养,对话中刚柔并济、譬喻引用、双关谐音等多种修辞手法,凸显出本篇辞令的艺术特色。下面谈谈《子仪》篇的辞令特征。

(一) 委婉含蓄

春秋时代,辞令委婉含蓄,散发着礼乐文明的气息。"春秋时,犹尊礼重信,而七国则不言礼与信矣。春秋时,犹宗周王,而七国则绝不言王矣。"②"春秋之世,有识之士莫不微婉其辞,隐晦其说。"③ 宾主双方的谦逊主要通过称谓和婉辞表现出来。有些新出材料颠覆了传世文献的记载,例如"人物形象"。清华简《越公其事》也有外交辞令。其中,吴王夫差作为战胜国的君主接待越国使臣,表现出极其循礼、仁爱、谦卑。④《子仪》篇中,秦穆公也表现得谦虚得体,在称谓方面,自称"不穀""嬴氏",尊称子仪为"仪父""君",谈到被俘之事则婉言称"羁"。作为一国之君,自谦能力不足,强调左右不能逢源,"繻左右缁,繻右左缁""嬴氏多丝,縈而不续""给织不能";联合争霸则说"左右诸侯";施加压力则委婉道"不穀敢爱粮";回复子仪的言辞"君不瞻彼沮漳之川,开而不阖",显得论辩有度;尊奉周王"见东方之诸侯,岂曰奉晋军以相南面之事"。有些语辞与《左传》《国语》相近或相同。另外,本篇的多例譬喻也反映了含蓄委婉的特征。

(二) 赋歌言志

据董治安先生统计,《左传》《国语》称引"诗三百"及逸诗和赋诗、

---

① 参看董芬芬《春秋辞令文体研究》,上海古籍出版社,2012;赵逵夫:《叔孙豹的辞令、诗学活动与美学精神——兼论春秋时代行人在先秦文学发展中的作用》,《文学评论》2007年第4期;陈彦辉:《春秋行人辞令简论》,《北方论丛》2004年第1期;陈彦辉:《春秋辞令的审美意义》,《广东外语外贸大学学报》2007年第1期;等等。
② 顾炎武:《日知录·周末风俗》,见黄汝成《日知录集释》,上海古籍出版社,1985,第1005~1006页。
③ 刘知几:《史通·惑经》,见浦起龙《史通通释》,上海古籍出版社,2009,第386页。
④ 李学勤主编《清华大学藏战国竹简》(柒),中西书局,2017,第112~151页。

歌诗、作诗等有关记载，总共三百一十七条；其中《左传》二百七十九条，《国语》三十八条。其中，直接引诗证事，《左传》一百八十一条，《国语》二十六条；赋诗言志，《左传》六十八条，《国语》六条；各国歌诗，《左传》二十五条，《国语》六条。① 可见，先秦贵族对《诗》相当熟悉。他们在各种场合，尤其是在政治场合，熟练地引诗、歌诗表达自己的意图，显示出良好的诗学素养。

送别典礼上，秦穆公和子仪赋歌以对。这是出土文献第一次再现春秋外交赋歌的场景。歌辞的用韵现象和句式特征对于《诗经》和《楚辞》的文本生成具有一定的启发意义，有助于考察春秋诗乐的流传，"无论是引诗证事还是赋诗见志，要别人能够体察其心曲，领会其深意，双方之间对于诗义的理解，就必须首先有个基本的共识"。② 歌辞文本可与《诗经》《楚辞》对照分析，例如：

表 3-3 　《子仪》歌辞与《诗经》《楚辞》对照

《子仪》歌辞	《诗经》《楚辞》及相关诗句	说　明
迤迤兮逶逶兮	委委蛇蛇　（《召南·羔羊》） 委委佗佗　（《鄘风·君子偕老》）	联绵词叠用，文献中又作"逶迤""倭迟""委蚎"等
漳水兮远望	荒忽兮远望（《九歌·湘夫人》）	楚辞体句式
汧兮弥弥 渭兮滔滔	今我来思，雨雪霏霏（《小雅·采薇》） 汶水滔滔，行人儦儦（《齐风·载驱》）	十年，秦还于汧渭 （《竹书纪年·周平王》）
杨柳兮依依	昔我往矣，杨柳依依（《小雅·采薇》）	渭水河畔多有杨柳，汉至唐的文献、诗词中甚多
其下之浩浩	诗有之：浩浩者水，育育者鱼（《管子·小问》）	故《子仪》此处很可能也是化用的《诗》句
鸟飞兮憯永	鸿雁于飞，肃肃其羽（《小雅·鸿雁》）	《子仪》歌辞中的"鸟""远人兮离宿"委婉地表达远方之人（子仪）远离故土。屈原以南鸟自喻，同时表达对故土的思念，具有很强的相似性
远人兮离宿	鸿飞遵渚，公归无所，于女信处（《豳风·九罭》） 有鸟自南兮，来集汉北（《抽思》） 离鸟夕宿，在彼中洲（汉乐府《善行哉》）	

在会盟、酬酢等活动中，通书达礼是一种身份素养的象征，也是一种

---

① 董治安：《从〈左传〉〈国语〉看"诗三百"在春秋时期的流传》，载董治安《先秦文献与先秦文学》，齐鲁书社，1994，第 20~45 页。
② 董治安：《从〈左传〉〈国语〉看"诗三百"在春秋时期的流传》，载董治安《先秦文献与先秦文学》，齐鲁书社，1994，第 33 页。

文化风尚。赋歌是春秋贵族的基本素养。台湾学者张高评认为："春秋以来，公卿大夫之赋诗道志，不惟表现专对之儒雅风流，更显见贵族文化涵养之一斑。"①

（三）善于修辞

《子仪》篇辞令最大的特色就是修辞艺术。近年来，新出简帛不断涌现，但修辞如此集中还属首见，传世文献中也不多见。外交辞令含蓄委婉，喜用譬喻。

（1）譬喻

譬喻就是"借彼喻此"，运用联想或想象，以具体熟悉的事物，说明抽象隐晦的主题，表达效果更加生动形象。譬喻源于比况思维，是早期语言表达的重要方式，早在商周时期就已出现。例如《尚书·盘庚》"若乘舟，汝弗济，臭厥载"，战国时期发展到了极致，"人们借用'寓言'这个词，所指称的已经是这些用颇有些情节的比喻来说理的方法和文体了"。② 据《左传》记载，春秋外交辞令多见譬喻。③

修辞源于生活，《子仪》辞令中的譬喻生动而具体。多例喻体与"丝织"有关，例如"编织"比喻"协作征伐"，"给织"借喻"职位"，反映了"丝织"与古人生活密切相关。古文字中大量的"糸"旁之字，以及甲骨文"断""终"等字形都从"糸"，④ 也反映了这种现象。传世和出土文献中也有以"丝网"为喻的，例如《盘庚》"若网在纲，有条而不紊"。郭店楚简《缁衣》简29："子曰：王言如丝，其出如绲；王言如索，其出如绋。"有些喻体进入了文学语境，一直沿用，例如"飞鸟"比喻远离故土之人，见于《豳风·九罭》"鸿飞遵渚，公归无所，于女信处"，《九章·抽思》"倡曰：有鸟自南兮，来集汉北"，汉乐府《善哉行》"离鸟夕宿，在彼中洲"等。

---

① 张高评：《左传之文学价值》，文史哲出版社，1982，第87页。赵敏俐：《诗与先秦贵族的文化修养》，载中国诗经学会编《诗经研究丛刊》（第一辑），学苑出版社，2001，第88~114页。
② 廖群：《中国古代小说发生研究》，山东教育出版社，2016，第197页。
③ 武惠华：《〈左传〉外交辞令探析》，《北京联合大学学报》1992年第2期。
④ "断"字表示以刀断丝。"终"字象在线上打一个结，对线头加以束缚，防止脱线，衣服开裂。参看李守奎《汉字为什么这么美》，陕西师范大学出版总社，2019，第63~66页。

表 3-4 《子仪》辞令中的譬喻

本 体	喻 体	喻 词	辞 例	类 型
远人	鸟		鸟飞兮悎永,余何矰以就之。远人兮离宿,君有寻言	暗喻
编织	协作征伐		昔之猎兮余不与,今兹之猎余或不与,施之绩兮而奋之	暗喻
两犬	秦楚	譬之如	譬之如两犬沿河啜而猎	明喻
独麟	楚		臣观于漳滋,见独麟踦济,不终,需麟	暗喻
二人仇竞	秦晋		臣见二人仇竞,一人至,辞于俪,狱乃成	暗喻
遗者	任姓诸国		臣见遗者弗复,翌明而返之	暗喻
沮漳之川	秦		君不瞻彼沮漳之川,开而不阗,繄笃仁之楷也	暗喻
给织不能	职位		仪父,嬴氏多丝,绾而不续,给织不能	暗喻
柚枳、橱	庸人、贤才	当	台上有兔,柚枳当橱,竢客而谏之	明喻

(2) 引用

春秋辞令常常征引各种"言"以增强说服力。罗根泽先生认为:"左氏浮夸,最喜征引。"① 《左传》《国语》中多次出现"史佚有言",其实,并非局限于《左传》,《盘庚上》有"迟任有言曰",《泰誓下》《酒诰》《秦誓》有"古人有言曰"等。先秦文献还常引用谣谚和警言等。《子仪》中秦穆公说"先人有言曰:咎者不元",② 希望子仪尽释前嫌,总是责怪他人终将不会有好的结果。

(3) 排比

"同范围同性质的事象用了组织相似的句法逐一表出的,名叫排比。"③ 三个或更多内容相关、结构相似、语气连贯、字数大体相等的句子,构成排比句,更好地阐明道理、表达情感,《左传》习见。正如张高评所说:"左氏炼句,喜作排比句法,妙在绝无堆垛之迹,自与后人之重叠取厌者不同也。"④ 在临行送别时,秦穆公问"回去说些什么",子仪用了三个分句

---

① 罗根泽:《战国前无私家著作说》,载罗根泽《古史辨(四)》,上海古籍出版社,1982,第 30 页。
② 我们怀疑"咎者不元"可能源于《周易》,《左传》中引用《周易》的语句较多。
③ 陈望道:《修辞学发凡》,上海教育出版社,1997,第 203 页。
④ 张高评:《左传文章义法探微》,文史哲出版社,1982,第 116 页。

"臣其归而言之",构成一组排比,表达出丰富的内容和情感。

(4) 双关

"双关是用了一个语词同时关顾着两种不同事物的修辞方式。"① 其中,语音相同或相近是重要原则,又常称作"谐音"。这是古典诗词常用的修辞手法,例如李商隐《无题》:"春蚕到死丝方尽,蜡炬成灰泪始干";《吴声歌曲》:"始欲识郎时,两心望如一。理丝入残机,何悟不成匹?"这两句的"丝"谐音"思"。《子仪》中秦穆公自谦"嬴氏多丝",也是谐音"思",表示思绪之义。从语音来看,上古音"丝""思"皆为"心母之部",读音完全相同。从物象来看,连续不断的"丝"谐音"思无期";紊乱的"丝"谐音思绪混乱之"思"。一方面是语音相同,另一方面,"丝"与古人生活密切关系。

多种修辞的综合运用,增强了表达效果。譬喻委婉地表达自己的政治意图,叙述生动而形象;排比条理清晰、节奏明快;引用则增强说服力;"丝""思"的谐音双关说明其早在先秦时代就已出现,并一直沿用。这些修辞反映了先秦贵族丰富的知识储备和高超的语言艺术,对战国论辩之风具有一定的影响。

三 文体价值

《子仪》辞令具有重要的研究价值,赋歌仪式中的"楚乐和之",有助于考察春秋秦乐的开放和完备,反映春秋时代的文化交流。另外,辞令文本具有重要的文体价值。② 正如赵逵夫先生所说,春秋时代"行人辞令是先秦时代具有文体学意义的散文,对后世散文、辞赋的发展有较大影响"。③

(一)《子仪》辞令与寓言、辞赋

《子仪》辞令运用了大量的譬喻,具有寓言的意味。王焕镳先生认为作

---

① 陈望道:《修辞学发凡》,上海教育出版社,1997,第96页。
② 新出简帛具有重要的文体价值,黄德宽老师指出,清华简《赤鹄之集汤之屋》具有小说文体的特征,该篇佚文的发现有可能改写文学史家关于先秦无小说的结论。黄德宽:《清华简〈赤鹄之集汤之屋〉与先秦"小说"——略说清华简对先秦文学研究的价值》,《复旦学报》2013年第4期。
③ 赵逵夫:《叔孙豹的辞令、诗学活动与美学精神——兼论春秋时代行人在先秦文学发展中的作用》,《文学评论》2007年第4期。

为文学体裁的"寓言",其实就是比喻,只不过是"比喻的高级形态","是在比喻的基础上经过复杂的加工过程而成的机体"。① 先秦寓言起源于民间。殷末周初已有寓言,从文体构成来看,是一种主要运用比喻的手法,虚构人物、故事,寄托劝喻或讽刺意义的文体。《尚书》《诗经》已经出现一些初具寓言特征的作品。春秋末期,随着论辩讽谏和诸子学派的兴起,世族大夫和士阶层有意识地运用这种文学样式来讲说道理、表达情感。春秋末期寓言的创作与探索,为战国寓言文学的兴盛打下了坚实基础。② 战国之世,譬喻之风兴盛,例如《荀子·非相》:"分别以喻之,譬称以明之。"《说苑·善说》:"譬称以谕之,分别以明之。"③

《子仪》辞令中的譬喻具有一定的过渡特征,与战国拟人化、故事化的寓言并不完全一样。战国时期的"斥鷃笑大鹏""鹬蚌相争""三虱相讼"等寓言,通过典型的拟人手法和完整的故事情节,表达一定的道理。秦穆公的"两犬争河",比喻人心无足,并无详细的故事情节,只是在特定的语境中,通过譬喻阐述事理、表达意愿。子仪的"独鸁须济"有简单的情节描写,"一足的比翼鸟渡河失败,于是等着另一只"。通过喻体形象地表达政治处境,并无拟人化的情景,更无普遍的哲理。但是,寓言是"比喻的高级形态",④ 这些譬喻为寓言提供了素材,可以说是寓言产生前的一种文学形态。因此,《子仪》有助于了解早期寓言的过渡形态。

罗剑波先生认为先唐文体研究应有"通变"的视角。新出简帛有助于考察先唐文学的生成谱系和衍生机制,为"通变"研究提供重要史料。"赋之源,出自诗,故而铺采摛文,意在体物写志,这是其名理相因之须'通'之处。……综合二者,'赋也者',乃'受命于诗人,而拓宇于楚辞'也,即赋之'通''变'之内涵。"⑤《子仪》赋歌具有楚辞体的句式特征,有助于考察楚辞文本和早期赋类文献的生成。从句式来看,歌辞每句的字数,四字至七字不等。其中,虚字多见,例如"兮""而""以""兹""也"等。这些虚字的使用增强了节奏感和表现力;同时,使歌辞具有散文化的

---

① 王焕镳:《先秦寓言研究》,中华书局,1959,第9页。
② 赵逵夫主编《先秦文学编年史》,商务印书馆,2010,第870页。
③ 刘向编,向宗鲁点校、整理《说苑校证》,中华书局,1987,第266页。
④ 廖群:《中国古代小说发生研究》,山东教育出版社,2016,第201页。
⑤ 罗剑波:《"通变":审视先唐文体递延脉络的重要视角》,《求是学刊》2014年第5期。

特点。歌辞"兮"字的句中位置,主要有"□兮□□""□□兮□□""□□□兮□□□",①与《楚辞》十分相似,结合上博简楚辞类作品,足以说明在屈原之前已有比较成熟的楚辞体文本。歌辞内容和句式与《诗经》《楚辞》的近似,说明早期楚辞与诗体之间的密切关系。有学者认为诗体赋属于古老的体式,并且流传于北方;骚体赋的形成或晚于诗体赋,流行于南方。楚辞文本则属于融合的产物,表现出复杂的面貌。②新出材料显示先秦辞赋类作品的多个源头,应动态考察文本的多元生成。陈桐生先生认为主客问答的对话形式在宋玉之前已经发展了八九百年,因此散文赋在极短的时间内成熟起来。"宋玉、唐勒等人所做的工作,就是将此前据实记载的对话体散文改变为虚构的主客问答,由此成就了他们对散文赋文体的天才创造。"③战国竹简《子仪》篇主体围绕秦穆公与子仪的对话,并且采用排比铺陈、譬喻谐音等手法,从结构形式和表现手法上对散文赋的形成具有一定的影响。

(二)《子仪》为语类文献

随着简帛古书的不断出土,学者们开始思考春秋战国古书的形成和流传,并进而考察《国语》《左传》等传世古书的文本生成。④李零先生认为:"春秋战国时期,语类或事语类的古书非常流行,数量也很大。同一人物,同一事件,故事的版本有好多种。这是当时作史的基本素材。"⑤从上博简和清华简来看,故事类的语类文献十分活跃,既有史实载录又有故事叙事,例如清华简《越公其事》整理说明:"叙述过程有详略,所表达主旨也各有不同,但从总体上看,都属于以叙述故事为主的语类文献……"⑥巫史传统下的《春秋》的记事模式无法适应时代需求。春秋战国时期,史官

---

① 何家兴、苏娜:《清华简〈子仪〉赋歌研究》,载赵敏俐主编《中国诗歌研究》(第十七辑),社会科学文献出版社,2018,第27~36页。
② 牟歆:《从〈楚辞〉的用韵方式与句式看南北文化的交融——以〈九歌〉、〈九章〉为例》,《文艺评论》2015年第12期。
③ 陈桐生:《先秦对话体散文源流》,《学术研究》2017年第8期。
④ 近年来,代表性论著有李零《简帛古书与学术源流》、徐建委《〈说苑〉研究——以战国秦汉之间的文献累积与学术史为中心》、廖群《"说"、"传"、"语":先秦"说体"考索》、俞志慧《古"语"有之:先秦思想的一种背景与资源》、夏德靠《先秦语类文献形态研究》。
⑤ 李零:《简帛古书与学术源流》,生活·读书·新知三联书店,2004,第297页。
⑥ 李学勤主编《清华大学藏战国竹简》(柒),中西书局,2017,第112页。

记述增加了"过程性载录"。"逮左氏为书,不遵古法,言之与事,同在传中。然而言事相兼,烦省合理,故使读者寻绎不倦,览讽忘疲。"① "言事相兼"的记述模式进入了春秋战国文人的叙事系统,于是"在历史事实的框架下,讲故事的人各自添枝加叶,通过人物塑造与情节描写等文学手段表达各自对这段历史的了解"。②

《子仪》记载的事件也见于《左传》、清华简《系年》等文献,可以相互补充,体现不同的叙事特点。

> 秋,秦、晋伐鄀。楚斗克、屈御寇以申、息之师戍商密。秦人过析隈,入而系舆人以围商密,昏而傅焉。宵,坎血加书,伪与子仪、子边盟者。商密人惧曰:"秦取析矣,戍人反矣。"乃降秦师。秦师囚申公仪、息公子边以归。楚令尹子玉追秦师,弗及,遂围陈,纳顿子于顿。
> （《左传·僖公二十五年》）

> 二邦伐鄀,徙之中城,围商密,止申公子仪以归。
> （清华简《系年》39、40）

> 初,斗克囚于秦。秦有殽之败,而使归求成。成而不得志,公子燮求令尹而不得,故二子作乱。（《左传·文公十四年》）

> 秦穆公欲与楚人为好,焉脱申公仪,使归求成。秦焉始与晋执乱,与楚为好。
> （清华简《系年》48、49）

我们发现《系年》属于《春秋》记事类,并无人物对话等细节描述,按照事件的时间和逻辑简要记述。"殽之战"是春秋著名历史战役,《子仪》以此为背景,围绕秦穆公、子仪等人物的活动而展开。叙事以时间为线索,先后叙述"杏■之会""翌日之别",细致描述故事情节,传世文献都没有记载。《子仪》与《左传》《系年》,都是在同一史实框架下,进行不同的叙事表达,采用言事相兼的记述手法,运用特色的赋歌和个性的对话进行细节描写,语辞华丽,善于修辞,具有很强的文学性。抄写于战国的竹书,呈现出春秋战国时代的文人叙事风格,反映了春秋时代文学性不断增强的趋势。正如李守

---

① 刘知几:《史通·叙事》,见浦起龙《史通通释》,上海古籍出版社,2009,第30页。
② 李守奎:《〈越公其事〉与句践灭吴的历史事实及故事流传》,《文物》2017年第6期。

奎先生所说:"历史记载变成历史传闻,不断被故事化、小说化,融入了个人的理解和想象,形成了众多的语类文献,同一故事可以形成不同的文本,它们既有历史的本干,又有文学的枝叶,可以说是历史的故事化。"①

新出简帛有助于考察《左传》《国语》《说苑》以及诸子散文中的史实与故事,重新思考"历史的故事化"和"故事的历史化"。一般来说,史实经过不断增益,补充细腻的情节,立体地叙述,逐渐有了故事化倾向,完成了历史叙述向文学描写的转化。《子仪》采用典型的文学叙事,呈现故事化的特点,属于典型的语类文献。李零先生根据出土文献对语类文献有过一个概括:"过去我们的印象,古代史书,'春秋'最重要,但从出土发现看,'语'的重要性更大。因为这种史书,它的'故事性'胜于'记录性',是一种'再回忆'和'再创造'。它和它所记的'事'和'语'都已拉开一定距离,思想最活跃,内容最丰富,出土发现也非常多(马王堆帛书《春秋事语》和《战国纵横家书》只是其中的两种,其他材料还未发表)。"② 郭店简、上博简和清华简语类文献不断出现,印证着李先生的判断。

第四节 秦简《酒令》的文学史意义

酒与中国文化有着密切的关系。根据考古资料,中国酿酒、饮酒的历史十分悠久。《诗经》中有大量的宴饮,如"有酒湑我,无酒酤我""称彼兕觥,万寿无疆""君子有酒,嘉宾式燕以乐"等。宴饮是礼乐文化的重要组成部分③。古代饮酒,设酒监,立酒令④。酒令是酒宴上的诗歌,行令求答,答不上来受罚。这种诗歌,可以吟诵,可以清唱,可以配乐,可以伴舞。正如李零先生所说:"中国文学与喝酒有不解之缘,如隋唐五代的曲子词、宋词小令和元代散曲都与酒令有关。过去研究酒令,重点是唐代酒令,唐以前的酒令基本看不到。"⑤ 二十世纪三十年代,夏承焘先生认为令词起

---

① 李守奎:《〈越公其事〉与句践灭吴的历史事实及故事流传》,《文物》2017年第6期。
② 李零:《简帛古书和学术源流》,生活·读书·新知三联书店,2004,第202页。
③ 商周秦汉考古有大量的酒器,汉画、敦煌壁画中有很多宴饮图景,都是古代酒文化的物质遗存。可以说,宴饮主题贯穿于整个文学史。
④ 向宗鲁:《说苑校证》,中华书局,2011,第276页。
⑤ 李零:《北大藏秦简〈酒令〉》,《北京大学学报(社会科学版)》2015年第2期。

源于酒令。① 王昆吾先生详细考察唐代酒令艺术的风貌，并探讨其对词体形成的重要作用。② 酒令与词令的密切关系，得到学术界的一致认可。词的兴起以及某些具体格律和修辞特征的形成，都与酒令有关。然而，一直以来酒令研究多集中于唐代及以后。对先秦酒令研究较少。

近年来，出土文献为酒令研究提供了珍贵资料。清华简《耆夜》和北大秦简《酒令》为我们考察先秦酒令提供了重要参考③。特别是北大秦简《酒令》，杂用口语而不典雅；但诙谐生动，与宫廷诗歌不同，可谓研究秦代俗文学的第一手资料。《酒令》体裁为秦文学首见，具有重要的目录学和文学史价值，有助于深入了解秦代民间文学，有利于重新评估秦文学的历史地位。关于秦简《酒令》，李零先生做了较好的介绍。刘钊、商之彝等先生也发表过重要意见④。本文吸收已有成果，择善而从；立足于文本解读，深入考察秦简《酒令》的文学史价值及相关问题。

一　文本解读

文本的准确解读是文学分析的基础。《酒令》是秦代作品，写在一枚竹简和两枚木牍上。这三件简牍与一枚行令的木骰同出。

竹简

东采泾桑，可以飤蚕。爰般适然，般独宴【1】湛，飤般已就饮子湛。宁见子 般 ，【2】 不 见子 湛 ？黄黄鸟乎，辥（萃）吾兰林。【3】

木牍

不日可增日可思，鬃鬃披发，中夜自来。吾欲为怒【1】乌不耐，乌不耐，良久良久，请人一杯。黄黄鸟邪，醉（萃）吾冬梅。【2】

---

① 夏承焘：《令词出于酒令考》，《词学季刊》1936 年第 3 期。
② 王昆吾：《唐代酒令艺术》，东方出版社，1996。
③ 李零：《北大藏秦简〈酒令〉》，《北京大学学报（社会科学版）》2015 年第 2 期。
④ （原用网名"酒令"）：《北大藏秦简〈酒令〉识小》，复旦大学出土文献与古文字研究中心网站论坛，2014 年 12 月 10 日。商之彝：《北大藏秦简〈酒令〉零识》，武汉大学简帛网，2014 年 12 月 13 日。

饮不醉，非江汉殹。醉不归，夜未半殹。趣趣驾，鸡未鸣【1】殹天未旦。■一家翁孺年尚少，不大为非勿庸谯。心【2】不翕翕，从野草游。【3】

令骰

不饮　自饮　饮左　饮右　千秋　百尝

三首《酒令》通篇有韵。竹简韵脚为"蚕、湛、林"，押侵部韵，以四言为主，杂以七言，运用起兴的手法与《诗经》国风存在相近之处，有些语辞与《诗经》相合，对于考察周秦时代"诗"的传播和流变具有重要文本意义。两件木牍皆有韵，木牍一，"思""来""耐""久""杯""梅"押之部韵。木牍二有章句号，第一章"汉""半""旦"，押元部韵；第二章"少""谯"，属于宵部，"游"，属于幽部，幽、宵音近通押。木牍以饮者的口吻，抒发"今朝有酒今朝醉"、及时行乐的情感。有些语辞和句式，与《诗经》、汉代铜镜铭文相近。句式比较灵活，有三言、四言、七言等，与《汉书·艺文志》《秦时杂赋》的"成相体"有关，对探讨俗赋的演变具有重要意义。

一直以来，中国古代早期文学长于抒情而拙于叙事，似乎已成常识；然而中国文学具有不同于西方的特质，应探求文本蕴藏的文学因素和创作传统[1]。新出简帛文献为中国文学史提供了丰富的史料，有助于揭示早期文学的特质，有利于构建中国文学本位的文学史书写体系。秦简《酒令》蕴含故事情节、虚构寓名等，具有明显的叙事特征。下面将讨论《酒令》的文本叙事、创作自觉、文学手法、句式分析等方面。

1. 文本叙事

竹简《酒令》具有生动的故事情节，围绕"子骰""子湛"相互请客，描写两人之间的友情，语言通俗，十分诙谐。"爱骰适然"即子湛喜欢子骰，喜欢得恰好；"骰独宴湛"，子骰也只宴请子湛；并且"飤骰已就饮子湛"，即"子湛刚请子骰吃过饭，子骰又请子湛去喝酒，两人你请我，我请

---

[1]　董乃斌：《论中国叙事文学的演变轨迹》，《文学遗产》1987年第5期。

你,互相轮着请"。"宁见子般,不见子湛",运用反问的口吻,"难道见到了子般,还见不到子湛"。这种简单直白、生动形象的情节描写,在先秦诗歌中比较罕见,明显有别于《秦风》以及《石鼓文》等,一定程度上反映了秦代民间文学的叙事手法。

2. 创作自觉

中国早期文学的创作属于"表现性"文学形态,并有强烈的创作自觉①。例如,寓名作为一种文学创作手法,反映文学创作中的自觉意识。在先秦典籍中,《庄子》寓名资料最为丰富②。寓名有所寄托,可谓"托名见意"。竹简《酒令》中的两个人物"子般"和"子湛",也是虚构的寓名。"般有乐义。这是个沉湎于酒、乐在酒中的人","湛有深义,又可读耽,指沉湎"。刘钊老师也认为:"般"有欢乐、娱乐的意思,"湛"也有"喜乐"的意思,而且"湛"通"沉",有沉溺、耽湎的意思,这也可与《酒令》的主题相扣合。北大汉简《妄稽》也是如此,主人公"妄稽",疑即"亡(无)稽"之义,属于虚构的故事。寓名艺术及其虚构的故事,与早期小说之间也存在着某种联系,充分显示了早期文学的创作实践和自觉意识。

3. 文学手法

竹简中"东采泾桑,可以饮蚕"属于起兴。这种手法习见于《诗经》。"采摘"和"蚕事"类农事主题,常见于历代歌谣,特别是汉乐府。秦简中也有"采桑"活动,例如"或盗采人桑叶,赃不盈一钱,何论?赀徭三旬"。③ 李零先生认为"泾桑",即长在泾水岸边的桑树,可用来喂蚕,以"食蚕"起兴,引出饮酒之事。《文心雕龙·比兴》:"炎汉虽盛,而辞人夸毗;诗刺道丧,故兴义销亡。"王季思先生认为:"诗中用兴,在汉魏乐府还时常可以看到;齐梁以下,便少见了。倒是民间歌谣里,直到现在还普遍运用。"④ 起兴手法在民间文学中一直延续。

双关,又称作"谐音",是诗赋常用的修辞手法。竹简"辥吾兰林",

---

① 徐正英:《出土文献"大文学"研究与坚定文化自信》,《文学遗产》2018年第4期。
② 冯坤:《〈庄子〉中的人物、人名资源及其对人名研究的价值》,《中国典籍与文化》2014年第3期。
③ 陈伟主编《秦简牍合集·释文注释修订本(一)》,武汉大学出版社,2016,第186页。
④ 王季思:《说比兴》,载章太炎、朱自清《伟大传统:诗经二十讲》,华夏出版社,2009,第103页。

木牍则作"醉吾冬梅",结合秦风《黄鸟》的"止于桑""止于楚"、陈风《墓门》的"墓门有梅,有鸮萃止","醉"应为"止息"之义。李零先生认为"从艹从醉,是个双关语。这个字既可当萃字讲,又可歧读为醉,恐怕是故意这样写,下木牍一干脆写成'醉'",并认为这是一种行令时的"拆字、测字"游戏。根据古书记载,三国之时在宴饮活动中,人们将拆字和嘲谑结合起来;到了隋唐,出现了规范化的拆字令[1]。秦简《酒令》的公布,无疑开阔了我们的视野。先秦酒令已有拆字之法。

4. 句式分析

木牍"不日可增日可思",即"日不可增日可思"。西汉镜铭中有相同或相似的语辞,如"不日可增,而日可思,美人而去,何时幸来"。这种意境与"今我不乐,日月其除"、"今我不乐,日月其迈"、"今我不乐,日月其慆"(《诗·唐风·蟋蟀》),"昼短苦夜长,何不秉烛游!为乐当及时,何能待来兹"(《古诗十九首》)等相近。《酒令》与镜铭只是句式不同,明显存在渊源关系。先秦两汉的诗歌韵文,多以四言和骚体为主,但三言、五言、六言、七言等各种句式都有运用。有些杂言体,则无节奏规律可寻,"如广陵王刘胥《歌》,有骚体、四言、七言、六言、三言多种句式。见《汉书·广陵厉王胥传》"[2]。如《文章流别论》所说:"古之诗有三言、四言、五言、六言、七言、九言。……古诗之三言者,'振振鹭,鹭于飞'之属是也,汉郊庙歌多用之。五言者,'谁谓雀无角,何以穿我屋'是也,于俳谐倡乐的用之。六言者,'我姑酌彼金罍'是也,乐府亦用之。七言者,'交交黄鸟止于桑'之属是也,于俳谐倡乐世用之。古诗之九言者,'泂酌彼行潦,挹彼注兹'之属是也。不入歌谣之章,故世希为之。夫诗虽以情志为本,而以成声为节。然则雅音之韵,四言为正;其余虽备曲折之体,而非音之正也。"[3] 据初步统计,三首《酒令》共计二十八小句。其中,三言四句,四言十八句,七言六句。可见,以四言为主,杂用三言、七言。

---

[1] 刘初棠:《中国古代酒令》,上海人民出版社,1993,第221~222页。
[2] 葛晓音:《论汉魏三言体的发展及其与七言的关系》,《上海大学学报(社会科学版)》2006年第3期,第57页脚注①。
[3] 挚虞《文章流别论》此段文字,见于严可均《全上古三代秦汉三国六朝文》、《艺文类聚》(卷五十六)、《太平御览》(卷五八六),但有"剪接拼凑",详见周兴陆《五言是"于俳谐倡乐多用之"吗》,《古典文学知识》2016年第3期。此处所引,据周文。

刘钊老师归纳认为"相"的标准句式是"三、三、七、四、七",木牍一句式"七、四、四、七、三、四、四、四、四",木牍二第一章句式"三、四、三、四、三、七",应是秦代民谣"相"的变体。

5. 令骰文本解读

古代行令,有令骰和盛放令骰的骰盘、骰盆。出土的骰子,作为文学活动的重要实物,有助于揭示和再现特定语境,让人获得一定的现场感,从而更好地解读作品①。2004年11月,山东青州战国齐墓出土一枚14面体的骰子,上面刻有数字。这是考古发掘的早期实物②,但与秦简令骰差异较大。1982年,江苏丹徒出土五十枚唐代银酒令筹,行令术语有"自饮、劝饮、处(罚)、放"。③唐代令筹的行令术语与秦简令骰存在明显的承继关系。秦简令骰术语有"不饮、自饮、饮左、饮右、千秋、百尝"。其中,"不饮"就是掷骰者"不喝";"自饮"即"自罚饮酒";"饮左""饮右"分别表示"左边的饮酒"和"右边的饮酒"。关于"百尝",刘钊老师认为"百尝"就是"百味尝遍",秦印吉语玺中也有"百尝",寓意相同。关于"千秋",商之彝先生根据汉人焦延寿《易林》"哑哑笑语,与欢饮酒,长乐行觞,千秋起舞,拜受大福",论证"千秋"一词确与行觞饮酒相关;并结合《左传》《战国策》《管子》《史记》等相关记载,认为"千秋"就是向坐中尊长者进献寿酒的一种行为。可见,秦简令骰具有独特性,不仅有行令之辞,还有祝酒之礼仪。

二 《酒令》的文学价值

出土文献为文学史研究提供新的文学史料,有助于补足文学史研究的缺环,充实和深化我们的已有认识④。秦简《酒令》开阔我们对《酒令》体裁的认知;同时,令骰让我们看到先秦考古实物,深化了对其形态和行令术语的了解。一直以来,秦简资料以文书、数术、方技为主,很少有六

---

① 廖群:《先秦两汉文学考古研究》,学习出版社,2007,第13页。
② 庄明军、陈磊、徐清华:《山东青州战国齐墓出土骰子及博具考辨》,《齐鲁文化研究》(总第六辑),齐鲁书社,2007,第35~39页。
③ 丹徒县文教局、镇江博物馆:《江苏丹徒丁卯桥出土唐代银器窖藏》,《文物》1982年第11期;陆九皋、刘兴:《论语玉烛考略》,《文物》1982年第11期。
④ 蔡先金、张兵:《出土文献与文学史新证》,《社会科学战线》2017年第3期。

艺和诸子类；但北大秦简证明，秦墓仍有诗赋出土，让我们思考秦"焚书""禁书"的内容。先秦文学研究，多围绕史官书写传统以及贵族文学，民间俗文学则相对较少。从语言、内容、体式等方面来看，《酒令》具有俗文学特征，有助于考察秦汉俗文学的历时演变，并重新认识秦代文学的重要地位。

1. 体裁界定

《酒令》原来被叫做"饮酒歌诗"。它们都与喝酒有关，但不是一般的"饮酒歌诗"，而是用于行酒的酒令。刘钊老师认为这应该是秦国的民谣"相"的一种变体，"相"除见于《荀子·成相》篇外，出土资料中睡虎地秦简《为吏之道》篇以及铜镜铭文中也有零星的发现。酒令用民谣调式来吟唱，是很自然的事情。倪晋波先生提出这是诗赋体韵文，"有'饮不醉非江汉也，醉不归夜未半也'之语，生动风趣，应该是秦人饮酒时的劝酒歌谣，或属《汉书·艺文志》所谓的秦时《杂赋》"。[①] 我们认为《酒令》作为民间歌谣，属于《秦时杂赋》，是《成相杂辞》的早期形态。其具有重要的文体学和目录学价值。

（1）文体学价值

早期文体的生成谱系和衍生机制，是中国文学史研究的核心课题之一。文体界定和分类，长期借鉴西方文体学理论和方法；然而无法呈现早期文学的衍生特质。很多学者提出回归中国文学的本位立场，寻绎中国文学的形式特征、内容范畴和精神特质[②]。中国古代文体数以百计，纷繁复杂，具有独特的结构体式和生成方式[③]。近年来，新出简帛文献给我们带来很多启示，有助于还原早期文本的生成过程，有利于建构中国早期文体的分类体系。

1）成相的分类

《汉书·艺文志》"杂赋"著录《成相杂辞》十一篇，皆亡佚。一般认为"成相"是用一种叫"相"的乐器给歌曲打拍子，进行说唱的赋体。"相"是一种"以韦为表，装之以糠"，类似手鼓的乐器。"成相体，是一种

---

① 倪晋波：《出土文献与秦国文学》，文物出版社，2015，第15页。
② 刘毓庆：《回归中国本乎情理》，《光明日报》2015年7月30日第007版。
③ 郭英德：《中国古代文体学论稿·前言》，北京大学出版社，2005，第1页。

三言、四言和七言搭配的赋体，句式是 3+3+7+4+7，每一句都押韵。《荀子·成相》用这种体，睡虎地秦简《为吏之道》的《治事》章也用这种体。"① 成相体的标准体式为"3+3+7+4+7"，睡虎地《为吏之道》和岳麓简《为吏治官及黔首》采用这种体式。汉代镜铭也有这种体式，如"逐阴光，宜美人。昭察衣服观容貌。结组中身，于礼无私可取信"，"内而光，明而清。湅石华下之菁见。乃己知人，清心志得俾长生"。李零先生详尽考察这种句式在历代诗歌中的源流关系，特别是"3+3+7"，见于《诗经》，如"螽斯羽，诜诜兮，宜尔子孙振振兮"（《螽斯》）；汉乐府及后世诗词中，亦有踪迹，如"战城南，死郭北，野死不葬乌可食"（鼓吹铙歌《战城南》），"君马黄，臣马仓，二马同逐臣马良"（鼓吹铙曲《君马黄》），"长相思，久离别，所思何在苦天垂"（南北朝张率《长相思》），"思悠悠，恨悠悠，恨到归时方始休"（唐代白居易《长相思》）等。

体式演变是一个渐进的过程。伏俊琏先生认为"从《老子》《文子·符言》《周祝》到《荀子·成相》《为吏之道》，再到汉代的《成相杂辞》、淮南王的《成相》，可以肯定是基本上沿着一条线发展而来的，都是以格言谚语集锦为其形式，以道德教化、行为规劝为其内容，并用赋诵的方式传播到社会各层"。② 很明显，《酒令》作为"成相体"的一种变体，应与《荀子·成相》《为吏之道》处于相同的序列中，为《成相杂辞》的早期形态；但并不是标准句式，充分说明"成相体"早期形态的复杂性。荀卿《成相》，睡虎地秦简、岳麓秦简"成相体"的内容都与为政之道有关、是说理之辞或具有史鉴意味，带有格言性质；然而《酒令》则明显不同，完全是嬉戏娱乐之作，并有人物和情节。秦简《酒令》说明早期成相体并非完全表达说理或史鉴。这种自由的体式、诙谐的语言和表现市井的生活，正是民间文学的重要特征。

2）赋体的来源

《酒令》是秦时杂赋，属于《成相杂辞》的早期形态。从文体属性来看，它是成相体歌谣。这种歌谣对赋体，尤其是俗赋的产生具有重要影响。

---

① 李零：《兰台万卷：读〈汉书·艺文志〉》，生活·读书·新知三联书店，2011，第137~138页。
② 伏俊琏：《俗赋研究》，中华书局，2008，第112页。

《荀子》的《成相》篇，杨倞以为就是《汉志》中的《成相杂辞》，"盖亦赋之流也"。① 简宗梧先生也认为："其（杂赋）篇章如今已不得而见，但我们从其中的《成相杂辞》十一篇和《隐书》十八篇，大体可知这类应该是接近于俗赋的作品。《汉书·艺文志》存录其数量，算是为俗赋的存在做了见证。"② 李零先生谈到汉赋的来源，强调："此略的赋，主要是汉赋，汉赋按地域风格可以分为两大类，一类是南赋，即从楚辞体发展而来的汉赋；一类是北赋，即从诗经体和成相体发展而来的赋。"③ 一直以来，"诗"与"赋"常连称，《汉书·艺文志》称《诗赋略》。这些充分说明早期文类之间的密切关系。《成相杂辞》本是民间歌谣，《汉书·艺文志》归入"杂赋"，说明西汉时期已将它归入杂赋类，一旦进入乐府，被诸管弦，则为"歌诗"。汉魏以后，歌诀体的赋历代不衰，就是基于汉代学人的这种认识④。傅刚先生认为："赋只是作为一种简单的、具有多种文体含义的韵散相间的文体在北方流传，汉之前，秦人杂赋，可看作是其主要形态。"⑤ 荀卿赋、《为吏之道》《为吏之治官及黔首》《酒令》都是秦赋的珍贵文本。《酒令》则是民间歌谣的形式。其通俗可能并不入文人之眼，但在民间流传很广，为下层人所熟悉，由此推测战国末时赋作为文体已经具有了基本形态。程毅中先生认为秦汉杂赋是敦煌俗赋的源头⑥。《酒令》作为成相体的民间歌谣，以四言为主，杂以七言和三言，与汉俗赋和以讲诵为主的通俗文学存在着一定的联系。

3）雅俗的互动

文学有雅俗之别。民间文学常以潜流的状态存在着，有时无法进入文学史；但这些俗文学反映那个时代真实生活，并孕育出新的文学样式，推动着民间文学与贵族文学的互动交融。汉代的大赋格调高雅、气象宏大，但出土文献告诉我们还有另一类风格的俗赋，如尹湾《神乌赋》、北大汉简《妄稽》、敦煌《韩朋赋》等。秦简《酒令》"吾欲为怒乌不耐，乌不耐，

---

① 王先谦：《荀子集解》，中华书局，1988，第 455 页。
② 简宗梧：《俗赋与讲经变文关系之考察》，载《第三届国际辞赋学学术研讨会论文集》，台湾政治大学中国文化研究所，1996，第 358 页。
③ 李零：《兰台万卷：读〈汉书·艺文志〉》，生活·读书·新知三联书店，2011，第 136 页。
④ 伏俊琏：《俗赋研究》，中华书局，2008，第 106 页。
⑤ 傅刚：《论赋的起源和赋文体的成立》，《北京大学学报（哲学社会科学版）》2018 年第 5 期。
⑥ 程毅中：《敦煌俗赋的渊源及其与变文的关系》，《文学遗产》1989 年第 1 期。

良久良久，请人一杯"，大意是说：我想发怒而无可奈何，思量好久好久，还是请他喝一杯吧。"乌不耐"应为秦时俗语。通篇颇具平民生活气息。作为民间歌谣，若被采入乐府，进行歌辞协律，则有可能进入上层文学，体现着民间文学和贵族文学的文本互动。《酒令》这类成相体的通俗诙谐，在汉赋中仍有体现，据《汉书·贾邹枚路传》，牧皋"为赋颂，好嫚戏"，"其文骫骳，曲随其事，皆得其意，颇诙笑，不甚闲靡。凡可读者百二十篇，其尤嫚戏不可读者尚数十篇"。① 这类赋的创作手法应吸收了《酒令》类杂赋。从《酒令》到《妄稽》《神乌赋》《风雨诗》等，呈现出秦汉以后俗文学的发展脉络，有助于早期赋学史的书写和建构。

（2）目录学价值

《酒令》深化了我们对《汉书·艺文志》中《诗赋略》的认识，具有重要的目录学价值。长期以来，学者据历代征引资料和文学发展规律，推测《秦时杂赋》和《成相杂辞》的源流关系和早期形态。宋人周文璞曾感叹："虫蛀黄连彻夜焚，秦谣楚诵少人闻。近前欲问新宫信，鹤带灵芝入暮云。"② 传世古书"秦谣楚诵"记载较少。近年出土的秦简资料，特别是《酒令》，修正很多观点。其中，"成相体"见于《秦时杂赋》和《成相杂辞》。关于《秦时杂赋》，顾实先生《汉书艺文志讲疏》认为："亡，《文心雕龙》曰'秦世不文，颇有杂赋'，本此。"③ 李零先生认为："《秦时杂赋》，可能也是四言体或成相体，但不入下杂赋类。"④《酒令》属于"秦时杂赋"，与治政、箴谏、格言无关，通俗而生动，并有一定的叙事情节，让我们看到秦时杂赋的真实面貌，深化了对《艺文志》中《诗赋略》的认识。《杂赋》类有十二种，皆亡佚，其中有《成相杂辞》十一篇、《隐书》十八篇。顾实先生认为《成相杂辞》十一篇，"亡，《艺文类聚》引《成相篇》曰：'《庄子》贵支离，悲木槿。'注云：'《成相》，出《淮南子》。'然则此《成相杂辞》十一篇者，淮南王之所作也。盖从其本书别出。……今计家数

---

① 班固：《汉书》，中华书局，1962，第 2366~2367 页。
② 周文璞：《方泉诗集·山行行歌十首（之四）》，《景印文渊阁四库全书》第 1175 册，商务印书馆，1983，第 8 页。
③ 顾实：《汉书艺文志讲疏》，上海古籍出版社，1987，第 184 页。
④ 李零：《兰台万卷：读〈汉书·艺文志〉》，生活·读书·新知三联书店，2011，第 129 页。

篇数悉符。此杂赋尽亡不可征。盖多杂诙谐，如《庄子》寓言者欤。"① 我们认为《成相杂辞》可能并非完全由淮南王所作，这种杂辞渊源有自。作为《秦时杂赋》的《酒令》，通俗诙谐，应为《成相杂辞》的早期形态。

先秦文献经过汉代人的整理，才得以流传。然而，正如赵敏俐先生所说，汉代人在整理先秦文献过程中有诸多缺憾，出土文献恰可补充先秦传世文献的不足②。简帛古书的不断出土，让我们重新思考中国文学史的诸多问题，例如"文体的划分"。《汉书·艺文志》"七略"的划分体系，源于先秦古书留存和汉代的学术实际。先秦简帛古书不断出土，启示我们应从简帛文献的实际出发，并结合文本形成的规律，还原早期文本的生成。文类的提出具有重要的理论意义和实践价值。

2. 秦俗文学的重要价值

《文心雕龙·诠赋》提出"秦世不文"，并认为战国之世"方是时也，韩魏力政，燕赵任权，五蠹六虱，严于秦令，唯齐楚两国，颇有文学"。③倪晋波先生从传世典籍和出土文献详细梳理秦文学史料，做出了客观而中肯的评价，改变了很多传统观念④。刘跃进先生根据睡虎地秦简和《石鼓文》对秦文学做了深入探讨，修正传统认知⑤。我们根据清华简讨论了春秋秦乐，认为春秋秦乐达到很高的水平，结合考古发现和文献记载，探讨秦乐理论的发达和制度的完备⑥。陈民镇先生也认为："秦代不但有一定数量的诗赋作品，还涌现了名目繁多的官文书文体，可谓'官文书文体备于秦世'。"出土文献，特别是秦文字资料的不断出土，为秦文学研究提供了珍贵文本，有助于重新认识和评估其历史地位。

秦文学在早期文体发生过程中具有重要地位。李学勤先生认为放马滩秦简《志怪故事》为志怪故事的滥觞⑦。睡虎地秦简《日书·诘篇》记述鬼怪祛除之术，倪晋波先生认为"在遣词用语上充分体现了民间趣味，显

---

① 顾实：《汉书艺文志讲疏》，上海古籍出版社，1987，第 190 页。
② 赵敏俐：《如何认识先秦文献的汉代传承及其价值》，《中国高校社会科学》2017 年第 3 期。
③ 刘勰著，詹锳义证《文心雕龙义证》，上海古籍出版社，1989，第 280 页。
④ 倪晋波：《出土文献与秦国文学》，文物出版社，2015，第 290~293 页。
⑤ 刘跃进：《秦世不文的历史背景及秦代文学的发展》，载《回归中的超越——文学史研究的多种可能性》，凤凰出版社，2011，第 203~226 页。
⑥ 何家兴：《从清华简〈子仪〉谈春秋秦乐》，《中国文学研究》2018 年第 2 期。
⑦ 李学勤：《放马滩简中的志怪故事》，《文物》1990 年第 4 期。

露出一种生动活泼的文风,更有后世志怪小说最重要的题材之一'人鬼恋爱'的影子。在这个意义上,睡虎地秦简《日书·诘篇》堪称战国后期秦国民间文学的代表,亦是中国先秦文学不可轻忽的篇章"。① 秦简《酒令》作为民间宴饮歌谣,让我们更加全面了解秦代俗文学。《石鼓文》等诗类文献,近似雅颂,属于贵族文学。《小雅》中的宴饮诗,有场面的描写,并强调"德"的重要性②。秦简《酒令》从体式和用语都反映了俗文学特征,与"德"无关,并有一定叙事情节。从叙事方面来看,它有一定的叙事要素,具备向故事转化的可能,对汉乐府产生影响。例如《陌上桑》《孔雀东南飞》《羽林郎》等,语言比较通俗,以叙事为主,也具有一定的情节。因此,伏俊琏先生认为"秦汉俗赋是唐以后俗文学的源头"。③ 作为《秦时杂赋》的《酒令》无疑对后世俗文学产生了重要影响。一直以来,人们对先秦酒令只有模糊的认识。清华简《耆夜》歌诗代表贵族文学,而秦简《酒令》则为民间宴饮的歌谣,让我们看到文学发展的两条路径。《酒令》类俗文学无疑与汉乐府、敦煌文学具有明显的承继关系,具有重要的文学史价值。

三 小结

出土秦文学资料的不断公布,改变着我们的传统认识。秦文学是多元而灿烂的,在中国文学史上应有重要的地位。秦简《酒令》开阔了我们的视野,极具特色,诙谐生动,具有俗文学特征,一定程度上再现了秦人的社会生活和精神风貌,有助于了解秦代文学的真实面貌。《酒令》属于《秦时杂赋》,与《成相杂辞》关系密切,并对后世俗文学产生重要影响。

第五节 秦简《隐书》的文本考察

2010年初,北京大学入藏了一批从海外回归的珍贵秦简牍(简称"北大秦简")。这批简牍内容十分丰富,以古书为主,包括多篇文学作品,如

---

① 倪晋波:《出土文献与秦国文学》,文物出版社,2015,第283页。
② 赵沛霖:《〈诗经〉宴饮诗与礼乐文化精神》,《天津师范大学学报(社会科学版)》1989年第6期。
③ 伏俊琏:《俗赋研究》,中华书局,2008,第291页。

《酒令》《隐书》《善女子之方》《从政之经》《公子从军》《泰原有死者》等。北大秦简带来很多新知,正如整理者所说:"尤其是文学作品和大量反映社会生活、民间信仰的文献,展示出当时基层社会丰富多彩的一面,使我们对战国晚期至秦代社会文化的认识大为丰富和扩展。"① 一直以来,秦简以文书、数术、方技为主,很少有六艺类和诸子类;但北大秦简说明,秦墓中仍有诗赋作品。秦虽然禁止《诗》《书》及百家语,但并未说禁止诗赋之类。② 这批简牍具有重要的目录学价值,例如《酒令》属于《汉书·艺文志·诗赋略》成相体的"秦时杂赋";《隐书》为出土文献首见,即《汉书·艺文志·诗赋略》"杂赋类"亡佚的《隐书》。出土文献为文学史研究提供新的文学史料,有助于补足文学史研究的缺环,充实和深化已有认识。③ 北大秦简文学作品体裁丰富、形式多样,具有重要的文学史意义。《酒令》有助于考察早期成相的分类、赋体的来源、雅俗的互动等文学史课题。④ 自题"此隐书也",反映时人的文学观念和文体认知。简帛古书的不断出土,让我们重新思考中国文学史的诸多问题,例如"文体的产生与划分"。《汉书·艺文志》《七略》的划分体系,源于先秦古书遗存和汉代的学术实际。先秦简帛古书启示我们应从简帛文献的实际出发,并结合文本形成的规律,还原早期文本的生成。《隐书》篇题充分体现了早期文体意识的自觉。从讽谏式隐语到纯娱乐文本,一定程度上反映了文学与政治的疏离以及文本创作的自觉。

李零先生做了整理介绍,并公布了《隐书》第三则的原简。通篇用四言赋体写成,最后一简的背面有"此隐书也",点名此书性质。全篇包含三个谜语。三个谜语分三章,各为起讫,除第一简,前面缺两三简,后面缺两个字,大体完好。其叙述形式,一般是先出谜语,用黑点隔开,然后说已猜到是什么,最后揭出谜底。⑤ 本节在整理者的基础上,结合传世文献,探讨《隐书》的文本来源、形态以及文学价值等。

---

① 北京大学出土文献研究所:《北京大学藏秦简牍概述》,《文物》2012 年第 6 期。
② 陈民镇:《文体备于何时——中国古代文体框架确立的途径》,《文学评论》2018 年第 4 期。
③ 蔡先金、张兵:《出土文献与文学史新证》,《社会科学战线》2017 年第 3 期。
④ 何家兴:《秦简〈酒令〉的文学史意义》,《湖南师范大学社会科学学报》2019 年第 5 期。
⑤ 李零:《隐书》,载武汉大学简帛研究中心主办《简帛》(第八辑),上海古籍出版社,2013,第 11~16 页。

一 《隐书》的文本来源

出土秦简的墓葬主要集中在湖北云梦、荆州两地。北大秦简《道里书》主要记述江汉地区的水陆交通路线和里程,其中,水名都是湖北境内的河流;地名则大多在秦南郡范围内,尤以安陆、江陵出现最多。整理小组推测这批简牍可能出自湖北省中部的江汉平原,并结合"质日",判断这批简牍的抄写年代大约在秦始皇时期。从《从政之经》及《道里书》之类文献来看,这批简牍的主人应是秦地方官吏。① 整理小组的推断对文本来源具有参考意义。

文本分析是文学研究的基础。文本形成是一个历时的动态演变过程。关于简帛文献的语料性质,黄德宽老师提出重要指导意见,认为秦汉时期的简帛文献,很多应该早于墓葬和抄写的年代,作为语料使用时,对其时代的判断也要做具体分析,就目前研究所获得的认识,文献出土地并不一定就是语料的产生地。只有通过对不同地域文献用字的比较分析,明确某些用字现象确实为某地所特有,这类材料才能作为地域性语料运用。② 这些观点适用于文学史料研究。对待新出文学史料,我们要避免文本年代与史料属性的单向联系,树立动态的理论视角,充分考虑战国文化交融的时代背景,重视底本来源,探讨文本的生成背景和地域属性。

语言是文学表达的外在形式,也是时代变化和地域文化的重要标尺。从语言文字入手,考察文学史料的文本属性具有可行性。语气词"殹""也"具有明确的地域特色。"殹"是秦国方言词,具有较强的地域特征;而语气词"也"并见于秦地和六国文献。黄德宽老师认为,秦文字主要用"殹"为"也",秦简中用"也"之例可能受到他国文字的影响,而《日书》多用"也"则可能是楚文字的影响所致。③ 有学者详细梳理睡虎地秦简"殹""也",认为秦公文类仅用"殹",私人文书则多用"也"。在私用文本中,没有放弃使用"也"。这类文献应为受过秦语教育的旧楚人用私人书

---

① 北京大学出土文献研究所:《北京大学藏秦简牍概述》,《文物》2012 年第 6 期。
② 黄德宽:《汉语史研究要避免落入新材料的陷阱》,《文汇学人》2017 年 2 月 3 日第 6 版。
③ 黄德宽:《说也》,载《开启中华文明的管钥——汉字的释读与探索》,北京师范大学出版社,2011,第 175 页。

面语所写。① 田炜先生考察了北大秦简《鲁久次问数于陈起》中"殹""也"并用现象,结合一些特征字词,认为此篇是战国后期根据楚文字底本转抄而来的,尽管从整体上说,秦人对楚国文献的改写是很成功的,使文本面貌发生了巨大变化,但由于种种原因,这种转写而来的本子带有一些战国古文的遗留。② 这种分析具有启发意义,为相关简帛文献整理与研究提供借鉴。

《隐书》简短且有残缺,但是"殹""也""矣"三个语气词同时出现,为文本来源考察提供了绝佳材料,呈现了文本用字的复杂性。

> 终日战殹,不智(知)死所。③
> 泽(释)之隐者,吾有巳(以)智(知)之矣。　《隐书》二
> 泽(释)之隐者,吾有〔以〕智(知)之矣。
> 民为人殹产□攀,唯(虽)禹莫如。
> 此隐书也。　《隐书》三

"殹""也"的分布与使用属性有关。楚地出土的秦汉简帛,一般来说,私人著作如《日书》等、文学性作品如马王堆《经法》《纵横家书》等多用"也"。在同一篇目中,同时出现"殹""也""矣",可能源于底本或书手的地域背景。抄写者一开始按照秦文献规范把"也"转写成"殹",后来直接按底本或书写习惯写成"也",书写更为便捷。"唯"记录连词"虽",具有明确的地域特征。楚地简帛中,"唯"记录发语词"唯"或连词"虽",其中后者为习见用法,如"唯(虽)成弗居"(《三德》8),"唯(虽)余孤之与上下交"(《汤处于汤丘》11)等;而秦简中"虽"则写作"虽"。由此可见,在出土楚文献中,"虽"仍写作"唯";而在秦文献中,已写作"虽"。④《隐书》"唯(虽)禹莫如",带有楚地文本用字特征。

---

① 大西克也:《"殹也"之交替——六国统一前后书面语言的一个侧面》,任锋译,《简帛研究二〇〇一》,广西教育出版社,2001,第615~619页。
② 田炜:《谈谈北京大学藏秦简〈鲁久次问数于陈起〉的一些抄写特点》,《中山大学学报》(社会科学版)2016年第5期。
③ "终日",参看王宁《北大秦简〈隐书〉读札》,武汉大学简帛网,2017年11月17日。
④ 张玉金:《出土战国文献虚词研究》,人民出版社,2011,第350页。

《隐书》"旁（方）不盈尺"中的"盈"字写法，据李零先生介绍，与上博简《周易》简9和清华简《系年》简123（加了水旁）相似。① 从文本内容来看，"六博"场景描写与楚辞《招魂》存在一定的相似，如：

表 3-5　《隐书》与《招魂》的相似性

《隐书》二	《招魂》
中粗而外略，室相追而巷相索。胜者为主人，不胜者为客	菎蔽象棋，有六簙些。分曹并进，遒相迫些
兵城兵城，方不盈尺。精士十二人，半黑半白	成枭而牟，呼五白些

从古书记载来看，春秋战国时代齐楚两地的谐隐之风最为盛行。《隐书》属于特定场合使用的古书类文本。从文本生成的规律来说，有篇名和固定格式的作品，应经过一定时间的积淀。秦国在战国后期不断蚕食楚国领土，并在新占领地推广使用秦文字，很多楚国文献因此被转写成秦文字。秦简《隐书》可能是战国文本，并具有楚文化因素，属于楚地文本的秦化。

语气词对于考证传世文献的底本来源，也有一定参考价值。很多学者探讨了荀赋中的楚文化因素，特别是"小歌"部分，与楚辞有很多相似语辞和文句。② 语气词"与"可以进一步证明。《礼》《云》《蚕》三赋句末语气词用"与"。"与"字具有地域特征，只见于楚简中，共出现22次，在秦简中一例也见不到。秦地语言可能不使用这个句末语气词。③

战国是一个文本传播和文化交流剧变的时代。楚简中有很多齐、晋文字的痕迹，充分显示文本的复杂性，也说明分裂状态下的华夏文化一体性。因此，我们对古书类秦简不能静态地考察。秦汉简帛中有很多楚地文化的遗留。地域文化对文学具有深层影响，可以跨越多个朝代，特别是在民间俗文学中，这种延续具有很强的生命力。

二　《隐书》的文本形态

《新序·杂事二》记载无盐女向齐宣王出示隐语，"宣王大惊，发《隐

---

① 李零：《隐书》，载武汉大学简帛研究中心主办《简帛》（第八辑），上海古籍出版社，2013，第13页。
② 赵逵夫：《〈荀子·赋篇〉包括荀卿不同时期两篇作品考》，《贵州社会科学》1988年第4期。
③ 张玉金：《出土战国文献虚词研究》，人民出版社，2011，第529页。

书》而读之"。石光瑛先生称:"'隐书'二字见此,与《汉志》名称正同。"① 《说苑·正谏》记载晋平公"问之隐官"。这些隐官进献隐语或隐戏,掌握很多相关史料或典故,因此,可能负责编纂《隐书》。春秋战国时代应有《隐书》文本。然而,早期《隐书》的文本形态,只能通过荀赋推测。秦简《隐书》再现了先秦文本的真实形态,有助于了解文本结构和句式用韵等。

(一) 结构内容

娱乐文本具有特定结构和操作程序。《吕氏春秋·审应览·重言》记载成公贾说"臣非敢谏也,愿与君王隐也",显示游戏的互动性。一般有"设隐",即进隐题;"射隐",即猜隐,如"人有设桓公隐者""桓公不能射"(《韩非子·难三》)。猜隐的过程,也称"占",如"占之为何"(《说苑·正谏》),"占之五泰"(《荀子·赋》)。最后,游戏结束,无论是否猜中,以"归之",如"请归之礼"等。

表 3-6 《隐书》与《荀赋》娱乐文本的结构对比

	荀赋	秦简《隐书》	备注
设隐	有物于此…… 臣愚而不识,敢请之△	有物居此……	《隐语》二、《知》赋无开端套语,直陈谜面
射隐	△曰…… 夫是之谓~理/请归之~	释之隐者,吾有以知之矣…… 以~说之,殆类~~	隐者,当是一种职业,指专门解释此类隐语的人②

荀赋的文本结构比较一致,上半部分设隐,下半部分射隐;而《隐书》第二则较为特殊,先后两次描述谜面,如:

兵城兵城,旁置四矩。端览在旁,啼呼在后。终日战矣,不知死所。

·释之隐者,吾有以知之矣。

兵城兵城,方不盈尺。精士十二人,半黑半白,中粗而外略,室

---

① 刘向编著,石光瑛校释,陈新整理《新序校释》,中华书局,2009,第288页。
② 黄杰:《北大秦简〈隐书〉中的"隐者"》,武汉大学简帛网,2013年12月30日。

相追而巷相索。
　　胜者为主人，不胜者为客。
　　以我说之，殆类六博。

　　李零先生认为："以下是和六博有关的第二个谜语，它和第一个谜语不同。第一个谜语是讲开局之前，第二个谜语是讲开局之后。"有学者认为第一个谜面已经说"终日战也，不知死所"，则非开局之前。前一则谜语是言六博时的场面情况，此一则是言六博的具体操作形式。[①]

　　从文本结构来看，荀赋"臣愚而不识""敢请之""△曰""请归之"，具有秦官书的部分特征；而秦简《隐书》则相对简单，带有民间娱乐气息。有些特定场合的文本，如誓辞、诰辞、判辞、祝辞等已经形成特定的范式。这些特殊文体游离于史传、诗赋等主流文体之外，有时作为叙事的一部分，糅合在相关文体中，但常常会发生变异，无法准确再现。《隐书》的独立再现有助于还原真实的文本体式。

　　《文心雕龙·诠赋》："隐语之用，被于纪传；大者兴治济身，其次弼违晓惑。盖意生于权谲，而事出于机急；与夫谐辞，可相表里者也。"这里谈到隐语的功用，基于《左传》《国语》等纪传的记录。很多学者将隐语修辞与汉赋箴谏联系起来。荀赋带有明显的儒家礼乐文化特征；《隐书》则属于纯娱乐文本，显示文学表达与政治教化的疏离。

（二）句式用韵

　　句式和用韵是文本的形式特征，探求文本属性的重要视角。《隐书》仅存小句30例，其中，四言24例，五言4例，六言1例，七言1例。通篇以四言为基本句式。四言作为古老的句式，常与其他句式错杂，形成综合句式的文本形态。状物的四言句式习见于《老子》《文子》等战国文献。《隐语》（三）"有人居此"，近似荀赋"爱有大物""有物于此"、《老子》"有物混成"等。其中，"民为人殴产□繄"带有秦地语辞"殴"，相当于楚地的"兮"。这种七言句式也见于楚辞和战国楚地竹简，如：

[①] 王宁：《北大秦简〈隐书〉读札》，武汉大学简帛网，2017年11月17日。

子慕予兮善窈窕　（《山鬼》）
援玉枹兮击鸣鼓　（《国殇》）
昔之猎兮余不与
施之绩兮而奋之　（《子仪》）

　　从清华简《子仪》来看，秦楚双方赋歌均用语辞"兮"，但秦歌以四言为基本句式，楚歌则句式多样，四言、五言、六言、七言兼备，呈现出明确的地域特征。从荀赋和《隐书》来看，谜面以四言韵文为主，谜底则句式灵活，呈现出韵散结合的特点。

　　从用韵来看，《隐书》韵脚多为鱼部、铎部，还有侯部和职部。简帛韵文具有一定的规律性，如北大秦简《祠祝之道》、清华简《祝辞》《祷辞》等巫祝类文献多用阳部韵。鱼部、铎部分别是阳部的阴声韵和入声韵，具有严格的对转关系。这种用韵规律与楚地文化密切相关，特别是黄老学派文献。楚地黄老著述多用韵文，其中韵脚与黄老学派的思想有着密切联系，如"阳""明""长""强""皇""昌""祥""亡""殃""行""生""成""定""争""静""形""刑""名""命""令""精""敬"等，此类阳部字与耕部字作为韵脚使用频率极高，① 由此，可以进一步说明《隐书》和荀赋的楚文化渊源。其中，《礼》赋谜面韵脚"章、明、葬、强、王、亡、王"，全用阳部韵，一韵到底；《针》赋谜面也是阳部韵；《知》谜底韵脚，用耕部韵；《云》赋则较为复杂，使用"兮"字句。

三　自题篇名与文体意识

　　秦代从"书同文"到"文同体"，对中国文体制度产生了深远影响，特别是官文书体系的确立，为西汉及后世的官文书体系所继承。②《隐书》自题篇名，说明时人的文体认知。篇章的出现是文体意识发展到一定阶段的产物，可以视为文体观念的萌芽。命篇标志了篇的独立，反映

---

① 陈民镇：《有"文体"之前——中国文体的生成与早期发展》，上海古籍出版社，2019，第143页。
② 陈民镇：《有"文体"之前——中国文体的生成与早期发展》，上海古籍出版社，2019，第195页。

了古人对篇的内容、结构等方面的认识，是文体认定与命体的前提。命体是文体观念发生的标志。①很多学者强调早期文体的"物质性"。文体学研究应"证之以实物"，认为实物形态包含丰富的文体信息，比纯文本丰富且重要。② 新出简帛的篇题称名、篇章标识等，为我们考察先秦文体制度提供了实物资料。

（一）简帛的篇题

余嘉锡先生曾提出经典论断："古书多无大题，后世乃以人名其书。……盖古人著书，其初仅有小题，并无大题也。"③ 这里所说的大题指书名，而小题即指篇题。从目前已经出土的简帛实物来看，的确仅有小题而无大题。楚简篇题十分丰富，有些"古书多摘首句二字以题篇"，如《凡物流形》《慎子曰恭俭》等；有些以人名称篇，如《子羔》《容成氏》《厚父》《子犯子余》等；有些以事件称名，如《赤鹄之集汤之屋》《殷高宗问于三寿》等；有些表示竹书来源，如上博简《竞建内之》简1背所记"竞建内之"，表明竹书该部分由名为"竞建"的人所纳入。④ 从书手字体和书写习惯来看，有些篇题是由正文的抄写者所加，如《子羔》的篇题；也有的并非抄写者所加，可能是由阅读者或收藏者所加，如《容成氏》的篇题。⑤《封许之命》篇末简9书"封许之命"，标题是对简文内容的概括，属于不同的书手所写。《芮良夫毖》简1背原书有"周公之颂志"，但被刮削，整理者"疑是书手或书籍管理者据《周公之琴舞》的内容概括为题，误写在芮良夫诗的简背，发现错误后刮削未尽"。⑥

这些竹简动态呈现了篇名的复杂情况，特别是战国时人对篇名的改动，反映了对称名方式和文体意识的积极探索。还有一些已具文体意义，如《鲍叔牙与隰朋之谏》《傅说之命》《封许之命》《内礼》等。有些篇

---

① 吴承学、李冠兰：《命篇与命体——兼论中国古代文体观念的发生》，《中国社会科学》2015年第1期。
② 吴承学、何诗海：《古代文体学研究漫议》，《古典文学知识》2014年第6期。
③ 余嘉锡：《余嘉锡说文献学》，上海古籍出版社，2001，第190页。
④ 李学勤：《试释楚简〈鲍叔牙与隰朋之谏〉》，载李学勤《文物中的古文明》，商务印书馆，2008，第474页。
⑤ 冯胜君：《从出土文献谈先秦两汉古书的体例（文本书写篇）》，《文史》2004年第4期。
⑥ 李学勤主编《清华大学藏战国竹简》（叁），中西书局，2012，第132页。

名及其文体具有较早的历史，如"命"作为一种文体，它的起源很可能与周代的册命制度有关。如清华简《祭公》简 21 正面书"祭公之顾命"，即《周礼·春官·宗伯》外史"掌三皇五帝之书，掌达书名于四方"，《周礼·秋官·大行人》"九岁属瞽史，谕书名"，明确说明书名与史官的密切关系。书籍由史官命名，再由其推广，则内容相同之书，题目也应大致相同。由清华简所见竹书的篇题来看，这一说法得到很大程度的支持。①

由此，战国时代楚地文献的篇名十分丰富，具有一定的文体意识。相对而言，秦简的篇名则更加具有体系性。

（二）秦简的篇题

秦代是篇题体系和目录规范的形成时代，在中国文体学史上具有重要地位。秦简篇题具有明确的层次体系，有书名和章名之别。睡虎地秦简共有 10 种。自名篇题的有 4 种，即"《语书》、《效律》、《封诊式》、《日书》乙种"；有章名的 5 种，即《秦律十八种》、《秦律杂抄》、《封诊式》、《日书》甲种和乙种。《封诊式》、《日书》乙种都有篇题和章题。《秦律十八种》有《田律》《仓律》《金布律》等十八种秦代法律，每条法律之下各收入数量不等的法条，并在每条独立的律文后标明律名。秦代文书在篇题的制作上比较严谨和规范，已开篇籍规范之风气。这种体式为汉代文献所继承并有发展，如银雀山汉简《孙子兵法》有一枚专记篇题的木牍，残成 6 块，似为 13 篇篇名，有"九地""用间""势"等。

北大秦简也有一些篇名，如自题《田书》；简背自题"此《隐书》也"；《制衣》第一、二枚简的头端分别写有"折""衣"二字，当是本篇篇题。《祠祝之道》竹简竹青面写有"皆祠祝之道勿亡"，整理者据以为篇题。从《隐书》竹简字迹来看，"此隐书也"，字体稍大且笔画稍粗，更流畅，可能是墓主或阅读者所加，反映其对文献内容和文体属性的认定。这种行为就是文本观念产生的基础之一。篇题是古代文章学和文体学发展的重要标志。篇章命名的层级谱系反映古人的分类思想，是对文本内容、形

---

① 贾连翔：《战国竹书形制及相关问题研究——以清华大学藏战国竹简为中心》，中西书局，2015，第 206 页。

式和文体性质的抽象提炼。

这些篇名是考察战国秦汉文体观念形成发展的宝贵资料。"此隐书也"体现了命篇者对文献独立性和结构完整性的准确认知,具有重要的文体意义。

四 文学史价值

新出文献为文学史研究注入新活力,带给我们很多启示。正如李学勤先生所说:"孔壁中书、汲冢竹书、商周金文、殷墟甲骨……每一次重大的发现,都不同程度地影响到那个时代的学术生态。"① 秦简《隐书》再现了《汉书·艺文志》文本形态,具有重要目录学价值。颜师古注引刘向《别录》云"隐书者,疑其言以相问,对者以虑思之,可以无不谕",② 应有一定的文本依据。刘向校书之前,古书多为开放性文本。多数汉代文献实际上是战国秦汉文献的汇总,且以战国文献为主。③ 从语气词分布和相关语辞来看,《隐书》可能为战国文本,呈现出独特的文本结构和形态。自题篇名反映了时人的文体意识。这些深化了对这种体裁的认知。很多学者探讨隐语的写物手法与汉赋铺陈之间的关系。其实,这种传统有着悠久的历史。《隐书》的写物手法与秦汉时期的相术十分相似。

(一) 出土文献中的写物

朱光潜先生提出:"隐语是描写诗的雏形,描写诗以赋规模为最大,赋即源于隐语。"④ 游国恩先生认为,隐的性质无论为体为用,其实都与辞赋相表里,不但楚辞与隐有关,而且战国时一般的赋乃至许多即物寓意、因事托讽的文章无不带有隐的意味。⑤ 庄周寓言、荀子赋篇、图谶之歌等皆为隐语之

---

① 李学勤:《〈出土文献与中国古代文明研究丛书〉前言》,载李学勤《夏商周文明研究》,商务印书馆,2015,第 448 页。
② 班固:《汉书》,中华书局,1962,第 1753 页。
③ 徐建委:《文本革命:刘向、〈汉书·艺文志〉与早期文本研究》,中国社会科学出版社,2017,第 41 页。
④ 朱光潜:《诗论》,中华书局,2012,第 42 页。
⑤ 游国恩:《论屈原文学的比兴作风》,载游国恩《游国恩学术论文集》,中华书局,1999,第 172~173 页。

流，比兴寄托也以隐为体。① 很多学者进一步阐发《隐书》的赋学价值。② 其实，《诗经》已有描物写人的细致刻画。就目前的出土文献来看，写物之法至少可追溯至春秋。春秋时代的金文中有很多状物，特别是对乐钟的刻画，如：

> 音嬴小则荡，稣平均韹；灵色若花。
> 余吕王之孙，楚成王之盟仆，男子之臬。余不特甲天之下，余臣儿难得。（《䴷钟》）
> 作为余钟，玄镠铲吕，大钟八肆，其箎四堵，矫矫其龙，既伸畅虞。（《邵黛钟》）
> 是辟于齐侯之所，是小心恭齐，灵力若虎，勤劳其政事，
> 其万福纯鲁，稣协尔有事，俾若钟鼓，外内阘辟，肃肃噌噌，达而佣臬。（《叔夷钟》）

以上几例春秋时代的编钟描写，有楚地、齐地的。其中，"灵色"，即《诗经·大雅·烝民》中的"令仪令色"，描写钟的颜色；对钟声的描写，如"外内阘辟""肃肃噌噌"；对鼓架的描写，如"矫矫其龙，既伸畅虞"；还有对人的刻画，如"灵力若虎""男子之臬"等，显示春秋时代的修辞水平。

战国时代有了极大发展，出现了前屈原时代的楚辞文本，如战国早中期的安大简已有楚辞类文本。上博简则有《李颂》《兰赋》《有皇将起》《鹠鹂》。这四篇文献属于屈原之前的"楚辞"。③ 其中，《李颂》《兰赋》与楚辞《橘颂》十分近似，有很多细致的写物，如：

> 断外疏中，众木之纪兮。晋冬之祁寒，叶其方落兮。凤鸟之所集，

---

① 游国恩：《槁庵随笔·第十一则》，《国文月刊》1945年第40期。
② 王长华、郗文倩：《汉赋文体形成新论》，《文艺研究》2004年第4期；郗文倩：《散体赋的文体特征及其隐语源流说——关于西汉散体赋形成的文体考察之一》，《河北师范大学学报》2004年第5期；郗文倩：《从游戏到颂赞——"汉赋源于隐语"说之文体考察》，《中国文学研究》2005年第3期；马世年：《〈荀子赋篇〉体制新探——兼及其赋学史意义》，《文学遗产》2009年第4期；等等。
③ 曹锦炎：《上海博物馆藏战国竹书〈楚辞〉》，《文物》2010年第2期。

俟时而作兮。

　　木斯独生，榛棘之间兮。

　　深利开豆，亢其不贰兮。乱木层枝，浸毁彰兮。　　（《李颂》）

　　缓哉兰兮，花摇落而犹不失厥芳，涅諹迟而达闻于四方。处宅幽麓……　　　　　　　　　　　　　　　　　　　　（《兰赋》）

《李颂》本为赞颂梧桐树的美善之质。作者对梧桐的歌颂，建立在状物的基础之上。而"断外疏中""深利开豆"等语，准确地反映出梧桐的特征，并赞美"亢其不贰"的品格，显示作者敏锐的观察力。《兰赋》中兰花摇落而犹不失厥芳，清香"达闻于四方"，还有很多拟人化描写，如"决去选物，宅在幽中""备修庶戒，旁时焉作""逴远行道，不躬有折，兰斯秉德"等。上博简辞赋以四言为主，以咏物为特征。四言体式出现较早，在《诗经》中很常见，咏物的体裁在《诗经》中也不鲜见。

荀赋"铺采摛文""假象尽辞"。很多学者将其作为汉代咏物散体赋的直接源头。这种单向联系值得重新思考。汉赋具有韵散结合的特点。韵散具有一定的规律性。散句多用于叙述缘起，文中承接或转折、归结时，在文章中起穿针引线的作用。韵文则是描写、形容、夸饰的铺陈主体。这种韵散规律与主客答问共同构成汉赋的文本特征。《隐书》也有这样的用韵规律和问答模式；但赋体探源，无论是形式上的对答还是手法上的体物，都不应局限于荀赋和《隐书》。问答体是战国说理文的标准样式。文体的产生应置于大的文化背景，有一个时段的考虑。《隐书》的体物手法应有一个源头。春秋时代的写物手法应是赋体的重要源头之一。

（二）《隐书》与秦汉相术

刘勰对赋体起源作了阐释，认为荀赋是重要环节。

　　然则赋也者，受命于诗人，而拓宇于楚辞也。于是荀况《礼》《智》，宋玉《风》《钓》，爰锡名号，与《诗》画境，六义附庸，蔚成大国。遂述客主以首引，极声貌以穷文，斯盖别诗之原始，命赋之厥初也……观夫荀结隐语，事数自环。

　　　　　　　　　　　　　　　　　　　　　（《文心雕龙·诠赋》）

很多学者以此为基础，探讨荀赋隐语的赋学史价值。先秦赋类作品的探源，应该采用多维观照的视角，找出先秦赋类作品的多个源头，不能单向线性溯源。① 从战国秦汉的文化背景来看，《隐书》在写物和体式等方面与相术存在密切联系。春秋时期已有相人之术，《左传·文公元年》记载："元年，春，王使内史叔服来会葬。公叔敖闻其能相人也，见其二子焉。叔服曰：'谷也食子，难也收子。谷也丰下，必有后于鲁国。'"秦汉简帛多有相宅等堪舆文献。相术资料比较丰富，如马王堆帛书《相马经》，阜阳汉简、银雀山汉简《相狗经》，孔家坡汉墓《相宅篇》，居延新简《相宝剑刀》等。从写物手法和结构体式来看，秦汉时代的《相马经》《相狗经》等与《隐书》关系密切。如《相马经》：

大光破章。有月出其上，半矣而未明。上有君台，下有蜂房；旁有绩□，急其维纲。
兰筋既鹜，狄筋冥爽；悠悠时动，半盖其明。周草既匿，莫见于旁；时风出本，行马以骧。
……

其中，"大光"指马眼大而光亮；"月"形容马眼上部如半圆的月亮；"君台"是形容马眼上的上眼睑如有四个翘角的房盖；"维纲"比喻马眼睫毛；等等。这些都细致描写马眼。《相马经》用赋体写成，字句整齐，多押韵，多比喻，富有文学色彩。《隐书》"六博"拟人化"精士十二人"，"梳篦"拟人化"夫为廷史，妻辄执贼"；"六博"棋子"半黑半白，中粗而外略"，对弈场面"室相追而巷相索"等，都是细致描摹或拟人，文学性较强。《相马经》提到的"南山""汉水""江水"等，整理者推测是战国时代楚人的作品。②

古代相书以目验的方法，观察对象的外部特征（形势、位置、结构、气度等），也称"形法"。从"象数"的角度说，它侧重的是"象"。《隐书》写物、相书写"象"都源于先民的"尚象"意识。《周易·系辞》记

---

① 李炳海：《先秦赋类作品探源理路的历史回顾和现实应对》，《甘肃社会科学》2015年第5期。
② 裘锡圭主编《长沙马王堆汉墓简帛集成（伍）》，中华书局，2014，第169页。

载"观物取象""制器尚象",渗透在音乐、造型、绘画、书法、文字等诸多方面。这是"人法自然"在日常生活、文学艺术中的具体运用,开启了古代的"象喻"思维。从"象喻"思维的"观物取象""以象比德"到艺术创造中的比兴、言志,均以"象"为思维中介,通过暗示、象征、比拟、类推等手法,使情景相关、意义相通的事物互通互感,为文学艺术理论的形成提供了一种阐释方法,衍生出或关联到"以象比德""取象比类""感物言志""比兴""得意忘象""托物起兴"等艺术传统。①

隐语"遁词以隐意,谲譬以指事也",用隐约的语言、曲折的譬喻描写,为铺陈状物留下空间。问答格局和韵文体式与汉代散体赋存在相似处。从《隐书》文本来看,状物比较平实,而汉赋则多"夸饰虚构",以穷形尽象、穷物写貌、精雕细刻为基本手段。二者的差异十分明显。

(三)楚地与秦汉文学

文学发展呈现阶段性特征,所谓"一代有一代之文学"。每个朝代的文学题材多样、形式丰富,呈现多元形态。所谓"一代之文学",说的是主流文体。然而,文学的演进具有渐变性和传承性。文学的代际沿革与历史分期常常错位。一种文体或形态跨越多个朝代,并不断衍生、融合甚至消亡。这种现象源于文学发展的内在规律和复杂动因,其中包括雅俗互动、地域文化、文人集团等多种因素。

秦简《鲁》《隐书》带有楚文化遗迹。马王堆帛书依然有很多楚地文化因素。很多文本源于战国楚人。这种影响可能跟汉初统治集团大多来自西楚的社会背景有关。北大汉简《妄稽》有很多楚地特色与江淮特征。② 在西汉初期,江淮地方的辞赋作家群,对汉代辞赋的发展起到了承上启下的过渡作用。③ 传世文献也有相关记载。《史记·货殖列传》记载淮河以北的沛、陈、汝南、南郡为西楚,彭城以东的东海、吴、广陵为东楚,衡山、九江、江南、豫章、长沙为南楚。项羽欲都彭城,自称西楚霸王。这代表了秦汉时期的基本看法。文化的传承、民俗的演变,有着相对的承袭性和稳定性。

---

① 夏静:《古代文论中的"象喻"传统》,《文艺研究》2010年第6期。
② 高中正:《年代、地域及家庭——北大汉简〈妄稽〉新研》,《文献》2018年第3期。
③ 段梦云、刘运好:《论汉初江淮地区辞赋文学的过渡性》,《南通大学学报》2015年第6期。

民俗文化特征并不会简单地随着政权的更迭而发生质变。人们的生活习惯、文化习俗、典章制度具有一定的稳固性。《汉书·地理志》说到三楚地区的文风,首先就提楚歌之盛。项羽的《垓下歌》、刘邦的《大风歌》都是楚歌的代表。①

五 小结

秦简《隐书》再现了珍贵文本,具有重要的文献价值。相对于《荀子》五隐,简文则更为短小,具有一定的形态特征。《隐书》带有楚文化因素,可能为战国时期的楚地文本。从简帛文献来看,文本层次十分复杂,涉及底本来源、文本传播、书手地域等多种因素。因此,秦汉简帛不能简单认定为秦汉作品,特别是古书类资料。文学代际不能简单对应历史分期。

第六节 殷商甲骨与乐学探源

中国音乐的起源历史悠久。乐学探源属于中华文明起源的重要课题,也是中华乐学话语体系的理论基础。甲骨文承载着中华文化的基因,包含着丰富的乐学信息。有些文字形体直观呈现早期乐器,可谓图像写史的宝贵资料,例如"鼓""庸""竽"等。有些文字承载乐学文化,一直沿用至今,进入日常生活而不知,如"声""喜""康"等,说明了早期之乐的本源属性。笔者参考相关研究,通过辞例比勘,结合传世文献,考察甲骨文中的早期乐制,包括乐官、乐歌、乐舞、音乐教育等,呈现殷商乐学的独特价值、历时传承等;从考古发现和甲骨卜辞来看,殷商音乐文明十分发达。

"乐"在中国早期文化中既具本源性,又具统摄性。② 早期之乐内涵丰富,是最原始的文艺形态。从文学批评来看,"乐评"是诗文评的先声。③ 中国音乐历史悠久。舞阳骨笛是目前发现的最早乐器,距今八千多年。早期乐学发生研究,既是文明起源的重要研究课题,也是建构中华乐学话语

---

① 跃进:《秦汉时期的"三楚"文学》,《文学遗产》2008年第5期。
② 杨合林:《澄百流以一源、发潜德之幽光——略论古代乐学研究的价值》,《湖南师范大学社会科学学报》2019年第2期。
③ 杨合林:《乐评:"诗文评"的先声》,《中国社会科学报》2020年5月8日。

体系的理论基础。甲骨文历史悠久、内容丰富。习近平总书记多次强调甲骨文传承中华民族的文化基因。考察甲骨文乐学具有重要的理论价值和现实意义。

乐学探源应综合三大路径：文献记载，考古遗存，图像资料。文献记载的古史传说，蕴含丰富乐学信息，如《吕氏春秋·古乐》记载"士达作为五弦瑟"，"昔黄帝令伶伦作为律"，"帝喾命咸黑作为声，歌《九招》《六列》《六英》"，葛天氏乐舞《八阕》、有娀氏乐歌《燕燕往飞》、禹时乐歌《候人兮猗》、伊耆氏祭歌《蜡辞》，以及黄帝时的《云门》、尧时的《咸池》、舜时的《箫韶》等。① 新出简帛也有三代音乐的记载，如《虞夏殷周之治》记述昔有虞氏用素，夏后受之，作乐《竽管》九成；殷人代之以三，作乐《韶》《濩》；周人代之用两，作乐《武》《象》。② "素"字概括了虞舜时期的礼乐制度。"竽管"是古代常见乐器，作为夏代乐名则第一次出现，反映了战国时人对三代之乐的认识。③ 传说当然未必可信，但"上古之事，传说与史实混而不分。史实之中，固不免有所缘饰，与传说无异；而传说之中，亦往往有史实之素地"。④ 新石器时代的乐器如陶埙、陶角、骨笛等，⑤ 殷商乐器如钟、鼓、铃、磬等，不胜枚举。"先民们的乐器实践，必有乐律理念生发。"⑥ 音乐考古、考古写史取得了重要成果。不同地域的考古发现，呈现了音乐文化多元并存的地理格局，也反映出不同地域和民族间的音乐交融，共同缔造了殷商音乐文明。⑦

早期乐学具有丰富的内涵，包括乐器等物质制度，还有乐律、乐教、乐政等意识形态和应用层面。乐律的生成与阴阳二分的哲学思维、度量衡认知等数理思维密切相关。乐学探源应坚持开放、多元、综合的研究视野，开展多学科交叉研究，还原早期乐学的生成和演变路径。"图像写史"是近年学术界的热点。甲骨文具有象形属性，可谓"图像写史"的宝贵资料。

---

① 钱慧：《音乐的起源与远古传说》，《中国社会科学报》2014年2月19日。
② 李学勤主编《清华大学藏战国竹简（捌）》，中西书局，2018，第162页。
③ 石小力：《清华简〈虞夏殷周之治〉与上古礼乐制度》，《清华大学学报》2018年第5期。
④ 谢维扬、房鑫亮主编《王国维全集》（第十一卷），浙江教育出版社、广东教育出版社，2009，第241页。
⑤ 黄敬刚：《中国先秦音乐文物考古与研究》，人民出版社，2017，第29~33页。
⑥ 项阳：《由钟律而雅乐，国乐之"基因"意义》，《音乐研究》2019年第2期。
⑦ 方建军：《考古新发现与古代音乐史研究》，《音乐研究》2010年第5期。

李学勤先生认为考古发掘的实物,古文字学的考释,文献的记述,应彼此补充,丰富对古代文化的理解。①

一 文字形体与殷商音乐

甲骨文沉淀着中国文化的奥秘,展示着造字时代的社会情状。象形文字是对客观事物特征的线条化,"《说文》为汉人所作,其中字义,可以发见汉以前之逸史、制度、风俗者不少,亦断代为史之一种"。②汉字本身可以展现古人特有的文化心理,可以展现工具、居所、制度、语言、哲学、信仰、风俗、行为规范等文化要素及其流变。汉字从本身内容到形式都标志着中国文化鲜活的存在。③甲骨文中有很多乐器名称,是古代音乐史的珍贵资料。有些形体直观呈现乐器形制和乐用形态。有些乐器之字作为偏旁,参与新的文字构形,从而产生了一组与音乐相关的字族。有学者利用甲骨文等考察殷商乐器、乐歌、乐舞等,取得了一些重要成果,④兹梳理如下。

1. "壴"及相关字

1.1 壴

壴合 9260　壴屯 2576　壴合 20075　壴合 23603

《说文·壴部》:"壴,陈乐立而上见也,从屮从豆。"甲骨文就是整体象形,即"鼓"字初文。《说文·攴部》:"鼓,击鼓也。从攴从壴,壴亦声。"甲骨文象手持鼓槌击鼓,即"击鼓"之"鼓"。随着文字的合并和分化,"壴"作为偏旁参与很多构形,且多与"鼓"有关;而"鼓"字,则为"鼓"所合并。

1.2 鼖

鼖合 18594

---

① 李学勤:《古乐与文化史》,《人民音乐》1981 年第 6 期。
② 程树德:《说文稽古篇·凡例》,商务印书馆,1957,第 1 页。
③ 黄德宽、常森:《汉字阐释与文化传统》,《学术界》1995 年第 1 期。
④ 裘锡圭:《甲骨文中的几种乐器名称——释"庸""豐""鼖"》,载裘锡圭《裘锡圭学术文集·甲骨文卷》,复旦大学出版社,2012,第 36~50 页;宋镇豪:《殷墟甲骨文中的乐器与音乐歌舞》,载李宗焜主编《古文字与古代史》(第二辑),中研院历史语言研究所,2009,第 39~70 页;王子杨:《揭示若干组商代的乐歌乐舞——从甲骨卜辞"武汤"说起》,载《"中央"研究院历史语言研究所集刊》(第九十本)第四分,"中央"研究院历史语言研究所,2019,第 636~679 页。

《说文·鼓部》:"鼖,大鼓谓之鼖。鼖八尺而两面,以鼓军事。从鼓,贲省声。"唐兰先生认为:"此作🐚者,多其贲饰,以显大鼓也。……古或借贲为之。"① 《诗·大雅·灵台》"贲鼓维镛",以贲鼓与镛(大钟)并举。

1.3 鼛

🐚合 24390　🐚合 31686

蒋玉斌先生认为"🐚"即"鼛","鼛"又变为"鼛"。② 《说文·豆部》:"鼛,夜戒守鼓也。从豆蚤声。《礼》:昏鼓四通为大鼓,夜半三通为戒晨,旦明五通为发明。读若戚。"《周礼·地官·鼓人》"凡军旅,夜鼓鼛",《夏官·掌固》"夜三鼛以号戒"。黄天树等学者认为甲骨文中有击鼓记时的现象,"(一)鼓、三鼓、五鼓"可能指更鼓,是以击鼓的数字来计时。③ "鼛"字的释读,有助于认识文献记载的夜鼓,充分说明早期乐器的实用属性。

1.4 艱

🐚合 24204　🐚合 3122

《说文·堇部》:"艱,土难治也。从堇,艮声。"从甲骨文来看,该字从"壴"。古人以鼓声传讯报警,故画出人跪坐守鼓之形作为"艱"的表意字。④ 《史记·周本纪》记载:"幽王为烽燧、大鼓,有寇至,则举燧火。"可见,"鼓"与军事活动密切相关,呈现了早期乐学的丰富内涵。甲骨文"师惟律用","律"应指"音律"之"律",《周礼·春官·大师》说:"大师,执同律以听军声,而诏吉凶。"以吹律占卜兵事的方术可称为"五音占"。⑤ 商代已有乐律,并应用于军事。

1.5 豐

🐚合 32557　🐚合 34609

---

① 唐兰:《殷虚文字记》,中华书局,1981,第 83~84 页。
② 蒋玉斌:《甲骨文"臺"字异体及"鼛"字释说》,载中国古文字研究会、清华大学出土文献研究与保护中心、中国社会科学院甲骨文殷商史研究中心、首都师范大学甲骨文研究中心编《古文字研究》(第三十一辑),中华书局,2016,第 43 页。
③ 黄天树:《殷虚甲骨文所见夜间时称考》,载黄天树《黄天树古文字论集》,学苑出版社,2006,第 189 页。
④ 陈剑:《殷虚卜辞的分期分类对甲骨文字考释的重要性》,载陈剑《甲骨金文考释论集》,线装书局,2007,第 333 页。
⑤ 刘钊:《卜辞"师惟律用"新解》,载刘钊《古文字考释丛稿》,岳麓书社,2005,第 79~86 页。

该字从壴从珏，用鼓用玉会意行礼之义，即"豐（礼）"字。① 《论语·阳货》："礼云礼云，玉帛云乎哉？乐云乐云，钟鼓云乎哉？"甲骨文有专门用鼓的祭礼。《春秋》庄公二十五年也记载，"日有食之，鼓，用牲于社"，"秋，大水，鼓，用牲于社于门"。礼乐之"豐（礼）"源于音乐。

1.6 彭

合 8283　合补 8834

《说文·壴部》："彭，鼓声也。从壴彡声。"从甲骨文来看，从"壴（鼓）"，三撇表示击鼓之声嘭嘭然。拟声字说明古人对乐音的分辨和重视。《说文》还有几个鼓声之字，如"𪔳、鼞"等。

1.7 喜

合 21207　合 24336

《说文·壴部》："喜，乐也。从壴从口。"季旭昇先生认为："古人以为最让人喜乐的东西是'壴'，于是要造喜字的时候，就用一个壴字，然后加上指事符号'口'，表示这个字要的只是'壴'的抽象意义——乐。"② 由此可见，人的感情"喜、乐"均与乐器有关。

2. "庚"及相关字

2.1 庚

合 536　合 21515

《说文·庚部》："庚，位西方，象秋时万物庚庚有实也。庚承己，象人齐。"《说文》释义不可信，受到汉代阴阳五行思想的影响。宋代戴侗《六书故》认为"庚"象钟类，"康"、"庸（镛）"之初文均从"庚"，足证"庚"为乐器之说可从，依字形，此器当类似货郎鼓而大。③

2.2 庸

合 15994　合 18804

《说文·用部》："庸，用也。从用从庚。庚，更事也。《易》曰：先庚三日。"裘锡圭先生认为："甲骨文里常见一个写作𤰈𤰈等形的字，……也见

---

① 林沄：《豐豊辨》，载中国古文字研究会编《古文字研究》（第十二辑），中华书局，1985，第183页。
② 季旭昇：《说文新证》，艺文印书馆，2015，第398页。
③ 季旭昇：《说文新证》，艺文印书馆，2015，第965页。

于西周初年的大丰簋铭文。清代学者吴式芬、刘心源等人释作'庸'。……'庸'显然是从庚、用声的形声字。《说文》把'庸'解释为会意字是错误的。"① 甲骨文常见庸舞、奏庸、置庸（布置大钟）等。《诗经》有"庸鼓有斁"等，"庸""鼓"并举。

2.3 康

⿳ 合补 11053   ⿳ 合 36010

《说文·禾部》："穅，谷皮也。从禾、从米，庚声。康，穅或省。"从甲骨文来看，从庚其下撇点犹"彭"字之撇点；有学者认为小点象庚摇动时之乐声，由乐声以见和乐之意。②"康、乐"与音乐有关。

3. 石及相关字

石是早期乐器的重要材质。石磬在新石器时代已经使用。考古发现中，商代的编磬、编钟常常同墓伴出。

3.1 石

⿳ 合 21050   ⿳ 合 6952 正

《说文》："石，山石也。在厂之下；口，象形。"甲骨文象磬石之形。磬石本取自山石，后来，增加"口"，以作区分。③

3.2 磬

⿳ 合 10500   ⿳ 合 8032

《说文·石部》："磬，乐石也。从石殸，象悬虡之形。殳，击之也。古者母句氏作磬。"甲骨文象手持物敲击石磬。

3.3 聲

⿳ 合 17158   ⿳ 合 32926

《说文·耳部》："聲，音也，从耳殸声。殸，籀文磬。"从甲骨文来看，从耳从石或从磬，会意以耳闻磬声。《诗·商颂·那》："既和且平，依我磬声。"由此可见，"声"字源于磬声。

---

① 裘锡圭：《甲骨文中的几种乐器名称——释"庸""豐""鼖"》，载裘锡圭《裘锡圭学术文集·甲骨文卷》，复旦大学出版社，2012，第 36 页。
② 季旭昇：《说文新证》，艺文印书馆，2015，第 574 页。
③ 季旭昇：《说文新证》，艺文印书馆，2015，第 727 页。

4. 龠及相关字

4.1 龠

龠 合 4720　龠 合 25755

《说文》："龠，乐之竹管，三孔，以和众声也。从品侖。侖，理也。"甲骨文上象管乐器的吹孔，下象乐管，外象束扎之形，盖如排箫、排笛类之乐器，后世以为单管多孔乐器，不可信。商代"龠"双管同吹，其音龢龤，所以从"龠"的字大体都有和谐的意思。①

4.2 龢

龢 合 1240　龢 合 30693

《说文·龠部》："龢，调也。从龠禾声。读与和同。"段注认为"此与口部之和音义别，经传多假借和为龢。"② 《国语·周语》："夫政象乐，乐从龢，龢从平，声以龢乐，律以平声。"韦昭注："龢，八音克谐也。"甲骨文从龠从禾，为音乐和谐之"和"。"和"由音乐属性成为中国乐论和文论的重要范畴。③

5. 竽

竽 合 14617　竽 合 18635

根据甲骨文辞例，裘锡圭先生推断该字为乐器，认为甲金文"于"字繁体作亏亏等形，很象是由上引奇字简化而成的分化字，并引郭沫若先生的意见："于乃竽之初文，象形，=象竽管，丿其吹也，其从弓作者，乃管外之匏。"④

6. 筑

筑 《英藏》2526

《说文·竹部》："筑，以竹曲五弦之乐也。从竹、从巩。巩，持之也。

---

① 季旭昇：《说文新证》，艺文印书馆，2015，第 143 页。
② 段玉裁：《说文解字注》，上海古籍出版社，1981，第 85 页。
③ 陈松青：《中国古代"乐和"观念之内涵及价值转换》，《湖南师范大学社会科学学报》2019 年第 5 期。
④ 裘锡圭：《甲骨文中的几种乐器名称——释"庸""豐""鼛"》，载裘锡圭《裘锡圭学术文集·甲骨文卷》，复旦大学出版社，2012，第 46 页。

竹亦声。"《说文·丮部》:"丮,持也。"谢明文先生疑该字可释作"筑"。①《史记·刺客列传》记载:"善击筑者高渐离。"《说文·竹部》:"筝,鼓弦竹身乐也。"筑、筝两种乐器,可能与弦乐有关。

7. 乐及弦乐

弦乐的产生是中国音乐史的重大问题。② 郭沫若认为中国所固有的乐器不外是磬、簫、鼓、钟几种,连琴瑟都是外来的。③ 音乐史家李纯一提出反对意见,"春秋各国乐师多擅琴瑟,如楚之锺仪、齐之师开、鲁之师乙、晋之师旷、郑之师文、卫之师曹,等等。《鄘风·定之方中》说:'树之榛栗,椅桐梓漆,爰伐琴瑟。'《左传》襄公二年和十八年说择美槚(楸)、檀(椿)以为颂琴。凡此足以证明,春秋时期琴瑟已广泛流行,并在选材方面积累了比较丰富的经验。由此逆推,估计它们出现不会晚于西周。但究竟始于何时,目前尚难论断"。④ "乐"字甲骨文作"𢆉"(合33153)、"𢆉"(合36556)等。罗振玉认为"从丝附木上,琴瑟之象也,或增白以象调弦之器"。⑤ 甲骨文是特殊场合使用的占卜文字,弥足珍贵但并不足以还原殷商社会的全部。因此,早期乐学的探源应具有一定的理性思辨。如李守奎先生所说,从甲骨文"乐"字的构形来看,商代有弦乐的推断可信。⑥

8. 歌、唱、舞

三代音乐,起初是原始的歌乐舞一体。"歌、唱、舞"也是早期乐学的重要组成部分。《周礼·地官·舞师》:"教羽舞,帅而舞四方之祭祀。教皇舞,帅而舞旱暵之事。"

8.1 歌

𠸤 合275正   𠸤 合补1242

---

① 谢明文:《说夙及其相关之字》,载复旦大学出土文献与古文字研究中心编《出土文献与古文字研究》(第七辑),上海古籍出版社,2018,第41页脚注①。
② 徐宝贵考释花东卜辞130"𢆉"为"瑟"。参徐宝贵《殷商文字研究两篇》,载复旦大学出土文献与古文字研究中心编《出土文献与古文字研究》(第一辑),复旦大学出版社,2006,第155~166页。徐先生的字形依据为"瑟"《说文》古文,从文字演变的序列来看,值得怀疑。
③ 郭沫若:《郭沫若全集·历史编》(第四卷),人民出版社,1982,第143页。
④ 李纯一:《中国上古出土乐器综论》,文物出版社,1996,第455页。
⑤ 罗振玉:《殷虚书契考释》(增订本),艺文印书馆,1981,第40页。
⑥ 李守奎:《先秦文献中的琴瑟与〈周公之琴舞〉的成文时代》,《吉林大学社会科学学报》2014年第1期。

《说文·欠部》:"歌,咏也。从欠,哥声。"从字音和甲骨文、金文的字形来看,"欹"是从"何"字分化出来的。甲骨文、金文的"欹"字象人荷物而张口出气。人荷重或从事其他重体力劳动时,呼吸的动作比较显著,"欹"字训"息"或"气出",正与字形相合。"欹"与"歌"形音并近,恐怕不是偶然的。荷重或从事其他重体力劳动者,发出有节奏呼喊声如"杭呵""杭育"之类,以减轻疲劳的感觉。这种呼喊声大概就是最原始的歌。①

8.2 唱

🗎 合 19924

《说文·日部》:"昌,美言也。从日从曰。一曰:日光也。诗曰:东方昌矣。"俞樾认为"昌",即古"唱"字。王献唐说:"歌唱以口,故'昌'字从'口',其上作'日'者,原始人群,衣褐难给,多取暖于日,黑夜伏处,苦乏灯烛,晓起见日初升,阳和被体,出幽暗之中,顿启光明,不觉鼓舞欢呼,引起呼声,而歌唱生焉。"② "昌"字从日从口,造字方法正与"名"字相类。"唱"最初指日方出时呼唤大家起身干事的叫声。这种叫声多数有一定的调子,是歌唱的一个源头。③

8.3 舞

🗎 合 20979   🗎 花东 391   🗎 合 31199

《说文·舛部》:"舞,乐也。用足相背。从舛,無声。"甲骨文象人持牛尾或鸟羽等跳舞;引伸为一切跳舞。有些形体从雨,专表求雨之"雩"祭。《礼记·月令》:"大雩帝,用盛乐。"可见,舞与乐关系密切。

"歌""唱"二字说明音乐与语言、劳动之间的密切关系。"舞"字则生动再现了先民载歌载舞的情景。

通过相关字形,我们直观感知早期乐器形态,了解音乐起源与语言、劳动的密切关系。然而,甲骨文并非商代文字的全部。由于考释水平和认识能力的有限,有些疑难字还未确释,无法确定与传世文献乐器的对应关

---

① 裘锡圭:《说字小记》,载裘锡圭《裘锡圭学术文集·金文及其他古文字卷》,复旦大学出版社,2012,第 422 页。
② 王献唐:《那罗延室稽古文字》,齐鲁书社,1985,第 93 页。
③ 裘锡圭:《说字小记》,载裘锡圭《裘锡圭学术文集·金文及其他古文字卷》,复旦大学出版社,2012,第 423 页。

系。我们对古代音乐文化探求，只能是接近而无法还原。甲骨文已具表音属性，突破了形体造字的限制，产生了很多假借字，如"鼟"，应为"鼛"，即《商颂·那》"置我鼗鼓"之"鼗"。① 还有一些乐器未释字，如"󰀁"；有些确定为乐器，但不知具体所指，如"熹"等。② 因此，我们需要深入甲骨文的语言层面，结合辞例和传世文献，并参考商周金文等，尽可能全面认识早期乐学的面貌。

二 甲骨文与早期乐制

新石器时代出土了大量的乐器，如贾湖骨笛、石卯骨簧、成组石磬等，丰富了对史前音乐的认知。贾湖先民用手指的宽度来开孔度律，③ 骨笛的音阶结构至少是六声音阶，也有可能是七声齐备的、古老的下徵调音阶。④《国语·周语》记载"瞽师音官以省风土"。甲骨文有四方风名。商代以前应有"听风辨律"。古代十二律的产生有长远的历史基础，这一历史基础奠定于殷代，逐渐形成了完整的十二律体系。⑤ 音律的创制应有特定的乐官。《国语·周语》："古之神瞽，考中声而量之以制。"《诗经·周颂·有瞽》："有瞽有瞽，在周之庭。设业设虡，崇牙树羽。"《诗经·大雅·灵台》："鼍鼓逢逢，蒙瞍奏公。"古代乐师多为盲人，与甲骨文记载吻合。甲骨文中还有乐歌、乐舞、乐教等乐制内容。

1. 乐官乐师

1.1 瞽

󰀂 合 16040　󰀃 合 5299 反

第一个字形象手持拄杖之形，上部"目"旁残缺，裘锡圭先生释为"瞽"字。第二个字形从女，为女性之"瞽"专字。甲骨文有"多瞽"（《合 16013》），表示为王朝服务的瞽人很多，与卜辞"多臣""多射"等

---

① 裘锡圭：《甲骨文中的几种乐器名称——释"庸""丰""鼛"》，载裘锡圭《裘锡圭学术文集·甲骨文卷》，复旦大学出版社，2012，第 45 页。
② 裘锡圭：《甲骨文中的几种乐器名称——释"庸""丰""鼛"》，载裘锡圭《裘锡圭学术文集·甲骨文卷》，复旦大学出版社，2012，第 47 页。
③ 陈其射：《中国古代乐律学概论》，浙江大学出版社，2011，第 181 页。
④ 黄翔鹏：《舞阳贾湖骨笛的测音研究》，《文物》1989 年第 1 期。
⑤ 李纯一：《关于殷钟的研究》，《考古学报》1957 年第 3 期。

相似。瞽参加求雨之祭，如"癸卯卜，㘱，贞：呼多瞽☐；贞：勿呼多瞽☐。王占曰：其有雨。甲辰☐丙午亦雨，多☐"（《合》16013）。瞽还参加葬礼活动，如"丁亥贞：王令保、瞽蕴□"（《屯南》1066）；"贞：惠☐瞽☐葬☐"（《合》17179）。《周礼·春官·大师》："大丧，帅瞽而廞。"殷商金文"册瞽宅"（《集成》1737），其中，"册"表示史官世家，"册瞽"即"瞽史"。①

1.2 万

"万"用为一种人的名称，如"呼万舞"（《合》28461），"王其呼万雩"（《合》31032），"王其乎戌䨄盂，有雨；叀万䨄盂田，有雨"（《合》28180），"万叀美奏，有正"（《合》31022），"万其作庸"（《合》31018），"丁酉卜，今日丁万其学"（《屯南》622），等等。这些"万"是从事舞乐工作的。殷商金文有"万豕"，因"置庸，舞九律舞"（《集成》9894）而受赏。卜辞里用法与祭名相似的"万"，应读为古书常见的万舞之"万"。称万的人当因从事万舞一类工作而得名。他们就是《诗·邶风·简兮》所歌"公庭万舞"的"硕人"那样的人。②

商代乐人应是一个群体，具有系统性。甲骨文只是零星记录。到了西周，金文出现了"司乐、糯籥、鼓钟、小辅"等。《周礼》记载则更加体系化。

2. 演奏术语

2.1 奏

㭭合 14606   㭭合 14125

《说文》"皋"下曰"登歌曰奏"。甲骨文象双手持舞具演奏。"奏庸（镛）"见于甲骨文、金文和古书等。甲骨文中还有"惠美奏。惠祇奏。惠商奏"（《合》33128）、"奏鼛"（《合》11978）等，不胜枚举。乐用语辞"奏"字一直沿用至今。

2.2 作

甲骨文"作"字含义较多，其中，有"作庸""作丰"等，如"作丰庸"

---

① 裘锡圭：《关于殷墟卜辞的"瞽"》，载裘锡圭《裘锡圭学术文集·甲骨文卷》，复旦大学出版社，2012，第 510~515 页。

② 裘锡圭：《甲骨文中的几种乐器名称——释"庸""豐""鼛"》，载裘锡圭《裘锡圭学术文集·甲骨文卷》，复旦大学出版社，2012，第 47~50 页。

(《合》27137)、"其作丰,又正,受佑"(《合》31180)、"于翌日壬酒作庸,不遘大风"(《合》30270)、"作𦜗十终"(《合集》36775+36778),等等,显然与音乐有关。"作庸""作丰"亦是演奏庸乐、丰乐。"作"义同"奏"。①

2.3 益

甲骨文有"奏商""舞商"等,还有"益商""益祗""益𣪘"等。根据既有"奏男""奏祗""奏𣪘"的组合,也有"益男""益祗""益𣪘"的搭配,王子杨先生认为"益"跟"奏"关系密切,可能也有"演奏""编排"一类的意义。何景成先生也提出卜辞与乐舞连用的"益"可读为"佾",在卜辞中用作动词,指排列、编排乐舞。②

"益""作"为演奏语辞不见于后世文献,显示甲骨卜辞的独特价值。

3. 乐用之名

3.1 乐歌乐舞

关于古代乐歌,高亨先生有详尽的整理考辨。③ 宋镇豪先生曾整理甲骨卜辞中的乐歌、乐舞,并对乐歌乐舞的形式进行了深入探讨。④ 甲骨文有"武唐",如"今日㱃[益]武唐。[之日]允[㱃]"(《合》26770),"叀武唐用,王受有祐"(《合》27151)。周鸿翔曾经指出甲骨文的"武唐"即《玄鸟》之"武汤"。⑤ 卜辞"武唐"就是古书中的"武汤",专门祭祀商汤的乐歌名称。以一代名王命名的乐歌有周代乐歌《文王》等。王子杨先生进一步揭示了一些乐歌,如《祗》《商》《美》《𣪘(韶)》《编》《黄(皇)》《莧》等,很多都不见于古书记载。⑥

《花东》280、380有"𣎴 𣎴",像两人牵手、前一人扬手的舞蹈之

---

① 王子杨:《揭示若干组商代的乐歌乐舞——从甲骨卜辞"武汤"说起》,载《"中央"研究院历史语言研究所集刊》(第九十本)第四分,中研院历史语言研究所,2019,第657页。
② 何景成:《试论殷墟甲骨卜辞与乐舞有关的"益"字》,载清华大学出土文献研究与保护中心等编《出土文献》(第十四辑),中西书局,2019,第1页。
③ 高亨:《上古乐曲的探索》,载高亨《高亨著作集林》(第九卷),清华大学出版社,2004,第38~79页。
④ 宋镇豪:《殷墟甲骨文中的乐器与音乐歌舞》,载李宗焜主编《古文字与古代史》(第二辑),中研院历史语言研究所,2009,第54页。
⑤ 周鸿翔:《商殷帝王本纪》,香港自印本,1958,第59页。
⑥ 王子杨:《揭示若干组商代的乐歌乐舞——从甲骨卜辞"武汤"说起》,载《"中央"研究院历史语言研究所集刊》(第九十本)第四分,中研院历史语言研究所,2019,第668页。

形，①一种乐舞之名。《周礼·春官·乐师》有"人舞"，郑司农说："人舞者，手舞。"即徒手而舞，不持舞具。《花东》53 还有"癭舞"。《屯南》2194 有"惠兹戈用。惠兹戚用"，林沄先生认为"戚"有可能是一种乐舞，即《吕氏春秋·仲夏纪》"执干戚戈羽"。②《花东》206"舞戈"，何景成先生也认为是以舞具称呼乐舞。③

3.2 乐名之由

乐歌乐舞得名之由，体现殷商先民对乐名的概况和分类。如《武唐》，歌颂商汤的武功，类似于《文王》。《韶》可能与鼖有关，也许原始的韶是以鼖为主要乐器的一种音乐。④

有些以所持舞具为名，如"祇（节之象形初文）"源于舞具，⑤《周礼·春官·乐师》云："凡舞，有帗舞，有羽舞，有皇舞，有旄舞，有干舞，有人舞。"

3.3 钟名庙名

卜辞有"祖丁庸"（《英》2263、2265，《合集》27310，《屯》1255）、"父庚庸"（《屯》1055）。祖丁庸、父庚庸当为康丁的父辈祖庚和祖父武丁所作的镛。⑥"惠小乙庸用"（《英》2263），"小乙庸"就是小乙之庙的钟。《左传·成公十年》"襄钟"，杜注解释为"郑襄公之庙钟"。《国语·晋语》"景钟"，应为晋景公的庙钟。由此可见，这种命名传统渊源有自。

3.4 演奏单位

乐歌乐舞的单位是演奏程序的重要部分。古书多有记载，如《逸周书·世俘》"籥人九终"、《尚书·益稷》"箫韶九成"、《淮南子·齐俗》"其乐《夏籥》九成"，清华简《耆夜》"作歌一终"、《周公之琴舞》"琴

---

① 姚萱：《殷墟花园庄东地甲骨卜辞的初步研究》，线装书局，2006，第 184 页。
② 林沄：《说戚、我》，载中国古文字研究会、中华书局编辑部编《古文字研究》（第十七辑），中华书局，1989，第 201 页。
③ 何景成：《试论殷墟甲骨卜辞与乐舞有关的"益"字》，载清华大学出土文献研究与保护中心等编《出土文献》（第十四辑），中西书局，2019，第 6 页。
④ 裘锡圭：《甲骨文中的几种乐器名称——释"庸""豐""鼖"》，载裘锡圭《裘锡圭学术文集·甲骨文卷》，复旦大学出版社，2012，第 46 页。
⑤ 王子杨：《揭示若干组商代的乐歌乐舞——从甲骨卜辞"武汤"说起》，载《"中央"研究院历史语言研究所集刊》（第九十本）第四分，中研院历史语言研究所，2019，第 661 页。
⑥ 裘锡圭：《甲骨文中的几种乐器名称——释"庸""豐""鼖"》，载裘锡圭《裘锡圭学术文集·甲骨文卷》，复旦大学出版社，2012，第 38 页。

舞九㐱"、《虞夏殷周之治》"作乐《竽管》九成"等。甲骨文已有相关记载，如"作䭲十终"(《合集》36775+36778)，应该解释为演奏"䭲"这种乐歌十章。① 殷商金文也有记载，如"王享酒，奏庸，新宜軟，魯（舞）十终。"② 商末金文《戍鈴彝》"九律"，李学勤先生认为就是"九卒"。"韶乐有'九招'之称，这里的'九卒'正与之相合。"③

3.5 礼仪用乐

简帛文献对西周春秋时代的用乐多有描写。这是战国时人的历史记忆和文本书写，有一定的历史依据，也存在一定程度的想象。如《耆夜》饮至礼，《周公之琴舞》"元内启、乱，再启、乱"等九启程序。殷商《大万尊》有助于了解商代的乐用形态，如"王享酒，奏庸，新宜軟，魯（舞）十终，三朕（腾）䢃（眾）踊"，其中"奏庸，新宜軟，魯（舞）十终，三朕（腾）䢃（眾）踊"，就是享礼的仪注。据两周时期国君享宴乐次，金奏始，次升歌，配以舞。铭文"奏庸"是金奏，那么"新宜軟"和"鲁（舞）十终，三朕（腾）䢃（眾）踊"应分别相当于歌、舞。其中，"軟"有吟诵、吟咏的意思，"新宜軟是新谱写的佐食肴馔的歌"。④

4. 音乐教育

《周礼·春官·大宗伯》："大司乐掌成均之法，以治建国之学政，而合国之子弟焉。""以乐德教国子，中、和、祗庸、孝、友；以乐语教国子，兴、道、讽、诵、言、语；以乐舞教国子，舞云门、大卷、大咸、大磬、大夏、大濩、大武。"甲骨文有音乐教育，如：

庚寅卜，贞：翌辛卯王龠爻（学）不雨。八月。　（《合》6）

甲戌卜：翌乙［亥王］学，卒，不［遘雨］。允不。　（《合》18704）

丙寅卜，奚，贞：翌丁卯王其爻（学），不遘雨。　贞：其遘雨。

---

① 王子杨：《甲骨文中值得重视的几条史料》，《文献》2015年第3期。
② 李家浩：《大万尊铭文释读》，载清华大学出土文献研究与保护中心编《出土文献》（第八辑），中西书局，2016，第33页。
③ 李学勤："九㐱"与"九律"——兼释商末"己酉方彝"》，载李学勤《初识清华简》，中西书局，2013，第209页。
④ 李家浩：《大万尊铭文释读》，载清华大学出土文献研究与保护中心编《出土文献》（第八辑），中西书局，2016，第33页。

五月。(《合》12570)

多万入爻（学）①，若。　　(《英藏》1999)

屡次占问是否"遘雨"，商王学习乐歌十分担心下雨。②"新庸至自夒入学"（《合》15665），裘锡圭先生认为卜问新镛铸成后搬入学校之事。③甲骨文还记载了学习内容，如："多子其延学疒"（《合》3250），"学黄"（《合》18819）等。"丁酉卜：今旦万其学。"（《屯南》662）。万人从事的工作多与乐舞有关，其所"学"的对象应是某种乐舞。④西周金文《荣仲方鼎》："王作荣仲序，……子加荣仲扬庸一、牲大牢。"方鼎的价值在于印证当时的学制。西周学宫继承了前代传统。⑤

三　小结

甲骨文是最早的成系统文字，具有极高的史料价值，有助于早期音乐探源。甲骨文形体有助于考察早期音乐文化。卜辞记录了丰富的乐制信息。结合考古发现和传世古书，我们可以深入了解殷商音乐文明。甲骨文等出土文献带来了很多新知。出土文献最大的启示就是：古代很多思想观念都有一个非常久远的来源，根据传世文献对很多事物概念、思想观念起源所得出的认识常常滞后或偏晚。⑥

---

① 裘锡圭：《甲骨文中的几种乐器名称——释"庸""豐""鼗"》，载裘锡圭《裘锡圭学术文集·甲骨文卷》，复旦大学出版社，2012年，第50页（编校追记）。
② 王子杨：《揭示若干组商代的乐歌乐舞——从甲骨卜辞"武汤"说起》，载《"中央"研究院历史语言研究所集刊》（第九十本）第四分，中研院历史语言研究所，2019，第653页。
③ 裘锡圭：《甲骨文中的几种乐器名称——释"庸""豐""鼗"》，载裘锡圭《裘锡圭学术文集·甲骨文卷》，复旦大学出版社，2012，第43页。
④ 王子杨：《揭示若干组商代的乐歌乐舞——从甲骨卜辞"武汤"说起》，载《"中央"研究院历史语言研究所集刊》（第九十本）第四分，中研院历史语言研究所，2019，第653页。
⑤ 李学勤：《试论新发现的㺇方鼎和荣仲方鼎》，《文物》2005年第9期。
⑥ 刘钊：《当前出土文献与文学研究的几点思考》，《济南大学学报》（社会科学版）2019年第4期。

第四章　简帛韵文选读

　　韵文是中国文学的宝贵资料，有助于考察文学起源及其早期形态等。很多学者认为韵文早于散文，是文学的源头。梁启超曾说："歌谣既为韵文中最早产生者，则其起源自当甚古。质而言之，远在有史以前，半开化时代，一切文学美术作品没有，歌谣便已先有。"[①] 陈钟凡也认为："世界各国文学演进之历程，莫不始于讴谣，进为诗歌，后有散文。"[②] 王力在《汉语诗律学》中也提出："诗歌起源之早，是出于一般人想象之外的，有些人以为先有散文，后有韵文，这是最靠不住的说法。……韵文以韵语为基础，而韵语的产生远在文字的产生之前，这是毫无疑义的。"[③] 朱光潜研究得更为深入仔细，强调"诗是具有音律的纯文学"，"中国自有诗即有韵"；"诗歌的起源不但在散文之先，还远在有文字之先"，"人类在发明文字之前已经开始唱歌、跳舞，已有一部分韵语文学'活在口头上'"，"从历史与考古学的证据看，诗歌在各国都比散文起来较早，原始人类凡遇值得留传的人物事迹或学问经验，都用诗的形式记载出来"；"诗早于散文，现在人用散文写的，古人多用诗写。散文是由诗解放出来的"，所以"中国最古的书大半都参杂韵文，《书经》《易经》《老子》《庄子》都是著例。"[④] 闻一多等学者也有类似观点。[⑤] 谭家健先生梳理了先秦韵文史、基本特征以及后世影响等。

　　出土文献韵文也引起很多学者的关注。王国维《两周金石文韵读》就

[①] 梁启超：《中国之美文及其历史》，（台湾）中华书局，1956，第3页。
[②] 陈钟凡：《中国韵文通论》，中华书局，1936，第1页。
[③] 王力：《汉语诗律学》（增订本），上海教育出版社，1982，第1页。
[④] 朱光潜：《诗论》，生活·读书·新知三联书店，1984，第1、3、111、114、189、218页。
[⑤] 闻一多先生认为："一切记载既皆谓之志，而韵文产生又必早于散文，那么最初的志（记载）就没有不是诗（韵语）的了。"（闻一多：《闻一多全集》第一卷，生活·读书·新知三联书店，1982，第185~186页。）韵散产生先后问题，学术界有不同的意见。有些学者认为散文产生在前，如周锡䪖《中国诗歌押韵的起源》（《中国社会科学》1998年第4期）。

对金文韵文资料进行了整理。① 其后，还有很多学者接续这项工作，如郭沫若《金文韵读补遗》、陈世辉《金文韵读续辑》、陈邦怀《两周金文韵读辑遗》等。著名古文字学家于省吾认为："我国的韵文，从不见于商代甲骨文和金文，乃萌芽于周初。周颂中属于西周前期的作品约十篇左右，有的一篇中仅二、三句押韵。鲁颂和商颂都系春秋前期所作。大小雅的撰著时期，有的属于西周末期，有的属于春秋早期。……至于国风，则系春秋前期所作，属于西周末期是很少的。"② 日本学者白川静则提出："所谓'押韵'的反复律修辞法已见于令簋、班簋、大盂鼎、大丰簋等青铜祭器之铭文，这些祭器是属于周成王、康王时期的。据此可以推测祭祀礼仪中可能已采用歌谣，但《诗经》这时期的诗，显然似非韵文。"③ 陈致先生以西周金文与《周颂》诸诗比读，发现西周金文大约也是在共王时期开始，向韵文方向演变，而且在宣王时期更出现了一种普遍入韵的倾向。其中《周颂》与金文中某些成语正是在韵文发展的过程中，为了入韵而生成的。"如果从考古发现的乐钟来看，《周颂》与金文四言成语的大量出现，以及两者由无韵到杂韵，到有韵的过程，近乎同步的发展并非历史的偶合。四言诗句的定型，以及入不入韵实际上是与西周乐钟的使用，以及音乐的发展有很大的关系。……在西周中期，伴随着音乐的使用和祭祀礼辞的发展，中国的四言体诗开始逐渐形成，并且格式化。"④

最近，董珊先生提出西周穆王时期毛公方鼎铭文可称七言韵文的滥觞，"七言诗在平仄韵律方面都有很多的要求，是运用语言文字能力所达到高度之体现。无论怎样，毛公方鼎铭可以视作年代甚早的七言韵文，其体材可能更近于古体诗中的杂言诗。毛公方鼎铭文也许是偶然出现的七言韵文，但不妨暂时视作七言诗的滥觞，其韵文特点值得仔细推敲"。⑤

简帛文献含有大量的韵文。其中，诗类韵文是研究的热点。特别是清华简、安大简陆续公布，有些韵文可与传世文献对读。很多学者以毛诗为

---

① 谢维扬、房鑫亮主编《王国维全集》第六卷，浙江教育出版社，2009，第1~12页。
② 于省吾：《泽螺居诗经新证 泽螺居楚辞新证》，中华书局，1982，第138~139页。
③ 白川静：《诗经研究》，台湾幼狮月刊社，1974，第217页。
④ 陈致：《从〈周颂〉与金文中成语的运用来看古歌诗之用韵及四言诗体的形成》，载陈致主编《跨学科视野下的诗经研究》，上海古籍出版社，2010，第21~22页。
⑤ 董珊：《毛公方鼎韵读》，载北京大学出土文献研究所编《青铜器与金文》（第一辑），上海古籍出版社，2017，第185页。

参照，分析其中的相关诗类文献，总结各种用韵规律和句式特征等；① 还有单篇韵文集释，如对《凡物流形》《芮良夫毖》《周公之琴舞》的整理等。顾史考先生对楚简韵文做了细致研究，选取上博简《三德》《凡物流形》《用曰》及郭店简《语丛四》，通过"循着韵律以诠释，即可顺之而分成许多自然的章节，且各章皆是以相对固定的几个韵式而构成的。本文拟将四篇中所有构成韵文的章节加以分类，以便从中更加清楚地理解楚地韵文的特点及常规。通过此种分类研究，不但能对楚文修辞的方法乃至中国早期韵文的发展史等课题有较为深入的认识，而且对读通楚地此种文本本身有其不可缺少之用，因为一旦了解所采用韵式的常用模式，其何者为韵字乃将较容易地识出，因而对弄清其释读、句读甚至文义及简序等问题将有极大的帮助"。② 顾先生揭示了楚简韵文的丰富现象和规律，总结常用韵式和特点，为我们整理简帛韵文提供了重要参考。刘波女士系统考察楚地文献，总结楚地音转规律，并对出土楚地韵文做了梳理。其博士论文附录二《出土楚文献韵文材料》，是参照王力《诗经韵读》《楚辞韵读》的韵例而对出土楚文献中的韵文材料的整理，其中异部押韵则是研究韵部通转现象的主要材料。③ 子居先生关注新出文献的韵读问题，撰写了一系列论文，如《清华简九〈祷辞〉韵读》《清华简〈管仲〉韵读》等。④ 陈志向先生有两篇韵读文章：《〈上博（七）·武王践阼〉韵读》《〈凡物流形〉韵读》。⑤ 最近，日本学者鸟羽加寿也收集上博简、郭店简、清华简中的韵文，编著《楚简韵读·韵谱（前编）》。⑥ 这些研究为我们提供了很多参考和借鉴。

出土韵文是古典文学和古代汉语研究的宝贵资料，具有交叉属性和重要价值，有助于深入考察上古语音，有利于动态呈现早期韵文生成等。近年，我们

---

① 程燕：《安大简〈诗经〉用韵研究》，《汉字汉语研究》2020年第2期；李学勤：《论清华简〈耆夜〉的〈蟋蟀〉诗》，《中国文化》2011（春季号）；曹建国：《论清华简中的〈蟋蟀〉》，《江汉考古》2011年第2期；李锐：《清华简〈耆夜〉续探》，《中原文化研究》2014年第2期；等等。
② 顾史考：《上博等楚简战国逸书纵横览》，中西书局，2018，第202~203页。
③ 刘波：《出土楚文献语音通转现象整理与研究》，博士学位论文，吉林大学，2013。
④ 笔者曾和子居先生讨论韵文相关问题。对于韵文标准和界定等，大家的观点不完全一致。
⑤ 陈志向：《〈上博（七）·武王践阼〉韵读》《〈凡物流形〉韵读》，复旦大学出土文献与古文字研究中心网站，2009年1月8日、10日。
⑥ 鸟羽加寿也：《楚汉韵读·韵谱（前编）》，载日本中国出土资料学会《中国出土资料研究第26号》，中国出土资料学会，2022，第10~61页。

有计划实施了出土文献韵文整理与研究。"楚简韵文辑录、笺注与研究"获批山东省 2019 年"青创团队"人才项目，并指导三位研究生开展了相关研究。

第一节　楚简韵文初探

韵文与音乐、仪式等关系密切，是考察文学起源和传播、雅俗离合、韵散互动的重要视角。近年来，楚简不断出土，为先秦文学研究提供了重要资料。楚简包含丰富的韵文，具有一些独特的韵式和韵例。有些可与传世文献对读，呈现早期韵文发展的真实面貌。楚简韵文主要有两种形式。一是通篇韵文，如郭店简《语丛四》、上博简《逸诗》《三德》《用曰》《凡物流形》《李颂》《兰赋》《有皇将起》《鹠鹠》、清华简《芮良夫毖》《祝辞》《祷辞》、安大简《诗经》等。二是韵文片段，以韵语的形态呈现，如郭店简《缁衣》简 9 "谁秉国成（耕），不自为正（耕），卒劳百姓（耕）"；上博简《武王践阼》17 则器铭，如"毋曰何伤（阳），祸将长（阳）；〖毋〗曰恶害（月），祸将大（月）；毋曰何残（元），祸将延（元）"；上博简《周易》中的"爻辞"、清华简《子仪》赋歌、清华简《管仲》"管仲答"部分、郭店简《六德》《老子》等包含大量韵文。其中，有很多格言类韵语，形式多样、内容丰富。

楚简韵文引起了很多关注，如徐正英考察《周公之琴舞》组诗对《诗经》原始形态的保存和对楚辞的影响；陈民镇、刘刚等探讨上博简楚辞类文献的韵例规律；陈斯鹏梳理简帛文献中的祝祷文，并探讨其文学史意义；顾史考对楚简韵文研究颇多，围绕上博简《三德》《用曰》《凡物流形》，按照韵律，逐章疏解，探讨韵式、通韵、合韵等现象。[①] 楚简韵文是考察楚地文学的重要视角，归纳基本韵式、合韵规律，有助于早期韵文史的书写；结合相关传世文献，有助于动态呈现经典化过程，具有重要的文献学和文

[①] 徐正英：《清华简〈周公之琴舞〉组诗对〈诗经〉原始形态的保存及被楚辞形式的接受》，《文学评论》2014 年第 4 期；刘刚、苏萍：《上博简楚辞体作品与屈原骚体辞、宋玉散体赋的形成》，载赵敏俐主编《中国诗歌研究》（第十七辑），社会科学文献出版社，2018，第 1~26 页；陈斯鹏：《简帛文献与文学考论》，中山大学出版社，2007，第 110~131 页；顾史考分类探析楚简韵文，取得了较多成果，是本节韵式归纳的重要参考。参顾史考《上博等楚简战国逸书纵横览》，中西书局，2018，第 201~263 页。

学史价值。

一 楚简韵文分类

早期韵文具有一定的使用场合和书写功能。文本形态是特定功用的形式表达。楚简韵文的分类应综合文本的功用和形态，树立动态的文类视角。楚简韵文大体分为祝祷类、歌诗类、辞赋类、韵语类。其中，韵语类包括通篇韵语和韵段。歌诗、辞赋两类与诗骚关系密切，研究成果相对较多。

1. 祝祷类

早期文学具有一定的仪式背景，祝辞尤为明显。《文心雕龙·祝盟》："牺盛惟馨，本于明德；祝史陈信，资乎文辞。""宜社类祃，莫不有文。"①《文体明辨序说》："其词有散文，有韵语。公并采而列之。"② 从楚简来看，这些观点合乎事实。韵文增强了语言美感。李学勤强调祝辞的韵文性质，并指出祝史之官与道家学派的关系。③

楚简有很多卜筮祭祷，如望山简、包山简、新蔡简中有"祝、举祷、就祷、赛祷"等记载；但这些祝辞只有零星片段。九店简有一篇"告武夷"，巫祝为因兵死鬼作祟而生病的病人，向武夷祝告，魂归且饮食如故，通篇押鱼、阳部韵。④ 清华简有《祝辞》和《祷辞》。⑤ 二者的文本形态和押韵习惯不同，说明"祝""祷"属于不同性质。《祝辞》多押阳部，《祷辞》多押鱼部、阳部。这种押韵规律，也见于北大秦简祝辞和传世文献祝祷之辞。《祷辞》多有文采，如简 15 形容四方之神明归曾孙某之邑，连用五组叠词"滂滂、攸攸、彰彰、纷纷、翼翼"，简 9-10 "如云之人，如星之西行（阳），如河伯之富，如北海之昌（阳）"，连用比喻，通俗欢愉，句式修辞与《招魂》较为相似。⑥ 这些祝祷之辞修辞考究、喜用叠词、重章叠

---

① 范文澜：《文心雕龙注》，中华书局，1958，第 176 页。
② 徐师曾撰，罗根泽校点《文体明辨序说》，吴讷等：《文章辨体序说·文体明辨序说》，人民文学出版社，1962，第 156 页。
③ 李学勤：《〈称〉篇与〈周祝〉》，载陈鼓应主编《道家文化研究》（第三辑），上海古籍出版社，1993，第 245~246 页。
④ 李家浩：《九店楚简"告武夷"研究》，载李家浩《著名中年语言学家自选集·李家浩卷》，安徽教育出版社，2002，第 319~338 页。
⑤ 李学勤主编《清华大学藏战国竹简》（叁），中西书局，2012，第 163~165 页；黄德宽主编《清华大学藏战国竹简》（玖），中西书局，2019，第 181~189 页。
⑥ 程浩：《清华简〈祷辞〉与战国祷祀制度》，《文物》2019 年第 9 期。

唱，说明"巫祝之辞，文词特工""文学出于巫祝之官"等论断具有一定合理性。

2. 歌诗类

歌诗类韵文十分丰富。安大简《诗经》是目前最早版本，存在很多异文，为传世《诗经》文本校勘、诗义释读提供了重要参考；包括58篇国风，接近今本次序，说明至迟战国早中期，风、雅、颂已定型。① 楚简中还有很多逸诗，如上博简《交交鸣鸟》《多薪》，清华简《耆夜》歌诗五首：《乐乐旨酒》《䎽乘》《䗪䗪》《明明上帝》《蟋蟀》，② 清华简《周公之琴舞》中的"琴舞九絉"，周公"作歌一终""祝颂一终"，为周公制礼作乐提供一定历史依据；《芮良夫毖》明确本篇是芮良夫的训诫之辞，多为句尾韵，有助于了解"毖"体形态。宴饮歌诗记录了乐用歌辞，如《子仪》赋歌"泘兮霏霏（微），渭兮滔滔（幽），杨柳兮依依（微），其下之浩浩（幽）"等，采用合韵、交韵、换韵的韵式，与《诗经》《楚辞》用韵具有一致性，有助于考察春秋时代诗骚互动、诗赋文本的生成和传播；③ 逸诗文本有力支持"孔子删诗"说；乐用歌辞为重新考察诗旨提供了一定的背景知识。

3. 辞赋类

战国早中期的安大简包含两组楚辞类作品。这是最早的辞赋类韵文。第一组为楚辞逸篇，以娥皇、女英二妃悼舜为主题，抒发楚辞常见"离居"之思；第二组首句"善而莫吾知"，坚持"从信与义""从善之所处""宁生而饥，毋死而祀"，对"寇盗富贵""善者贫贬"表达忧愤之情，为《离骚》的文本生成提供参照。④ 上博简公布五篇楚辞体作品：《李颂》《兰赋》《有皇将起》《鶹鷅》《凡物流形》。其中，《李颂》有力证明《橘颂》并非后人仿造；然而《李颂》又有独特之处，篇末一段不入韵，带有总结议论的性质。这种体式不见于《橘颂》，显示楚简韵文的独特性。《兰赋》以四字句为主，通篇咏兰，许多语辞见于《离骚》《九章》《九歌》等。《有皇将起》句尾语气词"今兮""也今兮"，传世韵文未见。《凡物流形》可能属

---

① 黄德宽：《略论新出战国楚简〈诗经〉异文及其价值》，《安徽大学学报》2018年第3期。
② 《蟋蟀》见于今本《毛诗》，但在具体用韵和语辞方面存在一些差异。
③ 何家兴：《从清华简〈子仪〉谈春秋秦乐》，《中国文学研究》2018年第2期。
④ 黄德宽：《安徽大学藏战国竹简概述》，《文物》2017年第9期。

于早期连珠,并与对问体关系密切,具有重要文体意义。① 清华简《子仪》赋歌部分"楚乐和之",明显具有骚体特征,为诗骚互动提供了重要韵文资料。

4. 韵语类

韵语类分为通篇韵语、韵段两种。郭店简《语丛四》有关言谈、游说和结交谋士之道,通篇用韵。上博简《三德》以天、地、人的关系探索人道之政及其各种时令禁忌,与《管子·轻重》《吕氏春秋》部分篇章有关;《用曰》多为劝诫性质谚语或古语之类。这些韵语多与黄老学派有关。

韵段则较为灵活,有些引诗,如郭店简《缁衣》简35-36:"白珪之石,尚可磨(歌)也。此言之玷,不可为(歌)也。"上博简《武王践阼》简8盘铭:"与其溺于人(真),宁溺于渊(元),溺于渊犹可游(幽),溺于人不可救(幽)。"清华简《管仲》"管仲答"多为韵语,用于说理,如:"管仲答:正五纪,慎四称(蒸),执五度,修六政(耕),文之以色,均之以音(侵);和之以味,行之以行(阳),匡之以三,度之以五(鱼);小事逸以惕,大事简以成(耕),执德如悬,执政如绳(蒸)。"另有很多韵段,构成韵散结合的复合形态,有助于考察韵语在不同文本中的变异。楚简韵语动态呈现韵散互动和交融。复合形态文本有助于改变早期文学史的静态书写模式。

二 楚简韵文规律

楚简韵文具有一些独特的现象和规律。竹简实物带来很多新知,出现了韵读符号"▬",如《三德》中多见,说明已有韵段意识;安大简《诗经》第15、16简有分篇符号"■"。从韵例来看,《语丛四》简12"早与贤人(真),是谓辅行(阳)"中,"真阳合韵"传世韵例少见。从虚字来看,《有皇将起》韵尾有多个语气词,例如"今兮""也今兮",传世韵文未见;楚简韵文多以四字为句,但也有三字甚至两字为句,并常衬以"之、而"等虚字,如《凡物流形》《有皇将起》等篇。结合传世文献,考察楚简韵式韵例、韵文分布、韵散互动等,有助于书写早期韵文史。

---

① 陈民镇:《有"文体"之前——中国文体的生成与早期发展》,上海古籍出版社,2019,第149~151页。

1. 韵式分析与韵例规律

楚简韵文篇章以句数来看，以"四句章""三句章""六句章"为主。①
四句章韵式有：

①双句相押 aabb 式，如："凡物流形（耕），奚得而成（耕）？流形成体（脂），奚得而不死（脂）？"（《凡》1）

②隔句相押 abcb 式，如："天降五度（铎），吾奚横奚纵（东）？五气并至（质），吾奚异奚同（东）？"（《凡》3）此为楚简韵文常见韵式。

③隔句相押 aaba 式，如："不修其成（耕）▄而听其萦（耕），百事不遂（物），诸事不成（耕）。"（《三德》17+15）此为《诗经》到唐诗以下，常见韵式。

④隔句相押 abab 式，如："操之可操（宵），握之则失（质），败之则高（宵），贼之则灭（月）。"（《凡》19-20）以质、月入声旁转合韵，属于交韵。

⑤每句相押 abba 式，如："夺民时以土功（东），是谓稽（脂）▄不绝忧恤（质）▄必丧其匹（质）。"（《三德》16）"质、脂"通韵。

⑥句句相押 aaaa 式，如："土奚得而平（耕）？水奚得而清（耕）？草木奚得而生（耕）？禽兽奚得而鸣（耕）？"（《凡》12a+9b）

⑦abaa 式。此种韵式比较特殊，并不合乎汉语韵律的常规，如："齐齐节节（质），外内有辨（元），男女有节（质），是谓天礼（脂）。"（《三德》3）"质、脂"通韵。

六句章韵式有"双句相押"和"隔句相押"。如：

aabbcc 式，如："升高从埤（支），志远从迩（支），十围之木（屋），其始生如蘖（铎），足将至千里（之），必从寸始（之）。"（《凡》8+9）屋、铎两部入声字合韵。

abcbdb 式，如："征虫飞鸟（幽），受物于天（真），民之作物（物），唯言之有信（真），视前顾后（侯），九惠是贞（耕）。"（《用曰》5）

三句章韵式则以"aaa 式"为标准句式，如"天之明奚得（职）？鬼之神奚食（职）？先王之智奚备（职）？"（《凡》8）三句章非每句入韵，亦有

---

① 韵式分析参考顾史考《楚简韵文分类探析》，载顾史考《上博等楚简战国逸书纵横览》，中西书局，2018，第 204~246 页。

"aba、aab、abb"等式，如"变常易礼（脂），土地乃坼（铎），民乃夭死（脂）"（《三德》5）；"知天是以顺时（之），知地是以由材（之），知人是以会亲（真）"《三德》17；"…邦四益（锡），是谓方华（鱼），虽盈必虚（鱼）"（《三德》8）。

楚简韵文具有一定的灵活性，还有一些五句章、七句章韵式等，反映了早期韵文的过渡特征，并未形成严格规整的体式。楚简韵文出现了复韵现象，如"敬之敬之（耕之），天命孔明（东阳），如反之（元之），必遇凶央（东阳）"（《三德》3+4）；"早与贤人（真真），是谓抗行（阳阳）"（《语丛四》12），"贤人""抗行"叠韵词，韵味浓厚。不同类型的楚简韵文具有不同特点。祝祷类多押鱼、阳部，句式灵活，如"恐溺，乃执币以祝曰：有上荒荒（阳），有下汤汤（阳），司湍滂滂（阳），侯兹某也发扬（阳）"（《祝辞》1）；歌诗类比较复杂，例如安大简《诗经》与今本《诗经》相比，在韵例、章句等方面存在一定的差异，显示了早期楚地诗类韵文的复杂性。①《子仪》中秦楚之歌皆用"兮"，但秦歌以四言句式为主，楚歌则句式多样，呈现出地域差异，有助于考察战国文学的互动传播、空间分布等文学生态。辞赋类韵文句式属于杂言体，《李颂》《兰赋》《凡物流形》以四言为主，《有皇将起》《鹠鹅》则以六言、七言为主；虚字位置不固定，章句尚未定型，呈现出早期辞赋韵文的过渡形态。

2. 黄老学派与韵文分布

在叙事文本中，韵文具有重要的结构意义，如《子仪》赋歌、《耆夜》歌诗、《周公之琴舞》祝颂与敬愍等。安大简《诗经》、上博简楚辞、清华简《祝辞》《祷辞》等独立文本，显示出楚地韵文的丰富形态，反映了战国楚地的文学面貌。我们通过韵文分布主要考察韵文与学派之间的关系。一直以来，战国时代的文学研究偏重于诗赋、诸子，较少关注黄老学派。先秦诸子中都有韵语，但存在明显差异。新出简帛反映出黄老学派与韵文存在重要联系。简帛文献中的黄老著述或通篇为韵文，或部分为韵语。②曹峰先生认为："这类文献多为韵文，如《三德》《凡物流形》以及《黄帝四

---

① 程燕：《安大简〈诗经〉用韵研究》，《汉字汉语研究》2020 年第 2 期。
② 陈民镇：《有"文体"之前——中国文体的生成与早期发展》，上海古籍出版社，2019，第 142 页。

经·称》都是如此。"① 耕部、阳部（包括东阳、耕阳合韵）等韵脚，在《三德》《凡物流形》《太一生水》《汤在帝门》《殷高宗问于三寿》等篇章中出现频率很高。这些韵脚语辞与黄老学派习见概念关系密切，如"阳、明、长、强、皇、昌、祥、亡、殃、生、成、争、静"等。这些是黄老学派的重要概念和思想，决定了押韵特点。"天""真"等真部字，也常作为韵脚。由此可见，学派思想一定程度上影响了韵文形式，突出表现在押韵的习惯上。②

黄老学派重视用韵和句式。《三德》一些段落，对仗谨严、结构整饬，如"忌而不忌（之），天乃降灾（之）；已而不已（之），天乃降异（之）"。讲究韵语与偶语，有学者认为俨然后世骈文之祖。③ 黄老文献中的韵文句式整饬、用词精美、重视韵律之美，已接近诗赋。《老子》《庄子》颇多韵文。《汉书·艺文志》记载"诸子出于王官"，将道家追溯到史官。史官起草文书，精通文辞，熟悉典籍。祝史之官的文辞多为韵语。刘师培提出"文学出于巫祝之官"。从时代背景来看，韵散结合也反映了战国时代的文风，例如清华简《管仲》中的"管仲答"基本为韵语，一定程度上，反映诸子的共性，例如《孙子兵法》中的《虚实》《计篇》，《管子》中的《心术》《白心》《内业》，《荀子》中的《赋篇》，《韩非子》中的《杨权》《主道》，《吕氏春秋》《文子》《鹖冠子》等都有大量韵语。④ 从共时来看，楚简韵文显示了楚地文学和学派的多元融合。上博简《三德》与马王堆汉墓帛书黄帝书出现个别相同的韵脚，也有相似的合韵，反映了楚地方言特征。⑤ 从历时来看，韵文作为一种特殊文本形态，具有一定的稳定特质，与学派之间保持相对稳定的关系。

3. 韵散之间的互动与渗透

韵文与散文相对，但又彼此交融，显示不同文类间的动态转化和相互渗透。楚简"韵散互动"有利于考察早期文体的衍生。虚字是句式散化的

---

① 曹峰：《出土文献视野下的黄老道家研究》，《中国社会科学》2013年第2期。
② 陈民镇：《有"文体"之前——中国文体的生成与早期发展》，上海古籍出版社，2019，第143页。
③ 陈民镇：《有"文体"之前——中国文体的生成与早期发展》，上海古籍出版社，2019，第144页。
④ 谭家健：《先秦韵文初探》，《文学遗产》1995年第1期。
⑤ 曹峰：《〈三德〉与〈黄帝四经〉对比研究》，《江汉论坛》2006年第11期。

重要手段。毛诗和安大简《诗经》比较，呈现出经典化过程中的复杂状态。

表 4-1　毛诗《伐檀》与安大简《诗经·伐檀》对比

今本	简本
坎坎伐檀兮， 寘之河之干兮， 河水清且涟猗。　（《伐檀》）	欹=（坎坎）伐柦（檀）可（兮）， 今酒（将）至（寘）者〔【76】〕河之䉒（干）可（兮）， 河水清叡（且）瀶（涟）可（兮）。
于我乎，夏屋渠渠； 今也每食无余。　（《权与》）	訋（始）也于我，夏屋苢=（渠渠）； 今也愳（每）飤（食）亡（无）余（馀）【59】。

"今将寘之河之干兮"，很明显"今将"带有连接作用，将六字句变成八字句，打破了韵律和节拍，形成散文化的句式。《权与》则与之相反，安大简"始也于我"，少了句尾语气词"乎"，但组成标准四言，且与"今也"相呼应，诗意更加完整，四字为句，显得韵律和谐。

关于上博楚辞类韵文，虚字的使用频率很高。如：

天道其越也，莪薜之方起，夫亦适其岁也。　（《兰赋》5）

[花]漭落而犹不失是芳。　（《兰赋》2）

是故察道，所以修身而治邦家。　（《凡》12b+22）

据统计《凡物流形》虚字一百多个，特别是"如""是故""所以""故"等表示关联的虚字，显示早期楚辞体韵文具有散化句式，为散体赋的生成提供了基础。虚字的位置并不固定，尚未表现出调节节奏的功能；虽有一些排比、对偶等句式，但并不齐整精练；缺乏以韵律规范单句节奏的创作意识，是散句入诗或诗句散化的外在表现。① 这些都充分体现了早期韵文的动态调整。

三　楚简韵文价值

楚简韵文具有重要的文献学价值和文学价值。楚辞《橘颂》与上博简

---

① 刘刚、苏萍：《上博简楚辞体作品与屈原骚体辞、宋玉散体赋的形成》，载赵敏俐主编《中国诗歌研究》（第十七辑），社会科学文献出版社，2018，第 4、10 页。

《李颂》的内容、韵式具有相似性。可见，《橘颂》并非后人仿造；然而《李颂》又有独特之处，篇末一段不入韵，带有总结议论的性质。这种体式不见于《橘颂》，显示楚简韵文的独特性。

1. 文献学价值

（1）为文字释读提供线索

利用韵读释字或验证考释结果是古文字学界常用的方法，有一些经典的释例，如陈剑先生考释古文字资料中的"亢"及从"亢"诸字。上博简《彭祖》简7+8："一命一朧，是谓遭殃；一命三［朧］，是谓不长；三命四朧，是谓绝夳。"关于"夳"字，研究者或读为"缀"、"杀"、"世"和"祭"等，皆失韵。① 陈剑先生认为"朧、殃、朧、长、朧"押韵（阳部），其韵例极严，最末处于韵脚位置的"夳"字不容不入韵。"前引字形出现的资料中，《彭祖》有部分文句为韵文，《三德》则全篇大部分文句都是韵文，由此可以帮助我们确定有关文字的韵部。"②

清华简《五纪》简100-101："逆气乃章，云霓从将。□色长亢，五色焚=（纷纷），晦雾大盲。"整理者认为："此句章（彰）、牂（将）、亢、盲为韵，阳部。"③ 关于"大盲"，刘钊老师根据《吕氏春秋·音初》"天大风晦盲，孔甲迷惑"高诱注"盲，暝也"，提出"大盲"就是"大冥"，是为了押韵的需要。④ 由此可见，韵读是考释的重要线索，也是文义辨析的重要参考。

（2）为文本校勘提供新资料

楚简韵文提供了新版本，时代较早、存真性强，为文本校勘提供参考。

---

① 读为"缀"见黄人二、林志鹏《上博藏简第三册彭祖试探》，简帛研究网，2004年4月29日。又黄人二《上海博物馆藏战国楚竹书（三）研究》，（台中）高文出版社，2005，第164页。读为"杀"见前引陈斯鹏《上海博物馆藏楚简〈彭祖〉新释》。读为"世"见周凤五《上海博物馆楚竹书〈彭祖〉重探》，《南山论学——钱存训先生九五生日纪念》，转引自林志鹏《战国楚竹书〈彭祖〉考论——兼论〈汉志〉"小说家"之成立（一）》，武汉大学简帛网，2007年8月18日。读为"祭"见魏启鹏《楚简〈彭祖〉笺释》，载丁四新主编《新出楚简国际学术研讨会会议论文集（上博简卷）》，武汉大学，2006，第291~292页。

② 陈剑：《战国竹书论集》，上海古籍出版社，2013，第322~323页。

③ 黄德宽主编《清华大学藏战国竹简》（拾壹），中西书局，2021，第126页。

④ 刘钊：《清华简〈五纪〉训释杂说》，清华战国楚简国际学术研讨会，清华大学出土文献研究与保护中心，2021年11月19~20日。

楚简"隼、佳"字形和用法都有区别。"隼"记录{谁},而"佳"记录{维、唯、虽}。安大简《硕鼠》:"乐郊乐郊,佳(维)其永欴。"陈剑认为《硕鼠》三章,前两章末谓"乐土乐土,爰得我所""乐国乐国,爰得我直",如按今本毛诗,末章却反诘云"乐郊乐郊,谁之永号?"未免于语意、语气皆有不伦之感。今改读为"乐郊乐郊,维其永欴",则末句非反诘句,即与前两章末句意义、语气皆更合。……"乐郊乐郊,维其永欴",必为《诗》原貌原意。①

楚简韵文提供了相近文本的早期形态,有助于诸子、史传的校勘,如:

> 窃钩者诛(侯),窃邦者为诸侯(侯)。诸侯之门(文),而义士存(文)焉。　　　　　　　　　　　　　　(《庄子·胠箧》)
>
> 小盗者拘,大盗者为诸侯。诸侯之门,义士存焉。
>
> 　　　　　　　　　　　　　　　　　　(《庄子·盗跖》)
>
> 窃钩者诛,窃国者侯。侯之门,仁义存。(《史记·游侠列传》)
>
> 窃钩者诛,窃邦者为诸侯。诸侯之门,义士之所存。
>
> 　　　　　　　　　　　　　　　　　　(《语丛四》8-9)

通过句式和韵字,《语丛四》没有语气词"焉",清代学者认为《盗跖》"存焉"应作"焉存",验之楚简韵读,具有一定道理;同时,也可以看出相近文句的历时演变。

(3) 为章节复原提供新线索

新出楚简韵文有助于考察章节原貌、重新认识诗旨。如:

表 4-2　毛诗《驺虞》与安大简《诗经·驺虞》对比

毛诗《驺虞》	安大简《驺虞》
彼茁者葭,壹发五豝。于嗟乎驺虞!	皮鼙者菅,一发五䝙。于差从唐!
彼茁者蓬,壹发五豵。于嗟乎驺虞!	皮鼙者蓁,一〔发五豵。于差从唐!〕
	〔皮鼙者〕菅,一发五䴢。〔于差从唐!〕

---

① 陈剑:《据安大简说〈硕鼠〉"谁之永号"句的原貌原意》,武汉大学简帛网,2019年9月30日。

安大简《驺虞》共有三章。《周南》《召南》中三章成篇的比例很大，其中毛诗《召南》14 篇，有 12 篇为三章构成。① 从安大简来看，《驺虞》早期形态可能为三章。

安大简《驺虞》"于差，从唐"与传世毛诗"于嗟乎，驺虞"对读，有助于重新考察诗旨等。一直以来，驺虞为义兽之说，影响很大，但这完全是道德教化的产物。"驺虞"应是"从唐"误读而附会，结合用字习惯，应为"于差纵乎"。"纵"为放生之意。这首诗与上古虞衡制度有关，吟诵田猎时遵循常禁而放生幼兽的行为。简文"于嗟从乎"为解决"驺虞"词义和诗旨提供新思路。②

（4）有助于正确辨析词义

毛诗《墙有茨》："中冓之言，不可道也。""冓"字训释，存在分歧。《经典释文·毛诗音义上》："《韩诗》云：中冓，中夜，谓淫僻之言也。"陈奂《诗毛氏传疏》以为"冓"与"墙"对举，指"宫中之室"。③ 又或读为"垢""姤"。安大简异文作"中彔"。"中彔"一词见于甲骨文，黄天树认为可能指夜半。④ 由此，"中冓"应读"中彔"，为"中夜"之义。韩诗的训释是正确的。

2. 文学史价值

楚简韵文提供了丰富的文学史料，如清华简《祝辞》《祷辞》等。"作歌""祝颂""芮良夫毖""周公之颂诗"等为"造篇"提供新资料，有助于认识"颂""毖"等文体。楚地祝辞、赋歌、辞赋、《诗经》等有助于动态呈现早期韵文的生成和演变。

（1）提供了丰富的文学史料

史料是研究的前提和基础。"殷人之文学，宜存于祝辞；而祝辞书于典册，卒归澌灭。"⑤ 清华简提供了最早的完整《祝辞》《祷辞》，为楚辞《招

---

① 姚小鸥：《新出楚简与〈诗经·驺虞〉篇的解读》，《光明日报》2018 年 11 月 12 日第 13 版。
② 黄德宽：《略论新出战国楚简〈诗经〉异文及其价值》，《安徽大学学报》2018 年第 3 期。
③ 陈奂：《诗毛氏传疏·诗四》，载夏传才主编《诗经要籍集成（修订版）》第 34 册，学苑出版社，2015，第 126 页。
④ 黄天树：《殷墟甲骨文所见夜间时称考》，载黄天树《黄天树古文字论集》，学苑出版社，2006，第 185~188 页。
⑤ 饶宗颐：《选堂赋话》，载饶宗颐《饶宗颐二十世纪学术文集》卷十一《文学》，新文丰出版公司，2003，第 455 页。

魂》《九歌》等文本生成研究提供了参考。《耆夜》赋诗、《周公之琴舞》作歌、《子仪》赋歌等，为个人创作、"造篇"等提供新资料。私人著述和辞章的兴起，关键因素之一是作者的意识。《诗经》中有姓名的作品，都是厉、宣、幽时期开始出现的。① 清华简《芮良夫毖》明确本篇是芮良夫的作品。这是一篇体现个人情志的长诗，代表着时代倾向。宣王中兴，出现召伯虎、尹吉甫、南仲、张仲等诗人，赵逵夫认为这是最早的文学群体。② 伴随着礼乐的转型，个人色彩的作品逐渐凸显，辞赋的出现，某种程度上也是"变风""变雅"的延续。清华简《明明上帝》"作兹祝诵"，周公作"祝诵"就是颂祝武王的诗。③

楚简乐用歌辞和仪式有助于重新认识各种文体形态。颂是宗庙祭祀中音乐、舞蹈、文辞的统一体。《周公之琴舞》提供了佐证，该篇有篇题"周公之琴舞"，另有"周公之颂诗"误书于《芮良夫毖》简1的背面。④ "琴舞"和"颂诗"所指相同，颂诗当有乐舞相伴。《周公之琴舞》记载周公作颂诗一首、成王九首，其中成王第一首见于毛诗《周颂·敬之》。赵敏俐认为颂"是在宗庙中配乐演唱，一唱三叹，甚至还有舞蹈相配，所以，我们现在所见的颂诗并不是周代宗庙祭祀艺术的全部，而只是这种综合性的歌舞艺术中留下来的文字部分"。⑤ 《周公之琴舞》每首诗开头"启曰"、结尾"乱曰"，是原始乐章形式的保留。⑥

(2) 动态呈现早期韵文的生成

先秦文献经过汉代人整理才得以流传，但汉代人在整理先秦文献过程中有诸多缺憾。⑦ 汉代整理掩盖了经典化的复杂过程。新出文献为历时的动态考察提供了可能。安大简《诗经》提供了丰富异文、不同的章次、不同

---

① 赵敏俐主编《中国诗歌史通论》，人民文学出版社，2013，第54页。
② 赵逵夫：《周宣王中兴功臣诗考论》，载钱伯城主编《中华文史论丛》（第五十五辑），上海古籍出版社，1996，第127~155页。
③ 李学勤主编《清华大学藏战国竹简（叁）》，中西书局，2012，第132页。
④ 陈民镇：《有"文体"之前——中国文体的生成与早期发展》，上海古籍出版社，2019，第136页。
⑤ 赵敏俐：《乐歌传统与〈诗经〉的文体特征》，载吴承学、何诗海编《中国文体学与文体史研究》，凤凰出版社，2011，第83页。
⑥ 徐正英：《清华简〈周公之琴舞〉组诗对〈诗经〉原始形态的保存及被楚辞形式的接受》，《文学评论》2014年第4期。
⑦ 赵敏俐：《如何认识先秦文献的汉代传承及其价值》，《中国高校社会科学》2017年第3期。

的国风次序等，显示早期《诗经》的复杂形态。但总体而言，简本与《毛诗》及相关记载差距并不是很大。尽管其中《侯》与《魏》、《魏》与《唐》关系复杂，但收诗数量、篇序、字词等与《毛诗》比较接近。简本国风无篇名，但从《甬（鄘）》标记首篇名为《白（柏）舟》、《魏》标记首篇名为《葛娄（屦）》，可以推测简本篇名已经固定。[1]

一般认为楚辞是屈原创作的，但屈原学习的源头在哪里？楚辞生成应有一个时代背景和文化氛围。文本的形成具有一定的过程，战国简帛文献早于墓葬和抄写年代。这些文本属于"前屈原时代"。楚简《李颂》有助于解决楚辞《橘颂》的真伪论辩。上博简辞赋、清华简《子仪》赋歌、《祝辞》《祷辞》等韵例韵式、修辞手法、句式结构等，为屈原、宋玉等辞人提供了创作基础。从楚简用字语辞、韵文句式用韵、典故传说等方面来看，楚简韵文对楚辞创作产生重要影响。从历时来看，楚地祝辞、赋歌等对汉代辞赋也产生重要影响，显示出文学的代际传承。

战国时代政治割裂，"言语异声，文字异形"。但是，文化交融，特别是文学互动，始终处于主流，源于中华文化的多元一体。楚简韵文让我们看到战国时代文本的共时传播，如楚地韵文《三德》与秦代《吕氏春秋》之间的关系：[2]

表 4-3　《吕氏春秋·上农》与上博简《三德》对比

《吕氏春秋·上农》	上博简《三德》16+15
时事不共，是谓大凶。 夺之以土功，是谓稽， 不绝忧唯，必丧其秕。	敓（夺）民旹（时）以土攻（功），是胃（谓）頴（稽）， 不𢻃（绝）慐（忧）邖（恤），必丧丌（其）㐫（匹）。
夺之以水事，是谓籥， 丧以继乐，四邻来虐。	敓（夺）民旹（时）以水事，是胃（谓）洲， 丧台（以）系（继）乐，四方来器。
夺之以兵事，是谓厉， 祸因胥岁，不举铚艾。 数夺民时，大饥乃来。	敓（夺）民旹（时）以兵事，是…… ………… 聚（骤）敓（夺）民旹（时），天饥必来。

《三德》早于《吕氏春秋》的编纂成书年代。二者的因袭关系十分明

---

[1] 黄德宽：《略论新出战国楚简〈诗经〉异文及其价值》，《安徽大学学报》2018 年第 3 期。
[2] 范常喜：《简帛探微——简帛字词考释与文献新证》，中西书局，2016，第 281~287 页。

显。文本属性的考察应有动态视角，综合底本来源、抄手地域、传播流动等因素。这些文本可能是公共文本的衍生变异，但是无论如何，显示了地域传播和文化交融。这些现象无疑对诸子、史传文本的生成具有启发意义。

楚简韵文的学术价值是多方面的，目前研究并不充分。我们将制作楚简韵谱，建立韵文的常用模式，充分发掘楚简韵文的学术价值。

四 小结

楚简是文史研究的前沿和热点，对中国文学史、思想史等产生重要影响。韵文是语言学和文学研究的重要资料。楚简韵文提供了丰富的文学史料，有助于考察诗骚生成、文本校勘等，对经典化、韵散互动、文学传播等研究都具有重要意义。

第二节 清华简韵文选读

清华简主要由经史类文献构成。这些文献反映了礼乐社会的社会制度和主流意识形态。它的精神为先秦诸子所继承尤其是经过儒家整合与发展之后，成为中国传统文化的理论核心，对于我们今天的文化传统还产生着重大影响。[1]清华简包含丰富的韵文，如歌诗、敬惒、琴舞、祝祷等，还有很多韵语。有些韵文韵语可与《诗经》《尚书》以及诸子文献等对读，有些则是佚文，价值极大。清华简已经公布十三辑：[2]

表 4-4 清华简已公布内容

2010 年	第一辑	《尹至》、《尹诰》、《程寤》、《保训》、**《耆夜》**、《周武王有疾周公所自以代王之志》（又名《金縢》）、《皇门》、《祭公之顾命》（又名《祭公》）、《楚居》
2011 年	第二辑	《系年》
2012 年	第三辑	《说命上》《说命中》《说命下》**《周公之琴舞》《芮良夫毖》**《良臣》**《祝辞》**《赤鸠之集汤之屋》
2013 年	第四辑	《筮法》《别卦》《算表》

---

[1] 李学勤：《清华简的文献特色与学术价值》，《文艺研究》2013 年第 8 期。
[2] 字体加粗的篇目包含韵文韵语。其中，《五纪》《参不韦》两篇，整理者已经标注了部分韵脚。

续表

2015年	第五辑	《厚父》《封许之命》《命训》《汤处于汤丘》《汤在啻门》《殷高宗问于三寿》
2016年	第六辑	《郑武夫人规孺子》、**《管仲》**、《郑文公问太伯》（甲、乙）、**《子仪》**、《子产》
2017年	第七辑	《子犯子余》、《晋文公入于晋》、《赵简子》、《越公其事》
2018年	第八辑	《摄命》《邦家之政》《邦家处位》《治邦之道》《心是谓中》《天下之道》《八气五味五祀五行之属》《虞夏殷周之治》
2019年	第九辑	**《治政之道》《成人》**《迺命一》《迺命二》**《祷辞》**
2020年	第十辑	《四告》《四时》《司岁》《行称》《病方》
2021年	第十一辑	《五纪》
2022年	第十二辑	**《参不韦》**
2023年	第十三辑	《大夫食礼》《大夫食礼记》《五音图》《乐风》《畏天用身》

  清华简韵文分布具有一定规律性，《系年》《楚居》《筮法》《别卦》《算表》《病方》等史传谱系、实用数术类文献没有韵文。这也是古代文献的普遍特征。谭家健先生曾论述："中国古代史学发达，一开始就是专业性很强的学问，有专门的机构和专职人员——史官，历史著作同时具有文学价值，但却不是用韵文，而是用散文写作。《国语》《左传》《战国策》《竹书纪年》等书，在描述事实时完全采用散语，不用韵语，只是在记录某些人的谈话时，有些比较整齐的句子（个别情况下偶尔有韵语）。韵文很少用于叙事，不仅先秦如此，后世亦如此，这是一条明显的分界。"[①] 据初步统计，清华简韵文包括歌诗、祝辞等仪式文本，如《耆夜》引诗（含《乐乐旨酒》《輶乘》《赑赑》《明明上帝》《蟋蟀》5篇），风格接近于《诗经》"颂"的《周公之琴舞》《芮良夫毖》；还有一些说理文本，多为黄老学派文献如《命训》《汤在啻门》等；还有一些韵语夹杂在相关篇目中，如《管仲》的答语等。这种现象习见于先秦文献。

  清华简韵文具有独特价值，如《子仪》歌诗呈现了早期韵文的乐用形态。战国秦汉《日书》、祭祷简以及传世古书中都有一些祝祷韵语，但清华简《祝辞》《祷辞》则是独立的文本形态。韵文对文字释读具有参考价值。有些学者利用韵读验证相关文字，如《成人》简24-25"称而权之，董而

[①] 谭家健：《先秦韵文初探》，《文学遗产》1995年第1期。

𤉢（原）之，随而揣之……"邬可晶先生认为："'𤉢'在战国楚、晋文字中多用为'原'，应即'原（源）'之异体。这里的'原'，整理者训为'推究'，可从。'之'字之前的'权'、'原'、"揣"可视为元、歌通韵，'权'、'揣'都是主元音为 $*-o$ 的圆唇元音字。'原'的韵母如为 $*-on$，彼此就相当和谐了。"①韵文为文字考释提供了重要的语音线索，同时也是验证结论的重要参考。

清华简韵文系统研究成果较少。早期韵文具有过渡性特征，句式和韵例极具复杂性。虽然有些还有传世文献的对照版本，但其中的差异较大，很难取得一致意见。例如《周公之琴舞》，李守奎先生认为："简文与今本《周颂》的押韵很不一样。……今本《敬之》押韵貌似很整齐，但多以句末语气词入韵，应当是诗之整理者加工的结果。"②顾史考在清华简《周公之琴舞》中提到"启"与"乱"的区分标准跟换韵有关。③ 王坤鹏则认为除诗之外，像赋、诵、曲、箴等均极可能包含韵文形式。西周后期叙事作品亦常见散韵结合的情况。《芮良夫毖》"诗""书"共体、散韵结合的特征，与《逸周书·芮良夫解》以及《墨子》所称的"周书"等均有相似之处，属于早期以韵文述史的作品。④《芮良夫毖》虽为韵文，却并非典型的《诗经》体作品，不能因其与晚周诗歌体式不类而认为其制作时代较晚。赵平安指出《芮良夫毖》的结构与《周书》多篇相似，都是两段式，先交代背景，然后详载君臣之言，认为"毖"为一种新见的《尚书》体式。姚小鸥等学者认为该篇与《诗经》大小雅相仿，当为《诗经》类作品。马芳女士也有相似意见，强调《芮良夫毖》虽为韵文，却与传世本《诗经》并不同类。与此相关，陈鹏宇认为《芮良夫毖》音乐性不如《雅》诗，具有散文化的特征。子居对《管仲》《子犯子余》《祷辞》进行韵读分析，列出了宽式释文及韵脚。近年来，有些学位论文进行清华简相关篇目的集释整理，对韵文资料也有一些讨论。

---

① 邬可晶：《"丸"字续释——从清华简所见的一种"䖒"字谈起》，《中国文字》（二〇二一年夏季号），2021，第132页。
② 李守奎：《〈周公之琴舞〉补释》，载中国文化遗产研究院编《出土文献研究》（第十一辑），中西书局，2012，第12页。
③ 顾史考：《上博等楚简战国逸书纵横览》，中西书局，2018，第305页。
④ 王坤鹏：《清华简〈芮良夫毖〉学术价值新论》，《孔子研究》2017年第4期。

一 清华简韵文分类

先秦韵文引起了很多学者的关注,但分类一直是模糊的。早期文学的韵散二分以及"韵文包括诗词曲赋"等观念深入人心。有些学者讨论过韵散之间的互动。韵散相间或散韵相杂是早期韵文的形式特征之一,"所谓散韵相间,就是一大段韵语之后再接一大段散语或者成篇的散语之中忽然插入大段韵语。《逸周书》《荀子》《文子》都有这种情况。所谓散韵相杂,就是三言五语的韵句分散地夹杂在散句之中,或缀于散句之末之首。这种情况很普遍,《孙子兵法》《管子》《吕氏春秋》皆有。这两类,从整体上看,还不能算完整的韵文,因为韵语在全文中不占多数,用韵只是起偶尔修辞作用,以增加文采、韵味和感染力"。[1]

新出文献为早期文学研究提供了丰富史料,有助于深入考察早期文学的特质。清华简内容重要、形态丰富,是考察早期文学类型以及韵文分类的绝佳资料。近年,郭英德、吴承学、伏俊琏、赵辉等都指出了早期文学功用与文体之间的密切关系。伏俊琏先生强调文学起源于各种社会仪式,"文学的口耳相传主要通过各种仪式进行。原始人在长期的生产和劳动中,创造了各种各样的仪式,这些高度凝练的礼仪,是人类告别野蛮而进入文明社会的重要标志。所以,仪式是文化的贮存器,是文化和文学产生的模式,也是文化和文学存在的模式。从文学角度看,仪式的一次展演过程就是一个'文学事件'。"[2] 赵辉先生则明确提出中国古代文体以行为性质区分文体的惯例,"中国的'文'学作品,也就是社会生活不同性质的行为过程中的'文字单元',即文本;每一文本的产生,都有一个'前因后果'的行为过程。'前因',即驱使主体写作的事因行为过程,'后果'即文字言说过程。那些用于应酬如赠、和、答、应制、奉和、寄、酬、饯、问、送、别之类的诗歌,都具有典型的行为过程中的'文字单元'性质"。[3] 社会仪式、行为性质等与早期文体生成关系密切,如《尚书》中的"诰""训"等既是一种仪式行为,也成为一种文体。基于此,清华简韵文可以分为仪式类、

---

[1] 谭家健:《先秦韵文初探》,《文学遗产》1995年第1期。
[2] 伏俊琏:《文学与仪式的关系——以先秦文学和敦煌文学为中心》,《中国文化研究》2010年第4期。
[3] 赵辉:《行为性质与中国古代文体的确立》,《文学遗产》2015年第4期。

说理类、推源类、言说类。

(一) 仪式类韵文

仪式类韵文主要包括歌诗、颂诗、儆毖、祝辞、祷辞等。这些韵文用韵较为严格，句式相对工整。有些韵文可与传世文献对读，并呈现出一些差异，为探讨相关的历史、礼制以及诗乐关系等一系列问题提供了重要线索。《芮良夫毖》《祝辞》是两篇完整韵文。有些仪式韵文仅见于清华简，例如作为独立形态的文本《祝辞》《祷辞》等。

（1）歌诗类

清华简多篇记载了歌诗活动。《耆夜》记载周武王伐黎大胜后，在文王太室举行饮至典礼。武王君臣饮酒赋歌，如简6-7《蟋蟀》歌诗：

　　蟋蟀戎服，壮武赳赳。宓靖谋猷，裕德乃求。
　　王有旨酒，我忱以浮。既醉又侑，明日勿慆。

通篇押幽韵，语辞风格和句式用韵与《诗经》"大小雅"十分近似。《子仪》篇记载秦穆公送归子仪的场景，双方歌诗以对，带有明显的诗骚风格，如"汧兮弥弥，渭兮滔滔，杨柳兮依依，其下之浩浩"。这些歌诗类韵文具有重要的文献价值，为早期诗骚的生成和传播提供了重要参考。

（2）儆毖类

从仪式和功能来看，儆毖与歌诗存在很大的差异。儆毖类韵文具有儆戒性质。《芮良夫毖》《周公之琴舞》是两篇儆毖类韵文。《芮良夫毖》简28"吾用作毖再终，以寓命达听"，明确记述作"毖"。此篇之"序"提到："周邦骤有祸，寇戎方晋，厥辟、御事各营其身，亟争于富，莫治庶难，莫卹邦之不宁。芮良夫乃作毖再终……"由此可知，在国家危难之际，芮良夫劝诫与民争利的执政者，要敬天保民，止欲戒贪，招贤纳士，齐备法度，才能维护统治。芮良夫谏言厉王、训诫百官之事于典籍当中多有记载，如《逸周书·芮良夫》《国语·周语上》《史记·周本纪》等，据传芮良夫所作的《桑柔》可与之对读。

《周公之琴舞》明确"周公作""成王作"。其中，成王所作第一首诗与《诗经》的《周颂·敬之》大致相同，为研究《周颂》以及探究周代礼乐文明提供了珍贵的第一手资料。《周公之琴舞》是西周初期的作品,虽然在流传过程中经过组织编排,非周初原貌,①但它仍是周初创作的"嗣王朝庙之乐"。② 其创制背景是西周初期,出于嗣王登基典礼。《周公之琴舞》为一组儆毖类韵文,为《诗经》组诗研究提供了新线索。一直以来,各家韵读存在一定的分歧,"《周颂》一共三十一篇,十九篇的韵读不明,凡是韵读不明的诗篇都不出注;同时保持原诗句的长短不齐,以示区别"。③ 关于《周颂·敬之》韵读,王显先生认为韵脚为"哉兹/将明行",江有诰标注为"之之思哉兹子止/将明行",王力先生则为"之之思哉士兹子止/将明行"。④ 各家对虚字入韵、用韵疏密等判断不尽相同,需要具体分析。

(3) 祝祷类

祝祷是古人重要的日常活动。战国楚简、秦汉简帛以及传世古书中都有很多记载。清华简保存了独立形态的文本。祝祷类韵文押韵具有很强的规律性,以鱼、阳部为主。

如《祝辞》简 1:

恐溺,乃执币以祝曰:
有上茫茫,有下汤汤,司湍滂滂,侯兹某也发扬。乃舍币。

如《祷辞》简 9-10:

苟使四方之群明归曾孙某之邑者,
如云之入,如星之西行,如河伯之富,如北海之昌,使曾孙某之邑人以邑之为尚。

随着社会变化和文学演变,仪式类韵文也在不断调整中。有些仪式逐

---

① 李守奎:《先秦文献中的琴瑟与〈周公之琴舞〉的成文时代》,《吉林大学社会科学学报》2014 年第 1 期。
② 李学勤:《再读清华简〈周公之琴舞〉》,《绍兴文理学院学报》2014 年第 1 期。
③ 王显:《诗经韵谱》,商务印书馆,2011,第 299 页脚注①。
④ 王显:《诗经韵谱》,商务印书馆,2011,第 307 页;江有诰:《诗经韵读四卷》,《丛书集成三编》第二十八册,新文丰出版公司,1997,第 591 页;王力:《王力文集》第六卷,山东教育出版社,1990,第 428 页。

渐消失了,这种韵文只能进入仿古作品中。歌诗类韵文则随着诗乐分离和文体演进成为中国古典诗歌的重要主题。马芳女士曾讨论过,后世还有儆戒主题的诗,但类似《芮良夫毖》以韵文的形式论说执政方策劝诫统治者的诗很少,基本被文所替代。《文心雕龙》所论文体中有箴、铭,清代王兆芳《文体通释》所列"源出君上之事"的 30 种文体中的教、训、戒、箴、铭等都有儆戒性质。但"毖"或"敬毖"作为体类的名称则销声匿迹。只有西汉刘向《说苑》中有"敬慎"一目,带有"儆毖"类名的痕迹。虽然《说苑》是先秦子书故事摘集,不是诗集,但至少说明这一类名存在和流传过。①

(二) 说理类韵文

说理类韵文和传世诸子文献比较相近。一般来说,先秦散文分为历史叙事散文和诸子说理散文两大部分。其中,诸子说理散文多有韵文,但用韵比较宽松,有学者归纳:"在韵例上,句中韵脚的分布有句尾韵、句中句尾叶韵、句首句尾叶韵三种形式,用韵的转换情况包括一韵到底、换韵、交韵、抱韵四类,韵脚在韵段中则有句句韵、偶句韵、奇句韵、奇偶混合入韵、散布五种分布类型。"② 清华简说理类韵文丰富,集中在问答体的"答语"部分,如《管仲》简 4-5:

心无图,则目耳豫,心图无守,则言不道。言则行之首,行之首,则事之本也。

战国后期诸子文献多包含说理韵文,尤其是黄老学派文献。这种传统具有很强的生命力,在六朝道家文献中仍有表现,"郭璞既处两晋骈文高涨之际,又以道教方术之士的博学多识参与骈文正体的写作,其赋、疏、叙、释文、图赞等各类文体写来皆朗朗上口,嘤嘤成韵,大多篇幅短小,尤其是释文、图赞二体,绝大多数是六至八句,四言一句,声律和谐。……此

---

① 马芳:《从清华简〈周公之琴舞〉〈芮良夫毖〉看"毖"诗的两种范式及其演变轨迹》,《学术研究》2015 年第 2 期。
② 张耀:《先秦诸子散文中韵文现象的研究·摘要》,硕士学位论文,中国海洋大学,2015。

节骈文写祭祀场景，可谓隆重而简约，老子的崇简尚素思想，体现了道家情怀；而声律用韵上凡两换其韵，皆和谐悠扬，一如祭祀之况，前六句叶一韵，外、带、会相协；后十四句叶一韵，庶、度、素、鼓、柱、宇、圃相协，体现了韵律之美"。① 说理类韵文常运用排比句式，一气呵成，具有很强的修辞效果。这种风格对后世的赋体具有一定的影响。

（三）推源类韵文

对万物本源的思考是人类永恒的主题。春秋时代老子的"太一""大道"等，孔子的"天道""人道"等都探求万物起源、天人关系等，可谓开启了先秦"哲学突破"。战国时代，王道既微，诸侯力政。屈原《天问》、上博简《凡物流形》等都谈及各类起源，清华简《汤在啻门》《成人》《五纪》《参不韦》等也是如此。这些都属于推源类韵文，如《汤在啻门》简3-5：

> 小臣答曰：
> 五以成人，德以光之；四以成邦，五以相之；九以成地，五以将［之］；九以成天，六以行之。

当然，从学派归属来看，很多推源类韵文也与黄老道家有关。韵文多以鱼、铎、阳部以及耕、真部为主要韵部。

（四）言说类韵语（包括引诗等）

中国古代言说传统具有一定的特色，喜欢引用特定人物的经典语录或经典文献的语句辞章及民间流传的谚语俗语。② 这些言说常以韵语的形式，具有一定的修辞效果。这些韵语往往凝固为格言、谚语、官箴等，形成了一种独特的文化现象。先秦文献有很多相关汇编，如《韩非子》的《储说》和《说林》，《墨子》的《经说》，《淮南子》的《说山训》和《说林训》

---

① 蒋振华：《六朝道教骈文的文学史意义》，载郭英德主编《斯文》（第六辑），社会科学文献出版社，2020，第269页。
② 王枫：《汉民族言说历史中的引述传统及其文化解读》，《内蒙古大学学报（哲学社会科学版）》2015年第6期。

等。随着新出文献的不断增多，言说类韵语逐渐引起关注。如郭店楚简《语丛一》整理者说明："本篇内容皆为类似格言的文句。……本篇及此后三篇的内容体例与《说苑·谈丛》、《淮南子·说林》类似，故将简文篇题拟为《语丛》。"① 这种言说类韵文的编纂，至迟在战国中期已经出现，郭店楚简《语丛》、睡虎地秦简《为吏之道》、马王堆汉墓帛书《称》、银雀山汉简《要言》等都是一脉相承的。从早期《逸周书》的《周祝》篇和《武称》篇、《管子·小称》到后来的《韩非子》的《储说》和《说林》篇、《淮南子·说林训》，直至《说苑·谈丛》，都有脉络可寻。这种汇编性质的文献，"至刘向《说苑》乃开集熟辞之大成之例"②。徐建委先生指出："《谈丛》篇就像是《说苑》一书的缩影，是早期材料（格言、谚语）累积而成的文本。"③

清华简言说类韵文主要分布在人物对话的答辞部分，如：

> 吾闻夫长莫长于风，吾闻夫险莫险于心，厌必臧，恶必丧。（《殷高宗问于三寿》4+5）
> 乃某之则，视唯明，听唯皇，言唯章。 （《参不韦》99+100）

言说类韵文成为春秋战国时代的诸子著书立说的公共文化资源，先秦时代开始汇集成册，对后世类书的编纂产生一定的影响。④ 清华简言说类韵文有些不见于传世文献，具有重要的学术价值。

由于标准和角度不同，分类一定会有差异。韵文分类比较复杂，尤其是早期文本处于过渡形态。我们从功能和形态出发，结合不同类型的演变情况，分为四种类型是一种初步的尝试。任何分类都会存在一些例外，只能具体问题具体分析。

二 清华简韵例概述

韵式分布与文本类型具有密切关系。仪式类韵文的用韵和句式则相对

---

① 荆门市博物馆：《郭店楚墓竹简》，文物出版社，1998，第193页。
② 刘信芳：《帛书〈称〉之文体及其流变》，《文献》2008年第4期。
③ 徐建委：《〈说苑〉研究——以战国秦汉之间的文献累积与学术史为中心》，北京大学出版社，2011，第286页。
④ 罗恰：《由出土文献论古代"类书"之起源》，《中国典籍与文化》2014年第3期。

规整。说理类韵文等以韵段的形式散见于文本中,较为松散,用韵较疏。例如《耆夜》酬和歌诗、《祝辞》句式十分整齐,用韵较为严格。

乐乐旨酒,宴以二公。衽𢂷①兄弟,庶民和同。方壮方武,穆穆克邦。嘉爵速饮,后爵乃从。（《耆夜》3+4）

恐溺,乃执币以祝曰:有上茫茫,有下汤汤,司湍滂滂,侯兹某也发扬。(《祝辞》1)

然而,其他文本中,韵文则相对灵活,韵式松散多样。如:

人谋强,不可以藏。后戒,后戒,人用汝谋,爱日不足。（《程寤》9)

韵文有一定的格式和规则,一般称作韵例。韵例是十分复杂的,其中韵段划分、合韵规律等存在一定的复杂性,特别是早期韵文的过渡特质,只能综合韵部、句式以及语义等分析。孔广森认为"欲审古音,必先求乎古人用韵之例"。韵例主要包括韵在句中的位置、韵在韵段中的转换以及韵在韵段中的分布这三个方面。

（一）韵在句中的位置

韵在句中的位置可以分为句尾韵、句中韵、句首韵等类型,一定程度上反映了早期韵文丰富性和灵活性特点。句尾韵是韵文常态,清华简也是如此。

如:

恭神以敬,和民用正,留邦偃兵,四方达宁,元哲并进,谗谀则屏,是名曰圣。（《殷高宗问于三寿》18+19)

---

① 邬可晶先生疑读"只",后有补说和修正。参邬可晶《上古汉语中本来是否存在语气词"只"的问题的再检讨》,载邬可晶《战国秦汉文字与文献论稿》,上海古籍出版社,2020,第61页。

> 远有所亚，劳有所息，饥有所食……　（《汤处于汤丘》简17+18）

其中，"敬""正""兵""宁""屏""圣"皆押耕部，"进"押真部，属于真耕合韵；"亚""食""极"押职部，"思"押之部，属于之职合韵。

有时有虚字尾，虚字一般不入韵。如：

> 五以成人，德以光之；四以成邦，五以相之；九以成地，五以将[之]；九以成天，六以行之。　（《汤在啻门》4+5）

有些韵例比较特殊，清华简可能存在句首韵。如：

> 天惟显思，文非易思。　（《周公之琴舞》2）

我们怀疑句首字"天""文"属于真文合韵。还有句中押韵的情况，如：

> 何务非和？何怀非文？何保非道？　（《程寤》8+9）

这里句式齐整，古人喜用排比押韵。"怀、文"疑微文通韵，"保、道"押幽部。

当然，有时句式齐整，而用韵则极其灵活，如：

> 一月始扬，二月乃裹，三月乃形，四月乃固，五月或衰，六月生肉，七月乃肌，八月乃正，九月显章，十月乃成，民乃时生。　（《汤在啻门》6-8）

这里押韵比较复杂。其中，"扬"押阳部，"形"押耕部，属于耕阳合韵。"裹"押歌部，"固"押鱼部，合韵规律属于鱼歌通转。"衰"属幽部，"肉"觉部，幽觉通韵。"章"属阳部，"正""成""生"属耕部，耕阳合韵。

清华简很多不是句句用韵，混合入韵属于常态。在仪式文本中，偶句入韵多见。这也是中国诗歌的一个重要规律。如：

　　乐乐旨酒，宴以二公。紝尸兄弟，庶民和同。方壮方武，穆穆克邦。嘉爵速饮，后爵乃从。　（《耆夜》3+4）

该韵段共八小句，通篇东部，第二、四、六、八小句等偶句入韵，隔句押韵，句式工整。也有奇句韵，如：

　　刑轻以不方，此谓美刑；刑重以无常，此谓恶刑。　（《汤在啻门》17）

"方、常"皆属阳部。此韵段共四小句，第一、三小句作为奇数句句尾入韵。

韵段中时常换韵。换韵的情况有多种多样，有一般换韵，还有交韵、抱韵等。下面分别论述。

一般换韵。清华简中的一般换韵现象较多，如：

　　其气瞀歆发治，是其为长且好哉。其气奋昌，是其为当壮。气融交以备，是其为力。气促乃老，气徐乃獣，气逆乱以方，是其为疾殃。气屈乃终，百志皆穷。　（《汤在啻门》8-10）

其中，"治、哉"押之部，"昌、壮"押阳部，"备、力"押职部，"老、獣"押幽部，"方、殃"押阳部，"终、穷"押冬部。这段共换了六次韵。

交韵换韵，如：

　　然则或弛或张，或缓或急，田地圹虚，众利不及，是谓幽德。（《管仲》27）

其中，"张"押阳部，"虚"押鱼部，鱼阳合韵。"急""及"押缉部。

还有一些抱韵，如：

惠民由任，徇句遏淫，宣仪和乐，非怀于湛，四方劝教，滥媚莫感，是名曰音。（《殷高宗问于三寿》17+18）

其中，"任、淫、湛、感、音"属侵部，"乐、教"属药部，属于抱韵现象。

（二）独韵、通韵及合韵

独韵相对简单，一韵到底。在韵脚字符音相同的情况下，阴阳入之间的通押称为通韵。合韵则相对复杂，最能体现韵文的语言学价值。

1. 独韵

独韵是最常见最简单的押韵形式。由于文本属性和文体特征，阳声韵较多，如阳部、耕部、真部等多见；支部、锡部、质部等则较少。如：

民人惰怠，大夫假使。（《管仲》9）
享载不孚，是亦引休。（《摄命》23）
吾闻夫长莫长于水，吾闻夫险莫险于鬼……（《殷高宗问于三寿》6+7）
或因斩柯，不远其则，毋害天常，各尚尔德。（《芮良夫毖》10）
气屈乃终，百志皆穷。（《汤在啻门》10）
侯使四方之群明归曾孙某之邑者，如云之入，如星之西行，如河伯之富，如北海之昌，使曾孙某之邑人以邑之为尚。（《祷辞》9+10）

2. 通韵

清华简通韵现象很多，如：

鸟飞兮童永！余何矰以就之。远人兮离宿，君有覃言，余谁思于告之。（《子仪》8）

其中，"就"押幽部，"宿""告"押觉部，属于幽觉通韵。

人讼扞违，民乃嗥嚣，靡所屏依，日月星辰，用交乱进退。（《芮

良夫惣》23）

"违""依"押微部，"退"押物部，属于微物通韵。

  目、耳则心之末，口则心之窍。趾不正则心遑，心不静则手躁。（《管仲》4）

"窍、遑"属药部，"躁"属宵部，宵药通韵。

  康乐而毋荒，是惟良士之愳。（《耆夜》13）

"荒"为阳部，"愳"为鱼部，鱼阳通韵。

  贤质以亢，吉凶阴阳，远迩上下，可立于辅。（《管仲》6+7）

"亢、阳"阳部，"下、辅"鱼部，鱼阳合韵。

  在大能政，在小能枝。（《子产》12）

"政"耕部，"枝"支部，属于支耕通韵。

  是故明王奉此六者，以牧万民，民用不失，抚之以惠，和之以均……（《命训》简11）

"失"属质部，"惠"属脂部，"均"属真部，脂质真通韵。

3. 合韵

  合韵现象涉及文字释读、文意、句读等多种因素，有时判定难度极大。清华简韵文合韵现象颇复杂，如：

  汔我夙夜不荡敬之。日就月将，学其光明。弼持其有肩，示告余显德之行。（《周公之琴舞》3）

此段"将、明、行"属于阳部,"肩"属于元部,为阳元合韵。

迩则文之化,厌象天时,枉度毋徙,申礼劝规,辅民之化,民劝毋疲,是名曰义。(《殷高宗问于三寿》15+16)

"化、徙、疲、义"属歌部,"规"属支部,此段为支歌合韵。

三 清华简韵文选读

韵文选读是一项艰难的工作,特别是韵文判定、韵段合韵等。我们吸收学术界最新研究成果,采用宽式隶定,考察韵读并进行简注。

(一) 仪式类韵文

仪式类韵文选读包括《耆夜》歌诗、《祝辞》两种。

1. 《耆夜》歌诗

《耆夜》全篇共14支简,完简长45厘米,有4支简残缺,简背有简次编号。简文记录武王八年伐黎大胜之后,在文王太室举行饮至礼。武王与周公作了歌诗,为《乐乐旨酒》《輶乘》《赑赑》《明明上帝》《蟋蟀》,皆为韵文。其中,周公所作《蟋蟀》与《诗经·唐风·蟋蟀》关系密切。

《乐乐旨酒》

乐乐旨酒,宴以二公[1];
纴[2]尸兄弟,【3】庶民和同。
方壮方武,穆穆[3]克邦。
嘉爵速饮,后爵乃从[4]。

【笺注】

[1] 宴以二公:即"以宴二公",二公为"毕公和周公"。

[2] 伏俊琏、冷江山:"纴"读为《诗·燕燕》"仲氏任只"之"任"。①

[3] 壮,武,穆穆:赞扬二公强壮勇武、端庄恭敬。

---

① 伏俊琏、冷江山:《清华简〈耆夜〉与西周时期的"饮至"典礼》,《西北师大学报》2011年第1期。

［4］此句为劝酒之辞。"嘉爵"，见《仪礼·士冠礼》："祭此嘉爵，承天之祜。"

【韵读】东部——公、同、邦、从。

《輶乘》

輶乘[1]既饬[2]，人服余不[3]胄。

虞士奋刃[4]，緊民之秀。

方壮方武，克燮[5]仇【5】雠。

嘉爵速饮，后爵乃复。

【笺注】

［1］輶乘即輶车。《诗经·驷驖》："輶车鸾镳，载猃歇骄。"毛传："輶，轻也。"郑玄笺："轻车，驱逆之车也。"

［2］"饬"，整治的意思。"輶乘既饬"与《诗·六月》"戎车既饬"句式相同。

［3］邬可晶认为"不"为衍文。①

［4］整理者释"甲"，复旦大学出版文献与古文字研究中心研究生读书会改隶为"刃"。刘洪涛跟帖"虞"读为"作"，兴起。②

［5］"燮"训"和"。"燮伐大商"之"燮"，马瑞辰《毛诗传笺通释》以为通"袭"。

【韵读】幽部——胄、秀、雠；觉部——复。幽觉通韵。

《赑赑》

赑赑戎服，壮【6】武赳赳。

毖精[1]谋猷，裕德乃求。

王有旨酒，我忧以酘[2]。

既醉又薹[3]，明日勿慆[4]。

【笺注】

［1］邬可晶先生认为上海博物馆所藏春秋晚期文公之母弟钟有"余鼏静朕猷、远迩"（《铭图》15277）一句，与《耆夜》的"毖精谋猷"十分

---

① 邬可晶：《读清华简〈芮良夫毖〉札记三则》，载中国古文字研究会、中山大学古文字研究所编《古文字研究》（第三十辑），中华书局，2014，第411页。

② 复旦大学出土文献与古文字研究中心研究生读书会：《清华简〈耆夜〉研读札记》，复旦大学出土文献与古文字研究中心网站，2011年1月5日，刘洪涛《清华简〈耆夜〉研读札记》跟帖。

接近,"恣精""鼏静"均应该读为"谧静"。今文《尚书·无逸》"密静"与金文中的"鼏静"可以合证。①

[2] 郭永秉先生认为《耆夜》此字和《吴命》中"敉"字是表示安宁、安抚之义的词。②

[3] 整理者认为"蠢"即《说文》"蝤"字,读为"侑",劝饮。

[4]《诗经·蟋蟀》:"今我不乐,日月其慆。"毛传:"慆,过也。"郭永秉先生认为"慆"似应训为喜、悦一类意思,"勿慆"犹"勿喜"。③

【韵读】幽部——赳、猷、求、酒、臨、蠢、慆。

《明明上帝》

明明上帝[1],临下之光。

丕显来格,愈厥禋盟[2]。

於【8】□□□月有成辙,岁有剀行[3]。

作兹祝诵,万寿无疆。

【笺注】

[1]《诗经·小雅·小明》:"明明上天,照临下土。"郑笺:"明明上天,喻王者当光明。"本篇同样以明明上帝比喻周天子武王。

[2] 原整理者:《书·益稷》"祖考来格",格训"至"。愈通"歆"。醒明,即禋盟,郑太子与兵壶(《近出殷周金文集录二编》八七八)作"禋祭",泛指祭祀。

[3] "月有成辙,岁有剀行",郭永秉认为"成辙"是既有的轨辙,"剀行"是标准恒常的道路。④

【韵读】阳部—光、盟、行、疆。

《蟋蟀》[1]

蟋蟀在堂,役车其行。

---

① 邬可晶:《文公之母弟钟铭补释》,载《中国文字》新 36 期,艺文印书馆,2011,第 58~59 页。
② 郭永秉:《清华简〈耆夜〉诗试解二则》,载《古文字与古文献论集续编》,上海古籍出版社,2015,第 257 页。
③ 郭永秉:《清华简〈耆夜〉诗试解二则》,载《古文字与古文献论集续编》,上海古籍出版社,2015,第 255 页。
④ 郭永秉:《清华简〈耆夜〉诗试解二则》,载《古文字与古文献论集续编》,上海古籍出版社,2015,第 259~260 页。

今夫君子，不喜不乐[2]。
夫日【10】□□，□□□忘。
毋已大乐，则终以康[3]。
康乐而毋荒，是惟良士之迈=。
蟋蟀在【11】席，岁聿云暮[4]。
今夫君子，不喜不乐。
日月其迈，从朝及夕。
毋已大康，则终【12】以祚。
康乐而毋忘（荒），是惟良士之愳=。
蟋蟀在序，岁聿云除。
今夫君子，不喜不乐，【13】
日月其迈，从冬及夏。
毋已大康，则终以愳，
康乐而毋荒，是惟良士之愳=。【14】

【笺注】

[1]《耆夜》“蟋蟀”诗属于周公创作还是战国时代的拟托作品，以及与今本《唐风·蟋蟀》的关系等还存在一些争议。

[2]“乐”字不入韵，第二章、第三章也如此。曹建国先生认为“不喜不乐”应读“丕喜丕乐”，犹“以喜以乐”或“载喜载乐”、“大喜大乐”。①

[3]《唐风·蟋蟀》“无已大康”，毛传：“已，甚。”林义光《诗经通解》：“已亦太也。无已太康，无太康也。”《小雅·巧言》一章“昊天已威，予慎无罪”，郑笺：“已、泰，皆言甚也。”

[4]整理者：“‘岁矞员茖’可联系《诗·蟋蟀》‘岁聿其莫’来理解。矞通‘聿’，语助词。员，通‘云’，与‘其’字用法相似，句中助词。茖，通‘莫’。”

【韵读】阳部—行、忘、康、迈；铎部—暮、夕、祚；鱼部—除、夏、愳、愳。

① 曹建国：《论清华简中的〈蟋蟀〉》，《江汉考古》2011年第2期。

2.《祝辞》

《祝辞》共5支简，内容为巫咒之辞，多押阳部韵。徐师曾《文体·明辨序说》指出："其词有散文，有韵语，今并采而列之。"从中看出《祝辞》主要是以四言为主，杂以三言、五言，句式整齐对称，"茫茫""汤汤""滂滂"阳部韵；"冥""嬴"耕部韵，都使用叠词。在田猎祝辞中，介绍三种不同的射箭仪式时，语句大致相同，体现了重章叠句的特点。祝祷辞中最为常见的发语词是"皋"，也有"呼""讴""喷（歆）"。祝祷辞发语词是上古举行巫祝仪式时，发出呼叫的一种声音。《礼记·礼运》："及死也，升屋而号，告曰：'皋，某复。'"

恐溺，乃执币以祝[1]，曰：
有上荒荒，有下堂堂[2]，司湍滂滂[3]，侯兹某也发扬[4]。乃舍币。【1】

救火，乃左执土以祝，曰：
"皋！诣五夷[5]，圖㬅冥冥，兹我䋲。"既祝，乃投以土。【2】

"随弓将注为死，扬武即求当[6]。"引且言之，同以心，抚额，射戎也。【3】

"外弓将注为肉，扬武即求当。"引且言之，同以目，抚额，射禽也。【4】

"踵弓将射干函，扬武即求当。"引且言之，同以戕，抚额，射函也。【5】

【笺注】

[1]"祝"读作"呪"或"咒"。《礼记·郊特牲》疏云："祝，呪也。"

[2]"堂"读为"汤"。《书·尧典》"汤汤洪水方割"，孔传："汤汤，流貌。"江林昌认为："有上茫茫，有下汤汤"，指河水上下浩荡泛滥。两"有"字为句首语助词。①

---

① 江林昌：《清华简〈祝辞〉与先秦巫术咒语诗》，《深圳大学学报（人文社会科学版）》2014年第2期。

［3］司渊当系一种水神。"滂滂"，《广雅·释训》："流貌。"

［4］侯，句首助词。某，指祝者之名。发扬，见《礼记·乐记》，有奋起之义。

［5］五夷疑即武夷，见九店简、马王堆帛书。

［6］"扬武"即"发扬武德"。"求"，《尔雅·释诂》："终也。""当"，指箭之射中。《吕氏春秋·知度》"射鱼，指天而欲发之当也"，高诱注"当"为"中"。

【韵读】阳部—荒、堂、滂、扬、当；

耕部—冥、绖；

冬部—戎，侵部—禽、音，冬侵合韵。

（二）说理类韵文

清华简说理类韵文丰富，主要集中在问答体的"答语"部分。说理类韵文主要夹杂在散文之中，用韵较疏，句式灵活，多为合韵。

《管仲》

《管仲》共30支简，以对话的形式来体现管仲的相关思想。

齐桓公问于管仲曰：仲父！君子学与不学如何？

管仲答曰：

君子学哉，学乌可以已？

见善者【1】謩[1]焉，见不善者戒[2]焉。

君子学哉，学乌可以已？

【笺注】

［1］整理者认为"謩"读"墨"。《太玄·盛》"盛不墨"，司马光集注："法也。"在此为动词，意为效法。① 子居读为"服"。②

［2］戒，《说文》："警也。"

【韵读】职部—謩、戒。

---

① 李学勤主编《清华大学藏战国竹简》（陆），中西书局，2016，第113页。
② 子居：《清华简〈管仲〉韵读》，中国先秦史网站，2017年1月14日。

桓公或问于管仲曰：仲父！起事之本奚从？【2】

管仲答：

从人之道。趾则心之[1]本，手则心之枝，目耳则心之末，口则心之窍[1]。趾不正则心逴[2]，心不静则手躁[3]。

心无图，则目耳豫[4]。[4] 心图无守，则言不道。

言则行之首。行之首，则事之本也。

尚展之，尚恪[5]之，尚勉之。

【笺注】

［1］子居认为以四肢九窍与心的关系为论，是战国后期、末期习见之说。如《管子·心术》："心之在体，君之位也。九窍之有职，官之分也。耳目者，视听之官也，心而无与视听之事，则官得守其分矣。"

［2］"止不正则心逴"，应作"心不正则止逴"。"逴"，《广雅·释诂三》："塞也。"即跛足。①

［3］躁，《礼记·月令》"毋躁"，郑注："犹动也。"②

［4］豫，整理者读"野"，《礼记·檀弓》"若是野哉"，孔疏："不达礼也。"豫、野均从予声。③

［5］王挺斌先生认为"恪"，恭敬、恭谨之义。④

【韵读】药部—窍、卓，宵部—躁，宵药通韵。

　　　　鱼部—图、豫；

　　　　幽部—守、道。

本段押韵十分松散，规律性不强。前半段无韵，后半段换韵，相对整齐。

桓公或问于管仲曰：【5】仲父！设丞如之何？立辅如之何？

管仲答：

贤质[1]不枉[2]，执节循绳，可设于丞；

---

① 李学勤主编《清华大学藏战国竹简（陆）》，中西书局，2016，第114页。
② 李学勤主编《清华大学藏战国竹简（陆）》，中西书局，2016，第114页。
③ 李学勤主编《清华大学藏战国竹简（陆）》，中西书局，2016，第114页。
④ 清华大学出土文献读书会：《清华六整理报告补正》，清华大学出土文献研究与保护中心网站，2016年4月16日。

贤质以亢[3]，吉凶阴【6】阳，远迩上下，可立于辅。

【笺注】
[1] 石小力先生认为"贤质"一词见于《晏子春秋·问下·景公问为臣之道晏子对以九节》："肥利之地，不为私邑，贤质之士，不为私臣。"①
[2] 枉，《礼记·少仪》"毋循枉"，《释文》："邪曲也。"②
[3] 亢，整理者读"抗"，《淮南子·说山》"溺者不可以为抗"，高注："高也。"下云吉凶阴阳等，皆高玄之事，故此处云高。③
【韵读】阳部—枉，蒸部—绳、承，阳蒸合韵。
　　　　阳部—亢、阳，鱼部—下、辅，鱼阳通韵。

管仲答：
既设丞，既立辅，敛【7】之三，博[1]之以五。其阴则三，其阳则五。
是则事首[2]，惟邦之宝。

【笺注】
[1] 博，《说文》："大通也。"与'敛'相对。
[2] 事首，最首要的事，又见清华简《汤在啻门》："此惟事首，亦惟天道。"
【韵读】鱼部—辅、五、五，幽部—首、宝。

管仲答曰：
臣闻之，汤可以为君。汤之行正而勤事也。
必战于宜而成于度，小大之事，必知其故。
和民以【17】德[1]，执事有余[2]。
既惠于民，圣以行武[3]。
战于其身，以正天下。

---

① 清华大学出土文献读书会：《清华六整理报告补正》，清华大学出土文献研究与保护中心网站，2016年4月16日。
② 李学勤主编《清华大学藏战国竹简（陆）》，中西书局，2016，第114页。
③ 李学勤主编《清华大学藏战国竹简（陆）》，中西书局，2016，第114页。

若夫汤者可以为君哉。

【笺注】

[1]"和民",古书多见。《左传·隐公四年》:"臣闻以德和民,不闻以乱。"《国语·周语中》:"宽所以保本也,肃所以济时也,宣所以教施也,惠所以和民也。"《国语·周语下》:"下及夏商之季,上不象天,而下不仪地,中不和民,而方不顺时。"

[2]《战国策·秦策五》"不得暖衣余食",高诱注:"饶也。"

[3]"圣",通也。《书·大禹谟》:"乃圣乃神,乃武乃文。"孔传:"圣,无所不通。"

【韵读】鱼部—故、余、武、下。

及后辛之身【18】,
其动无礼,
其言无义,
乘[1]其欲而緪[2]其过,
既急于政[3],或以民戏[4]。

【笺注】

[1]"乘"可读"逞",即逞其欲。①《左传·桓公六年》:"今民馁而君逞欲,祝史矫举以祭,臣不知其可也。"杜预注:"逞,快也。"

[2]"緪"训为穷尽,《楚辞·招魂》:"姱容修态,緪洞房些。"王逸注:"緪,竟也。"《方言》卷六:"緪,筵,竟也。秦晋或曰緪,或曰竟,楚曰筵。"②

[3]"急于政"又见《韩非子·内储说》:"哀公新乐之,必急于政,仲尼必谏,谏必轻绝于鲁。"

[4]疑为"或以戏民",为了押韵而倒装。如《尚书·西伯戡黎》:"非先王不相我后人,惟王淫戏用自绝。"

【韵读】真部——身,脂部——礼,真脂通韵。

---

① 骆珍伊:《〈清华陆·管仲〉札记七则》,武汉大学简帛网,2016年4月23日。
② 子居:《清华简〈管仲〉韵读》,中国先秦史网站,2017年1月14日。

歌部——义、过、戏。

凡其民人,
老者愿死,壮者愿行【19】,
恐罪之不决,而刑之放[1],
怨亦未济[2],邦以卒丧。
若后辛者不可以为君哉!

【笺注】
[1] 放,《孟子·梁惠王下》"放于琅邪",赵岐注:"至也。"
[2] 济,《诗·载驰》"不能旋济",毛传:"止也。""怨亦未济"之"亦",训为"犹"、"尚"。

【韵读】真部——人,阳部——行、放、丧,真阳合韵。

管仲答:
臣之闻之也,夫周武王甚元以智而武以良[1]。
好义秉德,有攼[2]不懈,【21】为民纪纲。
四国和同,邦以安宁,民乃保昌。
凡其民人,畀务不偷[3],莫爱劳力于其王。

【笺注】
[1] 元,《左传·文公十八年》"谓之八元",杜注:"善也。"二"以"字均训"而"。
[2] "攼"读为"虔",恭敬之义。①
[3] 《荀子·王制》"使百吏勉进而众庶不偷",与此相近。"务"当解释为"勉力"。《公羊传·定公二年》"不务乎公室也",《吕氏春秋·士节》"不可不务求此人也",又《听言》"不可不务也",何休、高诱注并曰:

---

① 清华大学出土文献读书会:《清华六整理报告补正》,清华大学出土文献研究与保护中心,2016年4月16日。

"务，勉也。"①

【韵读】阳部——良、纲、昌、王。

若武王者，可以【22】为君哉！
及幽王之身，好使佞人，而不信慎良[1]。
夫佞有利气，笃利而弗行。
若幽王者，不可以为【23】君哉。
夫佞者之事君，必前敬与巧，而后谮②与讹，以大有求。【25】

【笺注】

[1]"慎"，子居读为"贞"。"贞良"典籍习见，如《逸周书·官人》："省其居处，观其义方。省其丧哀，观其贞良。"《墨子·明鬼下》："父子、弟兄之不慈孝、弟长、贞良也。"《墨子·非儒下》："以是为人臣不忠，为子不孝，事兄不弟，交遇人不贞良。"马王堆帛书《黄帝书·称》："贞良而亡，先人余殃。"③

【韵读】真部——身、人，阳部——良、行，真阳合韵。
　　　　幽部——巧、求。

受命虽约，出外必张，蠢动勤畏，假宠以放。
既蔽于货，冒乱[1]毁常。既得其利，昏录以行[2]。【26】

【笺注】

[1]"䝿"字，整理者释"彗"，疑读"祟"。赵平安认为可能是"㲋"的异体字，读"冒"。"冒乱"一词，传世文献习见。如《尚书·泰誓上》："沉湎冒色。"孔传："冒乱女色。"刘向《说苑·指武》："分为五选，异其旗章，勿使冒乱。"《后汉书·郎顗传》："《易》内传曰：'久阴不

---

① 黔之菜：《清华简（陆）〈管仲〉篇之"㫊务"试解》，复旦大学出土文献与古文字研究中心网站，2016年4月20日。
② 子居：《清华简〈管仲〉韵读》，中国先秦史网站，2017年1月14日。
③ 子居：《清华简〈管仲〉韵读》，中国先秦史网站，2017年1月14日。

雨，乱气也，《蒙》之《比》也。蒙者，君臣上下相冒乱也。"冒乱毁常的用法，约与《后汉书·郎顗传》相近。①

[2]《管子·四称》记载了佞臣，有些语辞近似。"昔者无道之臣，委质为臣，宾事左右。执说以进，不蕲亡己。遂进不退，假宠鬻贵。尊其货贿，卑其爵位。进曰辅之，退曰不可。以败其君，皆曰非我。不仁群处，以攻贤者。见贤若货，见贱若过。贪于货贿，竞于酒食。"

【韵读】阳部——张、放、常、行。

然则或弛或张，或缓或緪（急）②[1]，
田地圹虚[2]，众利[3]不及，
是谓幽德。【27】

【笺注】

[1]"弛张""缓急"习见于古书，如《韩非子·外储说》："吾弛关市之征而缓刑罚，其足以战民乎？"《管子·君臣下》："制令之布于民也，必由中央之人；中央之人，以缓为急，急可以取威；以急为缓，缓可以惠民。威惠迁于下，则为人上者危矣。"《鹖冠子·天则》："缓则怠，急则困，见间则以奇相御，人之情也。"《文子·上义》："故法度制令者，论民俗而节缓急。"

[2]"圹虚"见于《管子·五辅》："实圹虚，垦田畴。"

[3]"众利"见于《墨子·兼爱下》："姑尝本原若众利之所自生。"

【韵读】阳部——张，鱼部——虚，鱼阳通韵。
　　　　 缉部——急、及。

（三）推源类韵文

古代对宇宙万物、天人关系等进行思考，推求本源。先秦的老庄、屈原《天问》等都有很多记述。郭店简《太一生水》、上博简《凡物流形》

---

① 赵平安：《清华简第六辑文字补释六则》，载清华大学出土文献研究与保护中心等编《出土文献》（第九辑），中西书局，2016。
② 张富海：《释清华简〈汤在啻门〉的"褊急"》，载清华大学出土文献研究与保护中心等编《出土文献》（第十二辑），中西书局，2018，第133页。

《三德》《恒先》等都以韵文形式阐述。清华简《汤在啻门》也有相关内容。本篇通过汤询问小臣古先帝之良言,小臣答以成人、成邦、成地、成天之道,由近及远,由小及大,比较系统地阐述了当时的天人观。

《汤在啻门》与《汤处于汤丘》叙述的语言极少,几乎都是问答记言体例,其表述方式与《逸周书》中的一些篇目相似。有些内容与道家的主张相通,能够了解汉代学者对伊尹类文献的分类。《汤处于汤丘》《汤在啻门》多为战国时代的依托之作。①

  正月己亥,汤在啻门,问于小臣:古之先帝亦有良言情[1]至于今乎?
  小臣答【1】曰:有哉!如无有良言情至于今,
  则何以成人?何以成邦?何以成地?何以成【2】天?

【笺注】

[1] 确情,表确实之义,古书又作"请"。《墨子·明鬼下》:"若使鬼神请有,是得其父母姒兄而饮食之也,岂非厚利哉?若使鬼神请亡,是乃费其所为酒醴粢盛之财耳。"

【韵读】真部—人、天,阳部—邦,真阳合韵。

  汤或问于小臣曰:几言成人?几言成邦?几言成地?几言成天?
  小臣答曰【3】:
  五以成人,德以光之;
  四以成邦,五以相之;
  九以成地,五以将[1]〖之〗;
  九以成天,六【4】以行之。[2]

【笺注】

[1] 九,九神,此处指天神,下文又称九宏。将,义同"相",扶

---

① 李守奎:《汉代伊尹文献的分类与清华简中伊尹诸篇的性质》,《深圳大学学报(人文社会科学版)》2015年第3期。

持，辅助。

[2] 六，昼、夜、春、夏、秋、冬。行，运行。

【韵读】阳部—光、相、将、行。

> 汤或问于小臣曰：
> 人何得以生？何多以长？
> 孰少而老？胡犹是人，而【5】一恶一好[1]？
> 小臣答曰：
> 唯彼五味之气，是哉以为人。其末气，是谓玉种[2]。
> 一月始【6】扬，二月乃裹，三月乃形，四月乃固，五月或褒，六月生肉，七月乃肌，八月乃正【7】，九月飂章，十月乃成，民乃时生[3]。
> 其气昏骸歇发治，是其为长且好哉。
> 其气奋【8】昌，是其为当壮。
> 气融交以备，是其为力。
> 气促乃老，气徐乃摇[4]，
> 气逆乱以方，【9】是其为疾殃。
> 气屈乃终，百志皆穷。

【笺注】

[1] 马王堆医简《十问》："民始蒲淳流形，何得而生？流形成体，何失而死？何由（犹）之人也，有恶有好，有夭有寿？"陈剑先生认为"何犹之人也"与"胡犹是人"，显然极为接近。两文皆意谓"为什么同是（这样的/那样的）人，而有美丑寿夭之别"云。①

[2] 玉，美好。穜，即"种"，种子。前文"栽"与此处之"玉种"，皆以植物为喻。李守奎先生认为所谓"玉种"，本源是五谷之气，其可视形态就是男性的精液。②

---

① 陈剑：《〈清华简（伍）〉与旧说互证两则》，复旦大学出土文献与古文字研究中心网站，2015年4月14日。
② 李守奎：《汉代伊尹文献的分类与清华简中伊尹诸篇的性质》，《深圳大学学报（人文社会科学版）》2015年第3期。

[3] 这段内容与马王堆帛书《胎产书》相似，但用韵不如《胎产书》齐整。"扬"似指玉种播扬。"裹"在文献中常见义为包裹，在此当指妊娠时包裹胎儿之器官，古谓之"胞""胞衣"等，实包括今西医所谓羊膜、胎盘等。关于十月怀胎之发育过程，古书记载多歧。《说文·肉部》："胎，妇孕三月也。"《广雅·释亲》："三月而胎。"义同简文"三月乃形"。《广雅·释亲》又云"四月而胞"，则与此"二月乃裹"不同。①

[4] 单育辰先生认为，"气徐乃摇"是说气徐舒则会摇动。②

【韵读】耕部—生，阳部—长，耕阳合韵。
　　　　幽部—老、好。
　　　　阳部—扬、章，耕部—形、正、成、生，耕阳合韵。
　　　　幽部—裹、肉，脂部—肌，幽脂合韵。
　　　　之部—治、哉。
　　　　阳部—昌、壮。
　　　　幽部—老、摇。
　　　　阳部—方、殃，冬部—终、穷，冬阳合韵。

汤或问于小臣：
夫四以成邦，五以相之，【10】何也？
小臣答曰：
唯彼四神，是谓四正[1]，五以相之，德、事、役、政、刑。

【笺注】

[1] 四神，长沙子弹库楚帛书中四神各有名称，分别与青、赤、黄、墨四色相配，彼此相代以成四时，当是另外神系。四正，文献中四正所指各不相同。与简文相近的用法见《管子·君臣下》："四肢六道，身之体也。四正五官，国之体也。"

【韵读】真部—神，耕部—正、刑，耕真合韵。

---

① 华东师范大学中文系出土文献研究工作室：《读〈清华大学藏战国竹简（伍）〉书后（三）》，武汉大学简帛网，2015年4月17日。
② 单育辰：《〈清华大学藏战国竹简（伍）〉释文订补》，"战国文字研究的回顾与展望"国际学术研讨会，复旦大学出土文献与古文字研究中心，2015年12月，第239页。

小臣答：

德濬明，执信以义成，此谓【13】美德，可以保成；

德褊急[1]，执讹以亡成，此谓恶德，虽成或渝[2]。

起事有获，民长【14】赖之，此谓美事；

起事无获，病民无古[3]，此谓恶事。

起役时顺，民备不偝[4]，此谓【15】美役；

起役不时，大费于邦，此谓恶役。

政简以成[5]，此谓美政；

政哗①乱以无常，民【16】咸解体自恤，此谓恶政。

刑轻以不方，此谓美刑；

刑竱[6]以无常，此谓恶刑。

【笺注】

[1]"褊急"及相关见于先秦古书。《商君书·垦令》："重刑而连其罪，则褊急之民不斗，很刚之民不讼。"《韩非子》："变褊而心急，轻疾而易动，发心惧忿而不訾前后者，可亡也。"②

[2]"渝"字，整理者疑读"渎"，败乱。王宁先生认为是"渝"的异体字，在文中亦训"变"，"虽成或渝"即"虽成或变"，谓虽然完成而或会有变化。古书无"成""渎"并举之例，而有"成""渝"并举之例。《周易·豫卦·上六》"成有渝"，马王堆帛书本作"成或谕"，上博简本作"成又愈"等。③ 陈剑先生疑可读为谣诼之"诼"。④

[3]"古"当读为"盬"，为止息之义。"无古（盬）"即同"靡盬"。⑤

---

① 原字形作"𦣻"，陈剑先生释"哗"。陈剑：《据〈清华简（伍）〉的"古文虞"字说毛公鼎和殷墟甲骨文有关诸字》，第五届古文字与古代史国际学术研讨会暨第二届古文字学青年论坛，中研院历史语言研究所，2016年1月，第376页。
② 《清华五〈汤在啻门〉初读》，武汉大学简帛网"简帛论坛"第5楼"暮四郎"，2015年4月11日。张富海：《释清华简〈汤在啻门〉的"褊急"》，载清华大学出土文献研究与保护中心等编《出土文献》（第十二辑），中西书局，2018，第130~134页。
③ 王宁：《释清华简五〈汤在啻门〉的"渝"》，武汉大学简帛网，2015年4月23日。
④ 陈剑：《据天回简"筦"形补说"兜"字源流》，《中国简帛学国际论坛2023·新出土战国秦汉简牍文献研究论文集》，武汉大学，2023年10月24~25日，第300页脚注2。
⑤ 《清华五〈汤在啻门〉初读》，武汉大学简帛网"简帛论坛"第35楼"王挺斌"，2015年8月17日。

［4］整理者认为"民备",指民力;俑,疑读为"庸"。《诗·兔爰》:"我生之初,尚无庸;我生之后,逢此百凶。"郑玄笺:"庸,劳也。"

［5］上博简《容成氏》:"因迩以知远,去苛而行简","苛"与"简"相对。

［6］整理者读为"重"。有学者读为"袭",《礼记·缁衣》:"上不可以袭刑而轻爵。"①

【韵读】

阳部—明,耕部—成、成,耕阳合韵。

东部—俑,阳部—邦,东阳合韵。

耕部—成,阳部—常,耕阳合韵。

阳部—方、常。

小臣答曰:

唯彼九神,是谓地真[1],

五以将之,【18】水、火、金、木、土,以成五曲,以植五谷[2]。

【笺注】

［1］地真,《楚帛书》作"地填",应为"真人"之"真",即道家称存养本性或修真得道的人为真人。②

［2］整理者认为水、火、金、木、土,五行相克为序,同于《左传》文公七年:"水、火、金、木、土、谷,谓之六府。"曲,隅。《庄子·天下》:"虽然,不该不遍,一曲之士也。"五曲,犹五方。"五谷"与"五方"相配,见于《太平御览·百谷部》引《周书》:"凡禾,麦居东方,黍居南方,稻居中央,粟居西方,菽居北方。"

【韵读】真部—神、真,屋部—曲、谷。

汤或问于小臣:夫九以成天,六以行之,何也?

---

① 《清华五〈汤在啻门〉初读》,武汉大学简帛网"简帛论坛"第 5 楼"暮四郎",2015 年 4 月 11 日。

② 赵平安:《"地真""女真"与"真人"》,《管子学刊》2015 年第 2 期。

小【19】臣答曰：
唯彼九神，是谓九宏，六以行之，昼夜春夏秋冬。
各时不解[1]，此惟事首，亦【20】惟天道。

【笺注】
[1] 时，读为"司"。《庄子·齐物论》："见卵而求时夜，见弹而求鸮炙。"《经典释文》引崔譔曰："时夜，司夜，谓鸡也。"不解，即不懈。
【韵读】冬部—宏、冬，幽部—首、道。

(四) 言说类韵语

清华简包含一些格言、谚语、"先人之言"等韵语。这些韵语常常蕴含着古人修身处事、取法自然等思想观念，是古代一种重要的言说方式。有些韵语不见于传世文献，具有重要的学术价值。

如：
　　人谋彊，不可以藏[1]。后戒后戒[2]，人用汝谋，爱日不足[3]。（《程寤》9）

【笺注】
[1] 彊，训为"竞"。《逸周书》有相近语句："人谋竞，不可以藏。"
[2]《逸周书·寤儆》作"后戒"，《大开》作"戒后"。
[3]《逸周书·大开》有"人其用汝谋"。季旭昇认为"人用汝谋"理解为"人用汝谋以谋汝"。① "日不足"为古书习语。
【韵读】阳部—彊、藏，职部—戒、谋。

　　所[1]而弗儆，譬之若[2]重载以行崝险，莫之扶退[3]，其由不遗巾（倾）[4]。（《芮良夫毖》5+6）

【笺注】
[1] "所"读"御车""御民"之"御"，如《尊德义》简24"斁"

---

① 季旭昇主编《清华大学藏战国竹简（壹）读本》，艺文印书馆，2013，第72页。

读为"御",其字亦从"所"得声;《周易·渐》"利御寇"之"御",马王堆帛书《周易·六十四卦》行 86 即作"所"。①

[2]"譬之若……其犹……"及其类似表达习见于古书,如《逸周书·皇门》:"譬若畋犬,骄用逐禽,其犹不克有获?"清华简《皇门》第 9 简"譬如农夫,骄用从禽,其犹克有获?"《尚书·盘庚》:"若火之燎于原,不可向迩,其犹可扑灭?"

[3]贾连翔释作"退",李松儒读"助"。"扶助"一词典籍多见,如《白虎通·乡射》:"所以扶助微弱而抑其强。"②

[4]"𠂤"字处于韵脚,学术界多赞同释为耕部之"倾"。近似语句见于《孔丛子·嘉言》:"譬若载无辖之车以临千仞之谷,其不颠覆,亦难冀也。"

【韵读】耕部——儆、倾。

繄先人有言,则畏(威)虐之,或因斩柯,不远其则[1],毋害天常,各尚尔德。

（《芮良夫毖》10）

【笺注】

[1]《豳风·伐柯》:"伐柯伐柯,其则不远。""斩""伐"同义,为了押韵而倒装。简文提供了周厉王时期征引《伐柯》的例证,时代之早,弥足珍贵。③

【韵读】职部——则、德。

先=（先人）有言:
能其事而得其食,是名曰昌;

---

① 单育辰:《清华三〈诗〉、〈书〉类文献合考》,载清华大学出土文献研究与保护中心编《清华简研究》(第二辑),中西书局,2015,第 227~230 页。
② 贾连翔:《浅谈竹书形制现象对文字识读的影响——以清华简几处文字补释为例》,《出土文献》2020 年第 1 期。李松儒:《谈清华简中"倒山"形字》,第四届古文字与出土文献语言研究学术研讨会暨青年学者论坛,东北师范大学,2021 年 7 月。
③ 赵平安:《〈芮良夫毖〉初读》,《文物》2012 年第 8 期。

未能其事而得其食，是名曰丧。必使事与食相当。

(《汤处于汤丘》6+7)

【韵读】阳部—昌、丧、当。

小臣答曰：

远有所亟，劳有所息①，饥有所食，深渊是济，高山是逾，远民皆极，是非爱民乎？(《汤处于汤丘》17+18)

【韵读】职部——亟、息、食、极。

中寿答曰：

吾闻夫长莫长于风，吾闻夫险莫险于心，厌必臧，恶必丧。(《殷高宗问于三寿》4+5)

【韵读】冬部—风，侵部—心，冬侵合韵。
　　　　阳部—臧、丧。

彭祖答曰：

吾闻夫长莫长于水，吾闻夫险莫险于鬼，厌必平，恶必䫻（倾）②。(《殷高宗问于三寿》6+7)

【韵读】微部——水、鬼。
　　　　耕部——平、倾。

---

① 陈伟：《读〈清华竹简〔伍〕〉札记（三则）》，武汉大学简帛网，2015 年 4 月 11 日。杨鹏桦：《安大简〈诗经〉读札（六则）》，《出土文献》2022 年 4 期。
② 李松儒：《清华五字迹研究》，武汉大学简帛研究中心主办《简帛》（第十三辑），上海古籍出版社，2016，第 79~89 页；李松儒：《谈清华简中"倒山"形字》，第四届古文字与出土文献语言研究学术研讨会暨青年学者论坛，东北师范大学，2021 年 7 月。

第三节　秦简牍韵文选读

秦代在中国历史上有着极其重要的地位。"盖秦、汉间为天地一大变局。"① 然而，有关秦代的基本史籍"其文略不具"。② 二十世纪七十年代以来，秦简牍的发现和研究深刻改变了秦代的存世文献状况和历史认知。从1975年底湖北云梦睡虎地11号秦墓出土简牍开始，到2013年湖南益阳兔子山遗址出土二世诏书，秦简牍先后发现13批。其中，可见文字的简牍超过23000枚。③ 秦简牍数量巨大、内容丰富，包含法律文献、公私文书、日书方技，还有诗歌类文献。学者们的研究主要集中在文本考释、秦史制度、文化思想等方面。秦简牍还包含丰富的韵文资料，关注则较少。

一直以来，"秦世不文"是秦文学的主基调。随着秦简牍的不断出土，很多学者开始重新考察秦文学的真实面貌。《诗经·秦风》《尚书·秦誓》《石鼓文》、清华简《子仪》赋歌等都反映出秦积极向周文化的靠拢，迁居周地后，全盘接受周文化，故其斯文之盛较之中原诸国亦不逊色。从族属上看，秦本出东方，与戎狄不同。《诗经》中有《秦风》，而且屡称"君子"，如"未见君子""既见君子""言念君子""君子至止"等；兼有"并坐鼓簧""锦衣狐裘""黻衣绣裳"这样的礼乐华服之盛，但长期以来，秦文化给人的主流印象却是孔武强悍、粗犷少文。正如宁镇疆等先生所说，清华简《子仪》则给我们这样的提示："即从很早的时候起，秦的礼乐斯文之盛，丝毫不逊于正统的华夏诸国如晋卫齐鲁等，此尤需明者；而后人对秦文化尚功利、强悍粗犷的印象，则缘于战国之世秦文化的转向。而这种转型的彻底和成功，又往往误导学者'以后当先'，以为秦文化本就如此，这其实是很大的误会。"④ 秦简牍韵文内容丰富、数量较大，有助于揭示秦文化的真实风貌。

---

① 赵翼：《廿二史札记》卷二，中华书局，1984，第36~37页。
② 司马迁：《史记》卷十五《六国年表》，中华书局，1963，第686页。
③ 陈伟：《秦简牍合集（壹）序言》，武汉大学出版社，2014，第1~9页。
④ 宁镇疆、龚伟：《由清华简〈子仪〉说到秦文化之"文"》，《中州学刊》2018年第4期。

一　秦简牍韵文概述

秦简牍韵文有为官之道的格言，有祝祷之辞，还有歌诗类作品。格言习见于简帛文献，如上博简《从政》及秦简《为吏之道》《为吏治官及黔首》《政事之常》《从政之经》等。[①] 这些韵语格言反映了古人的为官、事君、修身等人生智慧，属于中华优秀传统文化的重要组成部分。

睡虎地秦简牍韵文主要为《为吏之道》及《日书》部分。其中，《为吏之道》以四言为主，间杂三言、五言等句式。格言体语句较多，其中竹简第五栏的韵文八首，与荀子《成相辞》相似。从押韵情况看，除竹简06至简32第二栏中的四个韵段以及竹简第五栏的八首韵文，用韵格式较整齐，且多为独韵通押外，通篇韵段分布较散、韵式较杂。本篇不仅可与岳麓秦简《为吏治官及黔首》、王家台秦简《政事之常》、北大秦简《从政之经》等参照对读，而且其中部分文句也与《说苑》《礼记》《大戴礼记》等传世文献相同或相似。睡虎地秦简日书韵文共12篇，其中除日甲中的《十二支忌》及《岁》两篇为通篇韵文外（这两篇均为阳部独韵通押，都是以表示吉凶义的"祥""殃""亡"等字为韵脚），其他多以韵段的形式出现，多散见于祝祷辞中，如日甲、日乙中文本相似的《出邦门》《梦》篇，日甲中的《马禖》篇，日乙中的《祠》篇；又或见于文中零散的对偶句中，如日甲里《除》《娶妻出女》两篇。

岳麓秦简《为吏治官及黔首》与睡虎地秦简《为吏之道》、北大秦简《从政之经》等相似，具有杂抄的性质，格言体语句较多。但该篇的韵段分布较《为吏之道》更零散，难以判断，多数韵段可与《为吏之道》相互参照对读。北大秦简牍韵文最为丰富。《医方杂抄》主要内容与周家台秦简《病方及其他》、马王堆汉墓《五十二病方》等文献的内容相似。与秦汉出土各医简一样，本篇的韵语也是出现在祝由术里所用的祝祷辞中，从押韵情况看，多押之、幽部韵。《禹九策》通篇用韵，多押鱼、阳二部（或独押或对转），押质、歌部韵的也较多。《祠祝之道》在为蚕事祭祀及祠楔两部分中的祝祷辞均用韵语，且均为阳部通押。《从政之经》中可与睡虎地秦简《为吏之道》、岳麓秦简《为吏治官及黔首》对读的部分释文，其中虽有少

[①] 王辉：《简帛为臣居官类文献考论》，上海古籍出版社，2022年。

量字词使用略有差异，甚至是韵脚字，但并不影响押韵一致，偶有语句顺序的不同，但这种差异或许可以作为睡虎地秦简类似韵段为何所处的位置前后均用韵但本身一段不入韵的原因。《教女》全篇以四言为主，杂有三言、五言、六言等句式，用韵较密，几乎每一大句句尾都能入韵，为通篇韵文。《酒令》《隐书》《杂祝方》写在木简卷甲上，也是通篇韵文。

周家台秦简《病方及其他》记录的祝由术中所用的祝祷辞也以韵语形式呈现，且多数是押之部、鱼部韵。王家台秦墓竹简《归藏》、《政事之常》及《日书·稷辰》三篇中含有韵语。

经过系统梳理和初步研究，秦简牍韵文具有一定的特点：

第一，多用阳部韵。

阳部韵是简帛韵文的常用韵。这种习惯与文本属性有关，也与阳部"洪亮"的语音特质有关。战国秦汉文献中，特别是黄老文献和祝祷占辞中，阳部韵（包括鱼部、铎部）占有绝对优势。如清华简《祝辞》：

恐溺，乃执币以祝曰：有上茫茫，有下汤汤，司湍滂滂，侯兹某也发扬。乃舍币。

北大秦简《禹九策》：

壹曰：右目日光，乘吾两黄。周流四方，莫我敢当。其祠日及虚明，祟，君子吉。

九曰：有福将来，唯善与祥。岁事既至，日月吉良。具尔禋粢及牛羊，鬼神乐之，祠祀大享。不到数日，而身有庆。市贾行货，唯得皇皇。畜人六畜，不死不亡。

这些韵脚字皆为阳部。睡虎地秦简日书韵文共12篇。其中，除《日书》甲中的《十二支忌》及《岁》两篇为通篇韵文外（且这两篇均为阳部独韵通押，都是以表示吉凶义的"祥""殃""亡"等字为韵脚），其他多以韵段的形式出现，多散见于祝祷辞中，如与《日书》甲、《日书》乙文本相似的《出邦门》《梦》篇，《日书》甲中的《马禖》篇，《日书》乙中《祠》篇，又或见于文中零散的对偶句中，如《日书》甲里《除》、

《娶妻出女》两篇。祝祷辞中的韵文较为集中，而选择术中韵语则较为少见。

第二，化用诗骚。

秦简牍韵文有些语辞与诗骚十分相近，显示了诗骚文献的秦地传播，说明了秦地文化和中原文化之间的交融。北大秦简中有很多文学作品。这种现象比较明显。如：

南山有乌，北山置罗，念思公子，毋奈远道何？（《公子从军》3）
朝树豫樟，夕楇其英。　　　　　　　　　　（《公子从军》11）
有虫西飞，翅翩其羽，一归西行，不知极所。西行东思，沂下如雨。
　　　　　　　　　　　　　　　　　　　　（《公子从军》14+15）
九曰：黄鸟播＝（翩翩）兮，有人将来，其心欢兮，吉。
山有枣栗，实而不华，有人将来，其喜毋图，吉。
　　　　　　　　　　　　　　　　　　　　（《禹九策》72 背）
·一占曰：王本无咎，有人将来，遗我壶酒，莫不燕喜。
　　　　　　　　　　　　　　　　　　　　（《禹九策》71 背）
东采泾桑，可以饲蚕。　　　　　　　　（《酒令》竹牍正 1）
黄黄鸟乎，萃吾兰林。　　　　　　　　（《酒令》竹牍正 3）
不稼不穑，不【差】不忒，　【分】资或或。
　　　　　　　　　　　　　　　　　（放马滩秦简《贞在黄钟》275）

"南山有乌"近似句式习见于诗骚，也与《古诗源》卷一中"乌鹊歌"首句极其相似；"南山有乌，北山张罗。乌自高飞，罗当奈何！乌鹊双飞，不乐凤皇，妾是庶人，不乐宋王。"[①] "念思公子"与《诗经》"言念君子"近似。"不稼不穑"见于《诗经·伐檀》。"朝树椋樟，夕楇其英""黄鸟翩翩兮，有人将来，其心欢兮"句式和"兮"字句都带有很鲜明的楚辞特色。这些秦简牍中的歌诗等韵语极其重要，具有多学科学术价值。

---

① 沈德潜选《古诗源》，中华书局，1963，第 19~20 页。

二 秦简牍韵文韵例

文本的文体、功能和思想属性对韵文分布具有重要影响,并形成了不同韵例。秦简牍韵例比较复杂,引起了很多学者的探讨。睡虎地秦简《为吏之道》第五栏的八首韵文与《荀子·成相》篇格式极其相似,皆为三三七四七的句式,每首都是第一、二、三、五句押韵。这篇韵文一直是学术界关注的重点。有学者通过《荀子·成相》与《为吏之道》互证,认为"成相辞"这种艺术形式并非荀子首创,而是在《荀子·成相》前就已经广泛流传,民间歌谣与瞽史说唱的相互作用与融合促进了"成相辞"的最终定型。① 王传龙先生考察了《归藏》句读和用韵,认为除缺残无从判断韵脚字的八条外,其余九条皆存在用韵痕迹,以逐句押韵居多,也有隔句押韵,部分繇词使用了韵部相同的叠韵字,乃至双声叠韵字作为韵脚,但仍以韵部相近的韵脚字为主,与《诗经》的用韵状况大致相符,进而提出《归藏》繇词为巫师的唱诵文本。② 王相帅先生探讨《为吏之道》194个韵脚字,按照押韵情况将全文分成34个韵段,以韵段为单位考察韵部、声调之间的关系,认为平、上、去、入四声已基本具备。入声也已经有了分化为去声的迹象。③ 很多学者利用韵文韵例,特别是韵脚的提示作用,考释疑难字词。

下面,参考《〈淮南子〉用韵考》的体例④,简要讨论秦简牍韵例。

1. 韵文的分布特点

秦简牍多用杂言句式。韵文的分布大致表现如下:日书类、医药病方类及数术类等文献韵文集中在祝祷辞及占辞中;而带有杂抄性质的文献(如与为吏、从政相关的)因其多韵散相间,句式灵活多变,韵语分布时疏时密,但多散落在排比句、对偶句或是较整齐的句子中;文学类的文献则主要分布在歌诗句中。从总体来看,秦简牍韵文韵例丰富,主要表现为韵

---

① 姜书阁:《睡虎地秦墓竹简中的一篇成相杂辞》,《中国韵文学刊》1990年第2期;陈良武:《出土文献与〈荀子·成相篇〉》,《长安大学学报(社会科学版)》2008年第3期。
② 王传龙:《"〈归藏〉"用韵、筮人及成书年代考》,载北京大学《儒家典籍与思想研究》编纂与研究中心编《儒家典籍与思想研究》(第六辑),北京大学出版社,2014,第11~12页。
③ 王相帅:《睡虎地秦简〈为吏之道〉用韵现象探析》,《殷都学刊》2015年第2期。
④ 张双棣:《〈淮南子〉用韵考》,商务印书馆,2010,第2~56页。

散相间，用韵有疏有密，通篇之中偶尔夹杂韵语最常见。句式与韵文关系密切。排比、对偶等整齐句式韵段较多。

如：

戒之戒之，材不可归[1]；谨之谨之，谋不可遗；慎之慎之，言不可追；

綦之綦〖之〗，食不可偿；怵惕之心不可长。

（睡虎地《为吏之道》33-2—37-2）

韵读：微部——归、追、遗，阳部——偿、长。

处如梁，言如盟，出则敬，毋襐张，炤如有光。

（王家台《政事之常》BI）

韵读：阳部——梁、盟、张、光，耕部——敬，耕阳通韵。

居有食，行有得。（睡虎地《日甲·除》12-2）

韵读：职部——食、得。

这些文本中，韵文比较整齐，呈现出一定的特征句式和结构模式。另外，特定仪式中的祝祷辞、占辞、歌诗等用韵规律更强，如：

南山有乌，北山置罗，念思公子，毋奈远道何。

（北大《公子从军》03）

韵读：歌部——罗、何。

东采泾桑，可以食蚕。爱般适然，般独宴湛，良般已就饮子湛。

---

[1] 应读"财不可怀"，何家兴《秦简楚简文字互证二则》，《江汉考古》即刊。

宁见子般，不见子湛？黄黄鸟乎，萃吾兰林。

(北大《酒令》竹牍正 1-3)

韵读：侵部——蚕、湛、湛、湛、林。

皋！敢告东陈垣君子，某病龋齿，苟令某龋已，请献骊牛子母。

(周家台《病方杂抄》326+327)

韵读：之部——子、齿、已、母。

禹步三，曰：今日已丑，以塞鼠道。牡鼠死、牝鼠朽。

(北大《杂祝方》1)

韵读：幽部——丑、道、朽。

太族、蕤宾、无射之卦曰：是谓夫妇皆居，若不居□，□其居家，卦类杂虚，孰为大祝、灵巫，畜牲之。 (放马滩《自天降令》250)

韵读：鱼部——居、家、虚、巫。

昔者，赤乌止木之遽，初鸣曰鹊，后鸣曰乌，有夫取妻，存归其家。

(王家台《归藏》212)

韵读：铎部——鹊，鱼部——遽、乌、家，鱼铎通韵。

毋〖以〗辰葬，必有重丧。毋以巳祷，反受其殃。毋以午出入臣妾、马〖牛〗，是谓并亡。毋以木〈未〉斩大木，必有大殃。

(睡虎地《十二支忌》105-2—109-2)

韵读：丧、殃、亡、殃。

2. 韵在韵段的位置
（1）句句用韵

　　有严不治，与民有期，安骐而步，毋使民惧。
　　　　　　　　　　　　　　　　（睡虎地《为吏之道》04-4—07-4）
　　歌！某父某母，为某不以时，令某心痛毋期，令某唾之。
　　　　　　　　　　　　　　　　　　　　（北大《病方》221 背）

北大秦简《医方杂抄》"母、时、期、之"押之部，句句用韵，且虚字"之"入韵。秦简胰虚字尾，主要有"之""也""殹""矣"，且一般不入韵，如：

　　安而行之，使民望之。　　（睡虎地《为吏之道》28-4—29-4）
　　高山高丝，某马心天。某为我已之，并企侍之。
　　　　　　　　　　　　　　　　（周家台《病方及其他》345）
　　处如梁以告静，言如盟以告正，出则敬有信德殹，勿襭张告民不忒殹，炤如有光则□□之极殹。　　（王家台《政事之常》CI）
　　有严不治敬王事矣，与民有期告之不再矣，安殹而步登于山矣，毋事民溥游于□矣。　　（王家台《政事之常》CIII）

（2）偶句入韵

　　戒之戒之，言不可追；思之思〖之〗，谋不可遗；慎之〖慎之〗，货不可归。　　（睡虎地《为吏之道》48-4—50-4）
　　比之茉茉，比之苍苍。生子二人，或司阴司阳。
　　　　　　　　　　　　　　　　　　　　（王家台《归藏》）

偶句相押是中国韵文的最重要形式，特别是歌诗类文本。韵散相间的说理之文则表现得相对自由灵活。

(3) 奇句入韵

　　临财见利，不取苟富；临难见死，不取苟免。
　　　　　　　　　　　　　　　　　（睡虎地《为吏之道》50-1+51-1）

"利"属质部，"死"属脂部，质脂通韵。无论是传世文献还是出土文献中，奇句入韵比较少见。

(4) 混合入韵

早期韵文具有过渡特质，韵式灵活。混合入韵很常见。如：

　　毋喜富，毋恶贫，正行修身，祸去福存。
　　　　　　　　　　　　　　　　　（睡虎地《为吏之道》简 03-2—05-2）

第一小句不入韵，"贫、存"押文部，"身"押真部，真文合韵。

　　兵城兵城，方不盈尺。精士十二人，半黑半白，中粗而外略，室相追而巷相索。胜者为主人，不胜者为客。以我说之，殆类六博。
　　　　　　　　　　　　　　　　　（北大《隐书》4-6）

3. 换韵现象

为了满足语义表达和韵律变化的需要，换韵是韵文常见现象。如：

　　时至而治，时不再来，时日既折，是谓□败。
　　　　　　　　　　　　　　　　　（王家台《政事之常》）

"治、来"押之部，"折、败"押月部。

　　一占曰：大奇，饮酒如池。其乐如何，尊俎峨峨。系赘弟兄，说说笑殃。
　　　　　　　　　　　　　　　　　（北大《禹九策》04+05）

"奇、池、何、峨"押歌部，"兄、殃"押阳部。

有时候，换韵现象以入韵字交叉相押的形式呈现，形成交韵。如：

欲富太甚，贫不可得；欲贵太甚，贱不可得。
（睡虎地《为吏之道》01-2+02-2）
上泉沸沸，下泉逢逢，丈夫倚立，女子所从。
（北大秦简《杂祝方》6）

其中，一、三小句相押，二、四小句相押。"甚、甚"押侵部，"得、得"押职部，且不避复。"沸、立"物缉部通转；"逢、从"押东部。
换韵现象十分复杂，涉及合韵和韵段划分等问题，需要具体问题具体分析。

三　秦简牍用韵分析

秦简牍韵文存在独韵、通韵及合韵三种用韵形式。

1. 独韵现象

独韵是韵文的最常见形式，包括阳声独韵、阴声独韵和入声独韵。阳声独韵数量较多，其中，以阳部（包括鱼部、铎部）最多。
如北大《禹九策》之九：

九曰：
有福将来，唯善与祥。岁事既至，日月吉良。具尔禋粢及牛羊，鬼神乐之，祠祀大享。不到数日，而身有庆。市贾行货，唯得皇皇。畜人六畜，不死不亡。　　　　　　　　　　（阳部独韵）

再举几例阴声独韵、阳声独韵和入声独韵。如：

不日可增日可思，纍纍披发，中夜自来。吾欲为怒乌不耐，乌不耐，良久良久，请人一杯。黄黄乌邪，萃吾冬梅。
（北大《酒令》木牍一 1-2）（之部独韵）
一占曰：汎汎若居中流。卜行者不遂，居者恻以忧。卜之不死，浑若系囚。　　　（北大秦简《禹九策》）89背+88背（幽部独韵）
□【益】之占，【木】□□□，有士无妻，当【没】其田。有女无辰，大息申申。吾心且忧，不【可以告人】。

（放马滩《日书》甲 357）（真部独韵）

空枯：是曰仗空。空哭霓龙，龙卜而当主。废必行通，不吉。

（北大《禹九策》55 背）（东部独韵）

吏有五失：一曰夸以迣，二曰贵以泰，三曰擅制割，四曰犯上弗知害，五曰贱士而贵货贝。

（睡虎地《为吏之道》13-2—18-2）（月部独韵）

曰贞在中吕，是谓中泽。有水不滕，有言不恶。利以贾市，可受田宅。擅受其利，人莫敢若。

（放马滩《日书乙》270+271）（铎部独韵）

2. 通韵现象

不同韵部之间可以押韵。清代学者孔广森提出了阴阳入对转的规律，即主要元音相同，可以互相对转。韵文中阴阳入相押的，也就是通韵。其中，之职、幽觉、侯屋、鱼铎、脂质、质真、月元、之蒸、鱼阳、歌元部等通韵都是《诗经》《楚辞》通例。

（1）阴入通韵

如：

其祝曰：无王事，唯福是司，勉饮食，多投福。

（睡虎地《日书》145+146）（之职通韵）

长不行，死无名；富不施，贫无告也。贵不敬，失之册【就也】。

（睡虎地《为吏》44-4—46-4）（幽觉通韵）

安而行之，事民望之，道易车利，静而毋致。

（王家台《政事之常》BIX）（脂质通韵）

（2）阳入通韵

听谏勿塞，审知民能，善度民力，劳以率之，正以矫之。

（睡虎地《为吏》17-1—21-1）（职蒸通韵）

敚，是谓有小逆，无大殃。（睡虎地《日书》甲 38）（铎阳通韵）

(3) 阴阳通韵

以为啬夫，必三徙官。徙官自如，其后乃昌。
（睡虎地《日书》36）（鱼阳通韵）

(4) 阴阳入通韵

祝曰：帝女将下作，三旬而去。若徘徊彷徨于野场，勿与相妨，吾多成，斋子糗糧，即取黍粟，馂室中穴。（北大《祠祝之道》5-6）

3. 合韵现象

合韵十分常见，相对来说，更加复杂。我们选取一些确定的例子，分别说明。

(1) 阴阳合韵

一家翁孺年尚少，不大为非勿庸憔。心不翕翕，从野草游。
（北大《酒令》木牍二 2+3）

"少、憔"属宵部，"游"属幽部。这两例为幽宵合韵。《诗经》《楚辞》多有两部合韵，如《诗经·王风·君子阳阳》二章："陶、翿、敖"为韵（"陶、翿"押幽部，"敖"押宵部）；《诗经·陈风·月出》一章："皎、僚、纠、悄"为韵（"皎、悄"押宵部，"僚、纠"押幽部）；《楚辞·九章·惜往日》："流、昭"为韵（"流"押幽部，"昭"押宵部）。

兵城兵城，旁置四矩。端览在旁，啼呼在后。终日战斗，不知死所。
（北大《隐书》2-3）

"矩、所"属鱼部，"后"属侯部，鱼侯合韵。这种合韵文献中少见，但战国以后韵文中有两部合用的例子，如宋玉《高唐赋》："砠、下"为韵（"砠"押侯部，"下"押鱼部）；宋玉《神女赋》："傅、去、附"为韵（"傅、去"押鱼部，"附"押侯部）。

命而毁之，镏而锤之，半而倍之，以物起之。

(北大《算书甲种》28 正+29 正)

"毁"属微部，"锤"属歌部，微歌合韵。《诗经》不见微、歌合韵，但见于《楚辞》，如《九歌·东君》："雷、蛇、怀、归"为韵（"雷、怀、归"押微部，"蛇"押歌部）；《远游》："妃、歌、夷、蛇、飞、徊"为韵（"妃、飞、徊"押微部，"歌、蛇"押歌部，"夷"押脂部，微歌脂合韵）。

（2）入声合韵

是谓何亡不复，何求弗得？ (放马滩《自天降令》246)

"复"属觉部，"得"属职部，职觉合韵。职觉合韵见于《诗经》，如《诗经·豳风·七月》七章："穋、麦"为韵（"穋"押觉部，"麦"押职部）；《诗经·大雅·生民》一章："夙、育、稷"为韵（"夙、育"押觉部，"麦"押职部）。

某以壶露、牛胙，为先农除舍。先农苟令某禾多一邑，先农恒先泰父食。 (周家台《先农》348+349)

"胙、舍"铎鱼通韵；"邑"属缉部，"食"属职部，职缉合韵。职缉合韵之例见于《诗经》，如《诗经·小雅·六月》一章："服、炽、急、国"（"服、炽、国"押职部，"急"押缉部）；《诗经·大雅·思齐》四章："式、入"（"式"押职部，"入"押缉部）。

（3）阳声合韵

阳声合韵数量较多，如东阳、东侵、耕阳等。如：

愿乞足下壤，以投男女项，令百节索躅。 (北大《杂祝方》3+4)

"壤"属阳部，"项"属东部。东、阳相邻，韵尾相同，多可通押，《诗经》有合韵之例，如《诗经·周颂·烈文》一章："公、疆、邦、功、皇"为韵（"公、邦、功"押东部，"疆、皇"押阳部）。

死不生忧心，无所从容。　　　　　　　　（放马滩《贞在黄钟》272+280）

"心"属侵部，"容"属东部，东侵合韵，也见于《楚辞》，如《楚辞·九辩·九》："中、湛、丰"为韵（"中"押冬部，"湛"押侵部，"丰"押东部，冬侵东合韵）；《楚辞·天问》："沈、封"为韵（"沈"押侵部，"封"押东部）。

正阳，是谓滋昌，小事果成，大事有庆，它无小大尽吉。
　　　　　　　　　　　　　　　　　　　　　（睡虎地《稷辰》34）
处如梁，言如盟，出则敬，毋禓张，炤如有光。
　　　　　　　　　　　　　　　　　　　（王家台《政事之常》673）

其中，"阳、昌、庆"属阳部，"成"属耕部；"梁、盟、张、光"属阳部，"敬"属耕部，皆为耕阳合韵。

祝曰：先牧日丙，马禖合神。　　　　　　　　（睡虎地《马禖》156背）

"丙"属阳部，"神"属真部，阳真合韵。阳、真两部主要元音、韵尾皆不同，但阳真部合韵见于《诗经》《楚辞》中，如《诗经·小雅·车舝》四章："冈、薪"为韵（"冈"为阳部，"薪"为真部）；《楚辞·九章·惜诵》："明、身"为韵（"明"为阳部，"身"为真部）。

有些合韵不见或少见于传世文献，如"鱼东合韵"：

富者不可从，贫者不可去。　　　　　　　　　　（北大《教女》61）

"从"属东部，"去"属鱼部，鱼东合韵，未见于《诗经》《楚辞》。楚简韵文有合韵之例，如郭店简《老子》甲本简29："邦、兵、下"为韵（"下"押鱼部，"邦"押东部，"兵"押阳部，鱼东阳合韵）；郭店简《老子》乙本简18："家、乡、邦、下"（"家、下"为鱼部，"乡"为阳部，"邦"为东部，鱼东阳合韵）。

龙降于天，而□□□远，飞而中天，苍〔苍其羽〕。

（王家台《归藏》）

"远"为元部，"羽"为鱼部，鱼元合韵比较少，但见于《楚辞》，如《楚辞·大招》："赋、乱、变、讔"为韵（"赋"为鱼部，"乱、变、讔"为元部）。

合韵具有多学科研究价值，是考察韵部动态变化的重要资料，也涉及韵文体式的演变。秦简牍韵文十分复杂，以上只是列举式介绍，有待进一步深入研究。

四　秦简牍韵文选读

秦简牍仪式类韵文有官箴、祝辞、占辞、歌诗等。我们选择几种简要笺注，包括睡虎地秦简《为吏之道》、睡虎地《日书》甲种《马禖》、放马滩日书《贞在黄锺》、北大秦简牍《杂祝方》《隐书》。

（一）睡虎地《为吏之道》韵读

《为吏之道》共51枚简。整理者依据首句定名。简文分上下三栏、四栏或五栏书写，并不是一个完全连贯的文本，具有杂抄性质，多属与为吏从政相关的劝诫格言。其中，竹简第五栏的韵文八首，格式与荀子《成相辞》相似，为成相体。韵句多以四言为主，也间杂三言、五言等句式。从押韵情况看，除竹简06至简32第二栏中的四个以"数词+曰"为开头的排比式韵段以及竹简第五栏的八首韵文，用韵格式较整齐，且多为独韵通押外，通篇韵段分布较散、韵式较杂。

本篇不仅可与岳麓秦简《为吏治官及黔首》、王家台秦简《政事之常》、北大秦简《从政之经》等出土文献对读，而且其中部分文句也与《说苑》《礼记》《大戴礼记》等传世文献相同或相似。[1]

---

[1] 睡虎地秦墓竹简整理小组：《睡虎地秦墓竹简》，文物出版社，1990，第167页；胡平生、李天虹：《长江流域出土简牍与研究》，湖北教育出版社，2004，第283~286页；刘娇：《言公与剿说——从出土简帛古籍看西汉以前古籍中相同或类似内容重复出现现象》，线装书局，2012，第282~284页。

凡为吏之道，01-1①
必精洁正直，02-1 慎谨坚固，② 03-1
审悉无私，04-1 微密纤察[1]，05-1
安静毋苛，06-1 审当赏罚[2]。07-1
严刚毋暴，08-1 廉而毋刖[3]，09-1
毋复期胜[4]，10-1 毋以忿怒决。11-1
宽俗忠信，12-1 和平毋怨，13-1
悔过勿重。[5] 14-1

【笺注】

[1] 纤察，细致明察。岳麓秦简《为吏治官及黔首》简 47-2 作"徵密咸祭"。

[2] 审当赏罚，岳麓秦简《为吏治官及黔首》简 49-2 作"害当赏罚"。当为"赏罚审当"，为了押韵的需要而调整语序。

[3] 刖，整理者：刖本义为割断。廉而毋刖，行事正直而不伤人，与《老子》等古书常见的"廉而不刿"同义。白于蓝认为刖之本义为断足，古无伤人之义，应从《老子》等古书直接读为"刿"。《说文》："刿，利伤也。"《老子》"廉而不刿"，王弼注："刿，伤也。""廉而不刿"本用以形容玉之品德，也经常用于比喻君子之美德，其本义是虽有棱角但不伤人或物。③"廉而毋刖"，岳麓秦简《为吏治官及黔首》作"廉而毋伇"，韵脚字不同，但都属月部。

[4] "毋复期胜"，整理者认为"不要一味想压过别人"。陈伟武据郭店楚简《尊德义》"改期胜"，认为"胜"是好胜之义，"期"读为"惎"，指忌恨。白于蓝认为"期胜"读为"忌胜"，指忌妒和好胜。

[5] 岳麓秦简《为吏治官及黔首》简 44-2 至简 56-2 作："精絜正直，

---

① 简号一般沿用各整理小组所编排的序号。如分栏书写，则在简号后以"分号符'-'阿拉伯数字"表示简文在原简中的栏数（如"1-2"表示的是简号 1 的第二栏）。
② 陈伟武：《试论简帛文献中的格言资料》，载武汉大学简帛研究中心主办《简帛》（第四辑），上海古籍出版社，2009，第 270 页；白于蓝：《睡虎地秦简〈为吏之道〉校读札记》，《江汉考古》2010 年第 3 期。
③ 白于蓝：《睡虎地秦简〈为吏之道〉校读札记》，《江汉考古》2010 年第 3 期。

慎谨牢固，审悉毋私，徵密咸祭，安倩毋苛，害当赏罚。严刚毋暴，廉而毋刿，复悔其胜。毋忿怒以夬，宽俗忠信，禾平毋愆。悔过勿重。"

【韵读】固——鱼部，察、罚——月部，鱼月合韵。

月元通韵——刖、决、怨。

听谏勿塞，17-1
审知民能，18-1
善度民力，19-1
劳以率之，20-1
正以矫之。21-1
反赦其身，22-1
止欲去愿。23-1[1]

【笺注】

[1] 岳麓秦简《为吏治官及黔首》简01-3至简06-3作："听闲勿窸，审智民能，善度黔首力，劳以率之，正以拚之，反若其身。"两处韵式略有不同，岳麓秦简中无"止欲去愿"一句，故而只有前三句入韵，即"窸、力、能"职蒸部通韵。

【韵读】职蒸通韵——塞、力、能；
真元合韵——身、愿。

中不方，24-1
名不章[1]；25-1
外不圆，26-1
〖祸之门。〗

【笺注】

[1] 章，整理者：显扬。整理者："外不圆"后原脱一句。《说苑·谈丛》作"中不方，名不章；外不圆，祸之门。"

按：补出"祸之门"一句，同"外不圆"押文部韵。该段具有格言性质，内容上与"修身处事"相关。

【韵读】阳部——方、章；文部——圆、门。

尊贤养薛[1]，27-1
原野如廷。28-1
断割不刖。29-1

【笺注】
[1] 薛，整理者读"乂"，蔡伟读为"艾"。《方言》："艾，老也。"（《广雅》同）《孟子·告子下》："入其疆，土地辟，田野治，养老尊贤，俊杰在位，则有庆。"《孔宙碑》："尊贤养老。""养老尊贤""尊贤养老"与"尊贤养薛（艾）"同义。①

【韵读】月部独韵——薛、刖。

怒能喜，30-1 乐能哀，31-1
智能愚，32-1 壮能衰，33-1
勇能屈，34-1 刚能柔，35-1
仁能忍，[1]36-1 强良不得。37-1

【笺注】
[1] "怒能喜"至"仁能忍"一段，王泽强认为与《尚书·尧典》"直而温，宽而栗，刚而无虐，简而无傲"及《论语·述而》"温而厉，威而不猛，恭而安"内容很接近。②《淮南子·人间》："孔子曰：丘能仁且忍，辩且讷，勇且怯。"亦可参照。

【韵读】微幽合韵——哀、衰、柔。

以忠为榦，42-1
慎前虑后。43-1
审耳目口，38-1

---

① 蔡伟：《读竹简札记四则》，复旦大学出土文献与古文字研究中心网站，2011年4月9日。
② 王泽强：《简帛文献与先秦两汉文学研究》，中国社会科学出版社，2010，第170页。

十耳当一目。[1] 39-1

安乐必戒，40-1

毋行可悔[2]。41-1[3]

【笺注】

［1］前四句，北大秦简《从政之经》简作"□忠为榦，慎前虑后。审耳目口，十耳当一目"。

［2］"毋行可悔"，整理者认为"不要重做已经后悔的事"。相近语句见于很多古书，如《大戴礼记·武王践阼》："席前左端之铭曰：安乐必戒。前右端之铭曰：毋行可悔。"《说苑·敬慎》金人铭："安乐必戒，无行可悔。"上博简《武王践阼》甲本简6"右端曰：毋行可悔"，亦可参照。①

［3］关于本段简序，凡国栋根据岳麓秦简《为吏治官及黔首》，将简42、43移至简45之后，作"安乐必戒，毋行可悔。君子不病殹（也），以其病病殹（也）。以忠为榦，慎前虑后。同能而异"。② 朱凤瀚根据北大秦简《从政之经》的顺序，将42、43两枚简调至简37至简38间，作"以忠为榦，慎前虑后。审耳目口，十耳当一目"。③ 林素清根据王家台秦简《政事之经》、岳麓书院秦简《为吏治官及黔首》，将简42、简43放在简36、简37之后。因而第一栏相关简文作："以忠为榦，慎前虑后。审耳目口，十耳当一目。安乐必戒，毋行可悔。君子不病殹（也），以其病病殹（也），同能而异"。④

按：林素清与朱凤瀚的重排意见，无论从文意连贯性、句式整齐性还是从押韵的角度等来看更合理。

【韵读】侯屋通韵——后、口、目。之职通韵——戒、悔。

临财见利，不取苟富；50-1

临难见死，不取苟免。51-1[1]

---

① 刘娇：《言公与剿说——从出土简帛古籍看西汉以前古籍中相同或类似内容重复出现现象》，线装书局，2012，第282页。
② 凡国栋：《岳麓秦简〈为吏治官及黔首〉与睡虎地秦简〈为吏之道〉编连互征一例》，武汉大学简帛网，2011年4月8日。
③ 朱凤瀚：《北大藏秦简〈从政之经〉述要》，《文物》2012年第6期。
④ 林素清：《秦简〈为吏之道〉与〈为吏治官及黔首〉研究》，载武汉大学简帛研究中心主办《简帛》（第八辑），上海古籍出版社，2013，第279~307页。

【笺注】

［1］整理者认为《礼记·曲礼上》"临财毋苟得，临难毋苟免"与简文相似。《吕氏春秋·士节》《晏子春秋》佚文："于利不苟取，于害不苟免。"《文子·上礼》《淮南子·泰族》："见难不苟免，见利不苟得。"亦可参照。

按：岳麓秦简《为吏治官及黔首》简59-4至60-4作："临财见利不取笱（苟）富，临难见死不取笱（苟）免。"内容与"利害观"有关。

【韵读】质脂通韵——利、死。

　　欲富太甚，贫不可得；01-2
　　欲贵太甚，贱不可得。02-2

【韵读】侵部——甚、甚；职部——得、得。

　　毋喜富，03-2
　　毋恶贫，[1] 04-2
　　正行修身，
　　过（祸）去福存。[2] 05-2

【笺注】

［1］战国鸟书带钩铭"不译（择）贵贱"，与"毋喜富，勿恶贫"相近。①

［2］后两句，岳麓秦简《为吏治官及黔首》简61-4至62-4作："正而行修而身，祸与福邻。"

【韵读】真文合韵——身、贫、存。

　　吏有五善：06-2
　　一曰忠信敬上，07-2
　　二曰清廉毋谤[1]，08-2

---

① 陈伟武：《试论简帛文献中的格言资料》，载武汉大学简帛研究中心主办《简帛》（第四辑），上海古籍出版社，2009，第278页。

三曰举事审当,09-2

四曰喜为善行,10-2

五曰龏[2](恭)敬多让。11-2

五者毕至,必有大赏。12-2[3]

【笺注】

[1]谤,《吕氏春秋·达郁》注:"怨。"即怨恨。

[2]龏,整理者作"龚",方勇改释。①

[3]岳麓秦简《为吏治官及黔首》简 27-3 至 33-3 作:"吏有五善:一曰忠信敬上,二曰精廉无旁(谤),三曰举吏审当,四曰喜为善行,五曰龚(恭)敬多让。五者毕至,必有天当。"北大秦简《从政之经》简 014+015+059+052+047+046 作:"一曰中(忠)信敬上,二曰精(清)廉毋谤,三曰举事审当,四曰喜为善行,五曰龏(恭)敬多让。五者已至,必有天当。"三处韵脚字基本相同,除《为吏治官及黔首》《从政之经》尾句韵脚字为"当"。押韵情况相同,均为阳部独韵。

【韵读】阳部独韵——上、谤、当、行、让、赏。

吏有五失:13-2

一曰夸以迣[1],14-2

二曰贵以大[2],15-2

三曰擅制割,16-2

四曰犯上弗知害,17-2

五曰贱士而贵货贝。18-2[3]

【笺注】

[1]迣,《汉书·礼乐志》注引孟康云:"超逾也。""夸以迣",即奢侈超过限度。沈培把"泄"读为"肆",训为放肆。②陈伟疑读为"詍",

---

① 方勇:《秦简牍文字编》,福建人民出版社,2012,第 73 页。
② 沈培:《说郭店简中的"肆"》,载刘利民、周建设主编《语言》(第 2 卷),首都师范大学出版社,2001,第 302~319 页。

多言之义。① 刘云将"迣（肆）"训为恣纵，"夸以迣"可以读为"夸以肆"，意思是穷奢极侈。②

［2］大，整理者：骄傲，古书也写作"汏"。刘云认为"贵以大"可读为"贵以泰"，意思是尊贵并且骄纵自满。③

［3］岳麓秦简《为吏治官及黔首》简 41-3 至 46-3 作："吏有五过：一曰夸（夸）而史，二曰贵而企，三曰亶（擅）歹割，四曰犯上不智（知）其害，五曰闲（贱）士贵货贝。"北大秦简《从政之经》051+044+043+042+057："一曰夸（夸）以迣，二曰贵以大（泰），三曰擅裂割，四曰犯上弗智（知）害，五曰贱士贵□□。"

【韵读】月部独韵——迣、大、割、害、贝。

一曰见民倨傲，19-2
二曰不安其朝，20-2
三曰居官善取，21-2
四曰受令不偻，22-1
五曰安家室忘官府。23-2[1]

【笺注】

［1］岳麓秦简《为吏治官及黔首》简 34-3 至 40-3 作："吏有五失：一曰视黔首渠（倨）鷔（傲），二曰不安其朝，三曰居官善取，四曰受令不偻，五曰安其家忘官府。五者毕至，是胃（谓）过主。"北大秦简《从政之经》简 056+049+018+019+024 作："一曰见民□□，二曰不安其朝，三曰居官善取，四曰受令不偻，五曰安家室而忘官府。"

【韵读】宵侯合韵——敖、鼂、取、偻、府。

一曰不察所亲，24-2 不察所亲则怨数至；25-2

---

① 陈伟：《岳麓秦简〈为吏治官及黔首〉识小》，武汉大学简帛网，2011 年 4 月 8 日。
② 刘云：《〈为吏之道〉与〈为吏治官及黔首〉对读札记》，复旦大学出土文献与古文字研究中心网站，2011 年 4 月 15 日。
③ 刘云：《〈为吏之道〉与〈为吏治官及黔首〉对读札记》，复旦大学出土文献与古文字研究中心网站，2011 年 4 月 15 日。

272 | 新出文献文本释读与文学考论

二曰不智（知）所使，26-2 不智（知）所使则以权衡求利；27-2
三曰兴事不当，28-2 兴事不当则民伤指；29-2
四曰善言隋（惰）行，30-2 则士毋所比；31-2
五曰非上，身及于死。32-2[1]

【笺注】

[1] 岳麓秦简《为吏治官及黔首》简 47-3 至 52-3 作："吏有五则：一曰不祭（察）所亲则韦（违）数至，二曰不智（知）所使则以雚（权）索利，三曰举事不当则黔首矫指，四曰喜言隋（惰）行则黔首毋所比，五曰善非其上则身及于死。"北大秦简《从政之经》简 36-4+37-4+38-4+39-4 下+40-2 作："一曰不察亲，不察亲则患数至；二曰不知所使，不知所使则权衡利。三曰兴事不当，兴事不当则民伤指；四曰善言惰行，则士毋比；五曰喜非其上，喜非其【上】则身及于死。"

【韵读】质脂通韵——至、利、指、比、死。

戒之戒之，财不可归[1]；33-2
谨之谨之，谋不可遗[2]；34-2
慎之慎之，言不可追；35-2
綦之綦〖之〗，食不可偿。36-2[3]
怵惕之心不可长[4]。37-2[5]

【笺注】

[1] 归，疑指赠送。《仪礼·聘礼》："君使卿韦弁归饔饩五牢。"郑玄注："今文'归'或为'馈'。"①

按：根据清华简《芮良夫毖》简 18 "壞" 用作 "坏"，应读 "怀"，简文 "怀财、怀货"，皆为 "贪财" 之义。

[2] 谋不可遗，计谋不可泄漏。白于蓝参照《说苑·谈丛》"忽忽之谋不可为也" 以及上博简《彭祖》"忌=愚之谋不可行"，简文 "遗" 应与

---

① 陈伟主编《秦简牍合集〔壹〕》，武汉大学出版社，2014，第 329 页。

"为"和"行"字相当。① 陈伟等认为《为吏治官及黔首》简 76-4 "谨之谨之，某（谋）不可遗"，简 74-4 "敂之敂之，某（谋）不可行"，二句义当有别。②

[3] 关于简 33-2 至简 36-2，白于蓝认为简 33-2 至简 35-2 抄写有误，简 48-4 至简 50-4 是对简 33-2 至简 35-2 的校改。正确的简文应是："戒=之言不可追；思=之某不可遗；慎=之货不可归；萦=之食不可赏。"③ 朱凤瀚依据北大秦简《从政之经》认为"萦萦之食不可赏"并不需要补"之"，这一段似也可读作"戒之，戒之材不可归；谨之，谨之谋不可遗；慎之，慎之言不可追，萦萦之食不可赏"。④

[4] 不可长，整理者认为"可"字之前的"不"字原脱，据文义补。陈伟武先生根据上博简《彭祖》"述惕之心不可长"，拟补"不"字与原意相悖。《说苑·谈丛》："忽忽之谋，不可为也；惕惕之心，不可长也。"楚简"述惕"之"述"和秦简"术惕"之"术"，皆当读为"坠"，"惕"读为"易"，"述惕""术惕""惕惕"均指轻慢。⑤

按：最后一句，北大秦简作"术狄之心不可长也"，陈伟武先生意见可从。

[5] 岳麓秦简《为吏治官及黔首》简 73-4 至 78-4 作："戒=之=材不可归，慎=之=言不可追，谨=之=某（谋）不可遗，萦=之=食不可赏，敂之敂之某（谋）不可行。术（怵）狄（惕）之心不可长。"北大秦简《从政之经》简 020 作："武之材不可归，谨之谋不可遗，慎之言不可追，罤罤之食不可尝也。"内容与"慎言""慎行"相关。

【韵读】微部——归、遗、追；阳部——偿、长。

处如资[1]，47-3

言如盟，48-3

---

① 白于蓝：《睡虎地秦简〈为吏之道〉校读札记》，《江汉考古》2010 年第 3 期。
② 陈伟主编《秦简牍合集［壹］》，武汉大学出版社，2014，第 329 页。
③ 白于蓝：《睡虎地秦简〈为吏之道〉校读札记》，《江汉考古》2010 年第 3 期。
④ 朱凤瀚：《北大藏秦简〈从政之经〉述要》，《文物》2012 年第 6 期。
⑤ 陈伟武：《试论简帛文献中的格言资料》，载武汉大学简帛研究中心主办《简帛》（第四辑），上海古籍出版社，2009，第 269~286 页。

出则敬,
毋施当, 49-3
昭如有光。50-3[2]

【笺注】

[1] 资,整理者读为"斋",斋戒。处如斋,《绎史·孔子类记四》引《庄子》:"居处若斋,饮食若祭。"

[2] 王家台秦简《政事之常》作:"处如梁,言如盟,出则敬,毋襦张,炤如有光。"王家台秦简第三圈文字对这四句的解释:"处如梁以告静,言如盟以告正,出则敬有信德殹,勿襦张告民不貣(忒)殹,炤如有光则□□之极殹。""资"当以梁为正;"施"读为"弛"。睡虎地秦简"施",王家台秦简写作"虘"或"襦",《说文》"弛"之古文作"彈",与"襦""虘"皆可相通;"当"应为"张","张"与"弛"为同义词,在此应理解为"松懈"或"怠慢";"炤"即"照",《说文》:"照,明也,从火昭声。字亦作炤。"在此应从睡虎地秦简读作"昭"。① 处如资(斋)与处如梁皆有安静义,只是取喻不同,说不上何为正何为不正。②

按:本段除首句,以下都为耕阳合韵,"斋"为脂部字,而"梁"为阳部字,则"以梁为正"的意见为妥。

【韵读】阳耕合韵——盟、当、光、敬。

施而喜之, 51-3
敬而起之, 01-4
惠以聚之, 02-4
宽以治之。03-4

【韵读】之韵——喜、起、治。

---

① 王明钦:《王家台秦墓竹简概述》,载艾兰、邢文《新出简帛研究》,文物出版社,2004,第29~43页。
② 王辉:《一栗居读简记(一)》,载成建正主编《陕西历史博物馆馆刊》(第十八辑),三秦出版社,2011,第122~132页。

有严不治，04-4
与民有期，05-4
安骃而步，06-4
毋使民惧。07-4[1]

【笺注】

［1］王家台秦简《政事之常》作："有严不治，与民有期，安殹而步，毋使民溥。"其解释部分，CⅢ作："有严不治敬王事矣，与民有期告之不再矣，安殹而步登于山矣，毋事民溥游于□矣。"DV作："弗临以严则民不敬，与民无期则□几不正，安殹而步孰知吾请。"殹，胡平生、李天虹读为"骃"。① "溥"，刘娇引邬可晶意见：当为"溥"之误释或误印。② 溥，当读为"怖"。"毋使民怖"与"毋使民惧"同义。

【韵读】之部——治、期；鱼部——步、惧。

疾而毋誋[1]，08-4
简而毋鄙。09-4
当务而治，10-4
不有可苣[2]。11-4

【笺注】

［1］誋，整理者：《广韵》："语失也。"

［2］苣，整理者读为"改"。此句意为不要做懊悔的事，与前面"毋行可悔"义同。陈伟等疑读为"耻"，羞愧义。③

【韵读】之部独韵——誋、鄙、治、苣。

劳有成既，12-4
事有几时。13-4

---

① 胡平生、李天虹：《长江流域出土简牍与研究》，湖北教育出版社，2004，第285页。
② 刘娇：《言公与剿说——从出土简帛古籍看西汉以前古籍中相同或类似内容重复出现现象》，线装书局，2012，第283页。
③ 陈伟主编《秦简牍合集［壹］》，武汉大学出版社，2014，第337页。

治则 14-4 敬自赖之，15-4

施而息之。16-4

牍而牧之；17-4

听其有矢[1]，18-4

从而贼（则）[2]之；19-4

【笺注】

[1] 矢，陈述。连劭名认为"有矢"如言"有道"，《诗·大东》云："周道如砥，其直如矢。""听其有矢"与"听有方"同义。① 戴世君"矢"当读为"盭"，乖违。"听其有矢，从而贼（则）之"，是说为吏者听到民有乖违行为后要加以纠正。②

[2] 则，整理者：纠正、约束。《大戴礼记·夏小正》云："曰则，尽其辞也。"贼又可读为测，《淮南子·原道》云："深不可测。"高注："测，尽也。"《吕氏春秋·论人》云："不可测也。"高注："测，穷极也。"《新书·大政上》："故虽有不肖民，化而则之。"可参照。

【韵读】职部——息、牧、贼。

因而征之，20-4

将而兴[1]之，21-4

虽有高山，22-4

鼓而乘[2]之。23-4

【笺注】

[1] 兴，与发同义，《左传·哀公二十六年》："兴空泽之士千甲。"《释文》："兴，发也。"

[2] 乘，登也。这两句是说，虽然面前有高山，也可以一鼓作气，使人民攀登上去。

【韵读】蒸部独韵——兴、乘。

---

① 连劭名：《睡虎地秦简〈为吏之道〉与古代思想》，《江汉考古》2008年第4期。
② 戴世君：《云梦秦律注译商兑（续二）》，武汉大学简帛网，2008年5月27日。

民之既教，24-4
上亦毋骄，25-4
孰道毋治，26-4
发正乱昭。27-4

【韵读】宵部独韵——教、骄、昭。

安而行之，28-4
使民望之。29-4
道易车利，30-4
精而勿致[1]。31-4[2]

【笺注】
[1] 致，读为"至"，达到极点。
[2] 王家台秦简《政事之常》简 BIX 作："安而行之，事民望之，道易车利，静而毋致。"睡虎地秦简整理者"事民望之"下为逗号，今据王家台简校正。①

【韵读】阳部——行、望；脂质通韵——利、致。

兴之必疾，32-4
夜以接日。33-4
观民之诈[1]，34-4
罔[2]服必固。35-4

【笺注】
[1] 诈，整理者疑读为作。戴世君认为应读如字，指奸伪。"观民之诈，罔服必固"意谓为吏者对奸伪的百姓，兴事要像车轮一样周密，使其奸不得售。"罔服必固"是比喻之言。②

---

① 胡平生、李天虹：《长江流域出土简牍与研究》，湖北教育出版社，2004，第 285 页。
② 戴世君：《云梦秦律注译商兑（续二）》，武汉大学简帛网，2008 年 5 月 27 日。

[2] 罔，整理者读为辋，车轮的外周。

【韵读】质部——疾、日；鱼铎通韵——诈、固。

地修城固，36-4
民心乃宁。37-4
不时怒[1]，42-4
民将姚[2]去。43-4
百事既成，38-4
民心既宁。39-4
既毋后忧，40-4
从政之经。41-4[3]

【笺注】

[1]"不时怒"，王家台秦简《政事之常》作"不时而怒"，从句式来看，此处有脱字。

[2]姚，整理者《荀子·荣辱》注："与遥同。"这两句意思是，经常对百姓发怒，百姓就会远远地离开。① 王家台秦简《政事之常》作"民将逃去"。

[3]王家台秦简《政事之常》作："坨修城固，民心乃叚，② 不时而怒，民将逃去。百事既成，民心乃宁，既无后忧，从政之经。"

【韵读】鱼部——固、怒、去；耕部——成、宁、经。

长不行，死毋（无）名；44-4
富不施，贫毋（无）告也。[1] 45-4
贵不敬，失之毋（无）〖就〗[2] 46-4 也[3]，残 2-4

---

① 周守晋：《出土战国文献语法研究》，北京大学出版社，2005，第 111 页。
② 邬可晶根据押韵情况提出"王家台秦简'百事既成'至'从政之经'押耕部韵，'地修城固'至'民将逃去'应押鱼部韵。秦汉文字中'殷'一般写作𣪪，'叚'一般写作𠭁，字形相近，我们怀疑不入韵的'殷'字可能系'叚'字误释"（参看刘钰、袁仲一《秦文字通假集释》，陕西人民教育出版社，1999，第 171~175 页）。古书"叚"与"格"可通，"民心乃叚"的意思大概与《礼记·缁衣》"民有格心"相近。参看刘娇《言公与剿说——从出土简帛古籍看西汉以前古籍中相同或类似内容重复出现现象》，线装书局，2012，第 284 页脚注 2。早期韵文押韵较为灵活，并不是句句押韵。讹字的推测可备一说。

君子敬如始。47-4

【笺注】

[1] 整理者认为以上两句的意思为年龄已长还不做好事，死了就留不下名声；有了钱的时候不肯施舍给别人，穷了就无处求告。

[2] 整理者认为"毋"字下残字疑为"就"字。雷海龙认为从字形整体特征来看，此字左从京，右部所从可能为寸，整理者的意见可从。①

今按："就"为幽部字，与上句"告"觉部字合韵，整理者意见为佳。

[3] 关于"失之毋就"一句，雷海龙将残 2-4 与《为吏之道》简 46 进行拼合后，调整为："失之毋（无）就也。"

【韵读】耕阳合韵——行、名；觉幽通韵——告、就。

戒之戒之！言不可追；48-4
思之思〖之〗！某（谋）不可遗；49-4
慎之〖慎之〗！货不可归。[1] 50-4

【笺注】

[1] 整理者：以上原脱重文号处，依文例补。白于蓝细审原简图版，这三句话原本作：戒=之言不可追；思=之某不可遗；慎=之货不可归。汉代诏书文字中有"忽忽锡锡，恐见故里"。此"忽忽锡锡"当即《说苑·谈丛》"忽忽之谋不可为也，惕惕之心不可长也"之"忽忽""惕惕"，以此来看，"思之某不可遗"之"思"恐是"忽"之误字。②

【韵读】微部独韵——追、遗、归。

凡治事，
敢为固，
谒私图，
画局陈棋以为 01-5 楷[1]。

---

① 雷海龙：《睡虎地秦墓竹简〈为吏之道〉试缀一则》，武汉大学简帛网，2017 年 1 月 26 日。
② 白于蓝：《睡虎地秦简〈为吏之道〉校读札记》，《江汉考古》2010 年第 3 期。

280 | 新出文献文本释读与文学考论

肖人聂心，不敢徒语恐见恶。02-5①

【笺注】

[1] 棊，整理者读为藉，借助。大意是，管理政务要取法弈棋，反复思考，谨慎从事。

【韵读】鱼铎通韵——固、图、棊、恶。

凡庚人，
表以身，
民将望表以庚真。[1]
表若不正，03-5
民心将移乃难亲。04-5

【笺注】

[1] 这种为臣为吏的准则，见于相关古书，如《礼记·缁衣》："故大臣不可不敬也，是民之表也；迩臣不可不慎也，是民之道也。"

【韵读】真部独韵——人、身、真、亲。

操邦柄，
慎度量，
来者有稽莫敢忘。
贤鄙05-5溉辥[1]，
禄立（位）有续埶瞥[2]上？06-5

【笺注】

[1] 辥，读为乂，治。此句大意为贤能和不贤的人都得到应有的对待。

[2] 瞥，整理者释为"乱"。陈伟等认为："今按：瞥，可读作'憎'，

---

① 秦简"成相体"具有一定的过渡特征，韵式并不严格。本段韵式为"abbcc"式，二三句韵脚押鱼部韵，四五句入铎部韵，看似换韵；但考虑到成相体韵式均为"aaaba"式，且都为独韵。此段看作鱼铎通韵。

不明义。《管子·七臣七主》:'乱臣多造钟鼓,众饰妇女以愊上。'《韩非子·南面》:'则群臣莫敢饰言以愊主。'"①

【韵读】阳部独韵——柄、量、忘、上。

邦之急,
在体级,
掇民之欲政乃立。
上毋间 07-5 陆,
下虽善欲独何急? 08-5

【韵读】缉部独韵——急、级、立、急。

审民能,
以任吏,
非以官禄夬助治。
不任其人,
及 09-5 官之瞥岂可悔。10-5

【韵读】之部独韵——能、吏、治、悔。

申之义,
以击畸,
欲令之具下勿议。
彼邦之倾,11-5
下恒行巧而咸故移。12-5

【韵读】歌部独韵——义、畸、议、移。

将发令,

---

① 陈伟主编《秦简牍合集[壹]》,武汉大学出版社,2014,第 342 页。

索其政[1]，
毋发可异使烦请[2]。
令数囚13-5环，
百姓摇贰乃难请。14-5

【笺注】

［1］政，整理者："通正字。"此句意思为要力求命令正确。

［2］请，整理者："《吕氏春秋·首时》注：'问也。'"此句意思是，百姓心中疑惑，事情就不好办了。陈伟武认为"请"当读为"清"，"百姓摇（摇）贰乃难请"是说（因政令多次反复）百姓摇摆不定就难以忠诚了。① 方勇疑此字读为"靖"，二者同从"青"得声，故可通假。"靖"表治理义。②

【韵读】耕部独韵——令、政、请、请。

听有方，
辨短长[1]，
困造[2]之士久不阳。[3] 15-5[4]

【笺注】

［1］短长，刘桓认为："古书或作长短。"③

［2］困造，刘桓认为："困当是麕之省，困造意犹麕至，'困造之士'是指各诸侯国来到秦国的士人。"④ 连劭名认为："困造之士指性急的人。"⑤

［3］阳，刘桓认为："久不见举用，久不得志。"连劭名认为"阳"读为"详"，《诗经·墙有茨》云："不可详也。"《释文》引《韩诗》作"扬"。⑥

---

① 陈伟武：《睡虎地秦简核诂》，《胡厚宣先生纪念文集》，科学出版社，1998，第204~212页。
② 方勇：《秦简牍文字汇编》，博士学位论文，吉林大学，2010，第47页。
③ 刘桓：《秦简偶札》，载中国社会科学院简帛研究中心编辑《简帛研究》（第三辑），广西教育出版社，1998，第165页。
④ 刘桓：《秦简偶札》，载中国社会科学院简帛研究中心编辑《简帛研究》（第三辑），广西教育出版社，1998，第165页。
⑤ 连劭名：《睡虎地秦简〈为吏之道〉与古代思想》，《江汉考古》2008年第4期。
⑥ 连劭名：《睡虎地秦简〈为吏之道〉与古代思想》，《江汉考古》2008年第4期。

[4] 以上韵文，是据当时民间曲调"相"的句式写成的。此句应有脱句，意义不明。

【韵读】阳部独韵——方、长、阳。

　　口，关也；
　　舌，几（机）[1]也。29-5
　　一堵（曙）失言，
　　四马弗能 30-5 追也。31-5[2]

【笺注】

[1] 关、几，"几"同"机"。整理者认为都是弩上部件的名称，机是扳机，其外护机的部分称为关。

[2] 本段内容与"慎言"相关。

【韵读】元部——关、言；微部——几、追。

　　口者，关[1]；
　　舌者，符 32-5 玺也。
　　玺而不 33-5 发[2]，
　　身亦毋薛（辥）[3]。34-5[4]

【笺注】

[1] 关，整理者："关口。"

[2] 玺而不发，整理者："此句意为用符玺封缄而不打开。"

[3] 薛，整理者训为"罪"。

[4] 以上两段文字，可参看《说苑·谈丛》："口者，关也；舌者，机也。出言不当，四马不能追也。口者，关也；舌者，兵也。出言不当，反自伤也。"《文子·微明》："行有召寇，言有致祸，无先人言，后人已。附耳之语，流闻千里，言之祸也，舌者机也。出言不当，驷马不追。"可相对照。①

---

① 魏启鹏：《文子学派与秦简〈为吏之道〉》，载陈鼓应主编《道家文化研究》（第十八辑），生活·读书·新知三联书店，2000，第 163~179 页。

《鬼谷子·权篇第九》："故口者，机关也，所以关开情意也。"亦可参照。

按：慎言类格言习见于文献。古人讲究"慎言"。如《语丛四》简 1-2 "言而苟，墙有耳"，简 4 "口不慎而户之闭，恶言复己而死无日"；《谈丛》"一言而非，四马不能追""出言不当，反自伤也"；等等。① 上博简《用曰》简 12 "既出于口，则弗可悔，若矢之免于弦。用曰：聂其睥，而不可复"。《说苑·谈丛》："夫言行者君子之枢机，枢机之发，荣辱之本也，可不慎乎！故蒯子羽曰：'言犹射也，栝既离弦，虽有所悔焉，不可从而追已。'"《刘子·慎言第三十》："言出患人，语失身亡。身亡不可复存，言出不可复追。其犹射也，悬机未发，则犹可止；矢一离弦，虽欲返之，弗可得也。《易》诫枢机，《诗》刺言玷。斯言一玷，非槛碚所磨。枢机既发，岂骇电所追？"

【韵读】月部——发、薛。

人各食其所嗜，不 35-5 足以分人；
各乐其 36-5 所乐，而足以分人。[1] 37-5

【笺注】

[1] 楚简韵文和传世文献韵语也存在"韵脚不避复"现象。

【韵读】真部独韵——人、人。

（二）睡虎地日书《马禖》韵读

关于篇题，郭永秉认为："从图版看，简 157 简端确实有一个扁方形的墨块，但其实未必与此篇篇题有关。……此篇的篇题如果是'马禖祝'，不但和甲种篇题的书写格式不尽一致，而且以'曰'字作为祝词的开头，与古代祝词之前多以'祝曰'开头的习惯不合，因此我们觉得此篇篇题可能就是'马'。'禖祝曰'以下则是祝词的正文，这并不妨碍本篇的性质为'马禖祝'。"② 尽管对于《马禖》含义和断读，学术界仍有一些争议，但学

---

① 李天虹：《上博（六）札记两则》，武汉大学简帛网，2007 年 7 月 21 日。
② 郭永秉：《睡虎地秦简字词考释两篇》，载刘钊主编《出土文献与古文字研究》（第三辑），复旦大学出版社，2010，第 355 页注①。

者们普遍认为此篇属于祭祀马神时的祝词。马禖为祈祷马匹繁殖的祭祀。[①]《周礼·校人》："春祭马祖，执驹。"疏："春时通淫，求马蕃息，故祭马祖。"马禖或即祭祀马祖。

新近公布的张家山汉简《祠马禖》，其中部分内容可与本篇对读。祝词属于特定仪式中的韵文，属于秦文学的重要组成部分。

祝曰：
先牧[1]日丙，马禖[2]合神。

【笺注】
[1] 先牧，《周礼·校人》："夏祭先牧。"注："先牧，始养马者。"
[2] 张家山汉简《祠马禖》简4："三意欺（祈）曰：敢谒日丙马禖、大宗、小宗……""日丙马禖"也是马神名。"丙"字并不是韵脚。[②]

东向南向各一〖马〗，
□□□□中土，
以为马禖，穿壁直中，
中三朘[1]，四廄行：

【笺注】
[1] 朘，整理者认为即餕，祭饭。玄应《一切经音义》卷11引《字林》云："餕，以酒沃地祭也。"《说文通训定声》则云："以酒曰酹，以饭曰餕。"周家台秦简《日书》简348记祠先农："到囷下，为一席，东乡（向），三朘，以酒沃。"[③]《广韵·祭韵》："朘，同餕。"《汉书·郊祀志上》："其下四方地，为朘，食群神从者及北斗云。"颜师古注："朘字与餕同，谓联续而祭也。"

---

① 陈伟主编《秦简牍合集[壹]》，武汉大学出版社，2014，第508~09页。
② 饶宗颐等先生认为："其中，丙、神、屏、衡与阳部字协韵，可考察秦时用韵情况，尤有价值。"（饶宗颐、曾宪通：《云梦秦简日书研究》，中文大学出版社，1982，第45页）其实，丙、神并非韵脚。
③ 刘信芳：《〈天水放马滩秦简综述〉质疑》，《文物》1990年第9期。

【韵读】鱼部——马、土；
　　　　冬阳合韵——中、行。

大夫先敉①次席，今日良日，
肥豚清酒美白粱，
到主君所。
主君苟屏詷马，
敺（驱）其殃，
去其不祥，
令其□嗜□[1]，
□[2]嗜饮，
律律弗〖御〗自□[3]，
弗敺（驱）自出，
令其鼻能糅（嗅）乡[4]（向），
令耳恩（聪）目明，
令头为身衡，
勒（脊）为身刚，
胠为身〖张〗[5]，
尾善敺（驱）□[6]，
腹为百草囊，[7]
四足善行。[8]
主君勉饮勉食，
吾岁不敢忘。

【笺注】
[1] 整理者："嗜"下疑为"蒭"字。方勇认为其为上从竹字头，下从津的"䈰"字，疑通假为"荐"，"荐"指牲畜所吃的草。②

———————
① 郭永秉：《睡虎地秦简字词考释两篇》，载刘钊主编《出土文献与古文字研究》（第三辑），复旦大学出版社，2010，第358页。张家山汉简《祠马禖》简4也有"次席"。
② 方勇：《睡虎地秦简札记二则》，武汉大学简帛网，2015年11月25日。

［2］"嗜"上一字，合集（壹）：据红外影像，有重合文符。方勇认为此字可能是"齣"字。简文中的"齣齣"可能描述的就是"口耆（嗜）箲（荐）"的咀嚼声。①

［3］"自"下一字，整理者释为"行"。方勇疑此字可能为"退"。

［4］"乡"当释读为"向"，"其鼻能糇（嗅）乡（向）"，即依靠嗅觉判断正确的行进方向。

［5］张，原简释文空围处尚存其字右半，虽漫漶，但依稀可辨为"长"字。②《太平御览》卷896引《伯乐相马经》曰"四下为令欲得长"，"长"字与上下文用韵之字"刚""行"等，古音皆在阳部。

［6］整理者："驱"下一字不清，似左从食，右下从目，疑是"餔"字，读为虻。刘信芳依《马》篇用韵，认为空围所阙之字或为"虻"字。③张家山汉简《祠马禖》简10作："勿予尾疾，令驱闽（蚊）虻。"

［7］张家山汉简《祠马禖》简8-9作："毋予腹疾，令为百草囊。"

［8］"屏訽"至"善行"均为"苟"之所属，"主君勉饮勉食"为如果条件满足时对马禖的酬谢，例如周家台秦简日书简349。这是祝祷的一般程序。

【韵读】鱼阳通韵——梁、㹆、祥、所、马；
　　　　阳部独韵——乡、明、衡、刚、张、囊、行、忘。

（三）北大秦简《杂祝方》

《杂祝方》写在木简卷甲上，共12枚简（缀合后为11枚）。原无篇题，原定名《白囊》，后因其内容为诸种诉求不同的祝祷术，暂定名《杂祝方》。④全篇分五章，除第四章关于祈祷的操作方法，其余四章各记一条祝祷辞。这四条祝祷辞均为韵语。用韵情况分别为：第一条押幽部独韵；第二条阳东部旁转；第三条为交韵，一三句物缉部旁转，二四句押东部韵；第四条押之部韵。

---

① 方勇：《睡虎地秦简札记二则》，武汉大学简帛网，2015年11月25日。
② 刘信芳：《云梦秦简〈日书·马〉篇试释》，《文博》1991年第4期。
③ 刘信芳：《云梦秦简〈日书·马〉篇试释》，《文博》1991年第4期。
④ 田天：《北大藏秦简〈杂祝方简介〉》，载中国文化遗产研究院编《出土文献研究》（第十四辑），中西书局，2015，第15~22页。

禹步三,曰:

今日己丑,以塞鼠道。

牡鼠死、牝鼠歹[1](朽)。[2]

【笺注】

[1] 歹,田天认为通"朽",即腐朽、腐败。①

[2] 此为关于塞穴灭鼠相关的祝祷辞。

【韵读】幽部独韵——道、歹。

取土时言曰:

愿气(乞)足下壤,

以投男女项,

令百节索踳[1](蹶)。

【笺注】

[1] 踳,田天疑读为蹶,训为僵,即强直之症,筋骨不能屈伸自如。马王堆帛书《五十二病方》中有"婴儿索痉",即指小儿痉挛。或为遻,读为逆,训为迎、顺,即指向男女项投以囊中土后,则对方百般顺从。

【韵读】东阳合韵——壤、项。

禹步三,之水泉人所汲者,言曰:

上泉沸沸[1],

下泉逢逢[2],

丈夫倚立,

女子所从。

【笺注】

[1] 弗,读为"沸",拟声词,指水的声音,司马相如《上林赋》有

---

① 田天:《北大藏秦简〈杂祝方简介〉》,载中国文化遗产研究院编《出土文献研究》(第十四辑),中西书局,2015,第15~22页。

"沸乎暴怒，胸涌滂湃"之语。

［2］逢，拟声词，可指鼓声，如《诗经·大雅·灵台》："鼍鼓逢逢，蒙瞍奏公。"

【韵读】物缉合韵——沸、立；东部——逢、从。

禹步三，到门困（阃），曰：
门左、门右、中央君子，
某父某母[1]，
令某如乌视其群，
如鸡视其子。
某有求索，
毋云不可，
毋云无有。"

【笺注】

［1］"某父某母"一句，田天认为下句的"令某"与"某父某母"相接，即为"某父某母令某"。"令某"应该直接接"令"的具体行为，放在句尾恐不恰当，类似表达如北大秦简《医方杂抄》简028："祝心疾，唾之，曰：'歊，某父某母，为某不以时，令某心甬（痛）毋期，令某唾之。'"周家台秦简《病方及其他·已龋方（二）》："嘑（呼）！垣止（址），苟令某龋已，予若叔（菽）子。"

【韵读】之部独韵——母、子、有。

（四）北大秦简牍《隐书》

《隐书》写在木牍上，共9枚。篇题定名根据背面"此隐书也"。[①] 全篇为四言赋体，包含三个谜语。其叙述形式，一般是先出谜语，用黑点隔开，然后说已猜到是什么，最后揭出谜底。三个隐语都用韵语写成，多押鱼部韵，间押铎部、职部韵。

---

① 李零：《隐书》，载武汉大学简帛研究中心主办《简帛》（第八辑），上海古籍出版社，2013，第11~16页。

〔隐语一〕

……不游于山，而游于都[1]（渚）。

两人俱行，给（殆）类清卢（瞳）[2]。

【笺注】

[1]"都"，李零疑读为"渚"，与山相对。"渚"是水中地。"而游于都"疑指人的眼球位于眼眶之中，如水中之渚。而眼珠又在眼球之中，总随眼球在眼眶里转，如入游水中之渚。

[2]"给类"后的缺字，李零认为是谜底，疑为"双眸"。缺文下估计还有三字之空。王宁认为全文用韵似乎比较严格，除了第二则隐语用"后"与鱼部字为韵外（鱼、侯旁转），其他都是同部为韵，故疑此处谜底二字的末字也当是鱼部字，即"清卢（瞳）"。①

【韵读】鱼部独韵——都、卢。

〔隐语二〕

兵城兵城，旁置四柜（矩）[1]。

端监（览）在旁，諕（啼）諱（呼）在后。

终日战殴（斗），不智（知）死所[2]。

泽（释）之隐者，吾有已（以）智（知）之矣。[3]

【笺注】

[1]四柜，李零读"四矩"，疑指博局内方外的矩形符号。

[2]不智死所，即"不知死所"。"所"下有黑点。黑点前是谜语。

[3]隐者，黄杰认为"'隐者'当是一种职业，指专门解释此类隐语的人"。②李零认为从谜语三的格式看，本来应排在第二个谜语后，下接"以弟（次）兑（说）之，给（殆）类六博"。把第二个谜语插在这四句话之间，也许考虑叶韵的缘故。

【韵读】鱼侯合韵——矩、后、所。

---

① 王宁：《北大秦简〈隐书〉读札》，武汉大学简帛网，2017年11月17日。
② 黄杰：《北大秦简〈隐书〉中的"隐者"》，武汉大学简帛网，2013年12月31日。

兵城兵城，方不盈尺。
精士十二人，半黑半白，
中粗而外骆（略），
室相追而巷相索[1]。
胜者为主人，不胜者为客。
以我兑（说）之，绐（殆）类六博。

【笺注】
［1］索，李零以为即"搜索"之"索"，加宀，为了区别绳索之索。《方言》卷六："索，取也。自关而西曰索。"可见这是秦方言的一种特殊写法。《说文解字·宀部》："索，入家搜也。"

【韵读】铎部独韵——尺、白、骆、索、客、博。

〔隐语三〕
有人居此，敦（纯）如黄色。
夫为廷史，妻辄执贼。
泽（释）之隐者，吾有智（知）之矣。

【韵读】职部独韵——色、贼。

民为人殹产□䌛，唯（虽）禹莫如。
以吾说之，殆类箄疏（梳）。
此隐书也。[1]

【笺注】
［1］王宁认为简8和简9之间，应该缺了一简的内容，也就是"产"后面有缺失的内容，不能和简9连读。从"民为人殹"直到"唯（虽）禹莫如"，应该是一首解谜题的韵语诗，押鱼部韵，即与"如""疏（梳）"为韵者。①

---

① 王宁：《北大秦简〈隐书〉读札》，武汉大学简帛网，2017年11月17日。

【韵读】 鱼部独韵——如、疏。

第四节　马王堆帛书韵文选读[①]

马王堆汉墓是中国考古史上最重要的发现之一，出土了数千件珍贵文物。三号墓漆书盒内出土了五十余种帛书、医简二百枚，此外，还有随葬的四百一十枚竹简木牍、五十二枚竹笥上的签牌及三幅帛画。"这批简帛资料的内容涉及战国至西汉初期的思想、历史、哲学、天文、医学、军事、文学、艺术等诸多领域，在中国学术史上产生了极为深远的影响。"[②] 2014年，湖南省博物馆、复旦大学出土文献与古文字研究中心和中华书局合作编纂出版《长沙马王堆汉墓简帛集成》，首次全面整理并完整公布了马王堆汉墓出土的所有简帛资料，为相关研究提供了最权威的文献。据《集成》介绍，马王堆汉墓简帛共有五十多种。经过学者们半个世纪的整理与研究，马王堆汉墓研究取得了丰硕成果。

马王堆汉墓简帛包含很多韵语，还有通篇韵文，引起了很多学者的关注。陈广忠先生探讨帛书《老子》韵律，分章析句、校正前代学者用韵研究；还总结了帛书《老子》用韵的五个特色，即用韵密，虚词和语气词入韵，除了双尾韵外还有迭字和迭韵现象以增加整齐美和节奏美，大量使用《诗经》《楚辞》罕见韵例（抱韵、句首韵、回文韵、连珠韵），以及合韵特多，体现上古诗歌出自"天籁"和地域方言特色。[③] 他对比郭店简《老子》和马王堆帛书《老子》的相关韵段，认为两书用韵相同，出自一人之手，帛书《老子》只是在流行数百年之后，在传抄过程中有所增删而已。[④] 刘宝俊分析了帛书《经法》《十六经》《称》《道原》四篇古佚书的用韵特点，再证了"东阳、之幽、鱼侯、真耕合韵是上古楚方言的特色"。[⑤]

用韵规律是考察文本源流、考释古文字的重要线索。裘锡圭先生曾根

[①] 帛书韵文释文主要参考裘锡圭主编《长沙马王堆汉墓简帛集成（修订本）》，中华书局，2024。

[②] 刘钊主编《马王堆汉墓简帛文字全编·前言》，中华书局，2020，第1页。

[③] 陈广忠：《帛书〈老子〉的用韵问题》，《复旦学报（社会科学版）》1985年第6期。

[④] 陈广忠：《从简、帛用韵比较论〈老子〉的作者——与郭沂商榷》，《安徽大学学报》2000年第4期。

[⑤] 刘宝俊：《马王堆出土帛书〈老子〉乙本卷前古佚书用韵研究》，《语言研究》1996年增刊。

据马王堆竹书《师癸治神气之道》篇的韵脚,指出当时四声分用的现象非常明显。他在讨论今本《老子》十九章"绝仁弃义,民复孝慈"一句为后人所改,郭店楚简《老子》甲组 1 号"民复季子"的"子"不能改读为"慈"时,认为:"先秦汉语已分四声,而且诗文押韵往往四声分用。'倍'和'有'上古是上声字,'慈'则是平声字,以致江有诰在《先秦韵读》中要把这个'慈'改读为上省。而'季子'的'子'正是之部上声字。这也可以证明简本此句反映原本面貌,今本则为后人所改。"①

《五十二病方》"诸伤"题下 13 行:"一,伤者出血,祝曰:'男子竭,女子曤'。"陈剑先生根据祝祷多有韵,认为韵脚字释为"曤"读"灭",与"竭"义近且押韵。②苏建洲对比《相马经》"〔以为厚,尚欲朴;以为〕薄,尚欲斱之;以为长,尚欲〔续之;以为短,尚欲蹴之〕",62 上简"以为厚,尚欲仆之者",认为此段文字有韵,"朴""斱""续"都是屋部字,"蹴"当读为屋部音,疑可读为"促",古书"短促"常见。因此,本段可读"以为短,尚欲促之"。③《木人占》第 52 行"人项,败于军寇,及以兵斗"中的"项"字,郑健飞先生引蒋文先生说认为此字为"脰",项颈之义,本篇占辞为韵文,"脰""寇""斗"于韵正合;《木人占》第 54 行"人北(背)、心,邦家会=(阴阴),卜腹子,产不逐(育)"重新释读为"人北(背)、心,邦(主)家金=(钦钦)。人腹,子产不遂(育)"。改释之后,"心""金(钦)"于韵亦合,且"腹"、"逐(育)"也是押韵的。④刑华、张显成将《木人占》第 46 行"人□左(?)目,贵人訧,贱人四"改释为"入左目,贵人訧,贱人囚"。訧为之部,囚为幽部,之幽合韵。⑤

《称》篇中的一段文字:

---

① 裘锡圭:《裘锡圭学术文集·语言文字与古文献卷》,复旦大学出版社,2012,第 42~43 页。
② 陈剑:《马王堆帛书〈五十二病方〉、〈养生方〉释文校读札记》,载复旦大学出土文献与古文字研究中心编《出土文献与古文字研究》(第五辑),上海古籍出版社,2013,第 456~534 页。
③ 苏建洲:《读马王堆帛书〈相马经〉琐记》,清华大学出土文献研究与保护中心《出土文献》(第八辑),中西书局,2016。
④ 郑健飞:《帛书〈木人占〉〈养生方〉缀合校释札记(六则)》,清华大学出土文献研究与保护中心等编《出土文献》(第十五辑),中西书局,2019。
⑤ 邢华、张显成:《马王堆汉墓帛书〈木人占〉丛札》,载邬文玲、戴卫红主编《简帛研究二○一九》(秋冬卷),广西师范大学出版社,2020,第 237~238 页。

　　　　天地之道，有左有右，有牝有牡。诣＝（诣诣）作事，毋从我终始。雷［以］为车，隆＝以为马。行而行，处而处。因地以为资，因民以为师。弗因无牵也。

　　其中"隆"字下有重文符号，原整理者将"雷［以］为车隆＝以为马"断读作"雷［以］为车隆（轮），隆（龙）以为马"。刘钊老师认为这样断读存在问题。首先，一个重文分别是误字和借字在出土文献中极为罕见；其次，"雷［以］为车轮""龙以为马"对文，字数不同，显得句式不够整齐；再次，"雷［以］为车，隆＝以为马。行而行，处而处"一段中"车""马""处"三字是押鱼部韵的，如断读作"雷［以］为车隆（轮），隆（龙）以为马"则失韵了；最后，从文意看，"车轮"对应"马"也不合适，"车"对应"马"才正常，典籍中也是如此。他认为帛书"雷［以］为车隆＝以为马"一段中"＝"被视为误衍重文号是正确的，断读为"雷［以］为车，隆以为马"，句式既整齐又押韵，与帛书大都对仗工整的行文习惯也相合。①

　　刘钊老师指出《集成》的编辑出版"只是'马王堆学'研究征程上的一个节点。在此基础上进一步的碎片拼缀、文字考释、词义训释，尤其是文意推阐、意义抉发等工作，可以预期一定不可限量"。②"从资料整理工作上来说，是一个成果，但对于今后的学术研究，这只是一个新的起点。"③

　　近年，本人指导研究生整理马王堆汉墓简帛韵文。韵例判定主要参照王力《诗经韵读》《楚辞韵读》以及《淮南子用韵考》等。其中，王力先生提出五个判定条件，即"大停顿处不能无韵""韵母差别大的一般不押韵""位置不同不押韵，句尾的字一般不和别句倒数第二字押韵""小停顿处可以无韵""一般不隔两句才用韵"。④ 简帛韵文具有一定的丰富性和复杂性，有时难以判断。语义和韵式是韵段划分的重要依据。

---

① 刘钊：《读马王堆汉墓帛书札记一则》，载复旦大学语言文字学科《语言研究集刊》编委会编《语言研究集刊》（第十四辑），上海辞书出版社，2015。
② 刘钊：《在"马王堆学"园地中耕耘》，《光明日报》2014年11月24日第15版。
③ 高远：《历经四十年、三代学人共同努力：长沙马王堆汉墓简帛集成问世》，《南方都市报》2014年11月16日。
④ 王力：《王力文集》第六卷，山东教育出版社，1990，第54~60页。

一　马王堆简帛韵例分析

马王堆简帛文献很多属于黄老学派所撰，他们喜用韵文。黄老著述可以视作中国古代的哲学诗，可以说是"诗性的哲学"。除了多为韵文，黄老著述的押韵也极具特色。韵脚多为耕部、阳部以及真部字。除了和语言的地域特色有关，韵脚与黄老学派习见概念之间有着密切的联系，如"阳""明""长""强"等阳部字，"精""清""生""名""形"此类的耕部字以及"真""天""人""神"等真部字作韵脚尤为常见。黄老学派思想在一定程度上影响了韵文的形式，突出表现在押韵的习惯。[①]《黄帝四经》等文献多用韵文形式，曹峰认为："这类文献不是给个别文人作玩赏之用，或给某一学派作理论探讨之用，而是希望能够琅琅上口，成为上至君主下至百姓都明白易懂，可以马上遵照执行的行动纲领。"[②]

韵文有一定的韵例，表现为韵的位置、韵的转换以及合韵等，下面简要介绍。

（一）韵的位置

押韵字一般都在句尾。一般来说，这是诗歌通例。马王堆简帛韵文大多数都是句尾韵。如：

> 天有恒榦，地有恒常。与民共事，与神同方。骄溢好争，阴谋不祥，刑于雄节，危于死亡。夺之而无予，其国乃不遂亡。
> 　　　　　　　　　　　　　　　　（《十六经》57 下/134 下）
> 圣人不为始，不专己，不豫谋，不为得，不辞福，因天之则。
> 　　　　　　　　　　　　　　　　（《称》2 下/144 下）
> 面前有二微，后有三齐：兽以走，鱼以游，鸟以飞。
> 　　　　　　　　　　　　　　　　（《相马经》15 下）
> 上为悬颅，下为婴筋。力可以负云山，足可以载山。天下少有，

[①] 陈民镇：《有"文体"之前——中国文体的生成与早期发展》，上海古籍出版社，2019，第142~143页。
[②] 曹峰：《出土文献视野下的黄老道家研究》，《中国社会科学》2013年第3期。

良工所尊。　　　　　　　　　　　　　　　（《相马经》14下）

同样是句尾韵，情况也很复杂。第一例隔句相押，第二例则句句相押。第三例则有换韵。第四例则错落用韵，其他还有顶针格式的韵段，如：

　　强生威，威生慧，慧生正，正生静。静则平，平则宁，宁则素，素则精，精则神。　　　　　　　　　　　（《经法·论》52上）
　　圣之思也轻，轻则形，形则不忘，不忘则聪，聪则闻君子道，闻君子道则玉音，玉音则形，形则圣。　（《五行》14/183）

另外，"句中有韵"位置比较特殊，如：

　　心之所欲则志归之，志之所欲则力归之。　（《称》3上/145上）

句尾是虚字，一般来说，倒数第二字成为韵脚。如：

　　故执道者，生法而弗敢犯殹，法立而弗敢废殹。□能自引以绳，然后见知天下而不惑矣。　　　　　　（《经法·道法》1上）
　　故贰生者食也，损生者色也，是以圣人合男女必有则也。
　　　　　　　　　　　　　　　　　　　　　（《天下至道谈》29/40）

还有双虚字尾。如：

　　举兔雁、鹔鹴、蚖蟺、鱼鳖、蚑动之徒，胥食而生者也；食者，胥卧而成者也。夫卧，使食靡消，散铄以流刑者也。（《十问》85—87）

虚字一般不入韵，但传世古书以及战国秦汉简帛文献中都有入韵的现象。马王堆简帛韵文有虚字入韵的例子，如：

　　□□□来，胡不来相教顺弟兄慈，昆弟之亲，尚可易哉。（《称》

13 上/155 上-13 下/155 下 ①)

祝曰：噴者魃父魃母，毋匿，符实□北，皆巫妇，求若固得。悬若四体，编若十指，投若于水，人殹，人殹而比鬼。（《五十二病方》453/443-455/445）

《五十二病方》祝由方句句相押，每一小句都入韵，所以"人殹"之"殹"也当入韵，"殹"字与"水""鬼"脂微合韵。

早期韵文具有不避复的特点。马王堆简帛也是如此，如：

故人之产也，入于冥冥，出于冥冥，乃始为人。（《胎产书》2）
观之太古，周其所以。素之未无，得之所以。（《道原》6 下/173 下）

（二）韵的转换

文本的功能和思想等与韵例有关。马王堆简帛包括一些祝辞、祷辞、占辞以及相马经（有学者称"《相马赋》"）等用韵相对规整。很多韵散相间的文本则较为灵活，既有一韵到底也有换韵频出的。

1. 一韵到底

一韵到底，是一个韵段只押一个韵，在马王堆简帛中十分常见。当然，一韵到底还包括韵段中的通韵和合韵。如：

国失其次，则社稷大匡。夺之而无予，国不遂亡。不尽天极，衰者复昌。诛禁不当，反受其殃。（《经法·国次》9 上-9 下）（阳部）
是非有分，以法断之。虚静谨听，以法为符。审察名理名终始，是谓究理。唯公无私，见知不惑，乃知奋起。故执道者之观于天下□，见正道循理，能举曲直，能举终始。故能循名究理。

（《经法·名理》74 下-75 上）（之职通韵）

德在木：名曰招摇，以此举事，众心大劳，君子介而朝，小人负

---

① 《称》此段，《集成》按语认为此处"来""慈""哉"均押之部韵。

子以逃，事若已成，天乃见祅，是谓发箭，先举事者，地削兵弱。

(《刑德乙篇》41-42)（宵药通韵）

2. 换韵

换韵则是指一个韵段中换了不同的韵。这种情况在简帛文献中十分常见。如：

不仁，思不能清。不圣，思不能轻。不仁不圣，未见君子，忧心不能忡忡。既见君子，心不能降。　　　(《五行》11/180)

一年从其俗，二年用其德，三年而民有得，四年而发号令，五年而以刑正，六年而民畏敬，七年而可以征。

(《经法·君正》14下-15上)

例一前两句"清""轻"为耕部韵；后两句化用《诗经·召南·草虫》，"忡""降"属冬部。例二是由七个小句组成的韵语，第一小句不入韵，第二、三句"德""得"押职部韵，第4到7小句押耕部韵。

换韵也很复杂，有交韵、抱韵等。如：

人强胜天，慎避勿当。天反胜人，因与俱行。　(《经法·国次》10下)

彼生之多，上察于天，下播于地，能者必神，故能形解。(《十问》56)

故一夕不卧，百日不复。食不化，必如抴鞠，是生甘心密墨，糙汤剸惑，故道者敬卧。　(《十问》87-88)

抱韵是一种很特殊的形式。一般来说，四句两韵，首尾两句押韵，中间两句押韵，就像被抱在中间。如：

夫民仰天而生，侍地而食。以天为父，以地为母。今余欲畜而正之，均而平之，谁适由始？　(《果童》20下/97下)

时极未至，而隐于德。既得其极，远其德，○浅□以力。既成其

功，还复其从，人莫能代。　（《称》8上/150上）
面前有二微，后有三齐：兽以走，鱼以游，鸟以飞。（《相马经》15）

3. 韵的分布

韵段只要有停顿处，无论大小停顿，就入韵，即为句句韵。这种情况用韵最为密集。如：

无父之行，不得子之用。无母之德，不能尽民之力。父母之行备，则天地之德也。三者备则事得矣。　（《经法·君正》21下-22上）
圣人不为始，不专己，不豫谋，不为得，不辞福，因天之则。
（《称》2下/144下）
乃可小夫，乃可国家。小夫得之以成，国家得之以宁。小国得之以守亓其野，大国得之以并兼天下。（《十六经·本伐》56上/133上）

有些则是偶句入韵，隔句相押。这是先秦《诗经》《楚辞》最常见韵式。如：

周草既匿，莫见于旁；时风出本，行马以骧。昭乎冥乎，骏□以强。
（《相马经》1下-2上）
故诗曰：高丘之下，必有大壑；高台之下，必有深池。
（《明君》23/426）
始于文而卒于武，天地之道也。四时有度，天地之理也。日月星辰有数，天地之纪也。三时成功，一时刑杀，天地之道也。
（《经法·论约》65下-66上）

韵段中奇句入韵，相对较少。《诗经》《楚辞》少见，但《淮南子》等古书中存在这种现象。马王堆简帛韵文中，有类似奇句韵的韵段。如：

食阴之道，虚而五藏，广尔三咎，若弗能出。　（《十问》2-3）

逆则失本，乱则失职，逆则失天，〖暴〗则失人。

（《经法·四度》36 上）

已逆阴阳，又逆其位。大则国亡，小则身受其殃。

（《经法·四度》41 上）

《十问》此句第一、三两处小停顿处是押韵的，"食阴之道""广而三咎"，其中"道""咎"为幽部韵。《四度》两个韵段都是四句一韵，第一、三、四句入韵，36 上"本""天""人"为真文合韵；41 上"殃""亡""阳"为阳部韵。

当然，有些韵段则相对灵活。思想内容是文本表达的决定因素。有时用韵具有一定的随意性。如：

称以权衡，参以天当，天下有事，必有巧验。事如直木，多如仓粟。斗石已具，尺寸已陈，则无所逃其神。

（《经法·道法》4 下-5 上）

恒先之初，迥同太虚。虚同为一，恒一而止。湿湿梦梦，未有明晦。神微周盈，精静不熙。故未有以，万物莫以。故无有形，大迥无名。

（《道原》1 上/168 上）

（三）用韵分析

马王堆简帛韵文以阳声韵最多，阴声韵次之，入声韵最少。韵脚字与黄老学派习见的概念之间关系密切，如"天""人""生""亡""成""明""形""功""殃""精"等。这些都是高频韵脚。"道""理""始"等幽部、之部字入韵频繁，也是黄老学派常用词语。独韵是韵文的主要形式。独韵相对简单，但韵段涉及韵律、语义和句式等复杂因素，因此，用韵分析存在一些不确定性，需尽可能考虑语义的完整性、句式的一致性等。阳声独韵十分丰富，如：

故善用八益，去七损，耳目聪明，身体轻利，阴气益强，延年益寿，居处乐长。　　（《天下至道谈》27/38+28/39）（阳部）

顺治其内，逆用于外，功成而伤。逆治其内，顺用其外，功成而亡。内外皆逆，是谓重殃，身危为戮，国危破亡。外内皆顺，命曰天当，功成而不废，后不逢殃。

（《经法·四度》38下+39上）（阳部）

故同出冥冥，或以死，或以生，或以败，或以成。祸福同道，莫知其所从生。　　　　（《经法·道法》2下+3上）（耕部）

毋□□□□，毋御死以生，毋为虚声。声溢于实，是谓灭名。极阳以杀，极阴以生，是谓逆阴阳之命。

（《经法·四度》40上+40下+41上）（耕部）

阴声独韵，如：

伯乐所相，君子之马。阴阳受绳，曲直中矩。长颐短频，乃中参伍。削阴刻阳，纠角有雨。起阳没阴，三骨相辅。方眼深视，五色精明，其状类怒。（《相马经》2上+2下）（鱼部）

夫为一而不化。得道之本，握少以知多；得事之要，操正以正奇。（《经法·四度》6下/173下）（歌部）

入声独韵，如：

无母之德，不能尽民之力。父母之行备，则天地之德也。三者备则事得矣。　　　　（《经法·君正》21下+22上）（职部）

呜呼慎哉！神明之事，在于所闭。审操玉闭，神明将至。

（《天下至道谈》7/18+8/19）（质部）

天恶高，地上恶广，人恶苛。高而不已，天阙之。广而不已，地将绝之。苛而不已，人将杀之。

（《十六经·行守》58上/135上+58下/135下）（月部）

1. 通韵分析

同一韵段内，韵脚字主要元音相同，通韵分为三种，即阴入、阴阳以及阳入通韵。

阴入相押，如：
(1) 之职通韵

天地无私，四时不息。天地位，圣人故载。
（《经法·国次》10 上）
天道已既，地物乃备。散流相成，圣人之事。
（《十六经·观》12 上/89 上）

(2) 鱼铎通韵

不用辅佐之助，不听圣慧之虑，而恃其城郭之固，怙其勇力之御，是谓身薄。　　　　　　　　（《称》18 下/160 下）
前知太古，后□精明。抱道执度，天下可一也。观之太古，周其所以。素之未无，得之所以。　（《道原》6 下/173 下-7 上/174 上）

(3) 脂质通韵

何以知□之至，远近之稽？夫唯一不失，一以趋化，少以知多。
（《十六经·成法》45 下/122 下）
长生之稽，慎用玉闭，玉闭时辟，神明来积。　　（《十问》17）

(4) 宵药通韵

守国而恃其地险者削，用国而恃其强者弱。兴兵失理，所伐不当，天降二殃。　　　　　　　　（《经法·亡论》59 上）
德在木：名曰招摇，以此举事，众心大劳，君子介而朝，小人负子以逃，事若已成，天乃见袄，是谓发箭，先举事者，地削兵弱。
（《刑德乙篇》41-42）

(5) 侯屋通韵

　　水而清，哭泣□，□□□。水而浊，酒肉具。　（《木人占》63）
　　以为厚，尚欲朴；以为薄，尚欲斲之；以为长，尚欲续之；以为短，尚欲皱之。　（《相马经》12 上/12 下）

(6) 歌月通韵

　　彼必正人也，乃能操正以正奇，握一以知多，除民之所害，而持民之所宜。　（《十六经·成法》46 下/123 下）
　　内事不和，不得言外。细事不察，不得言大。

　　　　　　　　　　　　　　　　　　（《称》9 上/151 上）

(7) 微物通韵

　　五月而火，受（授）之，乃始成气……　（《胎产书》7）

阴阳相押，如：
(1) 鱼阳通韵

　　深沟长渠，绝恋溃堤。翩乎若羽，厌乎其横。（《相马经》16 下）
　　雷［以］为车，隆以为马。行而行，处而处。

　　　　　　　　　　　　　　　　　　（《称》10 下/152 下）

(2) 侯东通韵

　　因天时，伐天毁，谓之武。武刃而以文随其后，则有成功矣。

　　　　　　　　　　　　　　　　　　（《经法·四度》44 下）
　　倍天之道，国乃无主。无主之国，逆顺相攻。

　　　　　　　　　　　　　　　　　　（《经法·论约》67 下）

(3) 歌元通韵

有仪而仪则不过,恃表而望则不惑,按法而治则不乱。

（《称》2 上/144 上）

(4) 之蒸通韵

人人有善者,不失女人,女人有之,善者独能,毋予毋治,毋作毋疑,必徐以久,必微以持,如已不已,女乃大怡。

（《天下至道谈》）

虚同为一,恒一而止。湿湿梦梦,未有明晦。神微周盈,精静不熙。故未有以,万物莫以。 （《道原》1 上/168 上）

阳入相押,如:
(1) 蒸职通韵

法者,引得失以绳,而明曲直者殹。故执道者,生法而弗敢犯殹,法立而弗敢废殹。□能自引以绳,然后（后）见知天下而不惑矣。

（《经法·道法》1 上）

(2) 文物通韵

·凡变之道,非益而损,非进而退。首变者凶。

（《称》2 上/144 上）

(3) 铎阳通韵

出于泽,登于陵,良工所相,较乎若绳。（《相马经》6 上/6 下）

（4）耕锡通韵

　　故善治气抟精者，以无征为积，精神泉溢，翕甘露以为积，饮瑶泉灵尊以为经，去恶好俗，神乃溜刑。　　　　（《十问》28-29）

马王堆简帛韵文中的通韵现象，以阴入通韵最为常见，阴阳次之，阳入比较罕见。这种现象，与王力先生《诗经韵读》的相关结论一致。[①]

2. 合韵分析

相对于独韵和通韵，合韵更常见，也更复杂。合韵现象反映了语音系统的动态调整，也与特定地域的方音面貌有关。有些合韵可与传世诗骚互证，有些则未见于古书。马王堆简帛韵文保存了战国楚地的很多用字习惯和语音信息，带有一定的存古性。因此，合韵现象是一个历史层累的语言现象，也是一个韵文体式演进过程中的文学现象。合韵可以分为：阴声合韵、阳声合韵、入声合韵以及混合合韵。

阴声合韵，如：

（1）支歌合韵

　　草闲多依，薄专于崖。草木不见，大水盈池。（《相马经》16上）

（2）鱼幽合韵

　　天道寿寿，播于下土，施于九州。是故王公慎令，民知所由。
　　　　　　　　　　　　　　　　　　　　（《十六经·三禁》49/126）

（3）微脂合韵

　　大田少草，有欲其希。轻弱既短，有欲其耆。
　　　　　　　　　　　　　　　　　　（《相马经》15下+16上）

[①] 王力：《王力文集》第六卷，山东教育出版社，1990，第36页。

(4) 之幽合韵

　　息必深而久，新气易守。宿气为老，新气为寿。（《十问》30+31）
　　文挚答曰：酒者，五谷之精气也，其入中散流，其入理也彻而周，不胥卧而究理，故以为百药由。　　　　　　　　　（《十问》81+82）

(5) 鱼侯合韵

　　地气岁有寒暑，险易相取，故地久而不腐。　　（《十问》25+26）

还有一些存疑的韵段，如：

　　取人一亩，偿以五里，杀人奴婢，偿以嫡子。　　（《刑德占》40）

如果"婢"字入韵，则为"之支合韵"；如果第一、二、四小句入韵，也是可以的。因此，合韵判定十分复杂。

阳声合韵，如：
(1) 东阳合韵

　　阳窃者天夺其光，阴窃者土地荒，土敝者天加之以兵，人设者流之四方，党别者□内相攻。　　　　　　（《经法·国次》13 上）

(2) 阳元合韵

　　山之阳，有悬冈，削以深，进以长，长必团，短必方。
　　　　　　　　　　　　　　　　　　（《相马经》17 上+17 下）
　　秆莛所藏，朴工弗见，良工所相。马有此节也，刚骨强，是谓大良。
　　　　　　　　　　　　　　　　　　（《相马经》6 上）

（3）真文合韵

　　欲得其情，必道其门：旁有两渠，索而弗得，其狀似神。
　　　　　　　　　　　　　　　　　　　　（《相马经》14 上+14 下）

（4）耕阳合韵

　　二月始膏，毋食辛臊，居处必静，男子勿劳，百节皆病，是谓始藏。
　　　　　　　　　　　　　　　　　　　　（《胎产书》3）

（5）阳谈合韵

　　称以权衡，参以天当，天下有事，必有巧验。
　　　　　　　　　　　　　　　　　　　　（《经法·道法》4 下+5 上）

（6）侵元合韵

　　颅首献献，高而枕之。　　　　　　　　（《相马经》21 下+22 上）

入声合韵，如：
（1）职质合韵

　　有骨，见一有力，见二疾走徐息，见三千里之极，见四马即弃，见五不为马。
　　　　　　　　　　　　　　　　　　　　（《相马经》19 下+20 上）

（2）月叶合韵

　　大木高，本深藏，藏以大，桐以锐。吾欲飞，皆未赘。前者揭，后者拔。厚其垣，重其盖。生于中，长于外。美哉纯，丰盈大，能正直者阴阳察。
　　　　　　　　　　　　　　　　　　　　（《相马经》17 下+18 上）

(3) 物月合韵

　　天弗能复（覆），地弗能载。小以成小，大以成大。盈四海之内，又包其外。　　　　　　　　　　　　　（《道原》1下/168下）①

　　这些文本用韵相对明确，此外还有很多复杂的情况。马王堆简帛用韵有助于辨析相关韵部的分合流变等，例如"之幽合韵""鱼侯合韵""东阳合韵"等现象。史存直先生认为从古代韵文押韵、文字谐声以及通假关系来看，或从经典异文和异体字来看，之幽两部关系非常密切，《诗经》《楚辞》《庄子》《老子》等材料中有很多例子。② 战国楚简中有不少"鱼侯通假"之例，秦汉时期楚地的诗文韵赋中也有不少鱼侯合韵之例。③汉代"鱼侯合并"说是比较流行的说法。罗常培、周祖谟先生认为鱼侯两部合用是西汉时期普遍的现象。④ 从马王堆简帛韵文来看，鱼侯分押占有绝对优势，但也有合韵的例子，说明存在合流的趋势。罗常培、周祖谟先生指出："阳东相押在周代铜器铭文里是比较常见的，《老子》里也很多。……在个别的方言中这两部的元音可能比较接近。"⑤ 东阳两部主要元音不相近，韵尾相同，先秦典籍中就有两部合韵之例。

二　《相马经》选读

　　《相马经》是一篇保存较完整的韵文；只讲相马的目睫、眉骨等部位，并非全帙。学者认为属于《吕氏春秋·观表》"子女厉"一派。《相马经》用赋体写成，字句整齐，多押韵，多比喻，极富文学色彩，故称《相马赋》

---

① "盈四海之内"之"内"似也是入韵的，整理者漏标。物月二部合韵，《淮南子》中共有42例，如《淮南·精神训》："是故或求之于外者，失之于内；有守之于内者，失之于外。"以"内、外"二字作为韵脚，在《淮南子》中多见，如《淮南子·泰族训》："圣人见祸福于重闭之内，而虑患于九拂之外者也。"
② 史存直：《古韵"之"、"幽"两部之间的交涉》，载中国音韵学研究会编《音韵学研究》（第一辑），中华书局，1984，第296~313页。
③ 王志平、孟蓬生、张洁：《出土文献与先秦两汉方言地理》，中国社会科学出版社，2014，第76页。
④ 罗常培、周祖谟：《汉魏晋南北朝韵部演变研究》，科学出版社，1958，第49页。
⑤ 罗常培、周祖谟：《汉魏晋南北朝韵部演变研究》，科学出版社，1958，第51页。

亦可。①《相马经》是战国楚人的抄本,从押韵情况来看,有体现楚地方言特色的"东阳合韵"等;从韵式来看,四句章占全篇很大比例,隔句押韵较多。在参考《集成》基础上,下面进行简要笺注。

大光破章。
有月出其上,[1]半矣而未明。
上有君台,下有蜂房;
旁有绩繻,[2]急其维纲。[3]

【笺注】

[1] 月,形容马眼上部如半圆的月亮,即传世《相马经》所说"眶欲小,上欲弓曲,下欲直"中的"上欲弓曲"。这里以"月"为喻形容马眼的上部形状。帛书多次涉及对"月"的描述。《庄子·马蹄》有"齐之以月题"。月题,额上当颅,形似月牙者。

[2] 绩繻:"绩""续"古通。"续繻"疑指析成丝缕捻接起来的彩色缯帛,在此疑用于比喻马眼中或周围的筋肉经脉。

[3] 急,紧也。维纲,指马眼睫毛。"急其维纲",说的是马的眼睫毛要紧固、坚挺。

【韵读】阳部——上、明、房、纲。

兰筋既鹜,[1]狄筋冥爽;
悠悠时动,半盖其明。

【笺注】

[1]《汉语大词典》"兰筋"条下说:"马目上部的筋名。筋节坚者能行千里,因之为骏马的代称。《文选·陈琳〈为曹洪与魏文帝书〉》:'整兰筋,挥劲翮,陵厉清浮,顾盼千里。'李善注引《相马经》:'一筋从玄中出,谓之兰筋。玄中者,目上陷如井字。兰筋竖者千里。'吕向注:'兰筋,马筋节坚者,千里足也。'晋葛洪《抱朴子·安贫》:'骋兰筋以陟六万者,

---

① 裘锡圭主编《长沙马王堆汉墓简帛集成》(伍)(修订本),中华书局,2024,第203页。

不争途乎蹇驴之群。'李白《天马歌》：'嘶青云，振绿发，兰筋权奇走灭没。'明许承钦《报国寺双松歌》：'或言此松类神骏，兰筋决灭秋霄迅。'"骛：疾速行进；驰骋。《楚辞·招魂》："步及骤处兮诱骋先，抑骛若通兮引车右还。"此处疑指兰筋的急速紧劲。医书中有"骛暴"一词，用来形容脉象的躁急，《素问·大奇论》："肝脉小急，痫瘛筋挛；肝脉骛暴，有所惊骇。"

按："兰筋"是相马术中的常用术语。帛书相马经中多处出现马眼周筋脉、穴位名等，如"其故何也？不唯一节正乎？有尺有扶，千里之驹；有扶有寸，万乘之骏"，其中"尺"和"扶"皆指马的某一经脉或穴位。这些术语也多见于传世相马经书，可以与帛书对读。

【韵读】阳东合韵——爽、动、明。

  周草既匿，[1]莫见于旁；
  时风出本，行马以襄。[2]
  昭乎冥乎，骏□以强。

【笺注】
[1] 周草，疑指马眼睫毛或马眼周围之毳毛。
[2] 时风，应时的风。《尚书·洪范》："曰谋，时寒若；曰圣，时风若。"襄，疑读为"骧"，训为"奔驰""腾越"。《文选·张衡〈西京赋〉》："负笋业而余怒，乃奋翅而腾骧。"薛综注："骧，驰也。"

【韵读】阳部——旁、襄、强。

  阳前阴后，瘛乎若处，[1]
  而比俪之似簧，若合相复。[2]

【笺注】
[1] 阳前阴后，后文说阴、阳乃"前后之夬"。"夬"可读为"决"或"缺"，有空隙、缺口、孔窍义，在此疑指马眼上或周围两个重要的经脉。瘛：经脉痉挛抽动。或可读为"契"，训为"合"。
[2] 若合相复，指马眼的闭合。

【韵读】侯鱼合韵——后、处。

伯乐所相，君子之马。
阴阳受绳，曲直中矩。[1]
长颐短颊，乃中参伍。[2]
削阴刻阳，纠角有雨。[3]
起阳没阴，三骨相辅。
方眼深视，五色精明，其状类怒。[4]

【笺注】
［1］受绳、中矩，见于先秦古书。如《荀子·劝学》："故木受绳则直，金就砺则利。"《庄子·徐无鬼》："吾相马，直者中绳，曲者中钩，方者中矩，圆者中规，是国马也，而未若天下马也。"《周礼·考工记》："圜者中规，方者中矩，立者中县，衡者中水，直者如生焉，继者如附焉。"

［2］参伍，犹言划分，在此指颐和颊的比例。

［3］纠角，指马眼周围的某个部位，很可能就是眼角，或指马眼的某个穴位或经脉，具体位置不详。文中这类专门术语很多，难以索解。

［4］"五色精明"即《齐民要术》卷六"相马"所谓"目中五彩尽具，五百里，寿九十年"。怒：《说文》："马怒也。武也。"在此意为强健威武。

【韵读】鱼部——马、矩、伍、雨、辅、怒。

前有顾首，
后有从轨，
中有藏宝。

【韵读】幽部——首、轨、宝。

得薄与转，马乃少患。
信能知一，百节尽关。[1]
知一之解，虽多不烦。

【笺注】

[1] 信，果真，确实。此谓如果确实能知一。"知一"即《庄子·天地》"通于一而万事毕"的"通于一"。百节：本指人身体的各个关节，此指马的各个关节。

【韵读】元部——转、患、关、烦。

尺也成，利乃生，气乃并，如月七日在天。[1]

【笺注】

[1] 如月七日在天，疑形容马眼的某个部位像上弦月的形状。

【韵读】耕真合韵——成、生、并、天。

前为出，后为入，开阖尽利，尺且安衣（依）。

韵读：物缉合韵——出、入、卒。

脂微合韵——利、依。

按：在先秦韵文中，物缉二部很少相押。《诗经》仅一例，见于《小雅·雨无正》"听言则答，谮言则退"，其中，"答"为缉部，"退"为物部。在《淮南子》中，二部相押共出现两次，分别见于《原道》："故从外入者，无主于中不止；从中出者，无应于外不行。"其中"入"为缉部，"出"为物部。《说林》："豹裘而杂，不若狐裘之粹；白璧有考，不得为宝。"其中"杂"为缉部，"粹"为物部。上博简也有一例，《李颂》简1："谓群众鸟，敬而勿集兮！索府宫李，木异类兮！"其中，"集"为缉部，"类"为物部。

尺也，三材作也。[1]

前有二〈三〉微〈微-齐〉，后有三〈二〉齐〈微〉，

一寸逮鹿，二寸逮麋，三寸可以袭乌，[2]四寸可以理天下，得兔与狐、鸟与鱼。

得此四物，无相其余。

【笺注】

[1]"三材"如下文所说,是指眼眶"博长呈(裎)廉,横约尽具"。

[2]袭乌,形容马的速度快到可以袭击乌鸦。1969年甘肃武威县北郊雷台东汉墓中出土一件"马踏飞燕"的铜像,据研究,塑造的就是"袭乌"之马的形象。今按此段似不入韵。

吾请言其解:
夫彻肉散筋,[1]而颈领弥高,
泽光弱(弥)强,而筋骨难劳。
析方为锐,而心气弥斩,[2]
斩短续长,[3]其量乃得。
损狭益广,善走有力。
用之不倦,据之不见。
其故何也?不唯一节正乎?

【笺注】

[1]彻,紧缩。《释名·释宫室》:"栅,迹也。以木作之,上平迹然也。又谓之彻。彻,紧也,诜诜然紧也。"王先谦疏证补:"《士冠礼》注:'彻,敛也。'《素问·气交变大论》'其化紧敛'注:'紧,缩也。'凡物紧密则似缩敛,故名为彻而释以紧。"

[2]心气,中医称心的生理功能。斩,疑义为刚强、果绝。

[3]陆贾《新语·资质》:"规矩度量,坚者补朽,短者续长。"

【韵读】宵部——高、劳。
　　　　阳部——长、广。
　　　　职部——得、力。
　　　　元部——倦、见。

有尺有扶,千里之驹;
有扶有寸,万乘之骏。[1]

【笺注】

[1]"尺""扶""寸"皆为长度计量单位。《汉语大词典》"扶寸"条谓:"古代长度单位,铺四指为扶,一指为寸。形容甚小。《韩非子·扬权》:'上失扶寸,下得寻常。'"这里"尺"和"扶"似皆指马的某一经脉或穴位。

【韵读】鱼侯合韵——扶、驹。
　　　　文部——寸、骏。

良马容莛,盖以蒲,[1]无相其余。

【笺注】

[1] 莛,草茎。蒲,疑指蒲席。

韵读:鱼部——蒲、余。

弗靰弗久,繭然有朕有骨,[1]而朕有肉章。
肥不灭,癯亦不亡,[2]是谓大良。

【笺注】

[1] 繭然,疑读"桀然"或"謋然"。"桀然",高耸貌。《三国志·吴书·胡综传》:"四灵既布,黄龙处中,周制日月,实曰太常,桀然特立,六军所望。"晋郭璞《山海经图赞·昆仑丘》:"桀然中峙,号曰天柱。""謋然"为迅疾裂开貌。《庄子·养生主》:"动刀甚微,謋然已解。"王先谦集解:"謋与磔同,解脱貌。"

朕,疑训为"罅隙""缝隙"。《周礼·考工记》:"眡其朕,欲其直也。"郑玄注引郑司农曰:"朕,谓革制。"孙诒让正义:"谓裁制革制缝也。"晋葛洪《抱朴子·至理》:"反听而后所闻彻,内视而后见无朕。"

[2]"肥不灭,癯亦不亡"即《齐民要术》卷六"相马"所说"致瘦欲得见其肉,致肥欲得见其骨"。

【韵读】阳部——章、亡、良。

出于泽,登于陵,

良工所相，陉乎若绳。[1]

【笺注】

[1] 陉：疑读为"较"，直也。《尚书大传·汤誓》："觉兮较兮。"郑玄注："较兮，谓直道者。"《周礼·天官·司裘》"设其鹄"郑玄注："亦取鹄之言较。较者，直也，射所以直己志。"

【韵读】铎阳通韵——泽、相。
　　　　蒸部——陵、绳。

投之地皂也，[1]
良工举之而宝也。
有树木皆生于大海之阿，
一本居阴，
一本居阳，
其本欲长，
良马也〈成〉规，其〖次成方〗。

【笺注】

[1] 地草："草"疑读为"皂"，指马之食槽，此处代指养马之厩棚。

【韵读】幽部——皂、宝。
　　　　阳部——阳、长。

其〖次成方〗〖上〗有刻缕，其中有玉。
静居深视，五色精明。

【韵读】侯屋通韵——缕、玉。

雍蒙别环，细者如塼，大者如甄。[1]

【笺注】

[1] 雍蒙：雍疑读为"拥"，"拥蒙"犹言"拥蔽"，遮掩之义。《礼

记·内则》:"女子出门,必拥蔽其面。"大者:大乃粗意,大者指粗的。
甄:陶器器边。《玉篇·瓦部》:"甄,器缘也。"文中"塼""甄"疑皆指马之上下眼睑部分。

【韵读】元部——环、塼、甄。

阴居阳视,朴工弗知,[1]
良工所见,君子所贵,众人所贱。

【笺注】

[1] 朴工:"朴"用为"朴拙"之"朴",指技能平庸的工,与"良工"相对。

【韵读】脂支合韵——视、知。
　　　　元部——见、贱。

拥其前,
决其后,
马乃善走。
雍其后,
决其〖前〗,
□□□□□□决其前后。

【韵读】侯部——后、走。
今按:最后一句有残缺,难以判断押韵,第二、三句似可入韵。

凡相目:高以复,上有十焦,盷愿愿,[1]环无毛,当为肉。

【笺注】

[1] 十焦:《汉语大词典》"焦"字下说:"中医学名词。六腑之一。《素问·灵兰秘典论》:'三焦者,决渎之官,水道出焉。'王冰注:'引导阴阳,开通闭塞,故官司决渎,水道出焉。'"盷:《玉篇·目部》:"目视。"愿:忧伤。"盷愿愿"是指马眼呈现出忧伤的样子。

【韵读】觉部——目、复、麋、肉。
　　　　宵部——焦、毛。

其中有细线<锦>,其理若斩竹。[1]
拥塞苟当,烛其明。

【笺注】

[1]"其中有细线<锦>"即《齐民要术》卷六"相马"所谓"目中缕贯瞳子者,五百里;上下彻者,千里"、"目上白中有横筋,五百里;上下彻者千里。目中白缕者,老马子。"斩竹:是指竹子被斩断后呈现的形状,即《齐民要术》卷六"相马"所谓"耳欲得小而促,状如斩竹筒"的"斩竹筒"。此处指马眼中某个部位的形状。

【韵读】阳部——当、明。

下受绳,上〖正方〗,
睫薄薄天,骏是当。[1]

【笺注】

[1]睫薄薄天:第一个"薄"字用为"薄""少"之"薄",第二个"薄"字用为逼近、靠近之"薄"。《左传·僖公二十三年》:"曹共公闻其骈胁,欲观其裸。浴,薄而观之。"孔颖达疏:"薄者,逼近之意。"

【韵读】阳部——方、当。

今按:"下受绳"中"绳"为蒸部,也可与"方、当"相押,为蒸阳合韵。"睫薄薄天"的"天"为真部,真蒸合韵,在《淮南子》中也有1例,见于《道应》:"如临深渊,如履薄冰。"其中"渊"为真部,"冰"为蒸部。

南方有〖山〗,[1]
上有松柏,〖下有崖石。
上甚方以锐,下甚〗广以大。
直刺为良,旁刺为败。[2]

去下一崖，有一附枝，
远望之转，察之而离。

【笺注】
[1]"山"字据反印文补出。
[2]刺：插入；钻进。北魏郦道元《水经注·河水三》："长城之际，连山刺天，其山中断，两岸双阙。"
【韵读】铎部——柏、石。
　　　　月部——锐、大、败。
　　　　支歌合韵——崖、枝、离。

材者弗见，匠与相知。[1]
去下一趾，必循徐理。

【笺注】
[1]材，与"匠"相对。"材"指技艺平庸者，"匠"指技艺高超者。
【韵读】支之合韵——知、趾、理。

〖下有复盛，上有〗偃臼，
衷（中）又（有）一池，旁环以草。

【韵读】幽部——臼、草。

伏则□□□□□池上有隄，隄上有枣，
枣才实，闻君室，[1]
成蘾，天下弗得。

【笺注】
[1]君室：疑与前文"君台"相同或类似。
【韵读】质职合韵——实、室、得。

尺居横，寸〖居纵，尺〗寸相应。
尺为索，寸为绳。
尺也而非，百节之机。

【韵读】东阳合韵——横、纵。
　　　　蒸部——应、绳。
　　　　微部——非、机。

□□□□□□□□□□常，
见一曰良，
见二国良，
见三〖天下保（宝）〗，
过量勿失。

【韵读】阳部——常、良、良。
今按：此段简缺损严重，难以判断押韵，也可能不入韵。

上有君台，下有蜂室，[1]
据此马者，守□□□□□□□□□〖登〗巅，薄于天。

【笺注】
[1] 蓬室，穷人所住的草屋。《列子·力命》："居则蓬室，出则徒行。"

韵读：真部——巅、天。

有一风穴[1]，中甚深固，外甚周密。
〖风飔然动，飞华转宝，
华〗[2]飞千里，实怒乃起。
实饰〖无怒〗，
□□□□
见一节，良且久，

见二节，国良勿有，
见三节，为天下宝。

【笺注】

[1] 风穴，古代传说中的洞穴名。相传北方寒风自其中而出。《楚辞·九章·悲回风》："依风穴以自息兮，忽倾寤以婵媛。"《淮南子·览冥》："羽翼弱水，暮宿风穴。"许慎注："风穴，北方寒风从地出也。"

[2] 帛书行60下、61上可与此处对读，据之拟补缺文。

【韵读】幽之合韵——宝、里、起。
之幽合韵——久、有、宝。

〖以为厚，尚欲朴之；[1]
以为〗薄，尚欲斲之；
以为长，尚欲〖续之；
以为短，尚欲㦬之。〗
厚如朴，薄如斲，
长如续，短如㦬
□□□□□
薄泽恒，薄以长。

【笺注】

[1] 朴：厚重。从前四句句式来看，此处应是书手漏抄，"尚欲朴"实则为"尚欲朴之"。

【韵读】侯屋通韵——朴、斲、续、朴、斲、续、㦬。
蒸阳合韵——恒、长。

四肉中度，[1]
方骨中矩，
圜骨中规，
一节□□=位后当，
它不求相。

【笺注】

[1] 中度，合乎标准、法度。《礼记·王制》："用器不中度，不粥于市。"《淮南子·主术》："犯法者，虽贤必诛；中度者，虽不肖必无罪。"与下文"中矩""中规"同义。

【韵读】鱼铎通韵——度、矩。
　　　　阳部——当、相。

衣者勿褫，[1]卧者勿起，驾者〖勿止〗。

【笺注】

[1]"褫"，脱去衣服之义。

【韵读】之部——起、止。

□□□□□□□吾宝。
盖以杨叶，亡吾法，[1]发〖剑首而千里，□□□〗物尽具。

【笺注】

[1] 杨叶：所指部位不明。清郭怀西《新刻注释马牛驼经大全集》有《相马宝金篇》，其中有"耳如杨叶根一握，颈长如凤似鸡鸣"句，用"杨叶"形容马耳。

今按此段疑似不入韵。

欲得其情，必道其门：
旁有两渠，索而弗得，〖其〗状似神。

【韵读】耕文真合韵——情、门、神。

上为悬颅，下为婴筋。[1]
力可以负云山，足可以〖载云。
天〗下少有，良工所尊。

【笺注】

[1] 婴筋：穴位名。《黄帝内经·灵枢》"寒热病第二十一"曰："颈侧之动脉人迎。人迎，足阳明也，在婴筋之前。"

按：关于马体部位命名的由来，人类首先为自己的身体部位命名，再根据自己去命名其他动物的身体部位。① 如传统中医文献中对于人体的部位和经穴已有惯用的命名，所以学者们在研究相马术时，也会参考人体经穴的命名。此帛书中常见借人体部位词言说马体部位，也说明这一观点。

【韵读】文部——筋、云、尊。

　　　有松生南山之阳，正刺为〖良〗。
　　　〖是渭绝根。旁有重枣〗，是谓良宝。
　　　重枣居旁，是谓善行。

【韵读】阳部——阳、良、
　　　　幽部——枣、宝
　　　　阳部——旁、行

　　　壹压壹起，驰千里；
　　　再压再起，千里之后，居吾去子。

【韵读】之部——起、里、起、子。

　　　面前有二微，后有三齐；
　　　兽以走，鱼以游，鸟以飞。

【韵读】脂微合韵——微、齐、飞。
　　　　幽侯合韵——走、游。

---

① 董珊：《乐从堂藏铜马式考》，载复旦大学出土文献与古文字研究中心编《出土文献与古文字研究》（第七辑），上海古籍出版社，2018，第248~278页。

今按：此韵段中"兽以走，鱼以游"属于抱韵。

大田少草，15下有欲其希。
䡔弱既短，有欲其耆。[1]

【笺注】
[1]䡔：小。耆：强。《逸周书·谥法》："耆意大虑曰景。"孔晁注："耆，强也。"
【韵读】微脂合韵——希、耆。

草闲勿依，薄持于崖。
草木不见，大水盈池。

【韵读】支歌合韵——崖、池。

伏则弃捐，僵木勿规。
深固周密，如水在卮。

【韵读】支部——规、卮。

既审短长，赤黄如〖 〗。[1]
积之俄俄，阆谷投豀。

【笺注】
[1]赤黄如：疑指眼睛，即《齐民要术》卷六"相马"所谓"目睛欲得黄，目欲大而光，目皮欲得厚"中的"目睛欲得黄"。
【韵读】歌支合韵——俄、豀。

深沟长渠，绝峦溃隄。
翩乎若羽，厌乎其横。

【韵读】鱼阳通韵——渠、羽、横。

秆莛所藏,[1]朴工弗见,良工所相。
马有此节也,刚骨强,是谓大良。

【笺注】
[1] 秆:禾茎。泛指草木的茎。莛:草茎。
【韵读】阳元合韵——藏、见、相、强、良。

山之阳,有悬冈,
削以深,进以长,
长必抟,[1]短必方。

【韵读】阳元合韵——阳、冈、长、抟、方。

大木高,本深藏,
藏以大,桐以锐。
吾欲飞,皆未赘。
前者揭,后者拔。
厚其垣,重其盖。
生于中,长【于】外。
美哉纯,丰盈大,
能正直者阴阳察。

【韵读】月叶合韵——大、锐、赘、揭、拔、盖、外、大、察。

饥而口,半而间。
短而弦,长而弧。
纵而阳,[1]缓瞻余,
虽欲无飞,安得居?

【笺注】
[1] 行 70 上有"纵而阳，缓瞻余者"一句，今据之拟补脱文。
【韵读】鱼部——间、弧、余、居。

转而肉，悬而杼，
葱茏叶，青蛉羽，不饰而弧。[1]
俄而窊，[2] 室而盈。
坛曼平，〖长容筵〗[3]，大容筵。
江水流行，没而无形。

【笺注】
[1] "悬而杼"的"杼"指织机的梭子。《齐民要术》卷六"相马"有"'嗣骨'欲廉如织杼而阔，又欲长"的说法，用织机的梭子形容"嗣骨"。"葱茏"又作"葱笼"，形容草木青翠而茂盛。晋郭璞《江赋》："涯灌芊萰，潜荟葱茏。""青蛉"即蜻蜓。汉焦赣《易林·临之夬》："青蛉如云，城邑闭门。"
[2] 窊：低洼、低下。
[3] 坛曼：平坦而宽广。《文选·司马相如〈子虚赋〉》："其南则有平原广泽，登降陁靡，案衍坛曼。"李善注引司马彪曰："坛曼，平博也。"
【韵读】鱼部——杼、羽、弧。
　　　　耕元阳合韵——盈、平、筵、行、形。

水之旁，有危封，
后不厌高，外不厌耸。
立不厌直，持不厌方，
可以驰福，[1] 可以逃凶，
守此道者辨阴阳。

【笺注】
[1] "驰福"之"驰"疑用为"追逐"之义。
【韵读】阳东合韵——旁、封、耸、方、凶、阳。
　　　　职部——直、福。

按：此段后半部分呈交韵韵式。

  有骨，
  见一有力，
  见二疾走徐息，
  见三千里之极，
  见四马即弃，
  见五不为马。

【韵读】职质合韵——力、息、极、弃。

  有骨长尺三寸，为生为死，
  直为牡，曲为牝；
  直，劲久有力，
  曲，疾走徐息。

【韵读】脂部——死、牝。
    职部——力、息。

  美人阴生，无百节成，
  拟之凉月，绝以彗星，
  天地相薄，灭而无形。

【韵读】耕部——成、星、形。

  玉中有瑕，绵绵①如丝，[1]连如缕。
  取之无〖穷〗，天下莫如。

---

① 于淼：《汉代隶书异体字表与相关问题研究》下编《汉隶异体字相关问题研究》，博士学位论文，吉林大学，2015，第111页；苏建洲：《读马王堆帛书〈相马经〉、〈养生方〉、〈五十二病方〉等篇琐记（四）》，长沙马王堆汉墓简帛集成修订研讨会，2015年6月27~28日，复旦大学，第217页。

【笺注】

［1］绵绵，微小之义。

【韵读】鱼侯合韵——瑕、缕、如。

必向天德，其精乃得。
蜂者亡箴，在玉中匿。
有虫处宫，独挟其色。[1]
善哉烈烈，若印以棘。

【笺注】

［1］缝者亡箴，在玉中匿。有虫处宫，独挟其色：此段话意为缝纫者丢失了针，针在玉中隐藏。虫子居于宫中，带有独特的颜色。文中"玉"疑指马之眼球，"宫"疑指马之眼珠。"箴"和"色"指马眼球中的筋及马眼珠中的纹理和颜色。

【韵读】职部——德、得、匿、色、棘。

希而襄之，发而扬之。[1]
河州无树，已能长之。

【笺注】

［1］希而襄之，发而阳（扬）之："希"义为稀少，"襄"义为高举，"发"义为扇动。此句所描述的疑指马之睫毛。

【韵读】阳部——襄、扬、长。

江水前注，孰能当之？
顒首猷猷，高而枕之；
〖重〗鞍突盈，勿令忘之。

【韵读】阳耕合韵——当、盈、忘。
　　　　元侵合韵——猷、枕。

按：此段第二、五、六句相押，三、四句相押，属于抱韵。

汉水前注，不欲壅之。
呜呼美哉！微而藏之。

【韵读】东阳合韵——壅、藏。

尺肉：
有画三，野无禽；
五，逯乌鸦；
九，为天下宝。

【韵读】侵部——三、禽。
　　　　鱼部——五、鸦。
　　　　幽部——九、宝。

三 《十问》韵读

《十问》共 101 枚简，由十组问对组成。通篇假托黄帝、容成、尧舜讲述"养阳"思想的养生之术，论述房中养生之理，包括服食、行气、导引、按摩等方法。《十问》包含韵文较多，几乎通篇押韵，大都押阳部韵。只有四处不入韵的文段，其中两处为尧与舜、文挚与齐威王的问答对话。

托言言理的问对模式在战国楚简中也很常见，显示了这类文本的历时传承。《十问》中有些语辞与战国简帛十分相似，显示了学派思想的延续性。

一

黄帝问于天师曰：
"万物何得而行？草木何得而长？日月何得而明？"

【韵读】阳部——行、长、明。

天师曰：
尔察天地之情，阴阳为正，

万物失之而不继，得之而赢。
食阴模阳，[1]稽于神明。

【笺注】

[1] 周一谋、萧佐桃认为"食阴"即服食滋阴之品或指与女子交媾。① 魏启鹏、胡翔骅认为"食阴"指服食阴气，亦即"夜气"。"古代医家、神仙家不外以气功、服食药饵、房中术三者为食阴之道。"② 李零提出"食阴"是指通过性交，采女子之气还补己身。③《集成》按："模"读"凝"，常训为固，整理者认为"凝阳"犹固阳，可备一说。

韵读：耕阳合韵——情、正、赢、阳、明。

食阴之道，虚而五藏，广尔三咎，[1]若弗能出。楄食之贵，静而神风，距而两枱，参筑而毋遂，神风乃生，五声乃对。[2]

【笺注】

[1] 范常喜根据新刊布北大汉简《妄稽》简 61 "与女（汝）微（媚）于窖（奥），宁微（媚）于灶"一句用"窖"为"奥"的用例推得《十问》"广尔三咎"中的"咎"很可能也读作"奥"，"三咎（奥）"与上文"五藏"可能喻指人体内部的深奥之地、深藏之处，与一般所说的五藏（脏）、六府（腑）有所不同。④

[2] 五声，即竹简《天下至道谈》及《合阴阳》的"五音"。

【韵读】幽部——道、咎。
　　　　物部——出、贵、遂、对。

翕毋过五，致之口，扱之心，
四辅所贵，玄尊乃至。

---

① 周一谋、萧佐桃：《马王堆医书考注》，天津科学技术出版社，1988，第366页。
② 裘锡圭：《马王堆医书释读琐议》，《湖南中医学院学报》1987年第4期。
③ 李零：《马王堆房中术研究》，载李零《中国方术正考》，中华书局，2006，第319页。
④ 范常喜：《马王堆医简〈十问〉"三咎"与上博楚简〈子羔〉"玄咎"合证》，载武汉大学简帛研究中心主办，《简帛》（第二十二辑），上海古籍出版社，2021。

饮毋过五，口必甘味，
至之五藏，形乃极退。

【韵读】物质合韵——贵、至、味、退。
　　　　鱼阳通韵——五、藏。
按：此韵段后半含有交韵韵式。

搏而肌肤，及夫发末，
毛脉乃遂，[1]阴水乃至，
浅彼阳烞，坚塞不死，饮食宾礼。[2]
此谓复奇之方，[3]通于神明。
天师之食神气之道。

【笺注】
[1] 毛脉指皮毛百脉。此处的毛脉当指微细之脉。遂，顺也。意即周身微细之脉都很通畅。①
[2] 宾，服。《集成》按：陈剑指出"宾"训为礼敬。
[3] 复，补也。奇，亏也。复奇之方，即补偿精气亏损的方法。②

【韵读】物质合韵——遂、至。
　　　　脂部——死、礼。
　　　　阳部——方、明。
按：此段首句"搏而肌肤，及夫发末"似也可入韵，"肤"为鱼部，"末"为月部，鱼月合韵。

二

黄帝问于大成曰：
民何失而颜色鹿貍，黑而苍？
民何得而腠理靡曼，鲜白有光？

---

① 周一谋、萧佐桃：《马王堆医书考注》，天津科学技术出版社，1988，第368页。
② 周一谋、萧佐桃：《马王堆医书考注》，天津科学技术出版社，1988，第368页。

【韵读】阳部——苍、光。

大成答曰：
君欲练色鲜白，则察观尺蠖。
尺蠖之食方，[1]通于阴阳，
食苍则苍，食黄则黄。

【笺注】
[1] 方，《礼记·乐记》注："道也。"
【韵读】铎部——白、蠖。
　　　　阳部——方、阳、苍、黄。

唯君所食，以变五色。
君必食阴以为常，助以柏实盛良，
饮走兽泉英，[1]可以却老复壮，曼泽有光。

【笺注】
[1] 走兽泉英，指牛羊乳。《名医别录》载"羊乳，温，补寒冷虚乏"，"牛乳，微寒，补虚盈，止渴"。
【韵读】职部——食、色。
　　　　阳部——常、良、英、壮、光。

接阴将众，继以飞虫，[1]春雀圆骀，
兴彼鸣雄，[2]鸣雄有精，诚能服此，玉策复生。

【笺注】
[1] 飞虫，即飞鸟。
[2] 鸣雄，当指雄鸡。①《集成》按：帛书《养生方》"治""便近内"题下均以"雄鸡"入药，"除中益气"题下以"雄鸡血"入药，可与此处

---

① 魏启鹏、胡翔骅：《马王堆汉墓医书校释》（壹），成都出版社，1992，第100页。

的"鸣雄"相参看。

【韵读】冬部——众、虫。
　　　　耕部——精、生。

太上势遇，雁彼玉窦，
盛乃从之，圆骀送之；
若不势遇，置之以糵[1]。
诚能服此，可以起死。
大成之起死食鸟精之道。

【笺注】

[1] 原整理者释作"糵"，《周礼·笾人》注："熬麦曰糵。"《荀子·国富》注："麦之牙糵也。"此处所说雀卵"置之以糵"，与《养生方》中《麦卵》"□春日鸟卵一"条相似。

按：从语义、句式来看，"糵"应与后文"可以起死"的"死"相押，而"糵"字为古冬部，不能与脂部"死"字合韵。《集成》释文"糵"改为"□醴"，待考。

【韵读】东部——从、送。
　　　　脂部——□醴、死。

三

黄帝问于曹熬曰：
民何失而死？何得而生？
曹〚熬答曰：
□□□□〛而取其精。
待彼合气，而微动其形。
能动其形，以致五声，
乃入其精，虚者可使充盈，壮者可使久荣，老者可使长生。

【韵读】耕部——精、形、形、声、精、盈、荣、生。

长生之稽，[1]慎用玉闭，
玉闭时辟，神明来积。
积必见彰，玉闭坚精，
必使玉泉毋倾，则百疾弗婴，[2]故能长生。

【笺注】
[1]稽，《庄子·逍遥游》释文引司马注："至也。"
[2]婴，《汉书·贾谊传》"婴以廉耻"颜师古注："加也。"
【韵读】脂质通韵——稽、闭。
　　　　锡部——辟、积。
　　　　阳耕合韵——彰、精、倾、婴、生。

接阴之道，必心塞葆。[1]
形气相葆，
故曰：
壹至勿星，[2]耳目聪明；
再至勿星，音气高扬；
三至勿星，皮革有光；
四至勿星，脊胠不伤；
五至勿星，尻髀能方；
六至勿星，百脉通行；
七至勿星，终身无殃；
八至勿星，可以寿长；
九至勿星，通于神明。
曹熬之接阴治神气之道。

【笺注】
[1]周一谋、萧佐桃先生认为"塞"，即《方言》"安也"。"葆"，《吕览·尽数》高诱注："安也。"① 马继兴先生则认为"塞"为充实，"葆"

---

① 周一谋、萧佐桃：《马王堆医书考注》，天津科学技术出版社，1988，第373页。

为安定、保养。①

[2] 星，《释名》："散也。"

韵读：幽部——道、葆、葆。

　　　阳部——明、扬、光、伤、方、行、殃、长、明。

四

黄帝问于容成曰：

"民始蒲淳流形，[1]何得而生？

流形成体，何失而死？

何犹之人也，有恶有好，有夭有寿。

欲闻民气赢屈弛张之故。"

【笺注】

[1] 蒲，疑读为敷、布。溜刑，见帛书《胎产书》。周一谋、萧佐桃先生认为"淳"通"醇"，和也。② 《易·系辞下》："天地氤氲，万物化醇，男女构精。"

【韵读】耕部——形、生。

　　　　脂部——体、死。

　　　　幽部——好、寿。

容成答曰：

君若24欲寿，则顺察天地之道。

天气月尽月盈，故能长生。

地气岁有寒暑，险易相取，[1]故地久而不腐。

君必察天地之情而行之以身，

有征可知，闲虽圣人，

非其所能，唯道者知之。

---

① 马继兴：《马王堆古医书考释》，湖南科学技术出版社，1992，第892页。
② 周一谋、萧佐桃：《马王堆医书考注》，天津科学技术出版社，1988，第376页。

天地之至精，[2]生于无征，长于无形，成于无体，
得者寿𠆢，失者夭死。

【笺注】
[1]《周易·系辞下》："远近相取。"注："相取，犹相资也。"
[2] 至精，《吕氏春秋·大乐》："道也者，至精也，不可为形，不可为名。"同书《君守》："故曰天无形，而万物以成；至精无象，而万物以化。"《庄子·秋水》："至精无形，至大不可围。"与帛书此句意近，可相参看。

【韵读】幽部——寿、道。
耕部——盈、生。
鱼侯合韵——暑、取、腐。
真部——身、人。
之蒸通韵——能、之。
耕蒸阳合韵——精、征、形、长。
脂部——体、死。

故善治气抟精者，[1]
以无征为积，精神泉溢，
翕甘露以为积，饮瑶泉灵尊以为经，
去恶好俗，神乃流形。

【笺注】
[1]《管子·内业》："抟气如神。"注："抟，谓结聚也。"周一谋、萧佐桃：治气，指行呼吸吐纳气功导引之事。抟精，即凝聚精气。① 李零："治气抟精"，即行气和积精。②

【韵读】耕锡通韵——精、积、溢、积、经、形。

---

① 周一谋、萧佐桃：《马王堆医书考注》，天津科学技术出版社，1988，第376页。
② 李零：《马王堆房中术研究》，载李零《中国方术正考》，中华书局，2006，第317页。

翕气之道，必致之末，[1]精生而不厥。[2]

上下皆精，寒温安生？

息必深而久，新气易守。

宿气为老，新气为寿。

【笺注】

[1] 周一谋、萧佐桃认为"末，指四肢或外阴部位"。① 魏启鹏、胡翔骅认为"末"当指六末，即四肢和前后阴，以及毛发末端。②《素问·缪刺论》："而布于四末。"王注："末，谓四肢也。"《管子·内业》："气不通于四末。"尹注："末，四支。"

[2] 马继兴认为"厥"假为缺。此处系指生精源源不断。③ 单育辰认为"厥"应读为"蹷"，亏败之义，"精生而不厥（蹷）"就是说精气生长而不会亏败。④《管子·桓公问》"咸以厥事奉职而不忘焉"集校引陈奂云：厥，读为竭蹷之蹷。《说文·厂部》朱骏声通训定声：厥，假借为蹷。《尚书·酒诰》"厥命罔显于民"刘逢禄注引庄云：厥、蹷通。

【韵读】月部——末、厥。

耕部——精、生。

之幽合韵——久、守、老、寿。

善治气者，使宿气夜散，新气朝冣31，

以彻九窍，而实六府。

【笺注】

[1] "冣"字，从语义来看，应读为"聚"，与后文"府"字侯部相押。《集成》释文"冣（最）"改释为"冣（聚）"。帛书《明君》5/508："胥（豫）天世而冣（聚）材士，不多用于无功以厚赏庆"，其中"冣"读

---

① 周一谋、萧佐桃：《马王堆医书考注》，天津科学技术出版社，1988，第 377 页。
② 魏启鹏、胡翔骅：《马王堆汉墓医书校释》（壹），成都出版社，1992，第 106 页。
③ 马继兴：《马王堆古医书考释》，湖南科学技术出版社，1992，第 893 页。
④ 单育辰：《〈长沙马王堆汉墓简帛集成〉房中术竹简校订》，载张德芳编《甘肃省第三届简牍学国际学术研讨会论文集》，上海辞书出版社，2017，第 651 页。

为"聚"。

【韵读】侯部——寇、府。

食气有禁，
春避浊阳，夏避汤风，
秋避霜雾，冬避凌阴，
必去四咎，[1]乃深息以为寿。

【笺注】
[1]帛书《去谷食气》有关于四咎的论述，可相参看。
【韵读】冬侵合韵——风、阴。
　　　　幽部——咎、寿。

朝息之志[1]，
其出也务合于天，其入也揆彼闺诵，
如藏于渊，则陈气日尽，而新气日盈，[2]则形有云光。[3]
以精为充，故能久长。

【笺注】
[1]"志"即标准、准则。
[2]《集成》此句释文作"则陈气日尽而新气日盈"，由于此段有韵，所以从韵脚以及句式方面考虑，"尽"字也应入韵，释文因从此处断开，今将释文调整为"则陈气日尽，而新气日盈"。
[3]"云光"指身体润泽有光。
【韵读】真耕阳合韵——天、诵、渊、尽、盈、光。
　　　　东阳合韵——充、长。

昼息之志，
呼吸必微，耳目聪明，
阴阴挚气，[1]中不溃腐，故身无疴殃。

【笺注】

[1]《集成》按：阴阴，或即暗暗、暗自。此与上文"呼吸必微"之"微"相应。秦汉文字"孛"旁与"敖"有相混的情况。疑此字可能即"孷（孷）"字。《集韵·之韵》："孷、孷，《方言》：陈楚之间，凡人兽乳而双产，谓之孷孷。或省。""孷"或可读为"理"。理气指调理呼吸。

【韵读】阳部——明、殃。

　　暮息之志，
　　深息长徐，使耳勿闻，且以安寝。
　　魂魄安形，故能长生。

【韵读】文侵合韵——闻、寝。
　　　　耕部——形、生。

　　夜半之息也，
　　觉寤毋变寝形，深徐去势，[1]
　　六府皆发，以长为极。[2]
　　将欲寿神，必以朕理息。

【笺注】

[1] 势，《淮南子·修务训》注："力也。"这一句意思是呼吸要深而徐缓，不要用力。

[2]"极"为标准。

【韵读】月部——势、发。
　　　　职部——极、息。

　　治气之精，出死入生，
　　驪欣咪毂，以此充形，此谓抟精。
　　治气有经，务在积精，
　　精盈必泻，精出必补。[1]
　　补泻之时，于卧为之。

出入以修腠理，
轱白内成，何病之有？

【笺注】

［1］蔡伟先生指出"精出必补"之"出"当读为"绌"，"绌"与"盈"为对文，且与《天下至道谈》"精夬（缺）必布（补）"之"夬（缺）"相应。《十问》简 24 有"赢屈"，"绌"与"屈"同，皆训为不足。

按："绌"与"赢"为对文，还见于《吕氏春秋·执一》："故凡能全国完身者，其唯知长短赢绌之化邪！"《荀子·非相》："与时迁徙，与世偃仰，缓急赢绌。"等等。

【韵读】耕部——精、生、形、精、经、精。
　　　　之部——时、之、理、有。

彼生有殃，必其阴精漏泄，百脉菀废，
喜怒不时，不明大道，生气去之。

【韵读】月部——泄、废。
　　　　之部——时、之。

俗人芒生，乃恃巫医，
行年未半，形必夭埋，
颂事白杀，亦伤悲哉。

【韵读】之部——医、埋、哉。
　　　　今按：语气词入韵。

死生安在，彻士制之，[1]
实下闭精，气不漏泄。
心制死生，孰为之败？
慎守勿失，长生累世。
累世安乐长寿，长寿生于蓄积。

【笺注】

[1] 彻，通。

【韵读】之部——在、之。

耕部——精、生。

月锡合韵——泄、败、世、积。①

彼生之多，上察于天，
下播于地，能者必神，故能形解。

【韵读】歌部——多、地。

真部——天、神。

明大道者，
其行陵云，上自麋榣，[1]
水流能远，龙登能高，
疾不力倦，□□□□□□巫成柖□□□死。
巫成柖以四时为辅，天地为经，巫成柖与阴阳皆生。[2]
阴阳不死，巫成柖与相视，有道之士亦如此。

【笺注】

[1] 麋，应即麋字，疑读为群。榣，读为瑶。《穆天子传》有群玉之山。裘锡圭先生或疑"麋榣"二字当读为"琼瑶"，待考。②

[2] 巫成柖，即务成昭，传说为舜之师。

【韵读】宵部——榣、高。

耕部——经、生。

脂部——死、视。

---

① 锡月两部主要元音、韵尾都不相近，但《淮南子》有1例合韵，见于《览冥》："故东风至而酒湛溢，蚕呴丝而商弦绝"，其中"溢"为锡部，"绝"为月部。此韵段含有交韵韵式。

② 裘锡圭：《马王堆三号汉墓〈养生方〉简文释读琐议》，载湖南省文物考古研究所编《湖南考古辑刊》（第四辑），岳麓书社，1987，第134页。

五

尧问于舜曰[1]：

天下孰最贵？

舜曰：

生最贵。

尧曰：

治生奈何？

舜曰：

审夫阴阳。

【笺注】

[1]《汉书·艺文志》有《尧舜阴道》二十三卷。

今按此段不入韵。尧、舜之间的对话，语句都较短，竹书《十问》长对话，基本以韵语形式。

尧曰：

"人有九窍十二节，皆设而居，何故而阴与人俱生而先身去？"

舜曰：

"饮食弗以，谋虑弗使，

讳其名而匿其体，其使甚多而无宾礼，[1]

故与身俱生而先身死。"

【笺注】

[1]"宾礼"，原释文作"宽礼"。陈剑先生指出所谓"宽"字与马王堆帛书《阴阳十一脉灸经乙本》4行、《春秋事语》25行的"宾"写法接近，当改释为"宾"。"宾礼"亦见《十问》简6，皆是礼敬之义。"亓（其）使甚多而无宾礼"，《天下至道谈》简3作"至多暴事而毋（无）礼"，"无宾礼"与"毋（无）礼"亦义近。

【韵读】鱼部——居、去。

之脂合韵——以、使、体、礼、死。

尧曰：

"治之奈何？"

舜曰：

"必爱而喜之，教而诲之，饮而食之，使其题頯坚强而缓事之，

必盐之而勿予，必乐矣而勿泻，

材将积，气将储，[1]

行年百岁，贤于往者。"

舜之接阴治气之道。

【笺注】

[1] 褚，《左传·襄公三十年》注："畜也。"

【韵读】之职通韵——喜、诲、食、事。

　　　　鱼部——予、泻、储、者。

六

王子巧父问彭祖曰[1]：

"人气何是为精乎？"

彭祖答曰：

"人气莫如朘精。

朘气菀闭，[2]百脉生疾；

朘气不成，不能繁生，故寿尽在朘。

朘之葆爱，兼予成佐，

是故道者发明垂手循臂，摩腹从阴从阳。

必先吐陈，乃翕朘气，

与朘通息，与朘饮食，

饮食完朘，如养赤子。

赤子骄悍数起，[3]慎勿□使，

则可以久立，可以远行，故能寿长。"

【笺注】

[1] 王子巧父，应即王子乔，《列仙传》云王子乔即周太子晋。

［2］菀，即郁字。《素问·四气调神大论》注："菀，谓蕴积也。"

［3］周一谋、萧佐桃认为"赤子"本指婴儿，《尚书·康诰》疏："子生赤色，故言赤子。"上句"如养赤子"是比喻，本句赤子则是指男性生殖器。①

【韵读】质部——闭、疾。
　　　　耕部——成、生。
　　　　之职通韵——气、息、食、子、起、使。
　　　　阳部——行、长。②

七

帝磐庚问于耇老曰[1]：
闻子接阴以为强，翕天之精，以为寿长，吾将何处而道可行？

【笺注】

［1］《汉书·艺文志》有《汤盘庚阴道》二十卷。《集成》按："磐"，原释文作"盘"。

【韵读】阳耕合韵——强、精、长、行。

耇老答曰：
君必贵夫与身俱生而先身老者，
弱者使之强，短者使长，贫多使多粮。

韵读：阳部——强、长、粮。

其事壹虚壹实，治之有节：
一曰垂肢，直脊，挠尻；
二曰疏股，动阴，缩州；

---

① 周一谋、萧佐桃：《马王堆医书考注》，天津科学技术出版社，1988，第383页。
② 此段为彭祖答王子巧之问，共有五句话。首句没有韵；第二句有韵；第三句无韵；第四、五句又有韵。

三曰合睫毋听，翕气以充脑；[1]
四曰含其五味，饮夫泉英；[42]
五曰精群皆上，翕其大明。
至五而止，精神日怡。
苟老接阴食神气之道 65。

【笺注】

[1] 脑，《春秋元命苞》："人精在脑。"
[2] "泉英"指口中津液，可从。

【韵读】质部——实、节。
　　　　幽宵合韵——尻、州、脑。
　　　　阳部——英、上、明。
　　　　之部——止、怡。

八

禹问于师癸曰：
明耳目之智，以治天下，
上徇湛地，下因江水，至会稽之山，处水十年矣。
今四肢不用，家大乱，治之奈何？
师癸答曰：
凡治政之纪，必自身始。
血气宜行而不行，此谓祟殃，六极之宗也。[1]
此气血之续也，筋脉之族也，不可废忘也。

【笺注】

[1] 六极，指六种灾患。①

【韵读】之部——纪、始。
　　　　阳冬合韵——行、殃、宗、忘。
　　　　屋部——续、族。

---

① 周一谋、萧佐桃：《马王堆医书考注》，天津科学技术出版社，1988，第388页。

第四章　简帛韵文选读 | 345

按：此为抱韵韵式。

　　　于脑也弛，于味也移，
　　　导之以志，动之以事。
　　　非味也，无以充其中而长其节；
　　　非志也，无以知其中虚与实；
　　　非事也，无以动其四肢而移去其疾。
　　　故觉寝而引阴，此谓练筋；
　　　既伸又屈，此谓练骨。
　　　动用必当，精故泉出。
　　　行此道也，何世不物？[1]

【笺注】
[1] 物，疑读为忽，《尔雅·释诂》："尽也。"尽世的意思是终其天年。

　【韵读】歌部——弛、移。
　　　　　之部——志、事。
　　　　　质部——节、实、疾。
　　　　　真部——阴、筋。
　　　　　物部——屈、骨、出、物。

　　　禹于是饮湩，[1]酒食五味，以志治气。
　　　目明耳聪，皮革有光，
　　　百脉充盈，阴乃□生，以安后姚，家乃复宁。
　　　师癸治神气之道。

【笺注】
[1] 湩，乳。① 马永萍先生指出，此句"酒"字当属上读，释文当作"禹于是猷（饮）湩酒，食五味，以志治气"。原释文及诸家"湩"释为

---

① 裘锡圭：《马王堆医书释读琐议》，载裘锡圭《古文字论集》，中华书局，1992，第525页。

"乳",当是。"湩酒"应释为奶酒,即当是《汉书》中所说的"挏马酒",一种以马乳制作而成的奶酒,具有滋补等功效。① 释文此段多数有韵,"酒"字上读,则"禹于是饮湩酒,食五味,以志治气"一句,"酒、味、气"相押,"酒"为幽部,"味、气"为物部,幽、物部读音相近,可以相通。古书和出土文献中有不少幽、物两部的通假现象。

【韵读】物部——味、气。

东阳耕合韵——聪、光、盈、生、宁。

九

文挚见齐威王,威王问道焉,曰:

寡人闻子大夫之博于道也,寡人已[1]宗庙之祠不暇其听,欲闻道之要者,二、三言而止。

文挚答曰:

臣为道三百编,而卧最为首。

【笺注】

[1] "已",读为"以"。单育辰提出魏启鹏、胡翔骅读"已"为"以",认为是介词,表原因。"已""以"皆喻纽之部,二字古音一样,古书相通之例也很多。"宗庙之祠"为委婉语,实即国家之事。"宗庙之祠"之后所加的逗号亦应删除。②

按此段不入韵。

威王曰:

子绎之,卧时食何是有?

文挚答曰:

淳酒毒韭。[1]

---

① 马永萍:《马王堆汉墓竹简〈十问〉"湩酒"释读问题》,载西南大学出土文献综合研究中心、西南大学汉语言文献研究所主办《出土文献综合研究集刊》(第十四辑),巴蜀书社,2021。

② 单育辰:《〈长沙马王堆汉墓简帛集成〉房中术竹简校订》,载张德芳编《甘肃省第三届简牍学国际学术研讨会论文集》,上海辞书出版社,2017,第652页。

【笺注】

[1] 毒，《说文》："厚也。"韭，见《名医别录》，云："味辛微酸，温，无毒，归心，安五藏，除胃中热，利病人，可久食。子主梦泄精溺白。根主养发。"

【韵读】之部——之、有。

　　　　幽部——酒、韭。①

威王曰：

子之长韭何邪？

文挚答曰：

后稷半糅[1]，草千岁者唯韭，故因而命之。[2]

其受天气也早，其受地气也葆，

故辟慑懋怯者，食之恒张；

目不察者，食之恒明；

耳不闻者，食之恒聪；

春三月食之，疴疾不昌，

筋骨益强，此谓百草之王。

【笺注】

[1] 半糅，疑读为播穅。

[2]《齐民要术》引《声类》："韭者，久长也，一种永生。"

【韵读】幽部——糅、韭、早、葆。

　　　　东阳合韵——张、明、聪、昌、强、王。

威王曰：

善。子之长酒何邪？

文挚答曰：

---

① "淳酒毒韭"，"酒""韭"都是幽部字，是否算作相押，需要更多的例证。从简帛韵文来看，《刑德》乙篇《刑德占》42行"地削兵弱"也有学者认为是有韵的。此外，《十问》本篇简9"食苍则苍，食黄则黄"也可入韵。

酒者，五谷之精气也，
其人〈入〉中散流，其人〈入〉理也彻而周，
不胥卧而究理，故以为百药由。

【韵读】之幽合韵——流、周、理、由。

威王曰：
善。然有不如子言者，
夫春沃泻人〈入〉{人〈入〉} 以韭者，何其不与酒而与卵邪？
文挚答曰：
亦可。夫鸡者，阳兽也，发明声聪，伸头羽张者也。
复阴三月，与韭俱彻，故道者食之。

【韵读】东阳合韵——聪、张。

威王曰：
善。子之长卧何邪？
文挚答曰：
夫卧，非徒生民之事也。
举兔雁、鹄、鹔鹴、蚖蟺、鱼鳖、蜎动之徒，胥食而生者也；
食者，胥卧而成者也。
夫卧，使食糜消，散铄以流形者也。
譬卧于食，如火于金。
故一夕不卧，百日不复。
食不化，必如扡鞠，
是生甘心密墨，桅汤剀惑，[1] 故道者敬卧。

【笺注】

[1] 桅，疑读为危，《管子·禁藏》注："谓毁败。""汤，疑读为伤。桅汤当为毁伤之意。剀，读为痹。惑，疑可读为蹶。《集成》按：原整理者读"剀惑"为"痹蹶"，似可从。"蹶"或作"厥"，"痹厥"见《素问·

五藏生成》篇："血行而不得反其空，故为痹厥也。"

【韵读】耕部——生、成、形。
　　　　歌部——卧、化。
　　　　觉部——复、鞠。
　　　　职部——墨、惑。

威王曰：
善，寡人恒善暮饮而连于夜，苟无疴乎？
文挚答曰：
无妨也。
譬如鸟兽，
早卧早起，暮卧暮起，
天者受明，地者受晦，道者究其事而止。
夫食气潜人〈入〉而默移，
夜半而□〖□□□□〗气，致之六＝极＝（六极。
六极）坚精，是以内实外平，
痤瘦弗处，痈噎不生，
此道之至也。
威王曰：善。

【韵读】之部——起、起、晦、止。
　　　　耕部——精、平、生。

十

王期见，秦昭王问道焉，曰：
"寡人闻客食阴以为动强，翕气以为精明。
寡人何处而寿可长？"

【韵读】阳部——强、明、长。

王期答曰：

必朝日月而翕其精光，食松阳，
饮走兽泉英，可以却老复壮，曼泽有光。
夏三月去火，以日霰烹，则神慧而聪明。

【韵读】阳部——光、阳、英、壮、光、烹、明。

接阴之道，以静为强，
平心如水，灵露内藏，
款以玉策，心毋诛荡，
五音进答，孰短孰长，
翕其神雾，饮夫天浆，[1]
致之五藏，欲其深藏。
蛰息以晨，气形乃刚，
裹〖□□□，□□〗近水，精气凌健久长。
神和内得，魂魄皇〖□〗，
五藏轱白，玉色重光，
寿参日月，为天地英。
昭王曰：善。

【笺注】
[1] 周一谋、萧佐桃认为"饮夫天浆"当是指吞服舌下津液。① 魏启鹏、胡翔骅认为"天浆，口中所生津液，又名玉浆"②，《千金方》卷二十七："先与女戏，饮玉浆。玉浆，口中津也。"

【韵读】阳部——强、藏、荡、长、浆、藏、藏、刚、长、光、英。

第五节　余论

简帛韵文十分丰富，是多学科研究的宝贵资料。近年来，顾史考先生

---

① 周一谋、萧佐桃：《马王堆医书考注》，天津科学技术出版社，1988，第397页。
② 魏启鹏、胡翔骅：《马王堆汉墓医书校释》（壹），成都出版社，1992，第128页。

对上博简《三德》《用曰》等篇进行专题研究；赵彤等利用楚简韵文构建战国楚方言谱系；韩高年先生利用《楚帛书》、马王堆《相马经》《十六经》及《五十二病方》所载祝辞等材料，探讨五言诗起源等。一些学位论文进行了专题研究，如杨鹏桦先生《简帛韵文释论》，还有一些韵文专题的集释，如胡旋《阜阳汉简〈诗经〉集释》等。①

简帛韵文的历时演进与中国传统文学的诗骚、汉赋、七言诗等形成平行互证，丰富了早期韵文史研究。汉简包括大量的韵文资料，如阜阳汉简《诗经》《楚辞》、北大汉简《妄稽》《仓颉篇》《周训》、银雀山汉简《唐勒赋》、张家山汉简《祠马禖》等。特别是尹湾汉简《神乌赋》，用拟人手法讲述乌鸦劳动成果被盗取反受灾祸的故事，为探讨西汉中晚期俗赋的类型、发展和流传等问题提供了重要材料。②

西北汉简也包含一些韵文。其中的诗歌有助于考察诗骚文献在西域的传播。1913~1915 年，斯坦因第三次中亚考察在甘肃敦煌哈拉湖南岸汉烽燧遗址获得一批木简。其中，一枚木简上写有一首诗。民国张凤所著《汉晋西陲木简汇编》将其命名为"风雨诗木简"。③

> 日不显目兮黑云多，月不可视兮风飞沙。
> 纵恣蒙水成江河，周流灌注兮转扬波。
> 辟柱颠倒妄相加，天门狭小路滂沲。

董珊先生认为："这篇'风雨诗'是汉代人所创作，而所述登泰山天门遇雨之事，又与《史记》等书所记秦始皇封禅泰山遇雨之事相合。这恐怕不会是偶然的巧合。该诗很可能是拟作秦始皇登泰山遇风雨的感慨之辞，是诗歌化的谣言，诗作既反映了天下怨恨秦暴政的情绪，也反映了汉代封禅文学中抑秦扬汉的阴暗心理。上引司马迁和徐孚远对始皇遇风雨不得封禅事

---

① 顾史考：《上博等楚简战国逸书纵横览》，中西书局，2018；赵彤：《战国楚方言音系》，中国戏剧出版社，2006，第 77~149 页；韩高年：《五言诗起源及相关问题新探》，《古籍研究》2004 年卷下；杨鹏桦《简帛韵文释论》，博士学位论文，中山大学，2020；胡旋：《阜阳汉简〈诗经〉集释》，硕士学位论文，吉林大学，2013；等等。
② 裘锡圭：《裘锡圭学术文集·简牍帛书卷》，复旦大学出版社，2012，第 261~270 页。
③ 关于图版、著录、释文等，董珊先生有详细说明。参见董珊《简帛文献考释论丛》，上海古籍出版社，2014，第 253 页脚注①。

的评价,正可以移来解释此诗创作的历史背景。"① 由此可见,西北汉简的韵文诗歌不仅补充了文学史料,还有助于还原特定历史情境。

　　简帛韵文还可与青铜铭文对比研究。西周青铜器铭文中也有一些韵语,有些已经程序化。有些学者立足于西周金文和《诗经》等材料,提出"四言韵文的成形在西周穆王时期以后",西周青铜器铭文经历了"由杂言向四言,由无韵到入韵的变化"。② 甲骨卜辞中记载了祭祀乐歌"武汤"等,③ 结合殷商的出土乐器实物,我们可以合理地推测早期仪式韵文的萌芽。

---

① 董珊:《简帛文献考释论丛》,上海古籍出版社,2014,第256页。
② 陈致:《从〈周颂〉与金文中成语的运用来看古歌诗之用韵及四言诗体的形成》,载陈致主编《跨学科视野下的诗经研究》,上海古籍出版社,2010,第35~36页。
③ 王子杨:《揭示若干组商代的乐歌乐舞——从甲骨卜辞"武汤"说起》,《"中央"研究院历史语言研究所集刊》(第九十本)第四分,2019,第639页。

参考文献

（一）古籍部分

高诱注《吕氏春秋》，上海书店，1986。
司马迁：《史记》，中华书局，1959。
班固：《汉书》，中华书局，1962。
毛亨传，郑玄笺，孔颖达疏《毛诗正义》，北京大学出版社，2000。
刘向集录《战国策》，上海古籍出版社，1985。
许慎撰，段玉裁注《说文解字注》，上海古籍出版社，1981。
萧统编，李善注《文选》，上海古籍出版社，1986。
陆德明：《经典释文》，中华书局，1983。
朱熹：《诗集传》，上海古籍出版社，1980。
洪兴祖：《楚辞补注》，中华书局，2006。
方玉润：《诗经原始》，中华书局，1986。
马瑞辰：《毛诗传笺通释》，中华书局，1989。
王先谦：《诗三家义集疏》，中华书局，1987。
姚际恒：《诗经通论》，中华书局，1958。
皮锡瑞：《经学通论》，中华书局，1954。
章学诚著，叶瑛校注《文史通义校注》，中华书局，1985。
王先谦：《荀子集解》，中华书局，1988。

（二）资料著录

安徽大学汉字发展与应用研究中心编，黄德宽、徐在国主编《安徽大学藏战国竹简（一）》，中西书局，2019。

安徽大学汉字发展与应用研究中心编，黄德宽、徐在国主编《安徽大学藏战国竹简（二）》，中西书局，2022。

北京大学出土文献与古代文明研究所编《北京大学藏西汉竹书（第1-5册）》，上海古籍出版社，2012、2015。

北京大学出土文献与古代文明研究所编著《北京大学藏秦简牍》，上海古籍出版社，2023。

陈伟主编《秦简牍合集》，武汉大学出版社，2014。

陈伟、彭浩主编《楚地出土战国简册合集（第1-4卷）》，文物出版社，2011、2013、2019。

马承源主编《上海博物馆藏战国楚竹书（第1-9册）》，上海古籍出版社，2001-2012。

李学勤主编《清华大学藏战国竹简（第1-8册）》，中西书局，2010-2018。

黄德宽主编《清华大学藏战国竹简（第9-12册）》，中西书局，2019-2022。

连云港市博物馆等编《尹湾汉墓简牍》，中华书局，1997。

裘锡圭主编《长沙马王堆汉墓简帛集成（修订本）》，中华书局，2024。

吴镇烽编著《商周青铜器铭文暨图像集成》，上海古籍出版社，2012。

吴镇烽编著《商周青铜器铭文暨图像集成续编》，上海古籍出版社，2016。

吴镇烽编著《商周青铜器铭文暨图像集成三编》，上海古籍出版社，2020。

（三）研究论著

1. 研究专著

A

艾兰、邢文编《新出简帛研究》，文物出版社，2004。

C

蔡先金：《简帛文学研究》，学习出版社，2017。

蔡伟：《误字、衍文与用字习惯——出土简帛古书与传世古书校勘的几个专题研究》，花木兰文化事业有限公司，2019。

蔡伟：《古文献丛札》，花木兰文化事业有限公司，2022。

曹建国：《楚简与先秦〈诗〉学研究》，武汉大学出版社，2010。

陈鼓应：《黄帝四经今注今译——马王堆汉墓出土帛书》，商务印书馆，2007。

陈汉平：《西周册命制度研究》，学林出版社，1986。

陈剑：《甲骨金文考释论集》，线装书局，2007。

陈剑：《战国竹书论集》，上海古籍出版社，2013。

陈梦家：《殷虚卜辞综述》，中华书局，1988。

陈奇猷校注《吕氏春秋新校释》，上海古籍出版社，2002。

陈桐生：《〈孔子诗论〉研究》，中华书局，2004。

陈伟：《郭店竹书别释》，湖北教育出版社，2003。

陈致：《诗书礼乐中的传统——陈致自选集》，上海人民出版社，2012。

程浩：《有为言之：先秦"书"类文献的源与流》，中华书局，2021。

程俊英、蒋见元：《诗经注析》，中华书局，1991。

程少轩：《放马滩简式占古佚书研究》，中西书局，2018。

褚斌杰、谭家健：《先秦文学史》，人民文学出版社，2006。

褚斌杰：《中国古代文体形态概论》，北京大学出版社，1990。

D

代生：《楚辞与古代文明》，商务印书馆，2022。

董治安：《先秦文献与先秦文学》，齐鲁书社，1994。

董治安：《两汉文献与两汉文学》，上海古籍出版社，2005。

董珊：《吴越题铭研究》，科学出版社，2014。

董珊：《简帛文献考释论丛》，上海古籍出版社，2014。

董珊：《秦汉铭刻丛考》，上海古籍出版社，2020。

F

费振刚：《先秦两汉文学研究》，北京出版社，2001。

复旦大学出土文献与古文字研究中心编《出土文献与古文字研究》（第1-10辑），复旦大学出版社，2006-2022。

冯胜君：《二十世纪古文献新证研究》，齐鲁书社，2006。

冯胜君：《清华简〈尚书〉类文献笺释》，上海古籍出版社，2022。

G

高亨：《古字通假会典》，齐鲁书社，1989。

高明：《帛书〈老子〉校注》，中华书局，1996。
郭沫若：《郭沫若全集》，人民出版社，1985。
郭永秉：《帝系新研：楚地出土战国文献中的传说时代古帝王系统研究》，北京大学出版社，2008。

H

何建章：《战国策注释》，中华书局，1990。
何宁：《淮南子集释》，中华书局，1998。
何双全：《简牍》，敦煌文艺出版社，2004。
何新：《诸神的起源——中国远古太阳神崇拜》，光明日报出版社，1996。
洪湛侯：《诗经学史》，北京大学出版社，2002。
侯乃峰：《上博楚简儒学文献校理》，上海古籍出版社，2018。
侯忠义：《中国文言小说史稿》，北京大学出版社，1990。
胡平生、韩自强：《阜阳汉简诗经研究》，上海古籍出版社，1998。
胡宁：《楚简诗类文献与诗经学要论丛考》，中华书局，2021。
湖南省博物馆：《马王堆汉墓研究文集》，湖南出版社，1994。
黄德宽：《古文字学》，上海古籍出版社，2015。
黄灵庚：《楚辞与简帛文献》，人民出版社，2011。
黄人二主编《上海博物馆藏战国楚竹书（一）研究》，高文出版社，2002。

J

蒋文：《先秦秦汉出土文献与〈诗经〉文本的校勘和解读》，中西书局，2019。

K

寇淑慧：《二十世纪诗经研究文献目录》，学苑出版社，2001。

L

李家浩：《著名中年语言学家自选集·李家浩卷》，安徽教育出版社，2002。
李家浩：《安徽大学汉语言文字研究丛书·李家浩卷》，安徽大学出版社，2013。
李均明：《秦汉简牍文书分类辑解》，文物出版社，2009。

李零：《长沙子弹库战国楚帛书》，中华书局，1985。

李零：《中国方术续考》，东方出版社，2001。

李梦生：《左传译注》，上海古籍出版社，1998。

李学勤：《走出疑古时代》，辽宁大学出版社，1994。

李学勤：《简帛佚籍与学术史》，江西教育出版社，2001。

李学勤：《中国古代文明十讲》，复旦大学出版社，2003。

李学勤：《李学勤文集》，上海辞书出版社，2005。

李学勤：《中国古代文明研究》，华东师范大学出版社，2005。

李学勤：《东周与秦代文明》，上海人民出版社，2007。

李学勤：《中国古代文明研究》，华东师范大学出版社，2005。

李松儒：《战国简帛字迹研究：以上博简为中心》，上海古籍出版社，2015。

李松儒：《清华简〈系年〉集释》（修订本），中西书局，2021。

廖名春、张岩、张德良：《写在简帛上的文明——长江流域的简牍和帛书》，浙江大学出版社，2011。

廖名春：《出土简帛丛考》，湖北教育出版社，2004。

廖名春：《上海博物馆藏诗论简校释》，上海书店出版社，2002。

廖名春编《清华简帛研究》（第一辑），清华大学思想文化研究所，2000。

廖名春编《清华简帛研究》（第二辑），清华大学思想文化研究所，2002。

廖群：《先秦两汉文学考古研究》，学习出版社，2008。

廖群：《先秦说体文本研究》，中央编译出版社，2018。

刘传宾：《郭店竹简文本研究综论》，上海古籍出版社，2017。

刘洪涛：《形体特点对古文字考释重要性研究》，商务印书馆，2019。

刘娇：《言公与剿说——从出土简帛古籍看西汉以前古籍中相同或类似内容重复出现现象的研究》，线装书局，2012。

刘信芳：《子弹库楚墓出土文献研究》，艺文印书馆，2002。

刘信芳：《孔子诗论述学》，安徽大学出版社，2003。

刘国忠：《走近清华简（增补版）》，清华大学出版社，2020。

刘钊：《书馨集——出土文献与古文字论稿》，上海古籍出版社，2019。

鲁迅：《中国小说史略》，上海古籍出版社，2005。

陆侃如、冯沅君：《中国文学史简编》，开明书店，1932。

陆侃如、冯沅君：《中国诗史》，人民文学出版社，1983。

陆锡兴：《〈诗经〉异文研究》，中国社会科学出版社，2001。
吕亚虎：《战国秦汉简帛文献所见巫术研究》，科学出版社，2010。

M

马承源：《中国古代青铜器》，上海人民出版社，2008。
马王堆汉墓整理小组：《战国纵横家书》，文物出版社，1976。

N

聂石樵：《聂石樵文集》，中华书局，2015。
宁镇疆：《〈老子〉探源与古义新证》，上海古籍出版社，2023。

Q

钱钟书：《谈艺录》，中华书局，1984。
钱钟书：《管锥编》，中华书局，1986。
裘锡圭：《裘锡圭学术文集》，复旦大学出版社，2012。
裘锡圭：《老子今研》，中西书局，2021。

R

饶宗颐：《饶宗颐二十世纪学术文集》，中国人民大学出版社，2009。
容庚、张维持：《殷周青铜器通论》，文物出版社，1984。

S

单育辰：《楚地战国简帛与传世文献对读之研究》，中华书局，2014。
单育辰：《郭店〈尊德义〉〈成之闻之〉〈六德〉三篇整理与研究》，科学出版社，2015。
单育辰：《新出楚简〈容成氏〉研究》，中华书局，2016。
上海大学古代文明研究中心、清华大学思想文化研究所编《上博馆藏战国楚竹书研究》，上海书店出版社，2002。
沈颂金：《二十世纪简帛学研究》，学苑出版社，2003。
石昌渝：《中国古代文体丛书·小说》，人民文学出版社，1994。

T

唐兰：《西周青铜器铭文分代史征》，中华书局，1986。
汤漳平：《出土文献与〈楚辞·九歌〉》，中国社会科学出版社，2004。
汤漳平主编《出土文献与中国文学史研究》，河南人民出版社，2010。
汤漳平主编《出土文献与中国文学史研究（先秦卷）》，河南人民出版社，2011。

W

王国维：《王国维文集》（第四卷），中国文史出版社，1997。

王辉：《高山鼓乘集》，中华书局，2008。

王辉：《简帛人物名号汇考》，中西书局，2021。

王辉：《简帛为臣居官类文献考论》，上海古籍出版社，2022。

王力：《诗经韵读》，上海古籍出版社，1980。

王力：《汉语语音史》，商务印书馆，2010。

王挺斌：《战国秦汉简帛古书训释研究》，中国社会科学出版社，2022。

王泽强：《简帛文献与先秦两汉文学研究》，中国社会科学出版社，2010。

王子今：《睡虎地秦简〈日书〉甲种疏证》，湖南教育出版社，2003。

吴承学：《中国古代文体形态研究》，中山大学出版社，2006。

吴礽骧、李永良、马建华：《敦煌汉简释文》，甘肃人民出版社，1991。

吴小强：《秦简日书集释》，岳麓书社，2000。

吴则虞：《晏子春秋集释》，中华书局，1982。

邬可晶：《战国秦汉文字与文献论稿》，上海古籍出版社，2020。

邬文玲：《当代中国简帛学研究》，中国社会科学出版社，2011。

X

向熹编著《诗经词典（修订本）》，四川人民出版社，1997。

项楚：《敦煌变文选注》，巴蜀书社，1990。

萧兵：《楚辞与神话》，江苏古籍出版社，1987。

熊良智：《楚辞文化研究》，巴蜀书社，2002。

徐富昌：《睡虎地秦简研究》，文史哲出版社，1993。

徐仁甫：《左传疏证》，四川人民出版社，1981。

徐元诰：《国语集解》，中华书局，2002。

Y

严可均校辑《全上古三代秦汉三国六朝文》，中华书局，1958。

杨伯峻：《春秋左传注》，中华书局，1990。

杨公骥：《中国文学》，吉林人民出版社，1981。

杨树达：《积微居金文说（增订本）》，科学出版社，1959。

姚小鸥主编《出土文献与中国文学研究》，北京广播学院出版社，2000。

姚小鸥：《诗经三颂与先秦礼乐文化》，北京广播学院出版社，2000。
姚小鸥：《吹埙奏雅录》，北京广播学院出版社，2004。
姚小鸥：《诗经与楚简诗经类文献研究》，商务印书馆，2022。
于茀：《金石简帛诗经研究》，北京大学出版社，2004。
袁珂：《古神话选释》，人民文学出版社，1979。
袁珂校注《山海经校注》，上海古籍出版社，1980。
袁珂：《神话论文集》，上海古籍出版社，1982。
袁珂：《中国神话史》，上海文艺出版社，1988。
云梦睡虎地秦墓编写组：《云梦睡虎地秦墓》，文物出版社，1981。

Z

曾宪通：《古文字与出土文献丛考》，中山大学出版社，2005。
曾宪通：《曾宪通学术文集》，汕头大学出版社，2002。
张玉金主编《出土文献语言研究》（第一辑），广东高等教育出版社，2006。
赵逵夫：《先秦文学编年史》，商务印书馆，2010。
赵逵夫：《先秦文学与文化》（第一辑），上海远东出版社，2011。
赵逵夫：《先秦文学与文化》（第二辑），上海远东出版社，2012。
赵逵夫：《先秦文学与文化》（第三辑），上海远东出版社，2014。
赵敏俐、谭家健主编《中国古代文学通论（先秦两汉卷）》，辽宁人民出版社，2005。
赵敏俐：《汉代乐府制度与歌诗研究》，商务印书馆，2009。
郑杰文：《战国策文新论》，山东人民出版社，1998。
郑良树：《竹简帛书论文集》，中华书局，1982。
郑振铎：《中国俗文学史》，上海人民出版社，2006。
朱渊清、廖名春主编《上博馆藏战国楚竹书研究》，上海书店出版社，2002。
朱渊清、廖名春主编《上博馆藏战国楚竹书研究续编》，上海书店出版社，2004。

2. 研究论文

B

毕庶春：《荀况〈赋篇〉刍论》，《文学遗产》1999年第3期。

C

陈邦怀：《两周金文韵读辑遗》，载中国古文字研究会等编《古文字研究》（第九辑），中华书局，1984。

陈剑：《据清华简（伍）的"古文虞"字说毛公鼎和殷墟甲骨文的有关诸字》，载李宗焜主编《古文字与古代史》（第五辑），中研院历史语言研究所，2017。

陈剑：《清华简与〈尚书〉字词合证零札》，载清华大学出土文献研究与保护中心编《出土文献与中国古代文明——李学勤先生八十寿诞纪念论文集》，中西书局，2016。

陈剑：《据出土文献表"虐""傲"等词的用字情况说古书中几处相关校读问题》，载复旦大学出土文献与古文字研究中心编《出土文献与古文字研究》（第八辑），上海古籍出版社，2019。

陈良武：《出土文献与〈荀子·成相篇〉》，《长安大学学报》（社会科学版）2008年第3期。

陈其伟：《殷墟卜辞中有关音律的记载》，《武汉音乐学院学报》1990年第3期。

陈世辉：《金文韵读续辑》，载中山大学古文字研究室编《古文字研究》（第五辑），中华书局，1981。

陈仕益：《郭沫若两周金文韵读补论》，《郭沫若学刊》2006年第2期。

陈斯鹏：《楚帛书甲篇的神话构成、性质及其神话学意义》，《文史哲》2006年第6期。

陈伟：《郭店楚简别释》，《江汉考古》1998年第4期。

D

戴霖、蔡运章：《秦简〈归妹〉卦辞与"嫦娥奔月"神话》，《史学月刊》2005年第9期。

董楚平：《中国上古创世神话钩沉——楚帛书甲篇解读兼谈中国神话的若干问题》，《中国社会科学》2002年第5期。

F

伏俊琏：《〈汉书·艺文志〉"成相杂辞""隐书"说》，《西北师范大学学报》2002年第5期。

傅刚、邵永海：《北大藏汉简〈反淫〉简说》，《文物》2011年第6期。

H

胡厚宣：《释兹用兹御》，《中央研究院历史语言研究所集刊》1939 年第 4 期。

胡平生、韩自强：《阜阳汉简〈诗经〉简论》，《文物》1984 年第 8 期。

黄宏信：《阜阳汉简〈诗经〉异文研究》，《江汉考古》1989 年第 6 期。

J

贾双喜：《"四方风"险些被埋没的甲骨文珍品》，《光明日报》2006 年 7 月 28 日。

蒋明智：《"牛郎织女"传说新探》，《文化遗产》2007 年第 1 期。

杰当·江措：《歌卜与卜辞》，《中央民族学院学报》1989 年第 3 期。

L

李立：《云梦秦简"牛郎织女"简文辨正》，《长江大学学报》（社会科学版）2008 年第 6 期。

李暌：《气势本自铺陈来——甲骨散文一则赏析》，《名作欣赏》2000 年第 1 期。

李秋丽：《出土文献学术研讨会综述》，《周易研究》2005 年第 2 期。

李晓锋：《西周金文语言研究的历史与现状》，《古籍整理研究学刊》2008 年第 6 期。

李学勤：《马王堆帛书与〈鹖冠子〉》，《江汉考古》1983 年第 2 期。

李学勤：《史密簋铭所记西周重要史实考》，《中国社会科学院研究生院学报》1991 年第 2 期。

李忠华：《嫦娥奔月神话本末论》，《思想战线》1997 年第 3 期。

廖群：《出土文物与屈原创作的认定》，《中国楚辞学》2007 年第 1 期。

廖群：《楚简〈缁衣〉、子思子与引〈诗〉证说》，《中国文化研究》2012 年第 1 期。

刘国忠：《清华简与西周史研究》，《中国社会科学》2021 年第 1 期。

刘奉光：《甲骨金石简帛文学论》，《学术研究》2005 年第 8 期。

刘钊：《当前出土文献与文学研究的几点思考》，《济南大学学报》（社会科学版）2019 年第 4 期。

刘钊：《出土文献与〈山海经〉新证》，《中国社会科学》2021 年第 1 期。

刘雨：《多友鼎铭的时代与地名考释》，《考古》1983 年第 2 期。

刘志成：《两周金文韵读和诗经韵读之比较》，《川东学刊》（社会科学版）1996 年第 3 期。

罗江文：《两周金文韵例》，《玉溪师范学院学报》1994 年第 Z1 期。

罗江文：《从金文看上古邻近韵的分立》，《古汉语研究》1996 年第 3 期。

罗江文：《金文韵读续补》，《玉溪师范高等专科学校学报》1999 年第 1 期。

罗江文：《〈诗经〉与两周金文韵文押韵方式比较》，《古汉语研究》2001 年第 3 期。

罗江文：《〈诗经〉与两周金文韵部比较》，《思想战线》2003 年第 5 期。

罗新慧：《从上博简〈子羔〉和〈容成氏〉看古史传说中的后稷》，《史学月刊》2005 年第 2 期。

P

彭占清：《"两周金文押韵方式"志疑》，《古汉语研究》2004 年第 1 期。

Q

裘锡圭：《神乌赋初探》，《文物》1997 年第 1 期。

曲德来：《由〈神乌赋〉论及有关文学史的几个问题》，《文学前沿》2000 年第 2 期。

曲德来：《重视利用出土文献推进古代文学研究》，《中州学刊》2000 年第 2 期。

S

沈培：《再从语法角度看〈缁衣〉在流传过程中的改动》，载武汉大学简帛研究中心主办《简帛》（第七辑），上海古籍出版社，2012。

沈培：《试析安大简〈诗经〉中〈秦风·渭阳〉的诗义——兼论简本与毛诗本的关系》，载华学诚主编《文献语言学》（第十二辑），中华书局，2021。

T

谭家健：《六朝文章新论》，《中国文学研究》1998 年第 2 期。

唐兰：《卜辞时代的文学和卜辞文学》，《清华大学学报》1936 年第 3 期。

汤漳平：《再论楚墓祭祀竹简与〈楚辞·九歌〉》，《文学遗产》2001 年第 4 期。

汤漳平：《出土文献与〈楚辞·离骚〉之研究》，《中州学刊》2007 年第 6 期。

汤漳平：《对近十年出土文献与文学史研究的思考》，《中州学刊》2010 年第 1 期。

汤漳平：《出土文献对宋玉研究的影响》，《中州学刊》2012 年第 2 期。

汤漳平：《从出土文献看〈诗〉〈骚〉之传承》，《中州学刊》2013 年第 2 期。

滕昭宗：《尹湾汉墓简牍概述》，《文物》1996 年第 8 期。

W

万光治：《尹湾汉简〈神乌赋〉研究》，《四川师范大学学报》1997 年第 3 期。

王朝阳：《从秦简〈日书〉看牛郎织女故事之形成与流变》，《贵州文史丛刊》2011 年第 2 期。

X

郗文倩：《散体赋的文体特征及其隐语源流说》，《河北师范大学学报》2004 年第 5 期。

萧艾：《卜辞文学再探》，《殷都学刊》1985 年增刊。

萧艾：《中国文学史应从"卜辞文学"始》，《文摘报》1987 年 7 月 22 日。

徐正英：《甲骨刻辞中的文艺思想因素》，《甘肃社会科学》2003 年第 2 期。

徐正英：《殷商甲骨刻辞中的文艺思想因素考论》，《甘肃社会科学》2003 年第 2 期。

徐正英：《出土文献"大文学"研究与坚定文化自信》，《文学遗产》2018 年第 4 期。

徐正英：《上博简〈孔子诗论〉〈关雎〉组诗论发微》，《文艺研究》2022 年第 1 期。

Y

杨建军：《远古帝王及三王感生神话考》，《西北民族研究》2000年第2期。

杨五铭：《西周金文被动句式简论》，载中国古文字研究会、四川大学历史系古文字研究室编《古文字研究》（第七辑），中华书局，1982。

姚小鸥：《〈商颂〉五篇的分类与作年》，《文献》2002年第2期。

姚小鸥：《〈孔子诗论〉与先秦诗学》，《文艺研究》2002年第2期。

姚小鸥：《关于上海楚简〈孔子诗论〉释文考释的若干商榷》，《中州学刊》2002年第3期。

姚小鸥：《"汉兴""大收篇籍"考》，《历史研究》2007年第2期。

姚小鸥：《〈清华大学藏战国竹简〉与〈诗经〉学史的若干问题》，《文艺研究》2013年第8期。

姚孝遂：《论甲骨刻辞文学》，《吉林大学社会科学学报》1963年第2期。

Z

张桂光：《〈上博简（二）〉〈子羔〉篇释读札记》，《华南师范大学学报》（社会科学版）2004年第4期。

赵逵夫：《从敦煌遗书与汉简看口传在古代文学传播中的作用》，《图书与情报》2004年第6期。

赵逵夫：《先周历史与牵牛传说》，《人文杂志》2009年第1期。

赵逵夫：《再论〈牛郎织女〉传说的孕育、形成与早期分化》，《新华文摘》2010年第9期。

朱凤瀚、韩巍、陈侃理：《北京大学藏西汉竹书概说》，《文物》2011年第6期。

踪凡：《两汉故事赋的表现题材及文学成就》，《社会科学辑刊》2005年第1期。

3. 学位论文

顾慧：《马王堆汉墓帛书〈周易经传〉通假字研究》，硕士学位论文，哈尔滨师范大学，2018。

胡娟：《汉简帛医书五种字词集释》，博士学位论文，西南大学，2016。

李丽：《〈马王堆汉墓帛书（四）〉医学词汇研究》，硕士学位论文，北京中医药大学，2016。

刘波：《出土楚文献语音通转现象整理与研究》，博士学位论文，吉林大学，2013。

刘黛：《郭店楚简、马王堆帛书、王弼本〈老子〉版本比较与分析》，硕士学位论文，北京大学，2008。

刘欣：《马王堆汉墓帛书〈五十二病方〉校读与集释》，硕士学位论文，复旦大学，2010。

鲁涛：《战国秦汉简帛文献所见医方研究》，硕士学位论文，陕西师范大学，2016。

罗晨曦：《〈周易〉经传韵文研究》，硕士学位论文，西北师范大学，2017。

戎辉兵：《马王堆汉墓帛书（〈老子〉乙本卷前古佚书）校读札记》，硕士学位论文，南京师范大学，2004。

张艳：《帛书〈老子〉词汇研究》，博士学位论文，复旦大学，2008。

张耀：《先秦诸子散文中韵文现象的研究》，硕士学位论文，中国海洋大学，2015。

郑剑英：《陕西关中地区新出土唐代墓志铭文用韵考》，硕士学位论文，陕西师范大学，2011。

郑子琨：《〈楚辞〉与楚简用韵互证研究》，硕士学位论文，浙江财经大学，2020。

苏娜：《清华大学藏战国竹简（壹—捌）字词关系研究》，硕士学位论文，济南大学，2021。

郭薇：《清华大学藏战国竹简（壹—捌）韵文整理与研究》，硕士学位论文，济南大学，2023。

张银洁：《马王堆汉墓简帛韵文整理与研究》，硕士学位论文，济南大学，2023。

胡蝶：《秦简牍韵文整理与研究》，硕士学位论文，济南大学，2023。

（四）网站、微信公众号

清华大学出土文献研究与保护中心网站

复旦大学出土文献与古文字研究中心网站

武汉大学简帛网

"古文字微刊"微信公众号

"出土文献"微信公众号

"古文字工程"微信公众号

"吉大古文字"微信公众号

"江汉考古"微信公众号

"文献语言学"微信公众号

"汉字文明"微信公众号

"语言与文献"微信公众号

"战国文字微刊"微信公众号

后 记

终于写后记了,感到莫名轻松和惬意!后记,一般就是交代出书缘由,回顾走过的路,展望要走的路。

有一天,闽南师范大学陈良武教授告知中文学科博士点建设计划出版一套"出土文献与中国文学研究"丛书,希望我参与其中。这是一件美事。感谢良武兄提携!我们兴趣相投,又是同乡,一直保持紧密的沟通和合作。当然,我的交稿一再拖延,向良武兄致歉!

回顾走过的路,我心怀感激!我生性驽钝,所获甚少,愧对我的老师们。博士毕业后,可谓漂蓬断梗,其中的艰辛和家人的付出难以想象。如今,一切都成了美好记忆。有时候感叹一切仿佛一场梦,幸运的是,梦醒了一切都还在。

首先,感谢黄德宽老师!黄老师具有开阔的学术视野和崇高的人格魅力。我的重要转折都得到了老师的大力支持。感谢徐在国老师传授字形学等知识,当年为了我的工作而费心。感谢刘钊老师赐序!刘老师学术精湛、风趣幽默、爱生如子。感谢党怀兴老师的指导和帮助!忝列"刘氏门下""'党员'们",常常感受到学术亲情的凝聚和温暖。这些年到处奔波,感谢杨军老师、许征老师、柳仲安老师的牵挂。感谢徐正英、赵敏俐、傅道彬、伏俊琏、杨合林、徐建委等古典文学名家对我的指点。

感谢一路帮助我的师友!一个偶然机会让我获得山东大学(威海)教职,让我重拾学术信心。感谢杜泽逊老师推荐我到济南大学!感谢济南大学出土文献与文学研究团队的支持!感谢张兵院长的扶持,感谢晏青博士处理我离济后的相关事宜。感谢任永教授、储泰松教授、俞晓红教授以及项念东院长、李伟院长,让我有机会服务家乡!回到安徽师大两年多,得到何忠宝博士、叶庆兵博士的很多帮助。学术界师友时常分享最新资料、学术成果等,让我紧跟学术前沿和热点,感谢王辉、蔡伟、魏宜辉、王挺斌、高中正、黄甜甜、代生、赵争、张峰、谭生力、李聪等。感谢赵平安、陈剑、冯胜君、吴良宝、宁镇疆、邬可晶、刘洪涛、程浩、单育辰、李松儒、刘传宾、孙刚、朱晓雪、张传官、程少轩、蒋文、侯乃峰、袁金平、罗小华等师友慷慨赐书。

感谢我的家人和学生。尽管工作很忙，我的爱人还是承担了家中的一切。从读研读博到奔波多地，她都给予了最大的支持。感谢我的学生们，一起研读出土文献资料。疫情期间，我指导郭薇、胡蝶、张银洁三位同学整理清华简、秦简牍、马王堆帛书韵文，线上研讨几十次。她们为我提供了很多材料。感谢苏娜同学、路翩飞博士、罗丹博士、孙恃湉同学、黄伊璇同学、潘宁云同学、项梦雅同学、赵佳慧同学、袁旭同学帮忙校对！

本书很多内容已经发表，尽量保持原貌，算作一个阶段的总结吧！回到了家乡，有一种久违的从容。学术之路漫长且艰辛，希望自己坚守一份初心、秉持一份独立、追求一份真知。希望未来多解决一些问题，真正推动学术进步；希望未来多培养一些优秀的学生，点燃他们的学术热情。感恩每一段经历！感恩走过的、路过的……

在山东工作七年，我得到了成长机会，再次感谢山东人民！

2023 年 10 月　安徽师范大学　花津湖畔